설지민 특수
연간 강의 계획

강좌	강의 안내	교재
[1-2월] 기본이론반	기본 이론서를 토대로 한 핵심 개념 정리	[2024 대비] 해커스임용 설지민 특수교육학 기본이론 1, 2, 3
[3-6월] 각론을 통한 기출풀이	· 각론 및 서답형 기출풀이를 통한 영역별 기출내용 풀이 · 2015 개정 교육과정 정리	· 각론서 · [2024 대비] 해커스임용 설지민 특수교육학 기본이론 1, 2, 3 · [2024 대비] 해커스임용 설지민 특수교육학 기출문제 · 해설 1, 2, 3 · 프린트물
[7-8월] 기출심화를 통한 마인드맵	· 영역별로 핵심적인 기출문제를 선정하여 심화 학습 · 기출심화학습을 바탕으로 마인드맵 구조도 정리	[2024 대비] 해커스임용 설지민 특수교육학 마인드맵
[9-10월] 영역별 모의고사	영역별로 모의고사 중등형 시험 문항 풀이	프린트물
[10-11월] 파이널 모의고사	모든 기출범위 모의고사 풀이	프린트물

※강좌 계획은 상황에 따라 변경될 수 있으며, 세부 계획은 강좌별 수업계획서를 참조

이제 해커스임용 강의를
더욱 편리하고 스마트하게 수강하자!

해커스 ONE
통합 앱

지금 바로! 구글 플레이와 앱스토어에서
해커스 ONE 다운로드 받기

01 관심분야 설정과 빠른 수강 신청

02 간편해진 강좌 수강과 학습 관리

03 과목별 교재 구매

04 최근 본 콘텐츠 & 새로운 소식

해커스임용
설지민
특수교육학
기본이론 ②

해커스임용

설지민

약력

대구대학교 사범대학 중등특수교육전공 졸업
대구대학교 교육대학원 특수교육전공 졸업
대구대학교 지체중복장애아 교육전공 박사과정 재학

현 | 해커스임용 특수교육 전임교수
전 | 아모르임용학원 특수교육 전임강사
　　　아모르아이티칭 특수교육 전임강사

저서

해커스임용 설지민 특수교육학 마인드맵, 해커스패스
해커스임용 설지민 특수교육학 기출문제·해설 1~3, 해커스패스
해커스임용 설지민 특수교육학 기본이론 1~3, 해커스패스
해커스임용 설지민 특수교육학 영역별 이론+기출문제 1~3, 해커스패스
설지민 특수교육학 기출풀이 STEP 1~3, 열린교육
설지민 특수교육학 기출변형문제집 전3권, 북이그잼

저자의 말

특수교육학은 영역이 많고 범위도 넓습니다. 따라서 기본서를 집필하면 항상 고민에 고민을 거듭합니다. 어디서부터 어디까지, 얼마나 자세하게 넣어야 할까? 고민이 무색하게도 답은 항상 정해져 있습니다. **기출범위!**

본 교재는 기출범위를 우선적으로 공부하기 위해 기출내용을 깊이 있게 담아내는 것에 주력했습니다. 처음부터 너무 많은 내용을 다루기보다 출제 가능성이 높은 부분을 먼저 확인하고, 점차 많은 내용을 다루고자 합니다. 더불어 영역별로 구조화한 마인드맵을 함께 수록하여 각 영역의 기출범위를 구조도로 한눈에 파악할 수 있습니다.

<해커스임용 설지민 특수교육학 기본이론 2>는 유·초·중등 특수교사 임용시험을 준비하는 예비 선생님이 임용시험을 보다 효과적으로 준비할 수 있게 도움을 주기 위한 목적으로 집필했습니다. 본 교재의 특징은 다음과 같습니다.

첫째, 본 교재는 최근 시험에 출제된 이론을 전면 반영한 기본이론서입니다. 특수교육학 중심이론과 기출경향에 근거한 신이론을 수록하여 방대한 이론을 구조화하는 기초 틀을 세우는 데 도움이 됩니다. 본 교재는 총 3권으로, '기본이론 1'은 '통합교육, 시각장애, 청각장애, 의사소통장애', '기본이론 2'는 '지적장애, 학습장애, 정서·행동장애, 자폐성장애', '기본이론 3'은 '긍정적 행동지원, 지체·중복·건강장애, 특수교육공학, 특수교육평가, 전환교육'으로 이루어집니다. <해커스임용 설지민 특수교육학 영역별 이론 + 기출문제 1~3>, <해커스임용 설지민 특수교육학 마인드맵> 교재와 목차를 통일하여 이론과 기출문제, 구조도를 연계학습하기 좋습니다.

둘째, '한눈에 보는 이론 베이스맵'에 초기 구조화를 위한 기출 키워드를 제공합니다. 본 교재 마인드맵은 '이론 학습 시 꼭 알아두어야 할 기본개념' 위주로 구성했습니다. 실제 기출개념을 기반으로 만든 기출 구조도를 통해 학습 전에는 이론 흐름을 파악하고, 학습 후에는 구조화, 인출, 단권화 등 원하는 용도에 따라 활용할 수 있습니다.

셋째, 학습방향 설정과 중요도에 따른 학습을 돕는 다양한 학습요소를 포함합니다. 학습요소를 활용하면 폭넓은 특수교육학 이론을 효과적으로 이해하고 암기할 수 있습니다. '영역별 Preview'로 각 영역의 출제경향을 확인하고 학습방향을 설정하며, 본문의 '기출정보', '집중 Point' 등을 통해 이론의 중요도를 파악하고 우선순위에 따라 학습할 수 있습니다.

핵심적인 내용지식을 먼저 알고 그 위에 이해를 쌓은 다음에 문제 적용이 가능합니다. 기본이론서를 거듭 반복적으로 보면서 기출범위의 모든 지식을 예비 선생님의 것으로 만드시길 바랍니다. 본 교재가 예비 선생님이 임용시험을 공부하는 데 친근하게 다가가고 시험 준비 여정을 계속 함께 할 수 있었으면 합니다.

설지민 Dream

목차

이 책의 활용법

① 영역별 Preview로 정확한 학습방향 설정하기

지적장애 Preview

'지적장애'는 특수교육에서 가장 일반적인 내용을 담고 있는 영역입니다. 별히 공부하지 않아도 익숙하고 아는 내용이 많아 대강 눈으로만 보고 넘[...] 경우 막상 답을 쓰려고 할 때 어려움이 많아질 수 있습니다. 지적장애에서[...] 기능적 생활중심 교육과정'의 출제 빈도가 높으며, 이 중에서 AAIDD 정의[...] 내용이 많습니다. 또한 기능적 생활중심 교육과정은 관련 내용을 구조화하[...] 입니다. 내용별 특징을 염두에 두고 학습하는 것이 좋습니다.

최근 4개년간의 기출출제 추이를 보면, 전통적인 출제 영역인 '행동표현[...] 제, 지역사회 중심교수, 부분참여의 원리'가 꾸준히 출제되었으며, AAIDD[...] 반복적으로 출제되고 있습니다. 특히, 정의가 새롭게 발표됨에 따라 지원처[...] 척도(SIS)에 대한 내용이 많이 출제되고 있습니다. 또한 교육학에서도 익숙[...] 련된 관찰학습, 정보처리모델의 기억전략 등이 새롭게 출제되었습니다.

영역별 개요, 기출경향, 학습방법

1. 중요개념과 기출경향
학습하기 전 참고할 수 있는 각 영역의 중요개념, 기출경향을 요약·정리하여 제공합니다.

2. 학습방향 가이드라인
영역에 맞는 학습법과 전반적인 내용을 살펴보며 기본이론 학습방향을 설정할 수 있습니다.

② 기출키워드 마인드맵으로 초반 구조화 확실하게 잡기

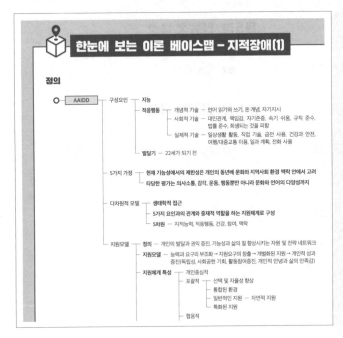

기출개념으로 구성된 기초 마인드맵

1. 기본이론 구조화
폭넓은 특수교육학 내용 학습 시 초기 구조화를 확립할 수 있도록 꼭 알아두어야 하는 기출개념 위주로 수록했습니다.

2. 응용이 용이한 마인드맵
이론 학습 전에 내용 흐름을 파악하고, 학습 후에 학습한 내용을 점검하고 인출, 단권화 등에 활용할 수도 있습니다.

③ 최신이론과 풍부한 학습요소로 전략적인 학습하기

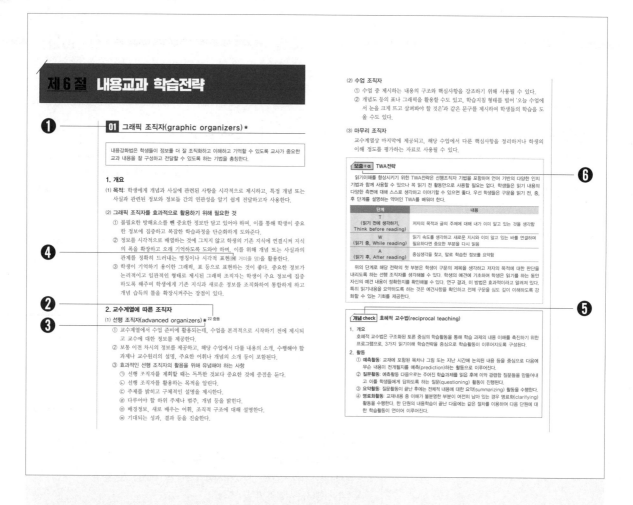

❶ **이론:** 특수교육학 과목 내에서 기본적으로 알아야 하는 전공이론

❷ **기출정보:** 유·초·중등 특수임용 시험의 최근 8개년 기출문제 정보(학년도, 학년분야) 표시

❸ **집중 point(★):** 기본이론 중에서도 반드시 암기해야 하는 중요한 포인트 내용

❹ **예:** 개념과 이론의 이해를 쉽게 하는 사례, 방안 등의 예시

❺ **개념 check:** 본문과 관련된 개념에 대한 깊이 있는 이해를 돕는 심화 설명

❻ **보충+α:** 본문과 함께 참고하면 좋은 추가적인 이론 설명

합격이 보이는 특수임용 시험 Timeline

*아래 일정은 평균적인 일정이며, 각 시점은 변경될 수 있습니다.

사전예고
6~8월

시행계획 공고
9~10월

원서접수
10월

사전예고
- **대략적인 선발 규모(가 T.O.)**: 선발예정 과목, 인원
- **전반적인 시험 일정**: 본 시행계획 공고일, 원서접수 기간, 제1차 시험 예정일 등
- 사전예고 내용은 변동 가능성 높음

원서접수
- 전국 17개 시·도 교육청 중 **1개 교육청**에만 지원 가능
- 시·도 교육청별 **온라인 채용시스템**으로만 접수 가능
- **준비물**: 한국사능력검정시험 (심화) 3급 이상, 증명사진

> **참고** 한국사능력검정시험 관련 유의사항

- 제1차 시험 예정일로부터 **역산하여 5년이 되는 해 1월 1일** 이후에 실시된 시험에 한함
- 제1차 시험 예정일 전까지 취득한 인증등급 이상인 인증서에 한하여 인정함

시행계획 공고
- **확정된 선발 규모(본 T.O.)**: 선발예정 과목 및 인원
- **상세 내용**: 시험 시간표, 제1~2차 시험의 출제 범위, 배점, 가산점 등
- 추후 시행되는 시험의 변경사항 공지

> ☑ **아래 내용만은 놓치지 말고 '꼭' 확인하세요!**
>
> ☐ 응시하고자 하는 과목의 선발예정 인원
> ☐ 원서접수 일정 및 방법
> ☐ 제1차 시험 및 제2차 시험 일정
> ☐ 스캔 파일 제출 대상자 여부, 제출 필요 서류
> ☐ 가산점 및 가점 대상자 여부, 세부사항

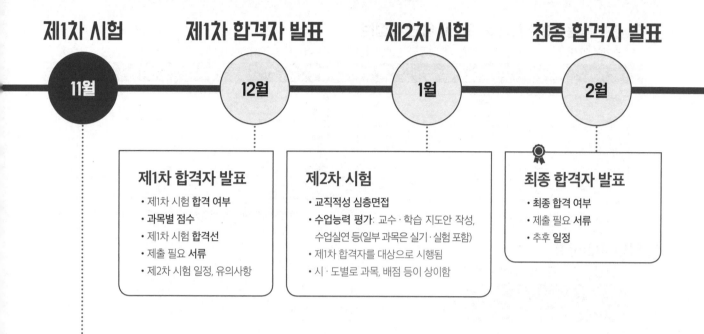

제1차 시험
제1차 합격자 발표
제2차 시험
최종 합격자 발표

| 11월 | 12월 | 1월 | 2월 |

제1차 합격자 발표
- 제1차 시험 **합격 여부**
- **과목별 점수**
- 제1차 시험 **합격선**
- 제출 필요 **서류**
- 제2차 시험 일정, 유의사항

제2차 시험
- **교직적성 심층면접**
- **수업능력 평가**: 교수·학습 지도안 작성, 수업실연 등(일부 과목은 실기·실험 포함)
- 제1차 합격자를 대상으로 시행됨
- 시·도별로 과목, 배점 등이 상이함

최종 합격자 발표
- **최종 합격 여부**
- 제출 필요 **서류**
- 추후 **일정**

제1차 시험
- **준비물**: 수험표, 신분증, 검은색 펜, 수정테이프, 아날로그 시계
- 그 외 간단한 간식 또는 개인 도시락, 음용수(별도의 중식시간 없음)
- **시험과목 및 배점**

구분	유·초등 특수교사 임용시험			중등 특수교사 임용시험		
교시 (출제분야)	1교시 (교직논술)	2교시 (교육과정 A)	3교시 (교육과정 B)	1교시 (교육학)	2교시 (전공 A)	3교시 (전공 B)
시험시간	60분 (09:00-10:00)	70분 (10:40-11:50)	70분 (12:30-13:40)	60분 (09:00-10:00)	90분 (10:40-12:10)	90분 (12:50-14:20)
문항 유형	논술형	기입형 / 서술형	기입형 / 서술형	논술형	기입형 / 서술형	기입형 / 서술형
문항 수	1문항	16문항 내외		1문항	4문항 / 8문항	2문항 / 9문항
배점	20점	80점		20점	2점 / 4점	2점 / 4점
합계	20점	80점		20점	40점	40점

특수임용 답안 작성 Guide

1. 유·초·중등 제1차 시험 2-3교시 답안지 정보

: B4 크기의 OMR 용지가 교시별로 2장씩(단면) 제공되며, 초안작성용지가 주어지지 않고 시험지 여백에 초안을 작성함

유·초등 2-3교시(교육과정) 답안지	중등 2-3교시(전공) 답안지
문항 1　　　　　문항 2	문항 1 (2점) 문항 2 (2점) 문항 3 (4점)
전 문항의 답안란 크기가 같고, 배점 표기가 없음	문항유형에 따라 답안란 크기가 다르고, 배점이 표기됨

2. 답안 작성하기

1) **단답형**: 주로 이론, 개념, 원리, 체계, 유형, 구성요소 등의 명칭을 묻는 문제

1가지만 묻는 경우	통합교육
2가지 이상 묻는 경우	통합교육, 시각장애 또는 ㉠ 통합교육, ㉡ 시각장애

2) **서답형**: 개념에 대한 구체적인 설명, 관련 예시, 방안, 틀린 것, 개념 간 비교 등을 묻는 문제

1가지만 묻는 경우		통합교육은 -이다.
2가지 이상 묻는 경우	개념에 대한 구체적인 설명	통합교육은 -이며, 시각장애는 -이다.
	개념과 관련 예시, 방안 등	㉠은 통합교육이며, 그 예시로는 -가 있다.
	틀린 것을 찾고 이유 대기	제시된 내용 중 틀린 부분은 -이며, 그 이유는 -이다.
	개념 A와 B의 차이점 설명	㉠ 통합교육과 ㉡ 시각장애의 차이점은 -이다.

> **참고**
> - 유·초등의 경우 세부문항 번호를 답안과 함께 작성하고, 작성 공간이 부족한 경우 가로선을 추가할 수 있습니다.
> - 순서대로 쓸 것을 지시하는 경우 반드시 요구한 순서대로 답안을 작성합니다.
> - 정해진 가짓수에 맞는 답안을 작성합니다. 2가지만 요구할 때 3가지를 작성하면 앞의 2가지만 채점됩니다.

3. 답안 수정하기

1) **전체 수정**: 답안지를 교체하여 새로 작성하고 이전 답안지는 바로 폐기합니다.
2) **부분 수정**
   - **삭제**: 수정테이프 사용이 불가하므로 삭제할 내용 위에 두 줄(=)을 긋고 새로 작성합니다.
   - **교정**: 일반적인 교정부호(예 띄어쓰기, 행갈이)를 사용하여 교정할 수 있습니다.

> **참고** 알아두면 좋은 교정부호

사이 띄어쓰기	사이 연결하기	줄 바꾸기	줄 이어주기	글자 삽입하기	자리 바꾸기
∨	⌒	⌐	↵	∨	∽
특수∨교육학	특수 ⌒ 교육학	특수교육학	특수 교육학	교육 특수학	교육학/특수

답안지 작성 관련 Q&A

Q 기본적인 답안 작성 방법이 궁금해요.

A 답안지는 교시별로 2면씩 주어지며, 지정된 답안란에 답안을 기입하면 됩니다. 답안란을 벗어난 부분이나 시험지에 적은 답안은 인정되지 않으므로 꼭 주어진 답안란에 작성합니다. 1교시와 달리 2-3교시는 초안작성용지가 제공되지 않으므로, 초안 작성을 원한다면 시험지 여백을 활용하도록 합니다.

Q 꼭 알아야 하는 주의사항이 있나요?

A 답안란에 수정액과 수정테이프를 사용할 수 없으므로, 부분적인 수정이 필요한 경우 두 줄(=)을 긋고 수정할 내용을 작성하거나 일반적인 글쓰기 교정부호를 사용합니다. 이때 주의할 점은 특정 부분을 강조하는 밑줄, 기호가 금지된 다는 점입니다. 전체 수정이 필요한 경우, 답안지를 교체할 수도 있습니다.

Q 학년분야별 답안 작성 방식은 동일한가요?

A 유·초등과 중등의 작성 방식은 대부분 비슷하나 일부(작성법, 문항내용 기재 여부)에 차이가 있습니다.

구분	유·초등	중등
작성법	답안을 해당하는 하위문항 번호 또는 기호와 함께 작성해야 함	하위문항 번호 또는 기호를 반드시 함께 작성할 필요는 없음
문항내용 기재 여부	문항 내용 일부를 활용한 답안 작성이 가능함	문항 내용을 기재하지 않음

Q 글자 수나 분량의 제한은 없나요?

A 글자 수와 분량은 제한이 없습니다. 다만 불필요한 수식어와 미사여구는 채점하지 않으므로 문항에서 요구한 내용을 간결하게 작성하는 것을 권장합니다.

Q 시험 종료 후 시험지와 답안지는 모두 제출해야 하나요?

A 답안지만 제출하고 시험지는 제출하지 않습니다. 답안지를 제출할 때 답안을 작성하지 않은 빈 답안지도 함께 제출 해야 하며 2장 모두에 성명, 수험번호, 쪽 번호를 기재합니다.

답안 작성 연습 TIP

- 문제 풀이와 답안지 작성은 기본이론 학습을 완료한 후 일정 수준 이상의 인출이 가능할 때 시작하는 것을 권장합니다.
- 기출문제, 기출변형문제, 모의고사 등의 실제 특수임용 시험 대비용 문제를 풀이하는 것이 가장 좋습니다.
- 가능한 한 고사장과 비슷한 환경을 조성하고, 실제 시험시간에 맞게 답안을 작성하는 연습을 하는 것이 중요합니다.
- 채점 시 문항에서 요구하는 키워드와 조건을 정확한 내용으로 빠짐없이 포함했는지 확인해야 합니다.

고민별 맞춤 학습 Solution

🖥 강의 · "전문가의 도움을 받으면서 효율적으로 공부하고 싶어."

💊 Solution

교수님의 생생한 강의를 들으면서 양질의 학습경험을 쌓아보세요. 교수님의 노하우가 담긴 부가적인 학습자료를 얻을 수 있고, 잘 정리된 교재를 활용하여 방대한 각론서를 보지 않아도 효과적인 학습이 가능합니다. 또한 질의응답, 모의고사 첨삭 등을 통해 전문적인 조언을 들을 수도 있습니다.

▶ 이런 분께 추천합니다!
- 임용시험을 처음 준비하는 수험생
- 양질의 모의고사를 풀어보고 싶은 수험생

💡 How to
- 이론학습, 기출분석, 모의고사 등 자신에게 필요한 강의를 선택해서 듣기
- 자신의 학습 성향과 환경에 따라 동영상 강의와 학원 강의 중 선택해서 듣기
- 질문이 생기면 해커스임용 사이트의 [나의 강의실] - [학습상담] - [학습 질문하기] 게시판에 직접 질문하기

✏ 인출 · "이론 암기가 잘 안 돼. 뭔가 효과적인 방법 없을까?"

💊 Solution

인출을 통해 학습한 이론을 차근차근 떠올리며 효과적으로 암기해보세요. 다양한 인출 방법을 활용하여 스스로 이해한 내용을 나만의 표현으로 정리할 수 있고, 쓰기 연습까지 가능하므로 서답형 시험을 매우 효과적으로 대비할 수 있습니다.

▶ 이런 분께 추천합니다!
- 기본 지식은 있지만 키워드 암기에 약한 수험생
- 서답형 글쓰기에 어려움을 느끼는 수험생

💡 How to
- **백지 인출**: 빈 종이 위에 이론에 대해 이해하고 암기한 내용을 자유롭게 적어나가기
- **구두 인출**: 학습한 이론, 개념 등을 말로 설명하기
- **청킹**: 서로 관련된 여러 키워드를 묶어서 암기하는 경우, 키워드의 앞글자만 따서 외우기

📖 단권화　"이론이 너무 방대해서 핵심만 간단하게 정리가 필요해."

🗣 Solution

요약집 한 권을 정하거나 나만의 노트를 만들어서 학습한 내용을 한 곳에 정리하는 단권화 작업을 해보세요. 방대한 이론의 핵심을 한눈에 파악할 수 있고 기출분석, 모의고사 등으로 여러 번 학습한 내용이 쌓이면서 더 꼼꼼하게 학습할 수 있습니다.

▶ 이런 분께 추천합니다!
- 일정 수준의 기본 지식을 갖춘 수험생
- 핵심을 간편하게 확인하기를 원하는 수험생

💡 How to
- **교재 활용**: 핵심이 간단히 정리된 교재에 나만의 설명을 덧붙여가며 정리하기
- **프로그램 활용**: 한글, 워드, 마인드맵 제작 프로그램 등을 활용하여 정리하기
- **개념 구조화**: 핵심 키워드 중심으로 개념을 확장시키며 특수교육학 뼈대 잡기

Tip! 단권화는 학습 초반보다 이론에 대한 개념이 어느 정도 잡힌 중후반부에 진행해야 학습 효과를 극대화할 수 있습니다.

👥 스터디　"다른 사람들과 소통하면서 부족한 부분을 보완하고 싶어."

🗣 Solution

학습 시기와 목적에 부합하는 다양한 스터디에 참여해보세요. 학습에 강제력을 부여함으로써 효과적인 학습관리를 할 수 있고, 스터디원과 함께 이야기하면서 모르는 지식을 알게 되거나 다양한 정보를 공유할 수 있습니다.

▶ 이런 분께 추천합니다!
- 여러 사람과 함께 공부할 때 학습 효율이 높아지는 수험생
- 시험에 대한 다양한 정보를 얻고 싶은 수험생

💡 How to
- **인출 스터디**: 특정 이론에 대해 서로 설명하면서 구두인출하는 스터디
- **인증 스터디**: 학습내용 또는 공부시간을 인증하는 스터디
- **모의고사 스터디**: 모의고사를 함께 풀어보고 서로 첨삭해주는 스터디

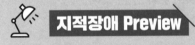

지적장애 Preview

'지적장애'는 특수교육에서 가장 일반적인 내용을 담고 있는 영역입니다. 일반적인 내용이다 보니, 특별히 공부하지 않아도 익숙하고 아는 내용이 많아 대강 눈으로만 보고 넘기기 쉬운 영역입니다. 그럴 경우 막상 답을 쓰려고 할 때 어려움이 많아질 수 있습니다. 지적장애에서는 'AAIDD 정의, 행동표현형, 기능적 생활중심 교육과정'의 출제 빈도가 높으며, 이 중에서 AAIDD 정의와 행동표현형은 외워야 할 내용이 많습니다. 또한 기능적 생활중심 교육과정은 관련 내용을 구조화하기가 생각보다 까다로운 부분입니다. 내용별 특징을 염두에 두고 학습하는 것이 좋습니다.

최근 4개년간의 기출출제 추이를 보면, 전통적인 출제 영역인 '행동표현형, 교육과정 운영의 기본 전제, 지역사회 중심교수, 부분참여의 원리'가 꾸준히 출제되었으며, AAIDD 정의와 지원체계모델이 최근 반복적으로 출제되고 있습니다. 특히, 정의가 새롭게 발표됨에 따라 지원체계에 관한 내용과 지원정도 척도(SIS)에 대한 내용이 많이 출제되고 있습니다. 또한 교육학에서도 익숙히 다뤄지는 교수방법과 관련된 관찰학습, 정보처리모델의 기억전략 등이 새롭게 출제되었습니다.

제5장

지적장애

정의

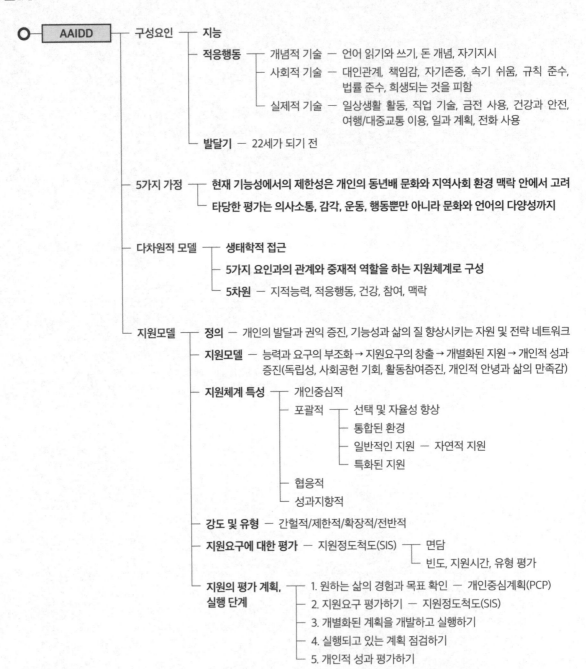

- **AAIDD**
  - **구성요인**
    - 지능
    - **적응행동**
      - 개념적 기술 — 언어 읽기와 쓰기, 돈 개념, 자기지시
      - 사회적 기술 — 대인관계, 책임감, 자기존중, 속기 쉬움, 규칙 준수, 법률 준수, 희생되는 것을 피함
      - 실제적 기술 — 일상생활 활동, 직업 기술, 금전 사용, 건강과 안전, 여행/대중교통 이용, 일과 계획, 전화 사용
    - **발달기** — 22세가 되기 전
  - **5가지 가정**
    - 현재 기능성에서의 제한성은 개인의 동년배 문화와 지역사회 환경 맥락 안에서 고려
    - 타당한 평가는 의사소통, 감각, 운동, 행동뿐만 아니라 문화와 언어의 다양성까지
  - **다차원적 모델**
    - **생태학적 접근**
    - **5가지 요인과의 관계와 중재적 역할을 하는 지원체계로 구성**
    - **5차원** — 지적능력, 적응행동, 건강, 참여, 맥락
  - **지원모델**
    - **정의** — 개인의 발달과 권익 증진, 기능성과 삶의 질 향상시키는 자원 및 전략 네트워크
    - **지원모델** — 능력과 요구의 부조화 → 지원요구의 창출 → 개별화된 지원 → 개인적 성과 증진(독립성, 사회공헌 기회, 활동참여증진, 개인적 안녕과 삶의 만족감)
    - **지원체계 특성**
      - 개인중심적
      - 포괄적
        - 선택 및 자율성 향상
        - 통합된 환경
        - 일반적인 지원 — 자연적 지원
        - 특화된 지원
      - 협응적
      - 성과지향적
    - **강도 및 유형** — 간헐적/제한적/확장적/전반적
    - **지원요구에 대한 평가** — 지원정도척도(SIS)
      - 면담
      - 빈도, 지원시간, 유형 평가
    - **지원의 평가 계획, 실행 단계**
      - 1. 원하는 삶의 경험과 목표 확인 — 개인중심계획(PCP)
      - 2. 지원요구 평가하기 — 지원정도척도(SIS)
      - 3. 개별화된 계획을 개발하고 실행하기
      - 4. 실행되고 있는 계획 점검하기
      - 5. 개인적 성과 평가하기

원인

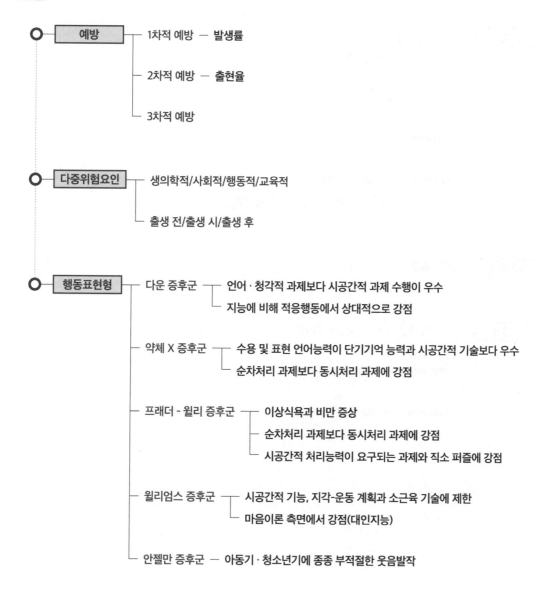

예방
- 1차적 예방 — **발생률**
- 2차적 예방 — **출현율**
- 3차적 예방

다중위험요인
- 생의학적/사회적/행동적/교육적
- 출생 전/출생 시/출생 후

행동표현형
- 다운 증후군
  - 언어 · 청각적 과제보다 시공간적 과제 수행이 우수
  - 지능에 비해 적응행동에서 상대적으로 강점
- 약체 X 증후군
  - 수용 및 표현 언어능력이 단기기억 능력과 시공간적 기술보다 우수
  - 순차처리 과제보다 동시처리 과제에 강점
- 프래더 - 윌리 증후군
  - 이상식욕과 비만 증상
  - 순차처리 과제보다 동시처리 과제에 강점
  - 시공간적 처리능력이 요구되는 과제와 직소 퍼즐에 강점
- 윌리엄스 증후군
  - 시공간적 기능, 지각-운동 계획과 소근육 기술에 제한
  - 마음이론 측면에서 강점(대인지능)
- 안젤만 증후군 — 아동기 · 청소년기에 종종 부적절한 웃음발작

특성

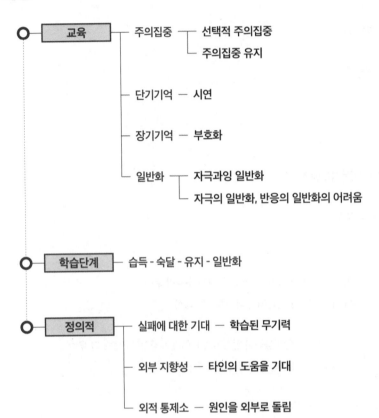

교육 ─ 주의집중 ┬ 선택적 주의집중
　　　　　　　　└ 주의집중 유지

　　　─ 단기기억 ─ 시연

　　　─ 장기기억 ─ 부호화

　　　─ 일반화 ┬ 자극과잉 일반화
　　　　　　　 └ 자극의 일반화, 반응의 일반화의 어려움

학습단계 ─ 습득 - 숙달 - 유지 - 일반화

정의적 ─ 실패에 대한 기대 ─ 학습된 무기력

　　　 ─ 외부 지향성 ─ 타인의 도움을 기대

　　　 ─ 외적 통제소 ─ 원인을 외부로 돌림

교육

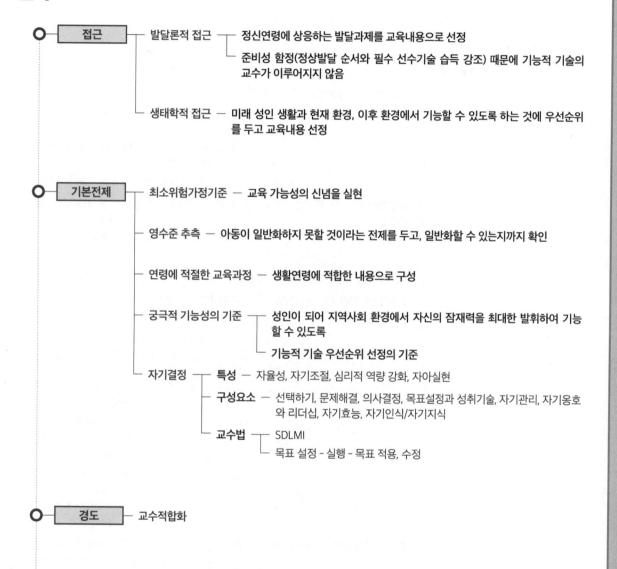

접근
- 발달론적 접근 ── 정신연령에 상응하는 발달과제를 교육내용으로 선정
  - 준비성 함정(정상발달 순서와 필수 선수기술 습득 강조) 때문에 기능적 기술의 교수가 이루어지지 않음
- 생태학적 접근 ── 미래 성인 생활과 현재 환경, 이후 환경에서 기능할 수 있도록 하는 것에 우선순위를 두고 교육내용 선정

기본전제
- 최소위험가정기준 ── 교육 가능성의 신념을 실현
- 영수준 추측 ── 아동이 일반화하지 못할 것이라는 전제를 두고, 일반화할 수 있는지까지 확인
- 연령에 적절한 교육과정 ── 생활연령에 적합한 내용으로 구성
- 궁극적 기능성의 기준 ── 성인이 되어 지역사회 환경에서 자신의 잠재력을 최대한 발휘하여 기능할 수 있도록
  - 기능적 기술 우선순위 선정의 기준
- 자기결정
  - **특성** ── 자율성, 자기조절, 심리적 역량 강화, 자아실현
  - **구성요소** ── 선택하기, 문제해결, 의사결정, 목표설정과 성취기술, 자기관리, 자기옹호와 리더십, 자기효능, 자기인식/자기지식
  - **교수법**
    - SDLMI
    - 목표 설정 – 실행 – 목표 적용, 수정

경도 ── 교수적합화

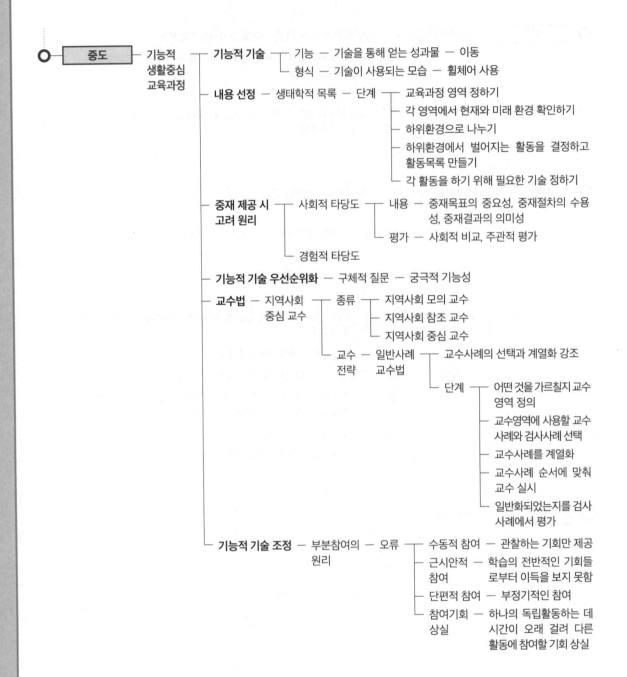

중도 — 기능적
생활중심
교육과정

기능적 기술 ┬ 기능 — 기술을 통해 얻는 성과물 — 이동
└ 형식 — 기술이 사용되는 모습 — 휠체어 사용

내용 선정 — 생태학적 목록 — 단계 ┬ 교육과정 영역 정하기
├ 각 영역에서 현재와 미래 환경 확인하기
├ 하위환경으로 나누기
├ 하위환경에서 벌어지는 활동을 결정하고 활동목록 만들기
└ 각 활동을 하기 위해 필요한 기술 정하기

중재 제공 시 고려 원리 ┬ 사회적 타당도 ┬ 내용 — 중재목표의 중요성, 중재절차의 수용성, 중재결과의 의미성
│ └ 평가 — 사회적 비교, 주관적 평가
└ 경험적 타당도

기능적 기술 우선순위화 — 구체적 질문 — 궁극적 기능성

교수법 — 지역사회 중심 교수 ┬ 종류 ┬ 지역사회 모의 교수
│ ├ 지역사회 참조 교수
│ └ 지역사회 중심 교수
└ 교수 전략 — 일반사례 교수법 ┬ 교수사례의 선택과 계열화 강조
└ 단계 ┬ 어떤 것을 가르칠지 교수 영역 정의
├ 교수영역에 사용할 교수사례와 검사사례 선택
├ 교수사례를 계열화
├ 교수사례 순서에 맞춰 교수 실시
└ 일반화되었는지를 검사사례에서 평가

기능적 기술 조정 — 부분참여의 원리 — 오류 ┬ 수동적 참여 — 관찰하는 기회만 제공
├ 근시안적 참여 — 학습의 전반적인 기회들로부터 이득을 보지 못함
├ 단편적 참여 — 부정기적인 참여
└ 참여기회 상실 — 하나의 독립활동하는 데 시간이 오래 걸려 다른 활동에 참여할 기회 상실

제1절 정의

01 「장애인 등에 대한 특수교육법」

지적장애를 지적기능과 적응행동상의 어려움이 함께 존재하여 교육적 성취에 어려움이 있는 장애로 정의한다.

02 미국 지적장애 및 발달장애 협회(AAIDD)

1. AAIDD에 따른 정의(12차 정의, 2021년) [23 중등]

(1) 정의

지적장애란 지적 기능성과 개념적·사회적·실제적 적응기술로 표현되는 적응행동 양 영역에서 심각한 제한성을 보이는 것이다. 이 장애는 발달기 동안에 발생하며, 발달기는 한 개인이 22세가 되기 전이라고 조작적으로 정의된다. 다음의 5가지 정의들은 이 정의의 적용에 필수적이다.
① 현재 기능성에서의 제한성은 개인의 동년배와 문화에 전형적인 지역사회 환경의 맥락 안에서 고려되어야 한다.
② 타당한 평가는 의사소통, 감각과 운동, 행동 요인의 차이와 함께 문화와 언어의 다양성도 고려하여 실시한다.
③ 한 개인은 제한성을 가지는 동시에 강점도 가지고 있다.
④ 제한성을 기술하는 중요한 목적은 개인에게 필요한 지원을 파악하기 위함이다.
⑤ 개별화된 적절한 지원이 장기간 제공된다면 지적장애인의 생활기능은 일반적으로 향상될 것이다.

(2) AAIDD 정의의 개정 변화에서의 주요 내용

회차 (연도)	주요 내용			
	지능지수 절사점	적응행동	발생 시기	의의
9차 (1992)	대략 70~75, 그 이하의 지능지수 점수	• 상황의 요구에 따라 행동을 변화시키고, 환경에 적절하게 맞추어 가는 능력 • 열 가지 적응기술 영역에서 제시 • 지적 기능성의 제한성과 동시에 존재	임신~ 18세 이전	• 지능지수 수준에 따른 분류체계 삭제 • 지원 수준에 따른 분류체계 제시 • 정의 적용을 위한 네 가지 가정 제시 • 정신지체의 일반적 구조 제시
10차 (2002)	평균에서 2표준편차 이하	일상생활에서 기능하기 위해 배워야 하는 개념적·사회적·실제적 적응기술의 집합체	임신~ 18세 이전	• 정의 적용을 위한 다섯 가지 차원 제시 • 정신지체에 대한 이론적 모델 제시 • 측정의 표준오차와 평가도구의 강점과 제한점 고려
11차 (2010)	평균에서 2표준편차 이하	10차와 동일	임신~ 18세 이전	• 정신지체에서 지적장애로 용어 변경 • 이론적 모델 정교화
12차 (2021)	평균에서 2표준편차 이하	11차와 동일	발달기 (임신~ 22세 이전)	• 장애 발생 시기 변경 • 발달기를 조작적으로 정의 • 적응행동을 지적 능력과 동일한 비중으로 고려할 것을 강조

전통적인 특수교육 체제인 분리교육은 아동의 장애를 손상, 결함 내지 비정상으로 규정하고 장애를 치료하거나 보완하여야 한다는 의학적 모형(medical model)에 토대를 두고 있다. 장애의 의학적 모형은 장애를 개인의 신체적, 정신적 제한으로 간주하며, 이를 개인적인 문제와 비극으로 보고, 장애를 사회 참여와 통합을 위하여 개인이 해결하여야 할 문제라고 본다. 이러한 장애의 의학적 모형에 토대한 특수교육의 기본적인 가정은 다음과 같다.

> 특수교육의 주요한 기능은 치료이다. 치료는 특수교육의 기본적인 목적을 달성하는데 있어 효과적이다. 치료는 그 대상에게 궁극적으로 바람직한 행동의 변화를 야기한다. 치료의 효과는 어떤 방식으로든지 관찰될 수 있어야 하지만, 본질적으로 그 치료가 '바람직한' 것이기 위해서는 치료 상황이 사회적·문화적·목적론적 맥락에 적합하여야 한다. 특수교육의 행정 관리, 연구, 진단 기능은 치료의 주요 기능을 위한 부수적인 것이다. 이러한 부수적인 기능은 직접적, 간접적으로 치료와 관련되어야 하며, 치료와 관련되지 않은 기능은 겉치레에 불과하다.

의학적 모형에 토대를 둔 특수교육 체제인 분리교육은 장애를 치료의 대상, 교정의 대상으로 보고 아동보다 장애와 결함에 초점을 맞추어 장애아동을 바꾸어야 할 대상으로 간주한다. 그러나 통합교육은 장애아동을 바꾸는 대신 환경을 바꾸어야 한다고 요구한다. 이를 장애의 사회적 모형(social model)이라고 한다.

장애의 사회적 모형은 장애를 개인과 사회와의 관계에서 나타난다고 가정한다. 이런 가정은 장애의 문제를 해결하는 방안으로 개인과 사회와의 관계를 바꾸는 것을 요구한다. 장애의 사회적 모형은 의학적 중재 요구와 질병을 거부하지 않지만, 이보다는 장애인에 대하여 부정적인 사회적 태도를 만들어내는 장벽에 대한 명확한 이해와 이러한 장벽이 장애를 지닌 사람들에게 어떻게 작용하는지에 대한 렌즈를 제공한다. 그러므로 장애의 사회적 모형은 결함이나 장애라는 개인적 제약을 해결하는 것이 아니라, 결함이나 장애에 대한 사회적 장벽을 해결하려고 한다.

장애의 사회적 모형은 사회의 변화에 주의를 집중하며, 장애인의 역량 강화를 도모하고, 자기 이해력을 고양하며, 사회 참여와 존엄성에 대한 희망을 확장한다. 이런 장애 모형을 받아들이는 통합교육은 교육에서 임의적으로 설정한 준거나 표준을 달성하도록 하기 위하여 장애아동을 교정하거나 개발하는 대신, 개별 아동의 요구를 위하여 학교를 조절하거나 개선하여야 한다고 요구한다. 그러므로 통합교육을 실행하는 학교는 장애아동의 장애나 결함을 교정하기보다 장애아동에게 장벽이 되는 교육환경을 개선하려고 한다.

[장애의 의학적 모형과 사회적 모형 비교]

용어	의학적 모형	사회적 모형
손상	교정을 요구하는 신체적 또는 정신적 조건, 결함이나 제한	신체의 사지, 기관 또는 기제의 부분이나 전부의 결여
장애	개별적인 부담, 개인적인 비극 또는 개인적 문제인 손상으로 인하여 과제를 수행할 수 없는 존재로서의 조건	장애인의 주류 사회활동에의 참여를 배제하는 환경 설계에 기인하는 분리나 활동의 제한
함의	개인은 사회와 확립된 환경에 적응하거나 적합하게 되기 위하여 더욱 정상적이 되어야 함	• 사회는 환경의 설계를 적합하게 하여야 함 • 개인차는 정상적으로 간주되며, 통합적이고 유연한 환경의 설계를 통하여 수용됨

⑶ 구성요인과 제한성

① 지적능력

ⓐ 일반적인 정신능력을 말한다.

ⓑ 추리, 계획, 문제해결, 추상적 사고, 복잡한 아이디어의 이해, 학습의 신속성, 경험을 통한 학습 등을 포함한다.

ⓒ '평균보다 심각하게 낮은 지능수준'은 검사도구를 통해 산출된 지능지수 점수가 대략 평균으로부터 2표준편차 이하인 것을 의미하며, 그 특정 검사도구의 '측정의 표준오차'를 반드시 고려해서 해석되어야 한다.

② 적응행동

ⓐ 정의: 사람이 일상생활에서 기능하기 위해 학습해 온 개념적·사회적·실제적 기술의 집합체이다.

ⓑ 적응행동 유형 22 초등, 21 중등

요인	구체적 기술
개념적 기술	**인지적인 문제 해결이나 의사소통과 학업에 사용될 수 있는 기술** • 언어와 문해 기술 • 금전·시간·수 개념 • 자기지시
사회적 기술	**사회적 기대와 다른 사람의 행동을 이해하고 사회적 상황에서 적절하게 행동하는데 필요한 기술** • 대인기술 • 책임감 • 자기존중 • 속기 쉬움 • 규칙 준수 • 법률 준수 • 희생되는 것을 피함
실제적 기술	**평범한 일상생활에서 독립된 인간으로서 자신을 유지하고 보호하며 도구를 활용할 수 있는 기술** • 일상생활 활동(식사, 신변처리, 옷입기, 이동 등) • 작업 기술 • 금전 사용 • 건강과 안전 • 여행/대중교통 이용 • 일과 계획 • 전화 사용

© 제한성

ⓐ 한 개인이 심각한 적응행동상의 제한성이 있다고 진단되기 위해서는 개념적·사회적·실제적 적응행동 기술에 대해 검사하는 개별적으로 시행된 표준화된 적응행동검사에서 세 가지 적응행동 유형 중 최소한 하나의 영역 점수가 평균보다 대략 2표준편차 이하의 점수를 보여야 한다.

ⓑ 또한 이 점수를 해석하기 위해서는 진단 시 사용한 측정 검사도구의 '측정의 표준오차'를 고려하여야 한다.

2. 인간 기능성에 대한 다차원적 모델에 대한 이해 ^{23 중등, 22 중등, 16 중등}

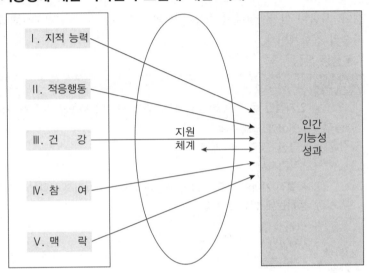

[그림 5-1] 인간 기능성의 다차원적 모델

(1) 개요

① 2021년 AAIDD의 인간 기능성에 대한 다차원적 모델은 11차 정의에서 제시한 모델을 보완하였다.

② 여전히 이 모델에서는 인간 기능성의 제한성, 즉 지적장애 상태를 이해하기 위해서 생태학적인 접근을 하고 있으며, 인간 기능성 성과에 대한 다섯 가지 차원(지적 능력, 적응행동, 건강, 참여, 맥락)의 요인들과의 관계와 중개적 역할을 하는 지원체계로 구성되어 있다.

③ 그러나 이 모델에서 사용하는 용어에서 약간의 변화가 보인다. 11차 정의에서 사용하였던 '지원'이라는 용어가 12차 정의에서는 '지원체계'라는 용어로 변경되었고, '인간 기능성'이라는 용어가 '인간 기능성 성과'라는 용어로 변경되었다.

④ 이러한 변화를 통해 지원의 체계적인 접근과 그에 따른 인간 기능성에서의 구체적인 성과가 이 모델에서 더 강조되고 있음을 확인할 수 있다.

(2) 구성요인

요인	설명
지적능력 (지능)	• 추리, 계획, 문제해결, 추상적 사고, 복잡한 아이디어 이해, 학습 신속성, 경험을 통한 학습 등의 능력 • 우리 주변을 이해하는 데 필요한 광범위한 능력
적응행동	• 사람이 일상생활에서 기능하고자 학습해온 개념적·사회적·실제적 기술의 집합체 • 개인이 일상적인 일과나 변화하는 상황에서 보이는 전형적인 수행능력을 알아볼 수 있음 • 이러한 적응행동 기술에서의 개인의 강점과 제한성은 개인이 속하는 연령대의 전형적이고 평범한 지역사회 환경의 맥락 내에서 기록되어야 하고, 지원에 대한 개인의 요구를 파악하는 데 기반이 되어야 한다.
건강	• 완전한 신체적·정신적·사회적 안녕 상태 • 다른 차원의 요인에 직간접적으로 영향을 미침으로써 인간의 기능성에도 영향을 줄 수 있음
참여	• 가정생활, 직업, 교육, 여가, 종교, 문화적 활동 영역에서의 역할과 상호작용 • 참여란 사회생활에서 실제 활동을 수행하는 것을 말하며, 사회에서 그 개인의 기능성과 관련이 있음 • 참여는 ① 각종 활동과 행사, 조직에의 참여, ② 친구, 가족, 동년배, 이웃과의 상호작용, ③ 가정, 학교, 지역사회, 직장, 여가 및 오락에서의 사회적 역할 수행에 대한 관찰을 통해 그 강점과 제한점이 평가될 수 있음
맥락	• 개인의 삶의 전반적인 배경 • 환경적 요소와 개인적 요소를 포함함

3. 지원체계 [23 중등]

(1) 정의

한 개인의 발달과 권익을 증진시키고, 그 개인의 기능성과 삶의 질을 향상시키는 상호 연결된 자원 및 전략 네트워크이다.

(2) 지원모델(AAIDD, 2010) [20 초등, 20 중등]

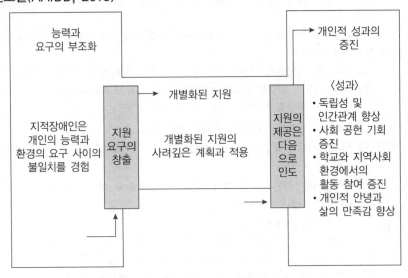

[그림 5-2] 지원모델

① 지적장애인들이 경험하는 자신의 능력과 환경적 요구 간의 불일치로 인해 지원에 대한 요구가 생기게 되고, ② 이러한 지원 요구를 바탕으로 개별화된 지원계획을 개발하고 적용하여, ③ 그 개인이 좀 더 독립적이게 되고, 더 나은 대인관계를 갖고 사회에 기여하고, 학교나 지역사회에서의 활동 참여가 증진되며, 더 높은 삶의 만족도를 느끼게 되는 성과를 얻게 된다.

(3) 효과적인 지원체계의 특징 [23 초등]

① 효과적인 지원체계는 개인중심적이다. 개인은 자신의 지원 요구에 대해 신뢰할 수 있고 타당한 표준화된 도구를 통해 개별적으로 평가를 받고, 그 평가결과에 근거해서 개인중심적인 지원 계획과 실행이 이루어진다.

② 효과적인 지원체계는 포괄적이다. 지원체계가 포괄적이라는 의미는 지원을 통해 개인의 '선택 및 자율성을 향상'시킬 수 있으며, '통합된 환경'에서 비장애인과 함께 성장해 살아 나갈 수 있도록 하며, 누구에게나 가능한 지원 혹은 주어진 환경과 일과 내에서 가족, 직장동료, 친구, 이웃들로부터 자연스럽게 제공될 수 있는 '자연적 지원'과 같은 '일반적인 지원'과 전문가에 의해 실행되는 '특화된 지원' 등을 포괄하고 있는 측면을 강조하고 있다.

③ 효과적인 지원체계는 협응적이다. 지원체계에서는 개인의 권리에 중점을 두어 체계적인 사고과정을 거쳐 의사결정이 이루어지고, 강점 기반의 접근을 하며, 개인의 요구를 파악하는 데 있어 정보공학을 이용하고, 활동 참여를 촉진하기 위해 보조공학을 활용하는 것 등을 포함한다. 즉, 지원이 계획되고 실행되는 전체 과정에서 다

양한 영역에서의 협응적인 접근이 이루어진다.

④ 효과적인 지원체계는 성과 지향적이다. AAIDD(2021)에서는 성과 지향성을 설명하기 위해 인간 기능성 모델의 다섯 가지 차원(지적 능력, 적응행동, 건강, 참여, 맥락)에서 주요 성과 및 구체적이고 측정 가능한 성과지표를 제시하였다. 또한 Schalock 등(2018)은 이러한 지원계획과 실행에 활용할 수 있는 일반적으로 사용되는 성과체계 및 성과범주를 제시하였다.

성과체계 (outcome framework)	성과범주(outcome category)	
	아동	성인
생활 활동 영역	• 의료 • 행동 • 가정생활 • 지역사회 및 이웃 • 학교참여 • 학교학습 • 건강과 안전 • 사회성 • 자기옹호	• 의료 • 행동 • 가정생활 • 지역사회 생활 • 평생학습 • 고용 • 건강과 안전 • 사회성 • 자기옹호
삶의 질 영역	• 개인의 성장 • 자기결정 • 대인관계 • 사회적 통합 • 권리 • 정서적 웰빙 • 신체적 웰빙 • 물질적 웰빙	• 개인의 성장 • 자기결정 • 대인관계 • 사회적 통합 • 권리 • 정서적 웰빙 • 신체적 웰빙 • 물질적 웰빙

⑷ 지원 강도 및 유형

① 유형

유형	내용
간헐적 지원	필요할 때나 위기 상황에 일시적으로 제공되는 지원 예 실직, 심각한 의료적 위험
제한적 지원	제한된 일정 시간 동안 일관성 있게 제공되는 지원 예 학교 졸업 후 성인기로 진입하는 시기에 필요한 시간이 제한적인 고용 훈련, 전환 지원
확장적 지원	몇몇 환경에서 정기적으로 제공되는 지원 예 장기 지원, 장기 가정생활 지원
전반적 지원	항구성을 가지는 고강도의 지원을 지속적으로 거의 모든 환경에 걸쳐 제공되는 지원

② 유의점
　　㉠ 그러나 AAIDD는 2010년 개정된 지적장애 정의체계에 대한 11차 지침서에서 이러한 지원 강도에 따른 지원 유형 분류방법보다는 인간 기능성의 모델에 근거한 다차원적 분류방법을 강조하고 있다.
　　㉡ 지원 요구를 평가하기 위해 현재 미국에서 사용하고 있는 지원정도척도(SIS)에서도 지원이 각 활동에 얼마나 자주 요구되는지(빈도), 지원할 때마다 얼마나 많은 시간이 소요될 것인지(지원시간), 어떤 유형의 지원이 필요한지를 구체적으로 평가하도록 되어 있을 뿐, 그것이 간헐적·제한적·확장적·전반적 지원 중 어느 지원에 해당되는지는 제시하고 있지 않다. 특히 지원 유형과 관련해서는 관리감독이 필요한 수준, 언어 및 자세 촉진이 필요한 수준, 부분적인 신체 도움이 필요한 수준, 완전한 신체 도움이 필요한 수준으로 구분한다.
　　㉢ 이러한 평가방식의 변화는 지적장애 분류체계에서의 명명적 분류의 필요성이 약화되었음을 의미한다.

보충+α | **AAIDD의 지적장애 분류기준**

구분	8차 정의 이전	9차 정의 이후
기준	• 지능지수(IQ)에 따른 지적장애 수준 분류 　– 55~70: 경도 지적장애/교육 가능급 　– 55~40: 중등도 지적장애/훈련 가능급 　– 40~25: 중도 지적장애 　– 20~25: 최중도 지적장애	• 개인에게 요구되는 지원 강도에 따른 분류 　– 간헐적 지원 　– 제한적 지원 　– 확장적 지원 　– 전반적 지원
특징	• 지능지수에 따른 분류만으로는 지적장애인 개개인의 교육과 생활에 필요한 지원 요구를 제시할 수 없음 • 지적수준에 따른 교육적 배치는 아동의 지적수준에 따라 획일적인 교육과정을 적용하게 하고 개인의 능력과 성과에 대한 고정관념을 가지게 함 • 대부분의 경우 이 고정관념은 낮은 기대감이나 편견으로 나타나 개인이 가진 장점을 키우거나 잠재력을 충분히 이끌어내지 못함	AAIDD는 9차 정의부터 지적수준이 아닌 한 개인이 자신의 환경에서 성공적으로 기능하는 데 필요한 지원 강도에 따라 분류하는 것을 제안함

(5) **지원의 평가, 계획, 실행과정** [21 중등]

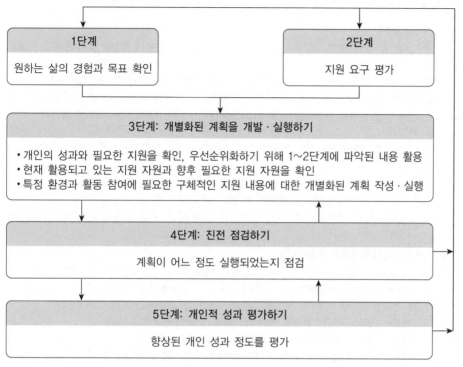

[그림 5-3] 개별화된 지원의 평가, 계획, 실행과정

1단계	**원하는 삶의 경험과 목표 확인하기** • 개인의 꿈, 선호도, 관심 등에 초점을 둔 '**개인중심계획**' 과정을 사용함 • 개인중심계획의 핵심은 당사자가 자신에게 중요하다고 생각하는 것을 파악하는 것이며, 이 과정에서 현재 제공되는 서비스, 재정 상태, 개인의 능력 등에 국한하지 않고 논의하므로, 장애 당사자뿐만 아니라 주요 주변인도 참여해야 하며, 현재 삶과 함께 미래 삶에 대한 내용도 다루어야 함
2단계	**지원 요구 평가하기** **표준화된 도구(例 SIS), 관찰, 심층면담 등**을 이용하여 삶의 다양한 영역에 필요한 지원 요구를 평가하고, 개인중심계획 단계에서 드러난 개인이 원하는 활동에 성공적으로 참여하려면 어떤 지원이 필요한지에 관한 주요 정보가 수집됨
3단계	**개별화된 계획을 개발·실행하기** 개인의 성과와 필요한 지원을 확인한 다음 우선순위를 정하기 위해 1~2단계에서 파악된 내용을 활용하여 특정 환경과 활동에 참여하는 데 필요한 구체적인 지원 계획을 작성하고 실행에 옮김 例 일주일에 몇 회, 몇 시간, 누가 어떤 지원을 할지
4단계	**진전 점검하기** 지원계획팀이 정기적으로 만나 실제로 계획이 어느 정도 실행되었는지 체계적으로 점검하는 과정이 필요함
5단계	**개인적 성과 평가하기** 계획한 지원을 실행함에 따라 개인이 원하던 삶의 경험, 목표 등이 얼마나 성취되었는지 평가하는 단계로, 개인중심 성과, 가족 관련 성과, 사회적 성과 영역 등의 성과 지표를 개발하여 이를 기준으로 평가할 수 있음

개인중심계획(PCP; Person-Centered Plan) 21 중등

1. 개인중심계획

① 장애인을 지원하는 시스템이 아닌 장애인의 요구를 이해하는 데 초점을 맞춰 계획을 수립하고 실행하는 접근법이다.

② 개인중심계획은 정상화 운동, 장애의 사회생태학적 모형, 자기결정과도 깊이 관련된다.

③ 미래에 가능하고 합리적인 것으로 보이는 목적을 위해 현재 이용할 수 있는 서비스보다 가치 있는 생활 성과를 산출하는 지원 시스템을 만들기 위해 장애인에게 초점을 맞춘다.

④ 특징

   ⊙ 개인의 계획에 포함되는 활동, 서비스, 지원은 개인의 꿈, 관심, 선호, 강점, 능력에 기초해야 한다.

   ⓛ 개인은 자신의 경험에 기초한 결정으로 의미 있는 선택을 해야 한다.

   ⓒ 되도록 자연적 지원과 지역사회 지원을 사용한다.

   ⓔ 활동, 지원, 서비스는 개인적인 관계, 지역사회 통합, 존엄, 존중을 성취하는 기술을 촉진한다.

2. 개인중심계획의 8가지 주요 특성

① 개인을 위한 활동, 서비스, 지원은 그 개인의 꿈, 흥미, 선호도, 강점, 능력에 기초한다.

② 개인에게 중요한 사람들이 삶의 유형을 계획하는 데 포함되며, 그들은 권한을 행사하는 기회를 가지고 충분한 정보에 근거하여 결정(informed decisions)이 이루어진다.

③ 자신의 경험에 근거한 결정을 통해 개인에게 의미 있는 선택을 한다.

④ 개인은 가능한 경우 지역사회의 자연적 지원을 이용한다.

⑤ 활동, 지원, 서비스는 개인 관계, 지역사회 참여, 품위, 존경에 도달할 수 있는 기술을 형성한다.

⑥ 개인의 기회와 경험이 극대화되며, 현행 규정과 예산의 범위 내에서 융통성이 증대된다.

⑦ 개인에 대한 계획은 협력적이고 반복적이며 개인에 대한 계속적인 헌신 속에서 이루어진다.

⑧ 개인은 그의 개인 관계, 가정, 매일의 일상생활에서 만족한다.

보충+α 지원정도척도(SIS) 23 중등, 21 중등, 18 중등

1. **평가**: 지원이 각 활동에 얼마나 자주 요구되는지(빈도), 지원할 때마다 시간이 얼마나 소요되는지(지원시간), 어떤 유형의 지원이 필요한지를 구체적으로 평가한다.

2. **구성**: 대상연령은 16~72세, 검사도구는 면접지와 3가지 장의 프로파일로 구성된다.

3. **평가척도**

빈도	대다수의 비장애인에게 일반적으로 필요한 빈도 이상의 지원(특별지원)이 각 표적활동에 얼마나 자주 필요한지와 연계
지원시간	지원을 제공하는 날에 지원을 준비하는 데 일반적으로 소요되는 시간
지원유형	어떤 개인이 활동에 참여할 때 필요할 수 있는 지원의 성격

제1부 지원요구척도(Support Need Scale)

- **지시사항**: 빈도, 일일 지원시간, 지원의 종류 파악(Part A-F)
- 각 항목에서 0-4점
- 원점수(raw score)를 각 항목마다 채점하여 기록하고 항목의 전체 총 원점수를 계산함
  1. 이 척도는 현재 가능한 지원이나 제공되는 서비스에 상관없이 점수를 채점함
  2. 각 활동을 성취하는 데 필요한 지원점수를 반영함
  3. 보조공학기기를 사용하면 해당 보조공학기기를 사용하는 상태에서 점수를 채점함
  4. 모든 항목을 채점하고, 학생이 활동을 보이지 않는 항목도 최대한 가상되는 점수를 부여함

Part A: 가정생활 활동

가정생활 활동	빈도					일일 지원시간					지원 타입					원점수
1. 화장실 사용	0	1	2	3	4	0	1	2	3	4	0	1	2	3	4	
2. 옷 관리(세탁 포함)	0	1	2	3	4	0	1	2	3	4	0	1	2	3	4	
3. 음식 준비	0	1	2	3	×	0	1	2	3	4	0	1	2	3	4	
4. 음식 먹기	0	1	2	3	4	0	1	2	3	4	0	1	2	3	4	
5. 가정 유지, 청소	0	1	2	3	4	0	1	2	×	×	0	1	2	3	4	
6. 옷 입기	0	1	2	3	4	0	1	2	3	4	0	1	2	3	4	
7. 목욕, 위생, 외모관리	0	1	2	3	×	0	1	2	3	4	0	1	2	3	4	
8. 가정용 기구 사용	0	1	2	3	4	0	1	2	3	4	0	1	2	3	4	

원점수 총점
가정생활 활동

점수 키

빈도	일일 지원시간	지원 타입
이 활동을 위하여 얼마나 자주 지원이 필요한가?		어떤 종류의 지원인가?
0 = 전혀 없거나 1개월에 1회 이하	0 = 전혀 없음	0 = 없음
1 = 최소 1개월에 1회 이상 혹은 1주 이상에 1회	1 = 30분 이하	1 = 관리, 감독
2 = 1주에 1회 이상 혹은 매일 이상에 1회	2 = 30분 이상 2시간 이하	2 = 구두적/몸짓
3 = 매일 1회 이상 혹은 1시간 이상에 1회	3 = 2시간 이상 4시간 이하	3 = 부분적인 신체지원
4 = 매 시간에 1회 혹은 더 자주	4 = 4시간 이상	4 = 완전한 신체지원

제 2 절 예방 및 원인

01 예방

1. 예방

(1) 1차적 예방

예방이 아니면 지적장애를 초래할 수 있는 상태에서 실시하는 예방으로, 문제 발생을
사전에 방지하는 방법이다.

例 산모의 알코올 중독을 예방하는 프로그램

(2) 2차적 예방

현재 존재하는 상태에서 지적장애가 초래되는 것을 예방하는 조치 방법이다.

例 PKU(페닐케톤뇨증)를 가진 사람을 처치하는 식이요법

(3) 3차적 예방 [22 중등]

장애의 원인과 관련된 기능적 손상을 최소화하거나 진단에 의해 야기되거나 전개될 수
있는 2차적 상황을 예방하는 조치 방법이다.

例 신체적·교육적·직업적 재활을 위한 프로그램

(4) 단계별 목적

예방 단계	일반적인 목적	장애 예방 목적
1차 예방	새로운 발생 수 감소에 따른 상황 발생 예방 ➔ 발생률 감소	위험에 놓이게 될 아동의 새로운 발생 감소
2차 예방	기존의 발생 수 감소에 따른 상황 발생 예방 ➔ 출현율 감소	지속시간과 정도의 경감에 따른 예방
3차 예방	직간접적 영향 감소에 따른 상황 발생 예방 ➔ 후유증 감소	직간접적 영향의 감소에 따른 예방

2. 발생률과 출현율

(1) 발생률

① 정의: 특정 기간 동안 모집단에서 판별된 새로운 사례의 수를 말한다.

② 활용: 장애의 원인을 조사하고 예방 프로그램을 개발하는 데 의의가 있다.

(2) 출현율

① 정의: 전체 인구 중 장애라는 특정 조건을 가진 장애인의 수를 의미한다.

$$지적장애인\ 출현율 = \frac{지적장애인으로\ 판별된\ 인구\ 수}{전체\ 인구\ 수} \times 100$$

② 활용: 교육, 재활 서비스 등의 요구를 파악하는 데 활용하기 용이하다.

(3) 발생률과 출현율의 관련성

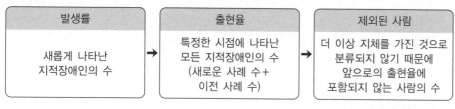

[그림 5-4] 발생률과 출현율

02 원인

1. 다중위험요인 16 유아, 16 초등

구분	생물·의학적 위험요인	사회적 위험요인	행동적 위험요인	교육적 위험요인
출생 전	• 염색체 이상 • 단일유전자 이상 • 증후군 • 대뇌 이상 • 모체 질병 • 부모의 나이	• 빈곤 • 산모의 영양결핍 • 가정폭력 • 부모의 관리 부족	• 부모의 약물 남용 • 부모의 알코올 남용 • 부모의 흡연 • 부모의 미성숙	• 부모로부터 지원이 없는 인지장애 • 부모가 될 준비가 결여
출생 시	• 미숙아 • 출생 시 상해 • 신생아 외상	출생 시 관리 결여	부모의 보호 거부	퇴원 시 중재 서비스에 대한 의학적 지식 부족
출생 후	• 외상성 뇌손상 • 영양실조 • 뇌수막염 • 발작장애 • 퇴행성 장애	• 잘못된 보호자 • 적절한 자극 결여 • 가족의 빈곤 • 가족의 만성 질병 • 시설 수용	• 아동학대, 유기 • 가정폭력 • 부적절한 안전수단 • 사회적 박탈 • 까다로운 아동 행동	• 잘못된 육아 • 진단 지연 • 부적절한 조기교육 • 부적절한 특수교육 • 부적절한 가족 지원

(1) 생물 · 의학적 위험요인

생물학적 처리과정과 관련된 위험요인이다.

> 例 출생 전 염색체 이상, 유전자 장애, 출생 전후 겪은 뇌손상, 출산 후 사고로 인한 뇌손상, 신생아 질환, 영양실조, 지적장애를 초래하는 각종 질병

(2) 사회적 위험요인

아동의 발달에 영향을 줄 수 있는 자극이나 상호작용의 질을 좌우하는 여건으로부터 초래되는 위험요인이다.

> 例 출생 전 빈곤 상태, 산모의 영양실조, 산모가 겪은 가정폭력, 출생 전후로 출산과 관련된 적절한 관리를 받지 못한 채로 진행된 출산 경험, 출생 후의 빈곤, 적절한 자극이 부족한 가정환경

(3) 행동적 위험요인

아동뿐만 아니라 부모 세대의 부적절한 행동으로 인해 야기될 수 있는 잠재적인 위험요인이다.

> 例 출생 전 부모의 약물 남용, 음주나 흡연, 산전 관리에 도움이 안 되는 미성숙한 행동, 출생 전후에 나타나는 부모의 육아 거부행위, 출생 후 보모의 아동학대, 가정폭력, 부적절한 안전조치, 사회로부터 아동을 격리하는 행위, 아동의 다루기 힘든 행동

(4) 교육적 위험요인

지적능력과 적절한 적응기술을 발달시키는 데 필요한 정보제공과 교육지원의 부재로 인해 야기될 수 있는 위험요인이다.

> 例 출생 전 임신과 출산에 관련된 지원을 전혀 받지 못한 지적장애 부모의 상태, 부모로서의 준비가 덜 된 상태, 출생 전후에 필요한 중재를 위한 의료적인 의뢰를 못한 상태, 출생 후 부모의 양육기술 부족, 조기중재 서비스와 특수교육, 가족지원 등이 적절히 제공되지 못한 경우

2. 생의학적 위험요인

(1) 행동표현형

① 특징
- ㉠ 유전자에 따라서 겉으로 나타나는 행동 유형이다.
- ㉡ 이는 동일한 증후군을 가진 아동이 모두 동일한 행동표현형을 가진다는 의미는 아니다.
- ㉢ 행동표현형 원인을 가진 경우 실제적 · 잠재적으로 미래를 위해 필요한 기능적 지원 요구를 미리 예측할 수 있다.
- ㉣ 교사 또는 서비스 전문가는 장애의 원인으로 인해 나타날 수 있는 강점, 약점, 임상적 쟁점을 정확하게 파악하여 교육과 지원을 계획해야 한다.

② 증후군별 인지·언어·행동 특성 [20 중등, 19 초등, 17 중등]

증후군	간헐적으로 발견되는 인지·언어·행동 특성
다운 증후군	• 언어나 청각적 과제보다 시공간적 과제의 수행이 더 우수함 • 장기기억 능력이 요구되는 과제의 수행 능력이 동일한 정신연령의 아동보다 지체됨 • 표현언어 능력보다 수용언어 능력이 상대적으로 우수함 • 지능에 비해 상대적으로 적응행동에서 강점을 가짐 • 명랑하고 사회적인 성격을 보임 • 성인기에 우울증과 치매 성향이 나타남
윌리엄스 증후군	• 언어 및 청각적 기억, 얼굴 인지에서 강점을 보임 • 시공간적 기능, 지각-운동 계획, 소근육 기술에 제한을 보임 • 마음이론 측면에서 강점을 보임(대인지능) • 사회적 지능은 낮지만 다른 사람들에게 친밀감을 보임 • 모든 연령에서 불안장애가 나타남
약체 X 증후군	• 수용언어 능력과 표현언어 능력이 단기기억 능력과 시공간적 기술보다 우수함 • 순차적 처리보다 동시적 처리가 요구되는 과제에 강점을 보임 • 일상생활 기술과 자조 기술에 상대적으로 강점을 보임 • 부주의, 과잉행동, 자폐증과 유사한 행동을 보임 • 모든 연령에 걸쳐 불안장애를 보임
프래더-윌리 증후군	• 이상 식욕과 비만 증상을 보임 • 순차적 처리보다 동시적 처리가 요구되는 과제에 강함 • 단기기억보다 장기기억 능력이 우수함 • 시·공간적 처리능력이 요구되는 과제와 직소 퍼즐에서 강점을 보임 • 타인을 꼬집는 행동과 심한 짜증을 보임 • 모든 연령에서 강박장애와 충동조절장애가 나타남
스미스- 마제니스 증후군	• 언어 습득이 지체됨 • 순차적 처리과정이 요구되는 과제에 상대적으로 약함 • 일반적으로 수면장애를 보임 • 아동기에는 충동조절장애를 보임 • 상동행동과 자기상해행동을 빈번하게 보임
안젤만 증후군	• 아동기와 청소년기에 종종 부적절한 웃음발작을 보임 • 일반적으로 모든 연령이 행복해하는 기질이 있음 • 젊은 연령층의 경우 과잉행동, 수면장애가 나타남
레트 증후군	• 손을 씻거나 비트는 듯한 비정상적인 손의 상동행동을 보임 • 수면장애를 보임 • 자폐증과 유사한 행동이 나타남
묘성 증후군	• 과잉행동을 보임 • 자기자극행동, 자해행동이 나타남 • 고양이 울음소리 같은 소리를 냄

(2) 염색체 이상

① 염색체 수의 이상 [22 중등, 19 중등]

종류	특성
다운 증후군	• 21번째 상염색체가 3개가 되는 삼염색체 현상으로 인해 나타남 • 상염색체 형태에 따라 전형적인 삼염색체성 다운증후군(감수분열성 비분리), 전위형(translocation) 다운증후군, 섞임증 다운증후군의 3가지로 분류함 • 일반적으로 낮은 지능을 보이고 전형적인 얼굴 모양을 가짐 • 안과적인 문제(예 사시, 눈떨림, 굴절 이상)와 청력 문제도 종종 발견됨 • 소화기계 기형, 심장 기형이 동반되는 경우도 많음 • 세균, 바이러스에 의한 감염증에 대한 면역성이 일반인보다 떨어져서 감염이 12배 이상 많은 것으로 알려짐
클라인펠터 증후군	• 성염색체 이상으로 인해 발생함 • 정상적인 남성의 염색체인 XY에 X염색체가 추가되어 발생됨(XXY) • 운동발달 지연, 언어 지연, 읽기장애 등이 나타남 • 대부분이 청소년 중후반기에 생식샘 자극 호르몬 과다와 더불어 남성 호르몬 수치가 정상이거나 감소됨 • 치료받지 않은 경우의 80%가 안드로겐 결핍증(androgen deficiency)을 보임 • 2차 성징 발현 시 남성 호르몬이 결여되어 빈약한 체모, 고음의 목소리, 여성형 지방분포를 보일 수 있음
터너 증후군	• 여성의 성염색체 이상으로 X염색체가 하나 없는 XO를 보임 • 2차 성징(사춘기) 발달이 안 되거나 미약한 특징을 가짐 • 목이 두껍고 짧으며, 머리카락 선이 뒷목의 아랫부분까지 내려옴 • 이외에 심장 결함, 신장 이상, 여러 신체 기형이 나타남 • 특히 골다공증, 2형 당뇨병, 갑상선 기능 저하증이 잘 발생함 • 주로 학습장애를 보임 • 지적장애가 나타나도 언어적인 지능지수는 평균이거나 높을 수 있지만 시공간 지각력, 수학능력, 기억능력 등에 문제가 있는 것으로 알려짐

② 염색체 구조의 이상

종류	특성
프래더-윌리 증후군	• 약 70%의 경우 아버지로부터 전달받은 15번째 염색체의 장완 부분에 미세한 결손이 있음 • 가장 심각한 증상은 비만인데, 비만이 심장병, 당뇨병, 고혈압, 뇌혈관 질환, 수면장애 등의 합병증을 초래할 수 있기 때문 • IQ 20~90 정도의 다양한 지능수준을 보이고 다방면의 학습에 어려움을 나타냄
안젤만 증후군	• 어머니로부터 전달받은 15번째 염색체의 장완 부분에 결손이 있음 • 생후 6~12개월에 발달지연이 나타나기 시작함 • 발달지연과 언어장애로 인해 말을 잘 하지 못하지만, 수용언어 기술과 비언어적 의사소통 기술은 표현언어 기술보다는 상대적으로 좋은 편임 • 움직임과 균형감각에 이상이 생겨서 걸음에 장애가 생김 • 자주 웃고 쉽게 흥분하는 경향을 보이며, 집중시간이 짧음 • 머리 크기의 성장이 비정상적으로 지연되어 2세경에 소두증을 보임
묘성 증후군	• 5번 염색체 단완의 부분결실로 인해 발생함 • 고양이 울음소리 같은 특징적 울음소리 때문에 묘성증후군으로 명명됨 • 소두증, 둥근 얼굴, 양안격리증, 넓은 콧등, 사시 등의 외양적 특성을 보임 • 근긴장 저하, 심장 기형, 발달지연을 나타냄 • 평균 IQ 20 이하의 지능을 보이며, 대부분 성인까지 생존이 가능함
윌리엄스 증후군	• 7번 염색체 장완의 미세결실이 원인이 됨 • 위로 솟은 작은 코끝, 긴 인중, 큰 입, 두툼한 입술, 작은 볼(협골 형성부전), 부운 듯한 눈두덩이, 손톱 형성부전, 엄지발가락 외반증 등의 외양적 특성을 가짐 • 소리에 매우 민감하게 반응하고, 종종 근력이 저하되거나 관절의 이완성을 보임 • 매우 사교적이고 친숙한 성격이며, 지나칠 정도의 정중함과 친밀감을 표시하기도 함 • 학습능력 측면에서 미세한 운동능력과 시공간적인 사고가 필요한 과제에 어려움을 보이나 상대적으로 기억력과 언어능력은 강한 편임
스미스-마제니스 증후군	• 17번 염색체 단완의 일부가 결실되어 발생함 • 튀어나온 턱, 넓은 사각형 얼굴, 납작한 후두골의 특징적인 얼굴 형태 • 약 62%의 아동이 자주 깨고 수면주기가 감소하는 등 수면장애를 보임 • 낮은 지능과 전반적인 발달지연이 나타나며, 특히 언어지연이 심각하고 연속적인 인지처리 과정이 필요한 과제나 수학적 학습에 어려움을 보임 • 머리를 흔들거나 특정 행동을 반복하는 상동행동, 상대적으로 통증에 민감하지 않아 팔목, 손톱, 발톱 등을 물어뜯는 자해행동 등의 행동문제도 관찰됨 • 종종 자신의 마음대로 되지 않을 때 언어적인 폭발, 분노발작, 친구에 대한 공격적인 행동, 파괴행동 등 부적절한 행동을 보이기도 함

(3) 유전자 장애-유전자 돌연변이 및 유전

① 상염색체 우성유전 장애

종류	특성
신경섬유종증	• 신경계에 영향을 주는 가장 흔한 단일유전자 질환 중 하나 • 흔히 보이는 증상은 밀크커피색 반점(cafe-au-lait spots), 겨드랑이 부위의 주근깨 양상, 피하의 신경섬유종, 홍채에 나타나는 작은 색소를 가진 양성종양인 리쉬결절(Lisch nodule) 등이 있음 • 뇌신경계 관련 증상은 지적장애, 뇌전증, 뇌수종, 양성 뇌종양, 시신경 종양 등이 있을 수 있음 • 골격계 증상인 저신장, 척추측만증(척추 옆굽음증), 가성관절(다리의 긴 뼈 부분 중에서도 특히 정강이뼈 관절과 유사한 부위가 생김) 등도 나타날 수 있음
아퍼트 증후군	• 10번 염색체 유전자의 돌연변이나 우성유전을 통해 발생함 • 얼굴 기형과 두정부 첨형과 사지 합지증을 특징으로 함 • 많은 경우 경도에서 중도 지적장애를 보이지만, 정상적인 지능을 가진 경우도 있음

② 상염색체 열성유전장애 – 대사장애

종류	특성
페닐케톤뇨증 (PKU)	• 페닐알라닌(phenylalanine)을 티로신(tyrosine)이라는 아미노산으로 전환시키는 효소의 활성이 선천적으로 저하되어 페닐알라닌이 축적되면서 생기는 단백질 대사장애 • 혈중의 페닐알라닌 측정 검사를 통해 선별할 수 있음 • 치료는 페닐알라닌이 적은 특수 분유를 먹는 식이요법으로 시작함
선천성 갑상선 기능 저하증	• 갑상선 호르몬은 여러 대사에 걸쳐 광범위하게 작용하며, 특히 성장기 정상적인 발육에 필요함 • 이 질환은 생후 6주 이내에 발견하여 치료하지 않는 경우 심각한 지능 저하와 성장·발육 지연을 초래함 • 갑상선 호르몬이나 갑상선 자극 호르몬을 검사하여 선별 진단함 • 치료는 갑상선 호르몬 제제인 타이록신을 투여해야 함
갈락토스혈증	• 모유와 일반우유에 들어 있는 당분인 갈락토스를 포도당으로 전환하는 능력이 손상되어 체내에 갈락토스가 축적되는 질환 • 출생 후 즉시 발육부진, 구토, 간비종대, 황달, 설사 등이 나타남 • 신생아기에 혈액과 소변에 갈락토스가 증가되어 있어 진단할 수 있음 • 갈락토스혈증으로 진단되면 즉시 유당이 함유되지 않은 분유를 먹어야 함 • 이후 우유, 치즈, 버터, 유청 분말과 카제인 함유 식품은 엄격하게 제한해야 함
호모시스틴 뇨증 (HCU)	• 시스타티오닌 합성효소의 유전적 결핍으로 인해 메티오닌(methionine)과 호모시스틴이라는 아미노산이 체내에 축적되어 발생하는 아미노산 대사장애 • 지적장애, 경련, 보행장애 등을 보임 • 수정체탈구, 시력장애, 근시, 백내장 등의 안과적 증상과 골다공증 등의 골격계 기형이 나타나기도 함 • 혈전 형성의 경향이 강하여 사망 원인이 되기도 함 • 혈중 메티오닌 수치가 높고 요의 호모시스틴이 증가하면 진단할 수 있음 • 비타민 B6를 대량투여하고 비타민 B12, 비타민 C, 엽산 등을 보충해야 하며, 메티오닌이 적은 식이요법으로 치료함
단풍당뇨증	• 필수아미노산인 류신(leucine), 이소류신(isoleucine), 발린(valine)의 대사장애로 인해 나타나는 질환 • 땀과 소변, 귀지 등에서 특유의 단내가 나는 특징을 가짐 • 지적장애와 주의력결핍 과잉행동장애(ADHD), 충동성, 불안이나 우울 등 다양한 행동문제가 발생할 수 있음 • 단백질을 제한하는 엄격한 식이요법이 요구되는데, 류신과 이소류신, 발린을 제거해야 하고 성장과 발달에 필요한 비타민과 무기질 등이 든 반합성(semi-synthetic) 식이보충이 필요함

③ 성염색체 유전자 장애

종류	특성
약체 X 증후군	• X 염색체 장완의 끝부분이 끊어져서 유전됨 • 그러나 전형적인 유전방식을 따르지 않음 • 무증상의 남자(NTM; Normal Transmitting Male)를 통해 보인자인 딸을 거쳐 대를 거듭할수록 증상이 심해지고 뚜렷해지는 양상을 보임 • 남아는 행동장애와 지능 저하를 보이고 긴 얼굴과 튀어나온 턱, 크고 뚜렷한 귀 등의 특징적인 얼굴 형태를 보임 • 여아는 대개 다양한 정도의 지능 저하만 보임 • 행동 특성은 돌발적이고 잠시도 앉아 있을 수 없는 행동과잉(남아 70~80%, 여아는 30~50%), 충동성, 부주의, 불안, 자폐성장애와 유사한 손 흔들기나 손 물어뜯기, 눈맞춤의 어려움, 반향어 등이 있음
레트 증후군	• X 염색체의 특정한 단백질 생산을 조절하는 유전자의 자연적 돌연변이로 인해 발생함 • 드물게 어머니로부터 우성유전(우성유전이지만 모체에서는 돌연변이 유전자가 있는 염색체가 불활성화된 상태)됨 • 생후 6~18개월까지는 비교적 정상적인 발달을 함 • 이후 머리 둘레의 성장과 발달이 둔화되고 이전에 습득한 인지 · 운동 능력과 언어기능을 급격히 상실함 • 주된 증상으로 특징적인 손의 상동행동을 보이고, 이는 손의 기능적인 사용이 퇴행하면서 나타남 • 손의 상동행동은 양손 모두를 사용하여 몸의 상체 부분에서 손을 모아 비틀고 씻는 듯한 동작을 하거나, 입 속에 손을 넣어 침을 묻히거나, 자신의 몸을 지속적으로 치는 등 다양하고 복합적으로 나타남 • 구강 내 증상은 비정상적인 저작과 연하곤란이 있음 • 많은 경우 자발적인 음식물 섭취가 곤란하고, 다양한 경련 장애가 발생함
레쉬-니한 증후군	• X 염색체의 퓨린(purine) 대사에 관여하는 HPRT 효소의 완전한 결핍(1.5% 미만)으로 인해 몸에 요산이 축적되어 나타나는 열성유전 질환 • 레쉬-니한 증후군을 가진 아동은 지적장애, 충동적 자해행동, 경련, 발달장애, 뇌성마비로 인한 불수의적 운동, 고요산혈증, 요산뇨, 요로결석, 통풍성 관절염 등을 보임 • 태어날 때는 뚜렷한 신경학적인 이상이 없음 • 생후 4개월 이전에 근긴장도 이상과 반복되는 구토가 나타남 • 8~12개월 사이에 경련성 운동장애가 나타남 • 10대에 이르면 통증에 대한 감각은 정상임에도 강박적 자해행동이 나타나는데, 자신을 깨무는 자해행동으로 인해 손가락이 절단되거나 입술 주위 조직이 일부 상실되기도 함

01 학습단계 16 중등, 15 유아

1. 지적장애의 4가지 학습단계

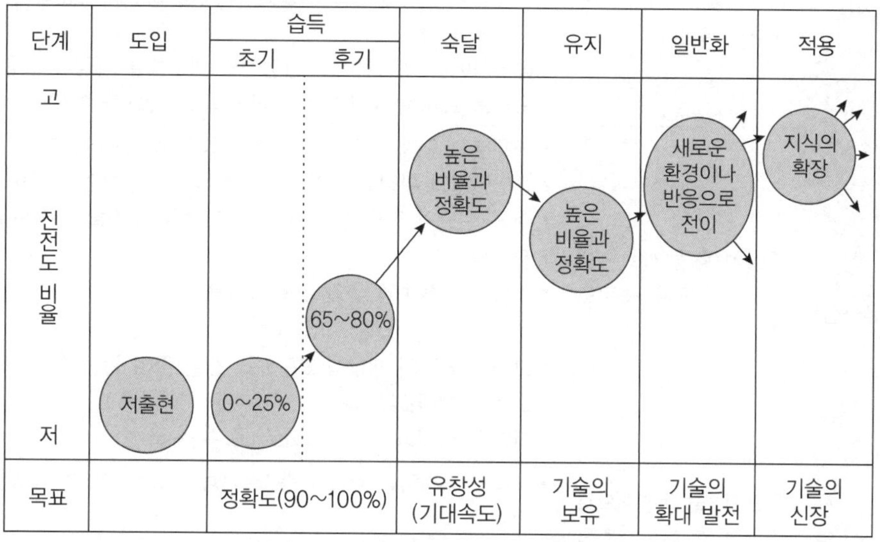

단계	도입	습득		숙달	유지	일반화	적용
		초기	후기				
고 진전도 비율 저	저출현	0~25%	65~80%	높은 비율과 정확도	높은 비율과 정확도	새로운 환경이나 반응으로 전이	지식의 확장
목표		정확도(90~100%)		유창성 (기대속도)	기술의 보유	기술의 확대 발전	기술의 신장

[그림 5-5] 학습단계에 따른 진전도 비율

(1) 습득

① 습득 단계의 학습자 수행은 0%의 정확도(과제를 어떻게 수행해야 하는지에 대한 지식이 전혀 없음)에서 90~100%의 정확도 범위 내에 위치한다.

② **교수목표**: 학생이 목표기술을 정확하게 수행할 수 있도록 돕는다.

(2) 숙달

① 숙달 단계의 학습자는 기술을 거의 자동적인 수준으로 학습하는 것을 시도한다.

② 이 단계에서 사용하는 기술은 습득 단계의 기술과 다르며, 학습자의 수행 속도를 높이는 데 초점을 둔다.

③ **교수목표**: 학생이 과제를 정확하고 빠르게 완수하도록 돕는다.

(3) 유지

① 학습자는 숙달 단계에서 높은 수준의 학습을 거친 후 유지 단계에 진입한다.

② **교수목표**: 높은 수준의 수행을 유지하는 것이다.

(4) 일반화

① 학습자는 기존에 배운 것과 다른 시간, 다른 상황에서 기술을 수행한다.
② 학생이 다른 환경에서 다른 사람들에게 기술을 유창하게 보여주는 것을 의미한다.

2. 학습단계별 목표와 특징

단계	목표	특징
습득	목표기술을 지도하며, 오류를 줄임	• 목표기술에 대한 학생의 수행 정도가 낮게 나타나는 단계 • 과제를 시작할 때 촉진을 제공하는 것이 필요함 • 과제분석 방법을 통해 기술을 더 작은 요소로 세분화하여 지도해야 함 • 정반응에는 즉각적이고 긍정적인 피드백을 제공해야 함 • 오류를 보이는 수행에는 교정적 피드백을 제공해야 함
숙달 (유창성)	일상적 활동으로 수행할 수 있도록 숙련도를 높임	• 과제분석 단계의 절반 이상을 수행할 수 있는 단계 • 생활연령과 환경을 고려하여 현실적인 수행기준을 적용함 • 수행 속도와 질을 높여서 보다 기능적인 기술이 되도록 지도함 • 기능적인 활동과 연결하여 지도함 　예 의사소통, 사회성, 자기결정 • 교사나 외부의 개입적 요구와 촉진을 줄여 학생이 독립적으로 수행하도록 함 • 자연적 단서와 촉진, 강화로 옮겨가도록 함
유지	목표기술을 독립적으로 수행할 수 있는 수준을 유지하고, 지속적으로 사용하도록 함	• 맥락을 고려하여 기술을 좀 더 기능적으로 적용할 수 있는 단계 • 의사소통, 사회성, 자기결정 관련 행동 등으로 심화함 • 개입적인 요구나 촉진을 줄이고 자연적 단서와 촉진, 강화로 수행을 촉진함
일반화	자극의 변화에도 목표기술을 잘 수행하도록 하고, 필요에 따라 목표기술을 수정하여 융통성 있게 수행하게 지도함	• 자극이 되는 환경(장소, 상황), 사람(교사, 감독자), 자료 등을 다양하게 적용하는 단계 • 기술을 수행하는 맥락을 다양하게 하여 문제해결 및 적응 기술을 지도함 • 의사소통, 사회성, 자기결정 관련 목표와 연계하여 기술을 심화함 • 개입적 요구와 촉진을 소거하고 자연적 단서와 촉진으로 수행을 유발함

02 학습 특성

1. 주의

(1) 선택적 주의집중(selective attention) ^{19 유아, 15 초등}

① 개요: 수행 중인 과제에 필요한 자극에는 주의를 기울이고 관련 없는 자극은 무시하는 것을 말한다.

② 전략

전략	방식
교사가 관련 자극을 식별해줌	• 학생 자신에게 어떤 정보가 중요한지 회상하거나 기억하게 함 • 목소리 억양, 크기로 관련 정보를 강조함 • 학생에게 구두나 글로 관련 정보를 요약해줌 　예 강의노트 주기, 칠판에 중요한 정보 적기 • 관련 정보를 식별해줌 　예 형광펜으로 표시하기, 밑줄 긋기, 색깔로 코딩하기, 화살표 그리기
집중 전략	• 방해되는 외부의 환경 자극을 제거함 예 개인 열람실 사용하기 • 방해되는 학업 정보를 제거함 　예 활동지나 자료 위에 윈도우 상자 열어두기 • 학생에게 그들이 집중해야 할 것이 무엇인지를 주기적으로 물음 • 의미 있는 내용, 활기 있는 속도로 수업하여 학생이 수업에 계속 적극적으로 참여하게 함
관련 자극을 식별하도록 가르침	• 교과서 속에 제공된 전략을 사용하도록 가르침 예 볼드체, 이탤릭체 • 구두로 제시한 자료에서 단서를 식별하도록 가르침 예 목록, 시리즈 • 학업 자료에서 방해 인자를 식별하도록 가르침

(2) 주의집중 유지

시간의 흐름에 따라 일정 시간 동안 환경에서 방해하는 자극을 억제하면서 집중되는 주의유지를 말한다.

(3) 주의집중 문제

① 대체로 지적장애학생은 일반학생에 비해 계획하는 것에 어려움을 보인다.

② 동시에 많은 차원에 주의를 기울인다거나, 학습 상황에서 관련된 자극에 초점을 맞추거나, 필요할 때 불필요한 자극을 버리거나, 한 과제에서 다른 과제로 주의를 이동하는 데도 어려움을 보인다.

③ 주의집중 문제는 단기기억의 어려움을 가져올 수 있고, 이로 인해 학습에도 어려움이 생길 수 있다.

2. 기억

(1) 기억 문제

지적장애학생은 단기기억에 문제가 있고, 시연 등의 전략을 자발적으로 사용하거나 이용하지 못한다.

(2) 기억 전략 [22 중등]

전략	방식
묶기 전략	작은 정보를 몇 개의 큰 묶음으로 처리하는 전략 예 ㄱㅇㅅ ㄱㄷㅈ ㄴㅁㅎ ㅇㅁㅂ ➜ 김영삼, 김대중, 노무현, 이명박
심상 전략	새로운 정보를 마음 속에 그림으로 만드는 과정
정교화 전략	자신의 사전 경험에 근거하여 새로운 정보를 장기기억에 저장된 정보와 연결하는 부호화 전략 예 '국화는 가을에 피는 꽃이다'를 학습할 때, 가을에 생신이신 엄마를 위해 국화꽃을 선물했던 기억으로 '국화는 가을에 피는 꽃'을 기억하는 전략
조직화 전략	공통 범주나 유형을 기준으로 새로운 정보를 장기기억에 저장된 정보와 연결하는 부호화 전략 예 '국화는 가을에 피는 꽃이다'를 학습할 때, 개요, 개념도 작성 등을 통해 가을에 피는 다른 꽃들과 연결하여 기억하는 전략

(3) 일반적인 기억력 증진법

과잉학습의 기회 확대, 촉진 사용, 시각적 지원 제공 등이 있다.

3. 일반화 22 초등

(1) 자극의 일반화

① 훈련 상황에서 주어지는 특정한 자극이 아닌 다른 자극이 다른 상황에서 주어져도 표적행동이 일어나는 것을 말한다.

② 학습할 때는 없었던 조건에서도 반응을 수행하는 것으로, 훈련전이라고도 한다.

③ 종류

구분	내용
장소(상황)에 대한 일반화	학생이 기술을 처음 배운 환경이나 상황이 아닌 조건에서 그 기술을 수행할 수 있음 예 자신의 집에서 전화기 사용법을 배웠는데 친구 집에서도 전화기를 사용할 수 있는 경우
사람(대상)에 대한 일반화	학생에게 새로운 기술을 지도한 사람 이외의 다른 사람에게도 그 기술을 사용할 수 있음 예 선생님께 인사하기를 배운 아동이 부모님, 동네 어른에게도 인사하는 경우
자료(사물)에 대한 일반화	학생이 처음 배울 때 사용한 자료가 아닌 다른 자료를 가지고도 배운 기술을 수행할 수 있음 예 한 종류의 휴대전화 사용법을 배웠는데 다른 종류의 휴대전화를 사용할 수 있는 경우

(2) 반응의 일반화

① 특정 자극·상황에서 어떤 행동이 강화된 결과로, 동일한 자극·상황에 그와 다른 행동이 일어날 가능성이 증가하는 것을 말한다.

② 목표하거나 가르치지 않은 부분에서 행동 변화가 일어난 것으로, 부수적 행동 변화라고도 한다.

> 예 학교에서 라면 끓이기를 배워 라면을 끓일 줄 알게 된 학생이 국수나 칼국수, 메밀국수도 끓일 수 있게 되는 것

(3) 유지

① 행동 변화를 유지하는 중재나 프로그램이 끝난 후에도 필요할 때마다 변화된 행동을 할 수 있는 것을 말한다.

② 중재에서 사용된 조건들이 주어지지 않아도 변화한 행동이 오랜 시간에 걸쳐 지속되는 것이다.

③ 학습한 기술을 유사한 환경 내에서 시간이 지나도 지속적으로 가지고 있는 것으로, 시간에 대한 일반화라고도 한다.

(4) 비교

구분	내용
자극의 일반화	학생의 반응에는 변화가 없고, 학습한 그대로 반응할 수 있음
반응의 일반화	학생의 반응에 변화가 있고, 학습한 것을 응용함
유지	습득된 반응이 시간이 지나도 그대로 유지되고, 시간에 걸쳐 행동이 지속됨

03 학습이론에 근거한 교수

1. 행동주의 학습이론

> 지적장애학생 교육 시 자극을 어떻게 제시하고 학생의 반응을 어떻게 강화할지가 중요하며, 강화의 결과로 행동의 발생 가능성을 높이고 새로운 내용을 전이시키기 위해 상황 간의 유사성을 강조한다.

(1) 과제분석적 교수(task analysis teaching)
① 교사는 지적장애학생을 교수할 때 일련의 과제요소와 선행요소를 확인한 후 과제의 어느 단계에서 교수를 시작해야 할지를 먼저 결정해야 한다.
② 과제분석적 교수에서 각 단계는 학생에게 가르칠 수 있는 분리된 행동이 된다.
③ 이 교수방법에서는 무엇을 가르치고 어떤 순서로 가르쳐야 하는지를 강조하므로, 지적장애학생에게 복잡한 기술을 가르치는 데 효과적이다.

(2) 직접 교수(direct teaching)
① 이 전략은 지적장애학생이 잠재력 또는 현재 학습능력 측면에서 훨씬 불리한 위치에 있으며, 학생이 원리나 내용을 스스로 깨닫도록 하기보다 교사가 직접 명료하게 가르쳐주어야 한다고 전제한다.
② 학습목표를 가장 효과적으로 달성하기 위해 교사가 직접 목표 학습상태를 가능한 한 상세하고 구체적으로 보여주고 잘 계획된 수업환경에서 반복적으로 익히도록 하는 것을 최선으로 여긴다.

2. 인지주의 학습이론

주의집중, 인출, 학습전략 사용, 이해력 모니터링 등의 활동과 자기효능감, 성과, 학습의 지각된 가치 등의 동기화된 신념을 강조한다.

(1) 정보처리모델[15 초등]

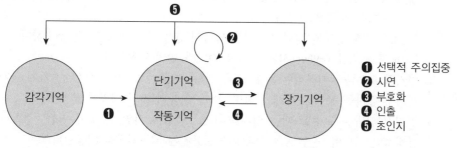

[그림 5-6] 정보처리과정

① 인간의 인지과정을 컴퓨터의 정보처리과정에 근거하여 설명한 것이다.
② 컴퓨터의 정보처리과정에 기초하여 컴퓨터가 정보를 입력, 저장, 인출하듯 인간도 정보를 받아들이고 저장하며 인출한다는 원리이다.
③ 정보처리 순서

- 감각기관으로 들어온 모든 정보는 일단 감각기억에 매우 짧은 시간 동안 저장된다.
- 이 중 중요하다고 판단되는 정보는 주의와 지각 과정을 거쳐 작업기억으로 이동한다.
- 작업기억은 지금 이 순간 활성화되는 기억저장소로 기억용량과 저장시간이 제한된다.
- 단기기억은 짧은 기간 동안 정보를 보유하는 저장소인 반면 작업기억은 저장기능과 더불어 조작기능을 포함한다는 점에서 차이가 있다.
- 파지가 필요한 정보는 부호화 과정을 거쳐 용량과 저장기간에 제한이 없는 장기기억에 저장되고, 필요에 따라 인출되어 작업기억을 통해 반응으로 나타난다.
- 이 모든 과정은 초인지에 의해 통제, 조절된다.

(2) 인지적 교수

① **인지적 접근**: 지각, 기억, 문제해결 등 인간의 내재적인 심리과정을 설명하기 위한 접근방법이다.

② **인지적 교수**: 지식을 습득·저장·활용하고 관리하는 능력을 교수하는 것이다.

③ 학습 시 흔히 일어나는 인지과정의 가장 중요한 유형 중 하나는 문제해결이다.
   ⓐ 문제해결은 자동적인 문제해결책을 가지지 못한 사람이 해결책을 찾으려고 시도하는 노력으로 볼 수 있다.
   ⓑ 이를 위해 문제와 관련된 질문을 만들어 답을 하고 해결방법을 추정하며, 문제해결을 위한 다양한 시도를 하고 수단과 방법을 찾는다.

④ 인지적 교수를 실시하려면 문제 이해, 계획 고안, 계획 실행, 점검의 4가지 단계를 인지적 절차를 통해 수행해야 하며, 이를 위해 인지적 전략이 필요하다.

⑤ 인지적 전략을 교수할 때는 인지적 모델, 언어적 시연, 유도된 연습, 정확하고 긍정적인 피드백, 숙달된 학습과정을 사용하는 교수전략을 사용한다.

정서 및 행동장애, 이성봉, 학지사

개념 check **초인지**

'자신의 학습을 반성, 이해, 통제하는 능력'으로, 초인지적 지식과 자기조정의 두 요소로 설명할 수 있다.

1. **초인지적 지식**: 학습자가 학습에 영향을 주는 개인·과제·전략 변인을 아는 것이다.

선언적 지식(declarative knowledge)	자신과 전략에 관한 지식
절차적 지식(procedural knowledge)	전략 사용에 관한 지식
조건적 지식(conditional knowledge)	전략 사용 시기와 이유에 관한 지식

2. **자기조정**: 인지과정을 스스로 조절하는 것으로 인지전략을 효율적으로 선택·관리하고, 목표에 도달하기 위해 학습하는 동안 학습활동을 점검하고 재지시하는 것이다. 자기조정의 과정으로는 결과 예측, 전략 계획, 다양한 형태의 대리적 시행착오와 같은 계획 활동, 학습전략 점검, 수정, 재계획과 같은 점검 활동, 전략 효과의 평가와 같은 결과 점검이 있다.
   ➡ 초인지 전략은 과제 수행에 사용한 전략의 모든 과정을 알고 조정하는 전략을 말한다.

보충+α **실행기능**

실행기능은 계획, 작업기억, 행동 억제, 인지체계의 변경, 인지적 유연성과 더불어 행동을 산출하고 감독하는 것을 포괄하는 광범위한 능력을 포괄하는 개념이다. 실행기능은 특히 전두엽의 기능과 연결하여 설명할 수 있다. 따라서 실행기능의 어려움은 전두엽(전전두엽) 손상과 신경발달학적 장애(자폐, 주의력결핍, 강박장애, 뚜렛 증후군, 정신 분열증)를 가진 환자군에서 특히 문제가 되고 있다. 터너(Turner)는 자폐장애군에서 관찰되는 반복적이고 상동증적인 행동패턴을 행동억제의 실패와 생성능력의 손상으로 설명했다.

계획능력	행동을 계획하고 지속적으로 감독하고, 재평가하는 일련의 과정
인지적 융통성	환경적 변화에 따라 자신의 행동을 조절하고 변화시키는 능력
억제 능력	목표달성을 위해 행동적 과정, 욕구, 충동을 의식적 또는 무의식적으로 억누르는 능력
작업기억	• 새로운 정보를 조작하여 저장하거나 행동적인 반응을 하는 곳 • 지금 이 순간 의식적으로 활성화된 기억의 저장고 • 작업대로 비유될 수 있으며, 작업기억이라는 작업대 위에는 감각기억에서 넘어온 새로운 자극과 장기기억에서 인출해온 지식이 놓임 • 우리의 기억체계는 새로운 자극과 관련된 지식을 장기기억에서 꺼내와 새로운 자극을 체계적으로 조직하여 저장하거나 자극에 대한 반응을 행동으로 표현함

3. 구성주의 학습이론

구성주의 학습이론을 바탕으로 지적장애학생에게 교수활동을 할 때의 장점은 학생이 적극적으로 자신의 학습에 참여하게 되고, 실생활과 관련된 주제중심 교육이 이루어질 수 있는 것이다. 또한 또래협력, 소집단 교수, 협동학습도 자연스럽게 이루어질 수 있다.

(1) 또래교수

① 한 학생이 다른 학생에게 교수자(tutor)로서 행동하거나 두 학생이 번갈아가면서 교수자 역할을 한다.

  예 연령이 많은 학생이 더 어린 학생을 가르치기, 같은 학급에 있는 또래학생을 가르치기, 일반학생이 장애학생을 가르치기

② 또래교수를 받는 지적장애학생은 학업적 성취, 사회적 기술, 자기존중감이 향상되고, 또래교사도 의사소통 기술, 사고기술, 자기존중감 등이 향상되고 가르치는 내용의 이해가 더 잘 된다.

③ 또래교수를 통해 지적장애학생은 일반학생과 수업시간이나 자습시간에 함께 활동하면서 우정을 쌓고, 상호작용할 기회를 가지며, 일반학생도 지적장애학생에 대한 긍정적 태도, 우정 등을 가지게 된다.

(2) **상보적 교수**

① 학생으로 하여금 학습한 내용에 대한 이해를 점검하고 깊게 사고하는 것을 돕기 위해 구체적으로 고안된 교수방법이다.

② 학생은 질문 만들기, 요약, 예측, 명료화의 4가지 전략을 익히고 사용하도록 교수 받는다.

③ 교사와 학생 사이의 상호적인 대화를 포함하며, 학생들에게 전략을 명백하게 교수 하는 것이 중요하다.

④ 교사가 각 단계를 설명하고 모델링하면, 학생들은 해당 기능을 연습하고 피드백을 받는다.

⑤ 학생들이 점진적으로 그 과정을 학습하면서, 새 글을 읽고 토의할 때는 교사의 역할을 맡게 하여 그 책임이 학생들에게 옮겨지도록 한다.

(3) **모델링**

① 모델링 과정(modeling process): 1가지 이상의 모델을 관찰함으로써 행동적·인지적·정서적 변화를 일으키도록 하는 과정이다.

② 관찰학습: 타인의 행동을 관찰함으로써 바람직한 행동을 간접적으로 학습하는 것이다. ^{22 초등}

③ 모델링 하위과정

하위과정	활동
주의집중	주의집중은 신체적으로 강조된 관련 과제 또는 부분이 복잡한 활동으로 다시 나뉘는 것, 유능한 모델을 사용하는 것, 모델 행동의 유용성을 보이는 것 등을 통해 이루어질 수 있음
파지	학습된 정보를 시각적·상징적 형태로 코딩하며 시연함으로써 증진되고, 이전에 기억에 저장된 정보에 새로운 자료를 관련지음
재생	개인의 개념적(정신적) 표현으로, 피드백을 통해 결함을 교정함
동기화	• 모델 행동의 결과는 관찰자에게 기능적 가치와 적합성을 알림 • 이는 창의적인 성과기대와 자기효능성의 증진에 의해 동기화됨

(4) 협력교수

① 일반교육교사와 특수교육교사가 특수교육적 지원이 요구되는 학생에게 통합된 일반학급에서 공동으로 수업하며 일반학급 내 모든 학생에게 질적인 교육을 제공하고자 평등한 입장에서 업무, 역할, 교수, 학습평가, 학급관리, 학생관리 등의 제반 결정사항에 주도적으로 참여하는 교수활동이다.

② 협력교수 유형

유형	내용
교수지원	• 1개의 대집단을 대상으로 1명의 교사가 수업을 진행하고 다른 1명의 교사는 보조 역할을 하는 형태 • 교수-지원 형태는 1명의 교사가 구체적인 교과 내용을 가르치는 동안, 다른 교사는 학습 내용을 습득하기 위한 학습 전략을 가르치는 책임을 맡는 형태로 활용함
팀 티칭	• 학급 전체를 1개의 학습집단으로 하고 2명의 교사가 반 전체 학생에 대한 교수역할을 공유함 • 1명의 교사가 내용을 가르칠 때 다른 교사는 필기를 하거나, 두 교사가 역할놀이로 모델을 보여주는 방법을 사용할 수 있음 • 협력교사 간의 상호 신뢰와 협력이 많이 요구되는 형태로, 처음 시작하는 교사보다는 서로 익숙해진 교사에게 권유됨
스테이션 교수	• 교육 내용을 몇 개로 나누어 각 모둠에서 교사가 다른 교육 내용을 제공함 • 스테이션 교수, 여러 집단의 교수, 지원학습 활동 등의 방법이 속함 • 교육 내용을 몇 개로 나누어 교사가 각 스테이션에서 다른 활동을 교수함 • 학생들은 소집단을 구성하여 스테이션을 돌아가면서 수업을 들음 • 이 형태는 협력교사들이 모든 학생의 학습을 심화·향상시키기 위해 계획하고 개발한 활동을 함께 실시함 • 토론 형식, 다단계 프로젝트 학습방법 등이 포함될 수 있음
평행교수	• 학생을 2개의 이질집단으로 나누어 2명의 교사가 각 집단을 따로 교수함 • 2명의 교사가 같은 내용을 교수하므로 구체적인 사전협의가 필수적임 • 반복 연습, 프로젝트 학습 등에 사용됨 • 이 형태는 여러 변형이 있을 수 있는데, 같은 주제에 대한 상반된 의견을 배운 후 두 집단이 토론하는 형태의 수업이 제안되고 있음
대안적 교수	• 일반적인 수준의 대집단과 수행능력이 평균 이상 또는 이하인 소집단을 구성하고 2명의 교사가 각 집단을 맡아 교수함 • 이 교수를 실시할 때 중요한 점은 소집단이 고정되어서는 안 된다는 점 • 교실 내에 또 다른 교실을 만드는 결과와 낙인효과가 나타날 수 있기 때문 • 이전 시간에 배운 내용의 복습, 반복학습 시 유용하다고 보고됨

(5) **협동학습**

> 학습상황에서 둘 이상의 학생이 동등한 입장으로 참여하여 공동목표를 달성하기 위해 서로 상호작용하는 것을 의미한다. 즉, 학생들이 자신의 학습목표를 달성하기 위해 집단 내 다른 학생을 경쟁 대상이나 개별적 대상으로 지각하는 것이 아니라 협동할 대상으로 지각하고 함께 학습목표를 달성해나가도록 하는 소집단 교수·학습 전략이다.

① 학생 팀 학습(STL; Student Team Learning)
    ⑦ 특징: 집단 내에서는 협동을 하도록 하지만 집단 간에는 경쟁체제를 적용한다.
    ⓒ 종류

구분	내용

능력별
팀 학습
(STAD)
	• 교사가 교재를 제시하면 학생은 주어진 교재를 팀 구성원끼리 상호작용하면서 학습함
	• 개인별 평가점수는 성취 분야에 따라 팀 점수로 환산됨
	  – 각 팀이 지난 성적이 1위인 아동들의 형성평가 점수를 비교하여 높은 점수부터 1, 2, 3등에게 각각 8, 6, 4점을 팀 점수로 줌
	  – 나머지 학생에게는 2점을 팀 점수로 환산하여 줌
	• 이후 각 팀별로 지난 성적이 2위인 학생, 3위인 학생을 같은 식으로 비교하여 개인별 형성평가 점수를 팀 점수로 환산하고, 이때 개인별 향상점수가 팀 점수로 추가됨
	• 향상점수와 팀 점수를 학급 게시판에 게시하고, 최고 성적 팀에게 집단보상을 함

토너먼트식
학습
(TGT)
	• 거의 모든 절차가 STAD와 비슷하지만, 개인별 형성평가 대신 각 팀에서 능력이 서로 비슷한 학생이 토너먼트 테이블에 모여 능력을 겨룬다는 차이가 있음
	• 팀별로 학습이 끝나면 각 팀에서 이전 수행에서 가장 우수했던 3명이 테이블 1에, 그 다음으로 우수한 3명이 테이블 2에 배정되는 등의 방식으로 마지막 학생까지 배정됨
	• 테이블에서 학생들은 수업에서 다룬 학습내용에 대한 게임을 함
	  – 게임은 한 벌의 숫자카드와 한 세트의 문항으로 구성됨
	  – 학생들은 돌아가면서 차례로 수 카드를 뽑아 해당되는 문항에 답함
	  – 이때 얻는 각자의 점수는 자기 팀의 점수로 합산됨
	• 토너먼트가 끝나면 학급 게시판에 최고 팀을 알리고 보상함

팀 보조 개별학습 (TAI)	• 학생들은 각자가 프로그램의 어느 수준에 위치하는지를 알기 위해 사전 검사를 받음 • 이후 4~5명의 이질적인 팀에 배정이 되고 팀 내에서 개인별 단원으로 공부함 • 각 단원에는 단계적인 습득을 위한 지시와 설명문, 여러 장의 기능 문제지, 확인 검사지, 최종 검사지와 정답지가 있음 • 학생들은 4문제를 계산한 후 팀 동료와 교환하여 정답을 채점함 　－ 4문제가 다 정답이면 다음 기능 문제지로 건너뛸 수 있음 　－ 4문제 중 오답이 있으면 다른 4문제를 계산함 • 기능 문제지를 다 풀면 확인검사를 받고 8개 이상이 정답이면 최종 검사를 받음 • 학생들이 팀에서 개별로 학습하는 동안 교사는 매주 6~7명의 학생과 약 15~20분간 개별 지도함 • 팀은 매주 1회씩 학습한 단원에 대한 점수를 받음 • 사전에 정해진 준거를 달성한 팀은 최고 팀의 자격을 받음
과제분담 학습 II (직소 II)	• 슬라빈(Slavin)이 직소 I을 개작한 것으로, 직소 I보다 과제의 상호 의존성을 낮추고 보상의 상호 의존성을 높였으며 교재의 완전습득을 목적으로 함 • 이 방법은 팀의 학생들이 교재를 분할하여 한 부분씩 깊이 있게 공부하고 동료들에게 가르쳐 주는 것으로, 과제의 상호 의존성에 기초함 • 직소 팀은 보통 5~6명의 이질적인 학생들로 구성되고, 각 팀에는 분절된 교재가 주어지며 학생들은 각 주제를 하나씩 맡음 • 이후 팀에서 나와 소주제별로 다른 팀 구성원들과 합류하여 전문가 집단에서 그 주제에 대한 학습을 함 • 학습이 끝나면 자신의 팀으로 돌아와 팀원들에게 전문가집단에서 학습한 내용을 가르침 • 학생들은 개인별 형성평가를 받고, 향상점수와 팀 점수가 계산되어 보상을 받음

② 협동적 프로젝트(CP; Cooperative Projects)
  ㉠ 특징: 집단 내 협동뿐만 아니라 집단 간 협동도 하도록 한다.
  ㉡ 종류

구분	내용
과제분담 학습 I (직소 I)	• 전체 학생을 5~6개의 이질적인 집단으로 나누고, 학습할 단원을 집단 구성원의 수에 맞게 쪼개어 각 구성원에게 한 부분씩 할당함 • 각 집단에서 같은 부분을 담당한 학생들끼리 따로 모여 전문가집단을 형성하고, 분담된 내용을 토의하고 학습함 • 이후 다시 원래의 집단으로 돌아와 학습한 내용을 팀원에게 설명함 • 단원 학습이 끝난 후 학생들은 시험을 보고 개인점수를 받음 • 이 시험 점수는 개인등급에 기여하고 집단점수에는 기여하지 못함 • 이러한 측면에서 과제해결의 개인 상호 의존성은 높고 보상 의존성은 낮으며, 집단으로 보상받지 않기 때문에 형식적인 집단목표가 없음
자율적 협동학습 (Co-op Co-op)	• 학생이 스스로 과제를 선택하고 자신과 동료의 평가에 참여하도록 허용하는 유형 • 교사−학생 간의 토의를 통해 학습과제를 정하고, 교사가 이질적인 학생 팀을 구성함 • 각 팀은 주제를 정하고 구성원들의 흥미에 따라 하위 부분을 분담을 한 후에 정보를 수집함 • 각자 학습한 소주제를 팀 구성원들에게 제시한 후에 종합하여 팀의 보고서를 만들고 이를 다시 전체 학급에 제시함 • 마지막 평가 단계에서는 3가지 수준의 평가가 이루어짐 　－ 팀 동료에 의한 팀 기여도 평가 　－ 교사에 의한 소주제의 학습 기여도 평가 　－ 전체 학습동료가 작성하는 팀 보고서 평가
집단조사 (GI)	• 고차원 인지학습에 유용하고 보다 정교한 집단 프로젝트로서 고안됨 • 학생 2~6명이 팀을 이룸 • 팀은 전체 학습에서의 학습단원에서 하위주제를 선정하고, 하위 주제를 개인별 과제로 더 쪼개어 나눔 • 이후 집단은 학급 앞에서 학습한 내용을 제시하고 발표함 • 협동적 보상은 구체적으로 잘 드러나지 않음 • 학생은 단순히 집단목표를 달성하고자 함께 공부하도록 요구받음
함께하는 학습 (LT)	• 5~6명의 이질적 구성원으로 팀이 구성됨 • 과제를 협동적으로 수행하고, 과제 부여, 보상, 평가도 집단별로 함 • 시험은 개별적으로 시행하나 성적은 소속집단의 평균점수를 받음 • 자신의 집단 내 다른 학생들의 성취 정도가 개인 성적에 영향을 줌 • 교사는 학생들의 상호작용을 관찰하고 잘 이루어지도록 노력함 • 이 모형은 집단구성원이 관련 자료를 같이 보고 이야기하며 생각을 교환할 수 있음 • 다만 집단보고서에 집단보상을 함으로써 무임승객 효과, 봉 효과와 같은 사회적 빈둥거림이 나타나서 상대적으로 다른 협동학습 모형보다 효과적이지 못할 수 있음

04 동기적 특성(심리적 특성) 23 유아, 23 중등, 20 중등

1. 동기와 실패에 대한 기대

① 동기는 행동을 유발·지시·유지하도록 하는 내적 상태로, 지적장애학생 중에서 학습동기가 낮아 문제되는 경우가 있다.

② 학교에서 새롭거나 어려운 과제를 수행할 때 적극적으로 참여하지 않거나 학습 문제에 흥미를 보이지 않는 경우가 있는데, 실패에 대한 높은 예상과 관련되는 학습된 무기력이 원인일 수 있다.

③ 학습된 무기력은 아무리 노력해도 성공할 수 없다고 믿는 것을 말한다.

2. 외부지향성

① 문제를 해결하려 할 때 자신의 내적 인지능력을 사용하기 전에 먼저 외부에서 단서를 찾으려는 특성이다.

② 지적장애학생은 해결할 문제가 있는 경우 교사나 부모의 도움을 받아 해결하려는 모습을 종종 보인다.

3. 통제소

① 통제소는 성과의 원인 관계를 어디에 둘 것인지의 문제로, 한 사람이 자신의 긍정적 또는 부정적 행동의 결과를 어떻게 지각하는지를 의미한다.

   ⊙ 내적 통제소의 경향을 지닌 사람: 긍정적이든 부정적이든 사건의 결과를 자신의 행동 결과로 인식한다.

   ⓒ 외적 통제소의 경향을 지닌 사람: 모든 결과를 운명과 요행, 타인의 힘과 같은 외부 요인의 탓으로 돌린다.

② 지적장애학생은 또래에 비해 외적으로 지향되는 편이며, 이로 인해 청소년기와 성인이 된 후 적응능력에 어려움을 보인다.

③ 인지적 어려움, 기술전이와 일반화의 어려움 등 여러 요인 때문에 새로운 환경에 덜 익숙하여 외적 통제소의 경향을 보일 수 있다.

* 이러한 동기적 요인으로 인해 낮은 수행능력을 가지게 된다.

1. 적극적 반응 경향성(긍정적 반응 경향성)

사회적 강화로 형성된 반응성으로, 도움을 주는 성인으로부터 받는 사회적 강화에 대한 반응성이다. 주위의 성인에게 지나치게 의존하려는 경향에서 나오는 특성으로, 적극적 반응 경향성을 가진 지적장애학생은 교과기술 습득보다 교사의 관심을 얻는 일에 더 관심을 가질 수 있다.

2. 부정적 반응 경향성

지적장애학생이 성인과의 상호작용에서 지나친 신중함과 꺼림을 나타내는 것을 의미한다. 이 경향성은 지적장애인에게서 종종 보이는 사회적 강화로 형성된 반응인 적극적 반응 경향성과는 대조된다. 부정적 반응 경향성에서 중요한 점은 이 신중함이 학생의 사회적 효율성을 약화시킬 수 있다는 것이다. 지나친 부정적 반응 경향성으로 인해 아동은 친숙하지 않은 성인이 제시하는 과제를 꺼리거나 위축된 반응을 보일 수 있다. 또한 더 위축적이고 자기고립적이게 될 수 있다.

3. 성공 기대감

개인이 새로운 과제를 만날 때 성공을 기대하는 정도이다. 지적장애학생은 지적 과제에서 이미 실패한 경험을 일반학생보다 많이 가지기 때문에 낮은 성공 기대감을 가진다. 낮은 성공 기대감으로 인해 새로운 학습상황에서 노력이 부족하고 시도를 거의 하지 않는 결과로 이어진다. 낮은 성공 기대감은 학습된 무기력(learned helplessness)과 비슷한 점이 있다. 학습된 무기력은 사건이나 결과가 개인의 통제에서 벗어나는 것으로 기술된다. 이 결과는 심지어 아주 쉬운 과제라도 수동적이 되고 실패로 이어질 수 있는 동기적·정서적 곤란을 가지게 만든다.

4. 외부 지향성

문제해결에 있어 자신의 내적 인지능력을 활용하기 전에 외부 세계에서 단서를 찾으려고 하는 것이다. 외부 지향적인 학생은 독립적으로 문제를 해결하는 대신 외적 촉진이나 상황적 단서를 안내자로 의존한다. 외적 단서에 지나치게 의존하는 학생은 결정하기(decision-making), 자기결정(self-determination)에도 상당한 어려움을 가지게 된다.

5. 효과성 동기

어렵고 힘든 문제를 해결하는 것에서 오는 만족감이다. 이는 호기심, 능력을 높이기 위한 숙달, 도전적 과제를 선호하는 것 등의 문제와도 연관된다. 효과성은 학생이 어렵거나 복잡한 문제에 움츠리지 않고 과제에 적극적으로 접근할 때와 잘 수행했다는 즐거움을 가지게 될 때 분명하게 나타난다. 지적장애학생은 일반학생에 비해 낮은 효과성 동기를 가진다. 효과성 동기는 학급과제나 직업과제의 학습 수행에서 중요한 요인인데, 낮은 효과성 동기를 가진 학생은 새로운 과제에서 전형적으로 두려움, 부주의, 노력 부족 등을 보일 수 있기 때문이다.

6. 학습된 무기력

어려운 과제를 아예 포기하거나 문제를 해결하려고 시도도 하지 않는 것이다. 심지어 스스로 할 수 있는 과제나 상황에서도 자신은 할 수 없다고 믿는다. 상황을 스스로 통제할 수 없다고 지각하는 심리적 상태를 의미한다. 성공해도 그 결과를 자신의 노력보다 행운으로 돌린다. 이 신념은 과거의 실패경험 결과로 인한 것이다. 특히 부모나 교사, 다른 사람의 비판, 낮은 기대가 초기 실패를 경험하게 한다. 따라서 지적장애학생이 감당할 수 있는 과제나 상황을 제시하여 스스로 성취감과 만족감을 얻도록 하는 것이 중요하다. 실패를 감당할 수 있는 마음을 가지도록 하는 것도 지도에 있어 중요한 요인이다.

7. 통제소재(locus of control)

개인이 자신의 행동 결과를 어떻게 지각하는지에 관한 개념이다. 통제소재는 내적 통제소재와 외적 통제소재로 구분된다. 내적 통제소재는 행동 결과가 긍정적이든 부정적이든 스스로의 것으로 간주하는 것이다. 외적 통제소재는 행동 결과를 운명, 행운, 다른 사람과 같은 외부의 힘에 의해 이루어진다고 보는 것이다. 지적장애학생은 자신의 행동 결과의 성공/실패 원인과 책임을 외적 통제소재에 두는 경향이 강하고, 노력을 해도 실패가 뒤따를 것이라는 학습된 무기력을 가진다.

제4절 교육

01 지적장애학생의 교육과정 구성을 위한 접근

1. 발달주의 교육과정

(1) 개요

① 발달단계에 따른 선행기술, 즉 위계에 따른 기술 지도를 강조한다.

② 발달론적 교육과정은 교수계획과 우선순위를 제시하는 데 전형적인 발달계열을 이용하여 설계한다.

③ 생활연령에 적절한 기술보다는 발달에 필수적인 기술을 통해 발달을 촉진하는 상향식 접근법(bottom-up approach)으로 교육과정을 개발한다.

④ 지적장애학생에게 발달론적 관점을 적용하면 비록 발달단계를 통과하는 속도가 느리고 도달하는 한계점이 낮아도 일반학생과 동일한 단계를 거치기 때문에 같은 발달연령의 일반학생에게 적용하는 발달과제를 그대로 적용할 수 있다.

⑤ 발달적 평가를 통해 나타나는 점수를 바탕으로 장애학생을 지도하기 때문에 생활연령보다 발달연령이 낮은 장애학생은 나이가 많은 장애학생이라도 발달수준에 따라 유아 수준의 기초적인 프로그램을 확장하여 사용한다.

⑥ 따라서 중도장애 고등학생도 유아 수준의 교재로 자조 기술, 소근육·대근육 운동, 기초단계의 의사소통, 기초 학습기술과 같은 초보적 기술만 배우는 경우가 많다.

⑦ 선수기술이 부족하면 다음 단계의 기술을 배우기 어렵기 때문에 성인에게 필수적인 일상생활이나 사회적 기술을 배우는 데 어려움이 있다.

(2) 단점

① 준비성 함정(readiness trap): 정상발달 순서와 단계별 필수 선수기술의 습득을 강조하여 기능적 기술 교수가 이루어지지 않고, 발달단계나 정신연령을 강조하여 장애학생의 실제 생활연령과 많은 차이가 나도 기술습득을 교수내용을 선정하는 근거로 사용하는 것이다.

② 어린 아동이 학습하는 기술을 교수함으로써 중도장애학생이 무능력하다는 부정적 이미지와 낮은 기대감 형성에 기여하는 점도 들 수 있다.

2. 생태학적 교육과정

(1) 개요

① 장애학생에게 현재나 미래 환경에서 가장 필요한 기능적 기술(functional skill)을 익히도록 하는 것으로, 관련된 기술을 실제 생활장면에서 가르치고자 한다.

② 현재와 미래 환경에서의 독립적인 생활·기능에 필요한 기능적 기술을 지도한다.

③ 기능적 접근법을 이용한 교육과정 개발은 필수 전제기술 습득과 상관없이 아동의 현재와 미래 환경에 필요한 기술을 교사가 조사하고 가르치는 하향식 접근법이다.

(2) 장점

① 생태학적 접근이 중도장애학생의 학습상 어려움에 부합하고, 기능적이고 생활연령에 적합한 기술을 실제 환경에서 교수하기 때문에 일반화 능력을 가정하지 않아도 되며, 교수하기로 판별된 기술은 사회적 타당화(social validation)에 의해 기능적이고 적절한 것으로 결정된다는 점이 지적되었다.

② 일반인이 수행하는 것과 유사하거나 동일한 활동에 참여하는 기술을 교수하므로, 다른 사람들의 중도장애학생에 대한 기대감을 증진하는 데 기여하고, 일반인과 상호작용하는 기회와 일반 지역사회 환경에의 접근을 강조하기도 한다.

보충+α 발달중심 교육과정, 기능중심 교육과정

1. 발달중심 교육과정

① **정의**: 학생에게 학습할 준비가 갖추어졌을 때 각 발달단계의 대표적인 과제들을 가르치는 것으로, 일반 교육과정에서 전통적으로 사용해온 방법이다.

② **특징**
   ⊙ 일정한 성숙수준에 도달했을 때 특정 기능·개념을 가르쳐 필요한 교육경험을 하게 한다.
   ⓛ 제공하는 과제는 학생의 정신연령에 해당하는 발달단계와 상응하는 것이어야 한다.
   ⓒ 지적장애학생은 발달속도가 느리지만 비장애학생과 동일한 인지 발달단계를 거쳐 진전하고, 정신연령이 같을 때 비장애학생과 인지적 차이가 없다는 전제하에 교육이 이루어진다.
   ⓔ 이 관점으로 보면 발달단계는 정신연령에 따라 결정되고, 각 발달단계에 상응하는 과제를 학생에게 제공해야 하므로 정신연령에 맞는 발달과제를 교육내용으로 선정한다.
   ⓜ 발달중심 교육과정에서는 발달의 정상성과 규준성에 입각하여 미리 다음 단계의 발달을 표준적 교수목표와 내용으로 제시한다.
   ⓱ 교과를 주로 학문적인 기준보다 발달영역을 기준으로 분류한다.
      [예] 신체발달, 언어발달, 인지발달, 사회성 발달, 정서발달
   ⓢ 각 영역의 기술(skill)을 비장애학생의 발달순서와 동일하게 습득한다고 가정하며, 후속 기술을 습득하려면 선행기술을 우선적으로 습득해야 한다는 점을 기본 전제로 한다.

③ **장단점**

구분	내용
장점	• 체계적인 교수가 가능하고, 수업을 아주 작은 단계로 나누어 진행할 수 있음 • 학생의 학습을 조작·통제할 수 있음 • 기능의 영역·순서에 따라 명확한 계획을 수립할 수 있음 • 개별적인 발달수준을 검증할 수 있음 • 학생에게 과도한 요구를 하지 않아도 됨 • 기초적인 기능을 학습하도록 함 • 특히 최중도 지적장애 아동·청소년의 교육에 적합함
단점	• 학습 속도가 느린 지적장애학생은 이 교육과정에 전적으로 의존하는 것이 오히려 교육발전을 저해하는 요소가 될 수 있음 • 발달의 규준성과 정상성에 입각하여 발달과제를 선정하고 목표로 제시하므로, 개인차가 큰 지적장애학생의 독특한 발달을 저해할 소지가 있음 • 개인의 수행 가능성과 주변 요구에 필요한 기술을 학습할 수 없어 사회생활 자립이 어려워질 수 있음 • 생활연령과 정신연령 간의 차이가 많이 나는 지적장애학생이 발달중심 교육과정에만 의존하면 성인이 되었을 때 실제로 필요한 기술과 관련이 없는 선행기술을 익히는 데 많은 시간을 소비하여 현재와 미래 생활에 필요한 기술과 여러 중요한 능력을 개발하고 적용할 기회를 잃을 수 있고, 궁극적으로 사회통합이 어려워질 수 있음

2. 기능중심 교육과정

① 정의
  ㉠ 현재와 미래 생활에서 기능할 수 있는 생활 기술을 강조하는 교육과정이다.
  ㉡ 기능적 생활 기술은 타인의 도움이 없으면 매우 곤란해지는 일상생활의 기술이자 가정, 지역사회, 직업 환경에 자주 필요한 기술을 의미한다.

② 특징
  ㉠ 학생이 미래에 겪을 성인으로서의 생활, 현재 환경, 미래 환경에서 기능하도록 하는 것을 우선순위에 두고 교육내용을 선정한다.
  ㉡ 교육과정을 생활에 적합하고 유용한 여러 기능적 생활 기술로 구성한다.
  ㉢ 기능적 기술은 주로 성인이 지역사회와 직업 환경에서 최대한 효과적 · 독립적인 역할을 하는 데 필요한 기술을 의미한다.
  ㉣ 일상생활에 필요한 기술은 생태학적인 분석을 기반으로 선정해야 한다.

③ 장단점

구분	내용
장점	• 학교의 학습 시간을 현재나 미래에 사용하지 않을 기술을 배우는 데 낭비하지 않고, 지적장애학생의 학습 특징인 일반화의 어려움을 줄일 수 있음 • 학교가 선택한 교수목적과 지적장애학생이 속한 환경에서 만족을 얻는 데 필요한 기술 간에 직접적 연관성이 있어, 귀중한 교수시간을 낭비하지 않을 수 있음 • 실제로 기술이 사용될 자연환경에서의 경험을 통해 배우므로 지적장애학생의 학습 특징인 일반화의 어려움을 줄일 수 있음 • 학습한 기술을 즉시 사용할 수 있어 성취감을 경험하고 잘 잊지 않을 수 있음 • 습득한 기술을 보유하려면 기술을 수행하는 기회가 지속적으로 제공되어야 하는데, 기회가 매일 제공될 수 있음 예 돈의 사용, 대중교통 수단 이용, 라면을 끓이는 것 • 생활연령에 맞는 기술을 배워 오명을 줄일 수 있음 • 일반인과 자주 접촉하여 사회적 상호작용 기회가 많아짐
단점	• 학교에서 학생의 일상생활에 필요한 기술을 지도하면, 부모는 학교가 학생을 교수하지 않는다고 느끼는 경우가 많음 • 초등과정의 지적장애학생 부모 중 다수가 학업적인 것을 원하는 경향이 있음 • 학생을 실생활에서 지도하기 때문에, 더 오명적일 수 있음 • 이동과 안전상의 문제, 교사 대 학생의 높은 비율, 비용, 시간적 문제도 해결해야 함 • 장애학생의 실생활 참여를 중요시하지만 장애가 심하면 참여 자체가 어려울 수 있음 • 근본적 문제는 사회생활에 필요하다는 이유로 지도하는 기능적 기술이 사회인으로서 기능하는 데 충분한 조건이 되지 못할 수 있다는 것 • 특정 환경에서 익힌 생활 기술을 다른 환경에서 일반화하기 어려울 수도 있음 • 기능중심의 교육과정에 참여하는 만큼 일반 교육환경에 참여할 수 없음

02 지적장애학생의 교육과정 구성과 운영을 위한 기본 전제 [17 초등]

1. 연령에 적절한 교육과정

① 지적장애학생의 교육과정은 생활연령에 적합한 내용으로 구성·적용해야 한다.
② 특히 중도 지적장애학생은 또래의 일반학생을 위한 활동에도 참여할 필요가 있다.
③ 지적장애학생의 개별화교육프로그램을 수립할 때는 기능과 연령에 적합한 기술을 고려하는 것이 중요하다.
④ 지역사회에서도 기술들이 요구되며, 일반학생과 활동하거나 상호작용하게 될 수 있기 때문이다.
⑤ 기능적이고 연령에 적합한 행동은 자연적인 환경에서 더 쉽게 강화될 것이며, 결과적으로 학습된 여러 행동을 유지하기가 용이할 것이라고 본다.

2. 궁극적 기능성의 기준

① 궁극적 기능성은 중도장애학생을 위한 교육목표로, 해당 학생이 성인이 된 후 최소제한환경에서 일반인과 함께 지내면서 자신의 잠재력을 최대한 발휘하여 기능하는 것을 의미한다.
② 사회적·직업적·가정적으로 통합된 성인사회 환경에서 최대한 생산적·독립적으로 활동하려면 개인이 반드시 소유해야 하는 요소이다.
③ 학생이 몇 년 후에 성인이 되어 궁극적으로 일하게 될 환경으로서 학생과 가족의 선호도, 생활연령의 적합성, 문화적 요소 등을 고려해야 한다.

3. 최소위험가정 기준 [21 초등]

① 결정적인 자료가 제공되지 않아 교사가 잘못된 결정을 하더라도 학생에게는 최소한의 위험한 결과만 가져와야 한다는 가정을 전제로 결정을 내려야 한다는 개념이다.
② 한 아동을 교육하는 데 드는 비용이 향후 보호·관리에 필요한 비용보다 적거나, 교육을 통해 독립성이 향상되고 관리가 쉬워지거나 관리할 부분이 줄어드는 기술을 배운다면 실제로 비용적인 면에서 더 이득이 된다.
③ 지적장애학생이 배우지 못한다고 증명된 기술이 없기 때문에, 결정적 증거가 없는 한 지적장애 정도가 아무리 심하더라도 최선의 시도를 하며 교육 가능성의 신념을 실현해야 한다.

4. 영수준의 추측 [23 초등, 20 중등]

① 학급에서 배운 기술을 실제 사회생활에서 일반화하지 못할 수 있다는 전제를 기반으로, 배운 기술을 일반화할 수 있는지를 여러 환경에서 시험해봐야 한다는 개념이다.

② 일반화가 되지 않는다면 기술이 사용될 실제 환경에서 가르쳐야 한다.

> 예 지역사회 중심 교수, 기능적 교육과정의 적용

5. 자기결정 증진

① 자기결정: 개인이 특정 방식으로 행동하는 원인이 바로 자신에게 있음을 의미한다.

② 지적장애학생이 청소년이 되면 자기결정의 중요성이 부각되며, 그 이유는 학생이 어른이 되기 전에 가능한 한 가장 높은 수준의 자립성을 얻게 해야 하기 때문이다.

③ 유익한 기술로는 선택하기, 의사결정, 문제해결 기술, 목표 설정과 달성, 독립성, 자기평가, 자기강화, 자기교수, 자기옹호와 리더십, 효능성과 성과기대에 대한 긍정적인 귀인, 자기인식, 자기지식 등이 있다.

03 경도 지적장애학생 교육

1. 통합배치된 지적장애학생의 교육과정

① 해당 학교의 교육과정을 적용하되, 특수교육 교육과정을 고려하여 조정한다.
② 국가수준의 공통 교육과정과 기본 교육과정에 명시된 교과 및 영역별 내용과 학년별 내용 중 대상학생의 교육목표 달성에 필수적인 내용을 추출하고, 내용을 수정·보완하여 체계화하는 재구성의 방법을 활용한다.
③ 교육내용 수정방법으로는 크게 내용 보완하기, 내용 단순화하기, 내용 변화시키기 등이 있으며, 대상학생에 따라 개별화된 수정이 반드시 고려되어야 한다.

2. 교수적 수정(교수적합화)

① 정의: 일반교육과정을 특수교육적 요구가 있는 학생의 수업참여의 양과 질을 최적 수준으로 성취시키기 위해 교수환경, 교수적 집단화, 교수방법(교수활동, 교수전략 및 교수자료), 교수내용과 평가방법을 수정·보완하는 것을 의미한다.

② 수정 방법

유형	구체적인 방안
교수환경의 수정	• **물리적 환경**: 조명, 소음, 교수자료의 위치, 접근성 • **사회적 환경**: 사회적 분위기, 소속감, 평등감, 존중감, 장애이해 교육
교수집단의 수정	학생들의 교수적 집단 배열의 수정 예 대집단, 소집단, 협동학습, 또래교수, 일대일 교수, 자습
교수내용의 수정	• **교육과정 내용의 보충, 단순화, 변화시키는 방법** 　– 동일한 활동과 교수목표, 동일한 자료 　– 동일한 활동의 쉬운 단계, 수정된 교수목표, 동일한 교수자료 　– 동일한 활동, 수정된 목표와 자료 　– 동일 주제, 다른 과제와 수정된 목표 　– 수정된 주제와 활동
교수방법의 수정	• **교수활동 수정**: 난이도, 양 • **교수전략 수정**: 수업형태, 교육공학, 행동강화 전략, 정보제시 및 반응 양식 등 • **교수자료 수정**: 대안적 교수자료
평가방법의 수정	• 시험시간의 융통성 • 시험방법의 수정 • 대안적 평가 예 교수 공동평가, IEP, 수행평가

1. 기능적 생활중심 교육과정[21 초등]

(1) 정의

① 실생활에서 활용할 수 있는 기능을 중심으로 가르치자는 취지에서 시작된 교육과정으로, 중등도 및 중도 장애학생을 대상으로 한다.

② 생활에 적합하고 유용한 기능적인 기술들로 교육과정을 구성한다.

　　예 기본 기술 익히기, 이동하기, 의사소통하기, 화장실 가기, 섭식

③ 일반학생의 정상적인 발달과정에서 볼 수 있는 미리 정해진 순서대로 기술을 습득하는 상향식 접근법, 발달적 접근법과 달리 기능적 접근법을 이용한 교육과정의 개발은 아동의 필수 전제기술 습득과는 상관없이 아동의 현재와 미래 환경에서 필요한 기술들을 교사가 조사하고 그 기술을 가르치는 하향식 접근법이다.

④ 중등도 및 중도 지적장애학생의 교육과정은 다양한 환경에서 가르치는 기능을 포함하고 생활연령에 적합해야 한다.

(2) 내용 구성

① 교수목표의 우선순위 결정이 중요하며 교육활동은 이를 전제로 해야 한다.

② 교육과정은 기능성을 우선시하여 구성되고 적용되어야 한다.

③ 선택하기 기술을 일상생활이나 학교교육에서 가르쳐야 한다.

④ 의사소통 기술을 가르치는 것은 필수적인 교육활동이다.

⑤ 여가기술을 가르치는 것은 삶의 질을 향상시키는 것이다.

(3) 장단점

구분	내용
장점	• 교수시간을 현재나 미래에 사용하지 않을 기술을 배우는 데 낭비하지 않음 • 기술이 사용될 자연환경에서 경험을 배워 일반화의 어려움을 줄일 수 있음 • 배운 기술을 즉시 사용할 수 있어 성공감을 경험하며 잘 잊어버리지 않음 • 생활연령에 적절한 기술을 배워 오명을 줄이고, 일반인과 자주 접촉하여 사회적 상호작용 기회를 높임
단점	• 장애가 매우 심한 학생은 참여 자체가 매우 어려움 • 특정 환경에서 익힌 생활기술이 다른 환경에서는 일반화하기 어려울 수 있음 • 기능중심 교육과정에 참여하는 만큼 일반 교육환경에 참여할 수 없음

(4) 기능적 기술

① 정의

ⓐ 다양한 환경에서 아동의 삶에 의미 있고 즉시 사용 가능한 기술을 말한다.

ⓑ 자연스러운 환경인 가정, 직업, 지역사회 환경에서 요구되며, 특히 중도장애 학생이 활동하도록 기대되는 환경에서 찾아볼 수 있는 기술을 의미한다.

개념 check | 기능적 기술

- 자신이 성취하지 않으면 다른 누군가에 의해 성취되어야 하는 기술이다.
- 다양한 환경에서 아동의 삶에 의미 있고 즉시 사용 가능해야 한다.
- 자연스러운 환경인 가정, 직업, 지역사회 환경에서 요구되는 기술이다.
- 특히 중도장애학생이 활동하도록 기대되는 환경에서 찾아볼 수 있다.

---

② 기능과 형식

ⓐ 기능: 기술을 통해 얻는 성과물을 말한다.

예 이동하기 기술

ⓑ 형식: 기술이 사용되는 모습, 즉 기술이 어떻게 보이는지에 대한 것이다.

예 지하철 타기, 버스 타기 등

ⓒ 다양한 기술의 형식을 통해 1개 또는 유사한 기능을 가르친다고 할 수 있다.

ⓓ 교사는 학생에게 필요한 기술의 기능을 결정한 다음, 기술의 기능이 연령에 적합한 형식으로 사용되도록 해야 한다.

ⓔ 학생이 대부분의 또래가 실행하는 것과 같은 기능을 수행할 수 없으면 교사는 해당 학생에게 필요한 무난한 형식을 찾아야 한다.

(5) 생태학적 목록(ecological inventory)

① 개요

㉠ 기술의 기능을 결정할 때는 기능적 기술의 필요와 선호도를 조사해야 한다.

㉡ 생태학적 목록은 학생이 현재와 미래의 생활에서 기능을 발휘하는 데 필요한 개별기술을 찾을 수 있게 방법을 제공하는 가치있는 조사표, 관찰지 또는 평가 도구이다.

➡ 생태학적 목록을 활용하여 각 영역과 환경에서 지도해야 할 내용과 기술을 결정한다.

㉢ 생태학적 목록의 주요 교육과정 영역은 보통 주요 생활 영역인 가정(주거)과 지역사회, 여가활동, 교육적/직업적 환경으로 구분한다.

② 단계

단계	내용	설명
1단계	교육과정 영역 정하기	구체적인 기술을 가르치고 삽입할 상황, 맥락으로 사용될 교육과정 영역을 정함 예 주거, 지역사회, 여가생활, 교육적/직업적 환경 등으로 구분함
2단계	각 영역의 현재 환경과 미래 환경을 확인하기	현재의 주거 환경이 일반 아파트나 주택이라도 미래 환경은 장애지원을 받는 아파트, 그룹 홈, 시설 등으로 변경될 수 있음
3단계	하위환경으로 나누기	학생에게 필요한 활동을 파악하기 위해 우선적으로 활동이 일어날 수 있는 환경을 자세하게 구분함 예 학생의 집은 거실, 부엌, 침실, 테라스 등으로 구분됨
4단계	하위환경에서 벌어지는 활동을 결정하고 활동 목록 만들기	무엇이 가장 적절한 활동인지 결정하기 전에 다양한 변인을 고려해야 하며 학생의 생활방식에 대한 정보가 제공되어야 함 예 식탁이나 조리대 앞 의자에서 식사, 거실 TV 앞에서 식사 등
5단계	각 활동에 필요한 기술 정하기	활동을 교수할 수 있는 단위수준이나 과제분석으로 나누는 것이 필요함 예 의사소통, 근육 운동, 문제해결력, 선택하기, 자기 관리와 같은 요소의 기술을 익힘

⑹ 내용의 우선순위 결정

① 고려사항 ^{19 초등, 17 중등}

    ⑦ 사회적 타당도: 아동의 주변 사람이 해당 기술을 얼마나 중요하게 생각하는지의 정도이다.

    ⓛ 경험적 타당도: 아동 자신의 건강, 생존, 독립에 얼마나 필요한 기술인지를 고려하는 정도이다.

개념 check | 사회적 타당도

1. 정의

교육 프로그램의 질적 측면을 다룬 개념이다. 교육목표의 수용도, 사용된 교육적 방법, 행동변화의 중요성과 사회적 수용성에 초점을 맞추며, 사회적 타당화 절차는 학습된 행동이 기능적인지와 의미 있는지의 여부를 결정하는 데 사용된다.

2. 영역

① **중재목표의 중요성**: 연구목표가 연구대상에게 정말로 유익하고 중요한 것인지 확인한다.

② **중재절차의 수용성**: 연구에 사용된 중재가 사용하기 쉬운지, 강압적이지는 않은지, 내용이 긍정적인지 확인해야 한다.

③ **중재결과의 의미성**: 연구대상의 연구결과 자료를 연구대상이 아닌 또래나 동료의 수준과 객관적으로 비교하여 효과의 실용성을 평가해야 한다.

3. 평가방법

① **사회적 비교(social comparison)**: 학생의 수행을 또래 비장애학생의 수행(규준)과 대조한다. 이 기준은 불필요하게 엄격한 수행기준을 내포하거나 학생이 사회적으로 수용할 만한 수행수준에 도달하기 전에 교육을 중단하는 일을 방지한다.

② **주관적 평가(subjective evaluation)**: 사회적 타당도를 결정하는 두 번째 방법이다. 중요한 타인들이 가진 학생과의 전문성과 친숙함을 이유로 그들의 의견이 행동변화의 중요성 판단에 사용된다. ➜ 주변 지인들의 의견을 물어보는 방법

---

② 기능적 기술의 우선순위 결정을 위한 질문
  ㉠ 여러 자료 출처와 영역에 걸쳐 중요시되면서 나타나는 특정한 기술이 있는가?
  ㉡ 이 기술이 아동의 가족에게 가치 있게 받아들여지는가?
  ㉢ 이 기술은 덜 제한적이며 적정 연령에 적절한 환경에 접근할 기회를 바로 제공할 수 있는가?
  ㉣ 이 기술은 다음 환경으로 전환하는 데 결정적으로 필요한가?
  ㉤ 이 기술은 아동의 안전을 위해 결정적으로 필요한가?

정신지체, 신현기, 시그마프레스

보충+α | **교수내용을 결정하는 원리**

• 해당 기술은 학생이 현재 환경이나 미래 환경에 참여하는 데 도움이 되는가?
• 해당 기술은 학생이 더 나은 삶의 질에 접근하는 데 도움이 되는가?
• 장기목표에는 연령에 적합한 기술, 일과, 자료들이 포함되어 있는가?
• 장기목표에는 사회에서 가치 있게 생각하는 기술이 포함되는가?
• 해당 기술이 학생에게 도움이 되어 지역사회에서 생산적인 기여자가 되도록 할 수 있는가?
• 장기목표는 해당 학생의 관심을 반영하고 해당 학생의 재능을 향상시킬 수 있는가?
➜ 이러한 지침이 되는 질문들의 중심이 되는 교육과정 원칙은 궁극적 기능성의 준거이다.

---

(7) 지역사회 중심 교수(CBI) ^{22 중등, 15 중등}

① 개요
  ㉠ 생태학적 목록 작성으로 기능적인 생태학적 교육과정이 구성되면 지역사회 중심 교수를 이용하여 체계적으로 지도한다.
  ㉡ 생태학적 접근으로써 지역사회 기능을 증진하기 위해 사용되는 교수적 접근으로, 기능적 생활중심 교육과정을 실현하기 위한 전략이다.
  ㉢ 장애학생의 지역사회 통합을 기본 전제로 하고, 장애학생이 지역사회의 다양한 환경에서 일어나는 활동에 참여하는 데 필요한 기술을 직접적으로 교수한다.
  ㉣ 지역사회 중심 교수처럼 실제 지역사회 환경에서 지도하는 방법이 일반화를 비롯한 기술 습득에 효과적이다.
  ㉤ 지역사회 중심 교수는 현장학습과 다르게 교사가 다양한 역할을 하고 계획을 세우며 학습기회를 제공하는 교육과정적 접근이다.

② 관련 개념 ^{23 초등, 22 유아, 22 중등, 21 초등, 20 중등, 18 중등, 17 초등}

지역사회 중심 교수(CBI)	지역사회에서의 직접 경험을 통해 지도
지역사회 참조 수업(CRI)	학교 내에서 지역사회에서 필요한 기술을 간접적으로 연습
지역사회 모의 수업(CS)	지역사회를 직접 체험하기 힘들 때 구조화된 연습의 기회 제공

ⓒ 개념별 예시

지적장애아 교육, 송준만, 학지사

기술	CBI	CRI	CS
옷 입기	• 지역사회로 가기 위해 코트 입기 • 지역사회 목적지에 도착했을 때 코트 벗기(적절한 때) • 백화점에서 옷 입어 보기 • YMCA에서 수영이나 에어로빅에 참여하기 위해 옷 갈아입기	• 체육관에서 옷 갈아 입기 • 등하교 시간에 코트 벗고 입기 • 점심 식사 후 셔츠 갈아입기 (입고 있던 옷이 더러운 경우) • 미술 시간에 작업복 입기	• 옷 입기 프로그램 시간에 교실에서 셔츠 입고 벗기를 다섯 번 시행하기 • 옷 입기 받침대 위에서 신발 끈 매기 • 인형 옷 단추 채우기
물건 구입하기	• 약국에서 물건 구입하기 • 볼링 게임 비용 지불하기 • 음식점에서 탄산수 사기 • 우체국에서 우표 구입하기	• 학교 식당에서 점심 사 먹기 • 자판기에서 음료수 사기 • 학교 농구 게임 티켓 구매하기 • 학교 마크가 있는 단추나 리본 사기	• 교실에서 돈 세기 예 "6달러 25센트를 선생님께 보여주세요." • 교내 식품점에서 물건 구입, 돈 지불하는 역할놀이 하기 • 동전 구별하기 예 5센트, 10센트, 25센트
의사소통, 그림 이해하기	• 그림으로 된 식료품 목록을 보고 그 가게에서 물품 찾기 • 그림 메뉴를 사용하여 음식점에서 음식 주문하기 • 화장실 위치를 알기 위해 상점 점원에게 그림 제시하기	• 학교 점심식사 종류를 검토하고 원하는 음식 그림 선택하기 • 일련의 그림 종류를 보고 여가 활동 선택하기 • 학교에 있는 동안 그림 일정표 이용하기	• 다양한 음식 그림과 플라스틱 음식 복제 모형 짝짓기 • 교사가 구두로 "−을 내게 보여주세요."라고 요청하면 그림을 지시·판별하기

③ 지역사회 중심의 일반적인 교수절차 [21 중등]

   ⊙ 교수장소와 목표 교수기술의 결정

      ⓐ 실제로 기술을 사용할 지역사회 환경(예 음식점, 가게, 백화점, 은행)과 그에 필요한 개별적인 목표는 부모를 포함한 교육팀에서 결정해야 한다.

      ⓑ 지역사회 기술은 각 학생에게 현재 혹은 미래에 필요한 기능이므로, 각 학생에게 가장 기능적이고 생활연령에 맞는 기술을 선정하는 것이 중요하다.

      ⓒ 시파니와 스푸너(Cipani & Spooner, 1994)는 교수활동 선정 시 고려사항으로 궁극적 기능의 기준, 다음 환경의 기준, 현재 환경의 기준, 기능성, 생활연령 적합성 등을 들었으며, 이때 궁극적 기능의 기준은 장애학생이 최대한 독립적이고 생산적으로 활동하기 위해 반드시 습득해야 할 요소이다.

   ⓶ 교수할 관련 기술 결정: 지역사회에서 특정 과제를 수행하는 데 필요한 기술 외에 언어 기술, 사회성 기술, 신체적 기술, 학업 기술 등과 관련된 기술을 교육목표로 정하고 교수활동에 접목하여 교수한다.

   ⓒ 교수계획 작성: 선정된 활동과 기술을 습득하고 일반화할 수 있도록 교수계획을 수립한다.

      ⓐ 교수계획 수립

> - 교수계획을 세우는 첫 단계는 목표과제의 과제분석을 실시하는 것이다.
> - 세부적인 과제분석이 이루어진 후에, 환경 내에 존재하는 자연적인 단서를 파악한다.
> - 즉, 과제의 각 단계를 수행하기 위해 학생이 주의를 기울여야 하는 자극이 무엇인지 판별하여 그 자극이 궁극적으로 행동의 통제자극이 되도록 한다.
> - 그러나 대부분의 경우 처음에는 학생이 이러한 자연적인 단서만으로는 목표행동을 하지 않으므로 교사가 촉진을 제공한다.
> - 따라서 어떤 촉진을 어떤 체계로 줄 것인가도 교수계획에 포함되어야 한다.
> - 어떤 촉진을 사용하든 궁극적으로는 환경 내의 자연적인 단서에 의해 학생이 행동해야 하며, 교사의 촉진에 의존하지 않도록 하는 것이 중요하다.
> - 또한 환경분석에 의해 작성된 과제분석 단계 중 중도장애학생이 학습하기 어려운 경우 적절한 대안적 반응 방법을 고안할 수 있다.
> - 인지적·신체적 장애로 인해 일반인과 똑같이 과제를 수행할 수 없을 때 과제를 어떻게 수행하는지보다는 과제를 수행하는 기능 자체에 중점을 두어 여러 수정방법을 활용하도록 한다.
> - 이 경우, 사용하는 수정방법은 개별화되어야 한다.

ⓑ 기술의 일반화를 위한 계획
- 가능한 한 일반화될 수 있는 지역사회 기술을 배우는 것이 학생에게 바람직 하다. 즉, 학습한 기술을 다른 지역사회 환경이나 다양한 상황에 적용할 수 있도록 하는 것이다. 중도장애학생은 구체적으로 일반화를 위한 계획을 세 워서 교수하지 않으면 학생에 의한 자발적인 일반화가 잘 일어나지 않는다.
- 일반화는 학습할 때는 있지 않던 자극하에서도 반응을 수행하는 것으로 자극 일반화, 반응 일반화, 유지의 3가지로 나누어 설명될 수 있고, 자극 의 종류에 따라 환경 일반화, 사람 일반화, 과제 일반화로 나뉠 수도 있다.
- 일반화를 증진하는 방법으로는 자연적인 결과 이용하기, 충분한 사례 지도하기가 있다.
- 일반화를 증진하는 방법

방법	내용
자연적인 결과 이용하기	• 학생이 자연적인 상황에서도 강화를 받을 수 있는 행동을 가르침 • 학생의 자연적인 환경을 관찰하여 그곳에서 강화를 받을 수 있는 행동을 선정하고, 학생이 스스로 강화를 얻을 수 있도록 가르치는 방법
충분한 사례 지도하기 (teach enough examples)	학습에 사용할 사례 중 긍정적인 예시, 부정적인 예시 등 가능한 한 여러 상황을 포함하는 다양한 예시를 교수하여 배우지 않은 새로운 자료, 사람, 환경에서도 수행할 수 있도록 하는 방법

ⓔ 교수 실시
  ⓐ 지역사회 중심 교수에서는 교실 내의 전통적인 수업과는 다른 주의사항이
    요구된다.
  ⓑ 지역사회 중심 교수 시 주의사항

  > • 교사와 학생 간의 상호작용이 가능한 한 지역사회 환경에서 자연스러운 것에
  >   가까워야 한다.
  > • 교사의 교수를 위한 촉진은 가능한 한 빨리 제거하여 학생이 지역사회 내
  >   자연적인 단서에 의해 행동할 수 있게 한다.
  > • 한 지역사회 환경에서 한번에 함께 지도받는 학생의 수는 소수로 한다. 교육
  >   목표와 관련하여 보다 자연스러운 모습으로 보이고, 필요 이상의 주의를 끌지
  >   않기 위해 한번에 교수받는 학생은 2~3명 정도의 소수 집단이 효과적이다.
  > • 얼마나 자주 교수를 실시하는지도 기술을 초기에 배우는 단계에는 적어도
  >   주당 2~3회씩 실시하는 것이 바람직하며, 기술을 습득한 후에는 점차 빈도를
  >   줄여서 일반적으로 해당 지역사회 환경을 이용하는 빈도에 가깝게 하되, 기술
  >   을 유지시킬 수 있도록 유의한다.
  > • 보조기기를 적절히 활용한다. 중도 지체장애학생이 수행하기 너무 어렵거나
  >   배우는 데 너무 시간이 오래 걸리는 기술이 있다면 적절한 보조기기를 이용하
  >   여 보다 독립적인 수행을 할 수 있도록 한다. 쇼핑할 물건의 목록을 만들어
  >   가는 것은 일반인도 많이 사용하는 보조방법의 한 예시이다.

ⓜ 교실 내 수업
  ⓐ 모의수업을 포함한 다양한 교실 내 수업을 통해 지역사회 중심 교수가 더욱
    효과적인 학습이 되도록 도울 수 있다.
  ⓑ 직접적인 연습 기회가 부족하거나 특별히 어려움을 보이는 기술은 모의학습
    을 통해 집중적인 연습을 하는 것이 도움이 되고, 모의수업과 지역사회에서
    의 실제 교수가 동시에 진행되는 것이 효과적이다.
  ⓒ 모의수업 외에도 지역사회 활동에 대한 역할놀이, 비디오를 이용한 모델링
    학습이 효과가 있다고 보고된다.

④ 단점과 보완점

　　㉠ 지역사회 중심 교수(CBI)가 장애학생의 통합 기회와 일반교육과정 참여를 저해할 수 있다는 문제점이 지적되면서 학교 내 교육경험과 모의교수를 통해 그 효과를 얻고자 하는 흐름이 진행된다.

　　㉡ 지역사회 중심 교수의 실제는 학생들이 학교에서 배운 후 그 기술을 일반화할 것이라고 추측하지 말 것을 요구하는 영수준의 추측 전략과 일반화가 저절로 된다는 증거가 없는 한 학생으로 하여금 자연스러운 환경에서 기능적 기술을 배울 수 있도록 하는 것이 학생들에게 덜 위험하다는 최소위험가정을 토대로 하기 때문에 교통수단 활용을 위한 비용이나 위험 등을 감수한다.

　　㉢ 다만 통합된 환경에서 실행하기에는 현실적인 어려움이 있을 수 있으므로 지역사회참조 교수나 시뮬레이션 등의 방법도 활용하여 시간을 절약하고 위험성 등을 줄일 수 있다.

　　㉣ 지적장애학생이 준비없이 외부에서 직접 지역사회 중심 교수를 적용하는 경우 위험한 상황에 처할 수 있을 내용 등을 지역사회 참조 수업, 시뮬레이션 등을 통해 먼저 실행해볼 수 있다는 이점도 있다.

⑤ 일반사례 교수법 [22 중등], [15 중등]

　　㉠ 개요

　　　　ⓐ 학습한 기술은 어떤 상황이나 조건에서도 기술의 수행이 요구될 때 사용될 수 있어야 한다는 목표를 가지고 발달된 주요 전략으로 교수사례의 선택과 계열화를 강조한 교수방법이다.

　　　　ⓑ 일반사례 프로그램은 교수목표의 일반화가 학습되어야 하는데, 이를 위해 필요한 모든 자극과 반응의 다양성을 포함한 교수의 예시를 선정하여 교수하는 것을 말한다.

　　　　　예 물품 위치나 계산대 화면은 식료품점마다 다를 수 있음, 상점의 수에 따라 교수 단계에서의 변이와 자극은 매우 광범위할 수 있음

　　　　ⓒ 일반화는 정확성이 강조된다.
　　　　　• 첫째 일반적인 자료, 사람, 환경을 포함하는 비훈련된 자극조건에서도 학습한 기술을 적절하게 수행해야 한다.
　　　　　• 둘째 습득한 반응이 비훈련된 자극조건에서 부적절하게 발생하지 않아야 한다.

ⓛ 단계

단계	내용
1단계	**어떤 것을 가르칠지 교수영역을 정의함** • 교수영역은 학습자가 배운 행동이 수행될 다양한 자극 상황을 포함하는 환경이어야 함 • 학습자의 특성, 현재 능력, 교수할 행동도 고려하여 결정해야 함 예 학습자가 덧셈을 배웠다면 가게에서 과자를 사기 위해 계산해야 하는 상황을 교수영역으로 정할 수 있음
2단계	**교수영역이 정해지면 해당 영역범위와 관련되는 자극과 반응의 다양성의 모든 범위를 조사함** • 전 교수영역의 자극과 반응다양성을 조사하고 교수를 실시하기 위해 공통의 특징을 갖는 자극으로 묶고 일정한 반응으로 나타나는지 분류함 • 교수하고 평가할 사례를 선택함 • 교수사례를 선택할 때는 모든 자극상황과 그 상황에 요구되는 모든 반응이 포함되는 대표적인 사례이면서도 최소한인 사례를 선택함
3단계	**교수와 평가에 사용될 교수의 사례를 결정함** • 교수사례를 계열화하기 위해 활동/기술의 모든 구성요소를 한 중재 회기에서 모두 교수하며 가능한 한 많은 사례를 제시함 • 이때 학습자에게 새로운 정보를 제공하는 긍정적인 교수사례와 부정적인 교수사례를 적절히 제공함 • 기술을 일반화하기 위해서는 적절한 자극상황에서 습득한 기술을 수행하는 것뿐만 아니라 부적절한 상황에서는 습득한 기술을 수행하지 않아야 하기 때문
4단계	**교수될 예시의 순서를 정하고 그 순서에 따라 교수를 실시함** • 교수를 실시할 때는 촉진, 소거, 용암법, 강화 등의 교수기술이 함께 제시되어야 기술의 습득을 촉진할 수 있지만, 일반사례 교수를 실시한 대부분의 연구에서는 교수전략으로 촉진을 사용함 • 모든 교수사례를 한 회기에서 중재할 수 없다면 1회에 1~2가지 사례를 교수하고 중재 회기마다 새로운 사례를 기존에 학습한 사례에 부가하며, 일반적 사례를 교수한 후에 예외적인 상황을 교수함
5단계	**비교수 상황에서 평가하는 것으로, 자극과 반응 다양성을 포함하는 새로운 예시를 선택하여 평가함** 교수한 기술의 일반화 여부를 알아보기 위해 비교수 상황에서 학습자 수행을 검토하는 것

ⓒ 일반사례 분석 예시

지적장애 학생의 이해와 교육, 김형일, 학지사

단계	자극	자극 변인	반응	반응 변인
1단계	입구 문	• 자동문 – 회전 • 자동문 – 미닫이 • 자동문 – 여닫이	가게로 들어가기	• 걸어 들어가기 • 문을 밀고서(당기고) 들어가기
2단계	카트	• 카트 보관소 • 가게 내 카트	카트 가져오기	• 카트 앞줄에서 빼기 • 카트 뒷줄에서 빼기
3단계	쇼핑통로 (그림카드)	• 캔 식품 • 냉동식품	대상 물건이 있는 통로 둘러보기	• 넓은 통로 • 좁은 통로
4단계	그림카드 품목 선택	• 선반 위, 개방형 선반, 냉동 케이스 진열 • 선반의 중간, 개방형, 폐쇄형 진열품, 폐쇄 냉동식품 • 개방형 선반의 바닥, 폐쇄형 냉동 케이스, 개방형 냉동 케이스	물건 담기	• 선반 위에서 내리기 • 문을 열고 선반 위에서 내리기 • 중간 선반에서 내리기 • 문을 열고 중간 선반에서 내리기 • 선반 바닥에서 물건 담기 • 문을 열고 선반 바닥에서 물건 담기
5단계	계산하기	• 계산대에 줄을 서서 대기하기 • 카트 계산대로 붙이기	계산대로 가기	• 카트 계산대에 대기 • 줄 따라 나가기

지적장애 / 제5장 / 해커스임용 설지민 특수교육학 기본이론 2

(8) 부분참여의 원리 ^{22 유아, 16 유아, 16 중등}

① 정의

- ㉠ 본질적으로 모든 중도장애학생이 최소한으로 제한된 다양한 학교 내외 환경과 활동에서 부분적으로라도 직접 기능할 수 있도록 하여 많은 기술을 습득할 수 있다는 긍정적인 단언이다.
- ㉡ 바움가르트(Baumgart) 등에 따르면 부분참여 원리의 실행으로써 아동이 다른 사람들 눈에 더욱 가치 있어 보이게 하고 아동이 제외되거나 차별받는 것을 방지할 수 있다. → 사회적 역할 가치화와 연결
- ㉢ 부분참여 원리의 핵심은 일반 또래가 참여하는 활동에 함께 참여하기 위해 기술을 굳이 독립적으로 행해야 할 필요는 없다는 것이다.
- ㉣ 대신 다른 형식에 따라 기술의 기능을 수행할 수 있는 조정이 적용될 수 있다.

② 부분참여 원리의 오류 유형

유형	설명
수동적 참여	장애학생을 자연스러운 환경에 배치했으나 활동에 적극적으로 참여하는 것은 허락하지 않고 또래가 활동에 참여하는 것을 관찰할 기회만 제공하는 것 예 음악 수업에 참여한 학생이 다른 학생들이 연주하는 동안 그냥 듣기만 하는 경우
근시안적 참여	교사가 교육과정 관점 중 한 가지 또는 몇 가지만 좁은 시야로 집중하고, 학생이 학습의 전반적인 기회로부터 이득을 보지 못하도록 하는 것 예 생필품 가게에 갔을 때 학생에게 물건들을 고르고 사는 기회를 주는 대신 손수레만 밀게 한다거나, 음식을 준비하거나 식후에 정리를 하는 대신 간식을 준비할 때 깡통따개 사용 연습을 시키는 것 등
단편적 참여	학생이 몇몇 활동에 부정기적으로 참여하는 것 예 학생이 일반교육 사회과목 수업에 또래와 함께 일주일에 3일만 참여하고, 나머지 2일은 같은 시간에 분리된 상태로 진행하는 치료교육에 참여하기 위해 학급에서 데리고 나오는 경우
참여기회 상실	학생이 독립적으로 활동하는 데 너무 많은 시간과 노력을 기울이게 하여, 더 많은 활동에 참여할 기회를 상실하게 만드는 것 예 중고등학교에서 학급 간 이동을 위해 휠체어를 스스로 천천히 밀어서 이동하는 학생은 각 수업의 일부를 놓칠 수 있음

05 성인기 독립적인 지역사회 생활을 위한 기술

1. 일상생활 기술

(1) 필요성

① 일반인은 대부분 일상생활을 하는 중에 자연스럽게 옷과 식료품 구입, 세탁기 사용, 전화하기 등 일상생활 수행능력을 배우게 된다. 그러나 지적장애인들은 일반인들처럼 비공식적인 방법으로 나이에 맞는 일상생활 기능을 배우지 못한다.

② 지적장애인의 일상생활에 대한 능력은 장애 정도에 따라 매우 다르게 나타나며, 독립적인 생활에 대한 의식을 가지고 계속적인 훈련과 교육을 받은 대상자가 그렇지 않은 대상자에 비해 신체적·지적 능력에서 차이가 난다.

(2) 거주하고 있는 장소에 따른 일상생활 기술

① 장애인들의 일상생활은 거주하고 있는 장소와 밀접한 관련이 있다고 할 수 있다.

② 학령기의 장애학생들은 교사들과 주로 상호작용을 하는데, 교사와 학생 간의 상호작용은 학습의 질을 결정하고, 성공적인 수업전략을 세우는 데 중요한 작용을 한다. 그리고 교사의 긍정적이고 무비판적이며 즉각적인 반응의 상호작용은 장애학생의 언어발달, 공격성 감소, 또래와의 상호작용 증진 등의 결과를 이끌어 낸다. 이로써 장애학생과 교사의 상호작용이 중요하다는 것을 알 수 있다.

③ 마찬가지로 거주시설에 있는 장애인들은 일상생활에서 생활재활교사와 지속적인 상호작용을 하기 때문에 생활 재활교사와의 관계가 거주시설 장애인의 일상생활과 삶의 질에 큰 영향을 미칠 수 있다.

(3) 장애 정도에 따른 일상생활 기술

① 구체적으로 경도 및 중등도 장애인의 경우 비장애인이나 재가장애인과 비교하여 부족한 부분의 활동을 증가시킬 수 있는 서비스 제공이 필요하며, 타인과의 생활에서의 감정 조절이나 대화법 향상 등을 위한 서비스 제공이 필요하다.

② 최중도 장애인의 경우는 개인 유지, 신변처리 등 기초기술 활동 지원, 시설에서의 단순화된 활동에만 집중화되지 않도록 하는 지원 등이 필요하다.

(4) 일상생활 수행능력 [23 초등]

지적장애인의 기본적 일상생활 기능과 수단적 일상생활 기능은 이동성과 인지 수준의 영향을 받기 때문에 일상적인 신체활동과 운동기능을 강화함으로써 이동성을 증진하고 유지시켜야 한다.

기본적 일상생활활동 (activities of daily-living: ADL)	• 기본적 기술을 요구하는 기본적 일상생활활동 • 자기관리, 기능적 이동성, 성적 표현, 수면과 휴식 등이 포함
수단적 일상생활활동 (instrumental activities of daily living: LADL)	• 더 진보된 문제 해결 능력과 사회적 기술, 그리고 더 복잡한 환경적 상호작용을 요구하는 수단적 일상생활활동 • 의사소통 도구 사용, 건강관리 및 유지, 재정 관리, 음식 준비와 청소하기, 지역사회로의 이동성 등이 포함

2. 자기결정 [23] 초등

(1) 정의

한 사람이 자기 인생의 주체로서 중요한 결정을 함에 있어서 다른 사람에게 의존하지 않고 본인 스스로 책임을 지는 것이다.

(2) 영역

자기결정은 자율성, 자기조절, 심리적 역량강화, 자아실현의 네 가지 영역이 뒷받침되어야 한다.

보충+α | **자기결정**

장애인의 자기결정은 1960년대와 70년대의 정상화, 독립생활, 장애권리운동 및 1980년대의 자기주장·자립운동을 토대로 해 개발된 이론이다. 자기결정은 부적당한 외부의 영향이나 간섭을 받지 않고 삶의 질을 위해 자신이 자유로운 선택과 결정을 하는 것이다. 이런 자기결정을 토대로 개인은 자율적으로 행동하고, 행동을 자기조정하며, 심리적으로 역량강화를 하는 방식과 사상을 주도하고 반응하며, 자기실현을 위해 행동한다. 개인이 자신의 선호, 흥미, 능력에 따라 독립적으로 행동하고, 외부의 부당한 영향이나 간섭에서 자유로워진다면 자율적이며, 어떤 상황에 이용할 기술을 결정하고, 이용할 수 있는 과제목록을 조사하며, 실행계획을 공식화하고, 규정하고 평가한다면 자기조정적이다. 개인이 자신의 환경에서 결과에 영향을 미치는 데 필요한 행동을 수행할 수 있는 능력을 지니고, 기대하는 결과에 도달할 수 있다는 신념에 기초해 행동한다면 심리적 역량강화이고, 개인이 종합적, 합리적으로 지식을 이용해 행동하는 데 자신의 장점과 능력의 제한을 이용한다면 자기실현이다. 이런 자기결정은 선택결정 기술, 의사결정 기술, 문제해결 기술, 목적 설정 및 달성 기술, 자기관리 기술, 자기주장 기술, 지도력 기술, 자기자각 기술 등을 구성요소로 한다.

---

3. 자기옹호

(1) 정의

① 개인이나 집단이 자신들의 욕구와 이익을 위하여 스스로 어떤 일에 대하여 주장하거나 실천하는 과정으로, 피플 퍼스트(People First, 1996)는 "자신을 위해 발언하고 일어서기, 자신의 권리를 위해 일어서기, 선택하기, 독립적으로 되기, 스스로 책임지기"로 정의하고 있다.

② 당사자가 직접 자신의 권리를 지키기 위하여 적극적으로 의사표현을 하는 것이다.

(2) **구성요소**

자신에 대해 알기	권리에 대해 알기
• 강점 • 선호 • 목표 • 희망 • 흥미 • 책임 • 학습 스타일 • 원하는 지원 • 원하는 편의 • 자신의 장애 특성	• 개인의 권리 • 지역사회 권리 • 휴먼 서비스 권리 • 소비자 권리 • 교육 권리 • 권리침해 시정을 위한 단계 • 변화를 위한 권리옹호 단계 • 자원에 대한 지식

의사소통

• 단호한 태도
• 도움이 되는 기술 사용
• 협상
• 듣기
• 명확한 발음
• 설득
• 보디랭귀지
• 양보

리더십

• 집단의 권리에 대해 알기
• 집단의 역동성과 역할
• 타인 또는 구조적 문제 제기
• 자원에 대한 지식
• 정치적 행동
• 조직적 참여

[그림 5-7] 자기옹호의 구성요소

4. 대인관계 및 지역사회 참여 기술

(1) 대인관계 능력

① 정의: 다른 사람과 상호 교류하며 관계를 유지하는 능력을 의미한다.

② 문제점: 지적장애인은 사회생활의 기초능력이라고 할 수 있는 대인관계 기술이 매우 부족하기 때문에 대인관계를 시작하고 유지하는 데 어려움을 겪게 된다. 즉, 의사소통 능력의 부족, 집단 활동에 참여하려는 동기 부족, 과다한 의존성 등 사회성 부족으로 대인관계에 어려움이 있으며, 이로 인하여 지역사회 참여활동, 직장생활, 사회적 수용에 문제가 따르게 된다.

③ 교수: 직접교수(사회적 기술훈련), 모델링(멘토, 또래교수, 우정집단 등), 다양한 프로그램 참여(스포츠, 여가활동, 치료 프로그램 등), 그리고 관련 서비스(상담가, 사회복지사, 치료사 등)를 통해 지적장애인의 대인관계 기술이 증진될 수 있을 것이다.

(2) 사회적 참여

① 장애인의 사회적 참여는 대인관계 기술과도 관련이 있으며 장애인의 삶의 질에 중요한 요인이다.

② 사회적 참여 지원 항목

　㉠ 이동권, ㉡ 정신건강 관련 문제를 다루기 위해 필요한 본인 상담 및 가족 상담, ㉢ 발달장애인 지원이나 지원금이 본인을 위해 적절히 사용, ㉣ 적절한 의료적 지원, ㉤ 건물이나 시설(예 식당, 영화관, 공원 등)에 대한 물리적 접근권과 이용할 권리 보장, ㉥ 주변인들이 발달장애인을 생활연령에 적합한 방식으로 대우, ㉦ 지역사회 서비스 이용에 제한, 배제, 분리, 거부 등을 경험하지 않는 것 등이 있다.

③ 모든 유형의 장애인들에게 지역사회 참여는 하나의 공통된 문제이다. 성인기 지역사회 참여를 위하여 학령기 전 과정의 개별화교육계획에서는 그 학생이 안전하고 편리한 환경에서 지역사회로 나아가는 데 요구되는 자신감과 기술을 가지게 하기 위한 지원과 교수를 포함할 필요가 있다.

학습장애 Preview

　'학습장애'는 특수교육 임용 시험을 한번이라도 준비를 해 본 수험생이라면, 학습장애의 방대한 내용에 힘들어 해봤을 영역입니다. 내용이 방대할 뿐만 아니라 이해를 토대로 연결고리를 잡아가기 보다는, 교수법을 하나하나 연결하여 기억해야 하기 때문에 다른 영역보다 공부를 하다 지치기 쉬운 영역입니다. 지치지 않고 공부하기 위해서는 학습장애 영역에서의 구조화가 필요합니다. '진단, 읽기, 쓰기, 수학학습장애, 내용교과, 학습전략, 사회성' 등의 학습장애 영역을 구조화할 수 있는 틀을 먼저 세우고, 그이후에 교수법의 세부내용을 공부하는 것이 훨씬 유리합니다. 또한, '학습장애'는 학습 초반부터 정리가 필요한 영역입니다. 다른 영역과 다르게 이해 위주보다는 각각의 문제에 대한 교수법을 모두 연결해서 기억해야 하므로, 간략한 정리를 통해서 아동의 문제와 교수법을 연결하여 기억하는 것이 좋습니다.

　최근 4개년간의 기출출제 추이를 보면, '진단모델, 읽기장애, 쓰기장애 교수법'이 꾸준히 자주 출제되고 있습니다. 또한, 수학장애의 교수법뿐만 아니라 사칙연산의 세세한 개념을 묻고 있으며, 특수교육 현장의 사회성 통합이 강조됨에 따라 사회성 관련 부분이 새롭게 자주 출제되고 있습니다.

제6장
학습장애

한눈에 보는 이론 베이스맵 – 학습장애(1)

정의

○─ 장특법 ─── 학습기능/학업성취의 어려움

└─ 지능검사, 기초학습기능검사, 학습준비도검사, 시지각 발달검사, 지각운동 발달검사, 시각운동통합 발달검사

유형

○─ 발달적/
학업적 ──── 발달적 ──── 1차 ─ 주의, 기억, 지각

└─ 2차 ─ 사고, 구어

└─ 학업적 ──── 읽기, 쓰기(글씨쓰기, 철자, 작문), 수학

└─ 내용교과

○─ 언어성/
비언어성 ──── 언어성 ─ 좌뇌의 기능 이상

└─ 비언어성 ─ 우뇌의 기능 이상 ──── 언어성 지능지수 > 동작성 지능지수

├─ 사회성 기능장애

└─ 시각 - 공간 - 조직화 문제

진단

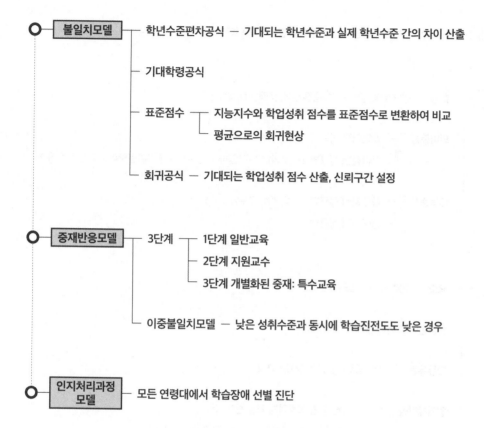

불일치모델 ── 학년수준편차공식 ─ 기대되는 학년수준과 실제 학년수준 간의 차이 산출

── 기대학령공식

── 표준점수 ┬ 지능지수와 학업성취 점수를 표준점수로 변환하여 비교
└ 평균으로의 회귀현상

── 회귀공식 ─ 기대되는 학업성취 점수 산출, 신뢰구간 설정

중재반응모델 ── 3단계 ┬ 1단계 일반교육
├ 2단계 지원교수
└ 3단계 개별화된 중재: 특수교육

── 이중불일치모델 ─ 낮은 성취수준과 동시에 학습진전도도 낮은 경우

인지처리과정 모델 ── 모든 연령대에서 학습장애 선별 진단

읽기장애

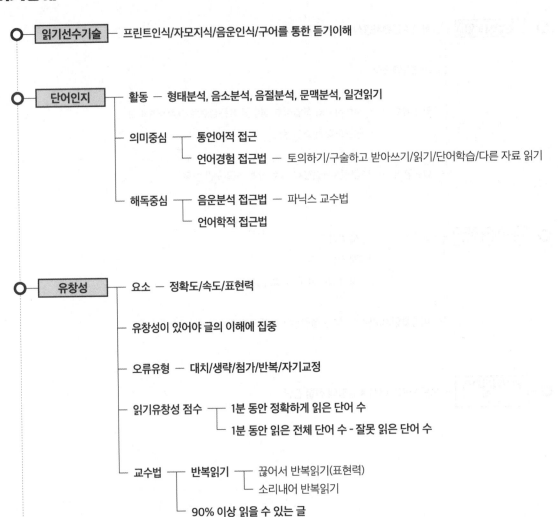

- **읽기선수기술** ─ 프린트인식/자모지식/음운인식/구어를 통한 듣기이해

- **단어인지**
  - 활동 ─ 형태분석, 음소분석, 음절분석, 문맥분석, 일견읽기
  - 의미중심 ┬ 통언어적 접근
    - └ 언어경험 접근법 ─ 토의하기/구술하고 받아쓰기/읽기/단어학습/다른 자료 읽기
  - 해독중심 ┬ 음운분석 접근법 ─ 파닉스 교수법
    - └ 언어학적 접근법

- **유창성**
  - 요소 ─ 정확도/속도/표현력
  - 유창성이 있어야 글의 이해에 집중
  - 오류유형 ─ 대치/생략/첨가/반복/자기교정
  - 읽기유창성 점수 ┬ 1분 동안 정확하게 읽은 단어 수
    - └ 1분 동안 읽은 전체 단어 수 - 잘못 읽은 단어 수
  - 교수법 ┬ 반복읽기 ┬ 끊어서 반복읽기(표현력)
    - │ └ 소리내어 반복읽기
    - └ 90% 이상 읽을 수 있는 글

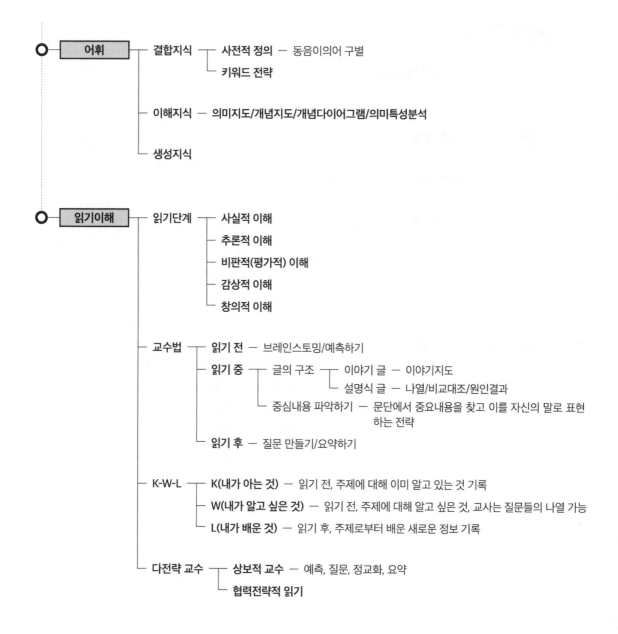

어휘 ─┬─ 결합지식 ─┬─ **사전적 정의** ─ 동음이의어 구별
 │ └─ **키워드 전략**
 │
 ├─ 이해지식 ─ **의미지도/개념지도/개념다이어그램/의미특성분석**
 │
 └─ 생성지식

읽기이해 ─┬─ 읽기단계 ─┬─ **사실적 이해**
 │ ├─ **추론적 이해**
 │ ├─ **비판적(평가적) 이해**
 │ ├─ **감상적 이해**
 │ └─ **창의적 이해**
 │
 ├─ 교수법 ─┬─ **읽기 전** ─ 브레인스토밍/예측하기
 │ ├─ **읽기 중** ─┬─ 글의 구조 ─┬─ 이야기 글 ─ 이야기지도
 │ │ │ └─ 설명식 글 ─ 나열/비교대조/원인결과
 │ │ └─ 중심내용 파악하기 ─ 문단에서 중요내용을 찾고 이를 자신의 말로 표현
 │ │ 하는 전략
 │ └─ **읽기 후** ─ 질문 만들기/요약하기
 │
 ├─ K-W-L ─┬─ **K(내가 아는 것)** ─ 읽기 전, 주제에 대해 이미 알고 있는 것 기록
 │ ├─ **W(내가 알고 싶은 것)** ─ 읽기 전, 주제에 대해 알고 싶은 것, 교사는 질문들의 나열 가능
 │ └─ **L(내가 배운 것)** ─ 읽기 후, 주제로부터 배운 새로운 정보 기록
 │
 └─ 다전략 교수 ─┬─ **상보적 교수** ─ 예측, 질문, 정교화, 요약
 └─ **협력전략적 읽기**

쓰기장애

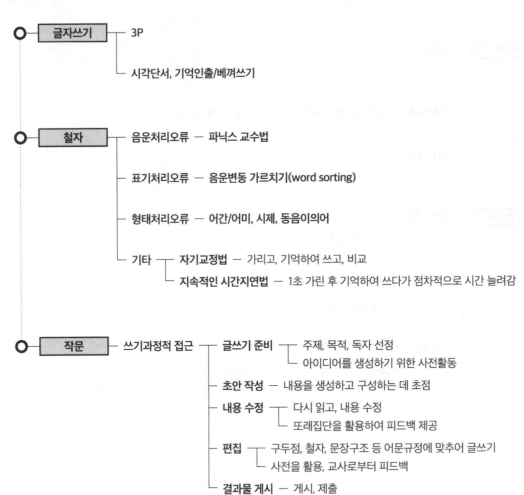

글자쓰기
- 3P
- 시각단서, 기억인출/베껴쓰기

철자
- 음운처리오류 ─ 파닉스 교수법
- 표기처리오류 ─ 음운변동 가르치기(word sorting)
- 형태처리오류 ─ 어간/어미, 시제, 동음이의어
- 기타
  - **자기교정법** ─ 가리고, 기억하여 쓰고, 비교
  - **지속적인 시간지연법** ─ 1초 가린 후 기억하여 쓰다가 점차적으로 시간 늘려감

작문 ─ 쓰기과정적 접근
- **글쓰기 준비**
  - 주제, 목적, 독자 선정
  - 아이디어를 생성하기 위한 사전활동
- **초안 작성** ─ 내용을 생성하고 구성하는 데 초점
- **내용 수정**
  - 다시 읽고, 내용 수정
  - 또래집단을 활용하여 피드백 제공
- **편집**
  - 구두점, 철자, 문장구조 등 어문규정에 맞추어 글쓰기
  - 사전을 활용, 교사로부터 피드백
- **결과물 게시** ─ 게시, 제출

수학장애

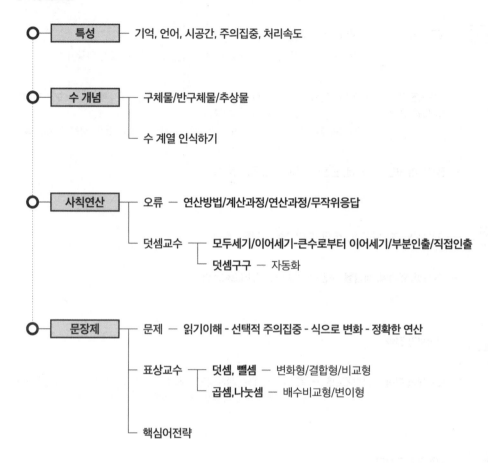

○ **특성** ─ 기억, 언어, 시공간, 주의집중, 처리속도

○ **수 개념** ┬ 구체물/반구체물/추상물
　　　　　　 └ 수 계열 인식하기

○ **사칙연산** ┬ 오류 ─ 연산방법/계산과정/연산과정/무작위응답
　　　　　　　 └ 덧셈교수 ┬ 모두세기/이어세기-큰수로부터 이어세기/부분인출/직접인출
　　　　　　　　　　　　　 └ 덧셈구구 ─ 자동화

○ **문장제** ┬ 문제 ─ 읽기이해 - 선택적 주의집중 - 식으로 변화 - 정확한 연산
　　　　　　 ├ 표상교수 ┬ 덧셈, 뺄셈 ─ 변화형/결합형/비교형
　　　　　　 │　　　　　 └ 곱셈,나눗셈 ─ 배수비교형/변이형
　　　　　　 └ 핵심어전략

내용교과

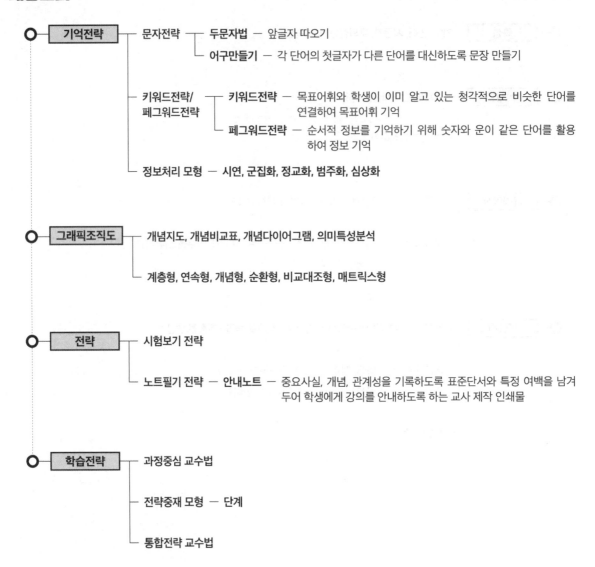

- **기억전략**
  - 문자전략
    - **두문자법** — 앞글자 따오기
    - **어구만들기** — 각 단어의 첫글자가 다른 단어를 대신하도록 문장 만들기
  - 키워드전략/ 페그워드전략
    - **키워드전략** — 목표어휘와 학생이 이미 알고 있는 청각적으로 비슷한 단어를 연결하여 목표어휘 기억
    - **페그워드전략** — 순서적 정보를 기억하기 위해 숫자와 운이 같은 단어를 활용하여 정보 기억
  - 정보처리 모형 — **시연, 군집화, 정교화, 범주화, 심상화**

- **그래픽조직도**
  - 개념지도, 개념비교표, 개념다이어그램, 의미특성분석
  - 계층형, 연속형, 개념형, 순환형, 비교대조형, 매트릭스형

- **전략**
  - 시험보기 전략
  - 노트필기 전략 — **안내노트** — 중요사실, 개념, 관계성을 기록하도록 표준단서와 특정 여백을 남겨두어 학생에게 강의를 안내하도록 하는 교사 제작 인쇄물

- **학습전략**
  - 과정중심 교수법
  - 전략중재 모형 — 단계
  - 통합전략 교수법

전략교수

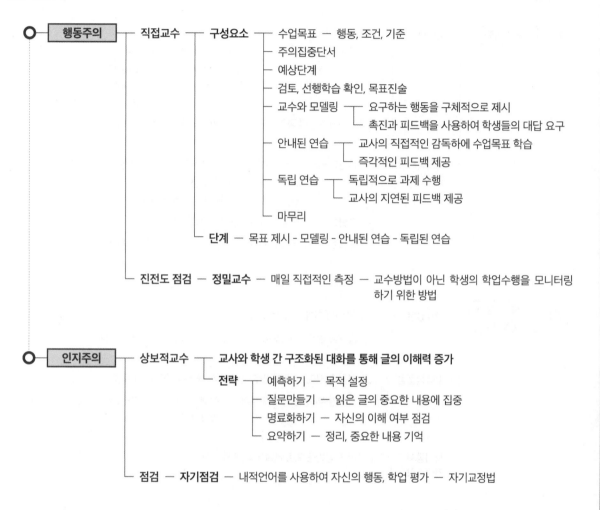

행동주의 ── **직접교수** ── **구성요소** ┬ 수업목표 ── 행동, 조건, 기준
│ ├ 주의집중단서
│ ├ 예상단계
│ ├ 검토, 선행학습 확인, 목표진술
│ ├ 교수와 모델링 ┬ 요구하는 행동을 구체적으로 제시
│ │ └ 촉진과 피드백을 사용하여 학생들의 대답 요구
│ ├ 안내된 연습 ┬ 교사의 직접적인 감독하에 수업목표 학습
│ │ └ 즉각적인 피드백 제공
│ ├ 독립 연습 ┬ 독립적으로 과제 수행
│ │ └ 교사의 지연된 피드백 제공
│ └ 마무리
└ **단계** ── 목표 제시 - 모델링 - 안내된 연습 - 독립된 연습

└ **진전도 점검** ── **정밀교수** ── 매일 직접적인 측정 ── 교수방법이 아닌 학생의 학업수행을 모니터링
하기 위한 방법

인지주의 ── **상보적교수** ┬ **교사와 학생 간 구조화된 대화를 통해 글의 이해력 증가**
│ └ **전략** ┬ 예측하기 ── 목적 설정
│ ├ 질문만들기 ── 읽은 글의 중요한 내용에 집중
│ ├ 명료화하기 ── 자신의 이해 여부 점검
│ └ 요약하기 ── 정리, 중요한 내용 기억
└ **점검** ── **자기점검** ── 내적언어를 사용하여 자신의 행동, 학업 평가 ── 자기교정법

사회성

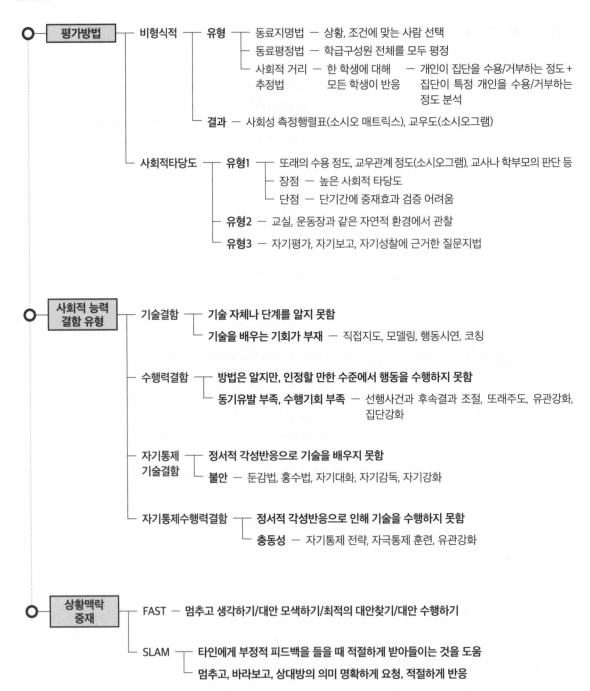

평가방법 ─ 비형식적 ─┬ **유형** ─┬ 동료지명법 ─ 상황, 조건에 맞는 사람 선택
├ 동료평정법 ─ 학급구성원 전체를 모두 평정
├ 사회적 거리 ─ 한 학생에 대해 ─ 개인이 집단을 수용/거부하는 정도 +
추정법　모든 학생이 반응　집단이 특정 개인을 수용/거부하는
정도 분석
└ **결과** ─ 사회성 측정행렬표(소시오 매트릭스), 교우도(소시오그램)

　사회적타당도 ─┬ **유형1** ─┬ 또래의 수용 정도, 교우관계 정도(소시오그램), 교사나 학부모의 판단 등
├ 장점 ─ 높은 사회적 타당도
└ 단점 ─ 단기간에 중재효과 검증 어려움
├ **유형2** ─ 교실, 운동장과 같은 자연적 환경에서 관찰
└ **유형3** ─ 자기평가, 자기보고, 자기성찰에 근거한 질문지법

사회적 능력 결함 유형 ─ 기술결함 ─┬ **기술 자체나 단계를 알지 못함**
└ **기술을 배우는 기회가 부재** ─ 직접지도, 모델링, 행동시연, 코칭

　수행력결함 ─┬ **방법은 알지만, 인정할 만한 수준에서 행동을 수행하지 못함**
└ **동기유발 부족, 수행기회 부족** ─ 선행사건과 후속결과 조절, 또래주도, 유관강화,
집단강화

　자기통제 기술결함 ─┬ **정서적 각성반응으로 기술을 배우지 못함**
└ **불안** ─ 둔감법, 홍수법, 자기대화, 자기감독, 자기강화

　자기통제수행력결함 ─┬ **정서적 각성반응으로 인해 기술을 수행하지 못함**
└ **충동성** ─ 자기통제 전략, 자극통제 훈련, 유관강화

상황맥락 중재 ─ FAST ─ **멈추고 생각하기/대안 모색하기/최적의 대안찾기/대안 수행하기**

　SLAM ─┬ **타인에게 부정적 피드백을 들을 때 적절하게 받아들이는 것을 도움**
└ **멈추고, 바라보고, 상대방의 의미 명확하게 요청, 적절하게 반응**

01 정의

1. 「장애인 등에 대한 특수교육법」

(1) **용어:** 학습장애

(2) **정의**

> 개인의 내적 요인으로 인해 듣기, 말하기, 주의집중, 지각, 기억, 문제해결 등의 학습 기능
> 이나 읽기, 쓰기, 수학 등 학업 성취 영역에서 현저하게 어려움을 보이는 자를 말한다.

2. 미국 학습장애 공동협의회(NJCLD)

> 학습장애는 듣기, 말하기, 읽기, 쓰기, 추리 또는 산수능력의 습득과 사용에 현저한 어려움을
> 보이는 이질적인 장애 집단을 지칭하는 포괄적인 용어이다. 이 장애들은 각각의 개인에게 내재
> 되어 있는 것으로, 중추신경계의 기능 장애에 의한 것으로 가정되며, 일생에 걸쳐 나타날 수
> 있다. 자기조절행동, 사회적 지각, 사회적 상호작용에 문제점들이 나타날 수도 있으나, 이것들
> 만으로는 학습장애가 성립되지 않는다. 학습장애는 다른 장애 상태(예 감각적 손상, 정신지체,
> 사회적 행동·정서장애) 또는 환경적인 영향(예 문화적 차이, 불충분하거나 바람직하지 못한 교수,
> 심인성 요인)과 동시에 나타날 수 있으나, 그러한 상태나 영향의 직접적인 결과로 나타나는 것
> 은 아니다.

3. 미국 「장애인 교육법」(IDEA)

- **일반적 규정:** '특정학습장애'는 언어, 즉 구어나 문어로 표현된 언어를 이해하고 사용하는
  것과 관련된 1가지 이상의 기본적인 심리적 과정의 장애를 의미하는 용어이며, 듣기, 생각
  하기, 말하기, 읽기, 철자 쓰기, 수학 계산 등에 있어 불완전한 능력으로 나타날 수 있다.
- **포함되는 장애:** 지각장애, 뇌손상, 미세 뇌기능 이상, 난독증, 발달적 실어증과 같은 상태를
  포함한다.
- **포함되지 않는 장애:** 시각장애, 청각장애, 운동장애, 지적장애, 정서장애나 환경적·문화적·
  경제적 불이익이 초래한 결과가 일차적으로 작용하여 발생하는 학습 문제는 포함하지 않는다.

4. 정신질환 진단 및 통계편람(DSM-5)

(1) **용어**: 특정학습장애

(2) **정의**

> 정상 수준의 지능(70±5 이상)을 가지고 있으나 학습하고 학업기술을 사용하는 데 어려움을 보이는 상태로, 어려움을 보이는 특정학습영역을 위한 중재를 받았음에도 읽기, 쓰기, 수학 영역 중 적어도 1가지 영역에서 어려움을 보이는 증상을 적어도 6개월 이상 지속적으로 보이는 아동을 말한다.

(3) **진단기준**

> A. 학습과 학업기술을 사용하는 데 있어서의 어려움으로, 그러한 어려움을 목표로 한 중재의 제공에도 불구하고 다음 증상 중 적어도 1가지를 최소 6개월 동안 지속적으로 나타낸다.
> 1. 부정확한 또는 느리고 부자연스러운 단어 읽기 예 한 단어를 부정확하게 또는 느리게 주저하면서 소리 내어 읽음, 종종 단어를 추측해서 읽음, 단어를 발음하는 데 어려움이 있음
> 2. 읽은 내용의 의미 이해가 어려움 예 글을 정확하게는 읽지만 읽은 내용의 순서, 관계, 추론 또는 깊은 의미를 이해하지 못할 수도 있음
> 3. 철자하기의 어려움 예 모음 또는 자음을 첨가, 생략 또는 대체할 수도 있음
> 4. 쓰기표현의 어려움 예 문장 내에서 다양한 문법 또는 구두법 오류를 보임, 좋지 못한 문단 조직을 사용함, 생각을 쓰기로 표현하는 데 명료성이 부족함
> 5. 수 감각, 수학적 사실 또는 계산 습득의 어려움 예 수, 수 크기와 관계에 대한 이해가 빈약함, 한 자릿수끼리 덧셈할 때 또래처럼 수학적 사실을 회상하는 것 대신 손가락으로 계산함, 수학 연산 도중에 길을 잃고 절차를 바꿀 수도 있음
> 6. 수학적 추론의 어려움 예 양적인 문제를 해결하기 위해 수학적 개념, 사실 또는 절차를 적용하는 데 심각한 어려움을 가짐
> B. 학업기술들은 지속적이고 개인의 기대된 연령보다 더 낮게 설정되어, 학업적 혹은 직업적 수행에 있어 중요한 어려움을 야기한다. 혹은 매일 삶의 활동에 있어 표준화된 성취도구와 종합적인 의학적 평가를 통해 공식적으로 확인하게 된다. 17세 이상의 개인은 학습의 어려움에 대한 기록들을 표준화된 평가로 대체할 수 있다.
> C. 학습의 어려움들은 학령기 동안 발생하지만, 그 영향을 받은 학업기술들은 개인의 제한된 능력을 초과하도록 요구받을 때까지 완전히 나타나지 않는다. 예 시간 내 검사, 읽기나 쓰기의 장기간 복잡한 기한제출 보고서, 매우 과한 학업적 부담
> D. 학습의 어려움은 지적장애에 의한 것이나 색맹, 청각적 예민함, 다른 정신적인 혹은 뇌신경학적 장애, 심리사회학적 역경, 학업교수에서 언어사용의 미숙함이나 부적절한 교수를 더 잘 설명하지 않는다.
>   **주의**: 4가지 진단기준은 개인사(발달, 의학, 가족, 교육), 학교기록, 교육심리적 평가를 종합한 것에 근거하여 충족되어야 한다.

(4) 진단기준 변화

① 개정된 DSM-5 진단기준에서 가장 주목해야 할 변화는 역사적으로 교육계에서 제안하고 국제적으로 권장하는 중재반응 모형의 기본 아이디어가 학습장애 진단 기준으로 제시되었다는 점이다.

② 정신의학계에서 기초적인 진단기준으로 삼는 DSM-5에서 교육 기반 아이디어를 수용했다는 사실은 교육계와 의학계가 학습장애 진단기준을 구축함에 있어 시너지 효과를 가지게 되었으며, 앞으로 교육계와 의학계가 협업하여 이루어나가야 할 부분이 확장될 수 있음을 시사한다.

5. 학습장애 정의의 주요 구성요소

구성요소	설명
내적 원인 (기본 심리처리, 중추신경계 기능 결함, 내적 원인 등)	• IDEA: 학습장애의 원인을 기본 심리처리 장애로 명시함 • **기본 심리처리 장애**: 기억, 청각적 지각, 시각적 지각, 구어, 사고 등의 인지적 기능과 관련됨 • NJCLD: 기본 심리처리 장애를 학습장애 정의에 포함하지 않으며, 학습장애 원인을 중추신경계 기능 장애로 추정함 • IDEA, NJCLD의 정의를 비롯한 국내외의 여러 정의는 학습장애가 외부 요인이 아닌 개인의 내적인 문제로 인해 발생한다고 명시함
학습장애의 이질성, 대표적인 문제 영역	「장애인 등에 대한 특수교육법」과 한국 특수교육학회에서는 기억, 주의, 지각 등의 학습장애를 유발하는 인지적 기능을 학습장애의 주요 문제 영역으로 봄
배제 조항	• 미국 IDEA와 NJCLD의 학습장애 정의의 차이점은 다른 장애·외적 요인과의 중복 가능성을 명시했는지 안 했는지의 정도 • 학습상 어려움의 직접적 원인이 다른 장애 또는 외적 요인인 경우 학습장애로 인정하지 않는 점은 동일함
일생에 걸쳐 일어날 수 있는 장애	학습장애가 학령기에 제한되는 장애가 아니라 일생에 걸쳐 일어날 수 있는 장애임을 명시함
진단준거	불일치 준거, 중재반응 준거 등의 진단준거를 제시할 수 있음

02 용어

1. 학습부진

① 정상 지능으로 신경계에는 이상이 없으나 정서 문제나 사회·환경적 원인 때문에 학업 성취도가 떨어지는 아동이다.
② 문제의 환경 요인이 제거되거나 치료적 개입으로 교정하면 정상적인 학습능력과 성취도를 보인다.

2. 학습지진

① 선천적으로 지적능력이 결핍되어 학습능력이 떨어지는 아동이다.
② 일반 아동집단의 하위 15~20%에 해당하며 경도 지적장애 아동과 비슷한 학습 문제를 보이지만 정도가 더 가볍다.

3. 학습장애

① 정상 이상의 지능을 가지고 정서, 사회·환경적 문제 등의 원인이 없음에도 학업 성취도가 떨어지는 아동이다.
② 대부분이 신경학적 기능 장애로 인해 유발된다고 추정한다.

03 유형

1. 커크와 칼판트(Kirk&Chalfant)가 제안한 학습장애 하위유형

(1) 발달적 학습장애

① 1차 장애: 주의집중장애, 기억장애, 지각장애
② 2차 장애: 사고장애, 구어장애

(2) 학업적 학습장애

읽기장애, 글씨쓰기장애, 철자·작문장애, 수학장애 등을 포함한다.

2. 미국 「장애인 교육법」과 현행 문헌에서 제안한 학습장애 하위유형

(1) 읽기장애

① 단어인지: 개별 단어를 정확하게 읽고 의미를 이해하는 것을 어려워한다.
② 읽기유창성: 글을 빠르고 정확하게 읽는 것을 어려워한다.
③ 읽기이해: 글을 읽고 내용을 파악하는 것을 어려워한다.

(2) 쓰기장애

① 철자: 단어를 쓸 때 낱자(특히, 받침)를 빠뜨리거나 맞춤법이 틀리게 쓰는 특성을 보인다.
② 작문: 쓰기표현과 쓰기과정(계획, 초안 작성, 수정과 편집)에 따른 작문 활동이 어렵다.

(3) 수학장애

① 연산: 기본적인 수 개념과 연산을 어려워한다.
② 문제해결: 스스로 문제를 분석하는 적절한 방법(예 구체물, 그림, 거꾸로 풀기, 수식, 표 등의 활용)을 선택하고 해결하는 데 어려움이 있다.

(4) 구어장애

① 듣기장애: 음소 수준(예 말소리 구별과 음소 조작의 어려움), 어휘 수준(예 어휘력 부족), 문장 수준(예 질문이나 지시 이해가 어려움), 의사소통 수준(예 상대의 화용적인 단서에 대한 파악이 어려움)의 듣기 문제를 모두 포함한다.
② 말하기장애: 단어 수준(예 단어 선택·산출·발음 포함), 어휘 수준(예 어휘력 부족), 문장 수준(예 구문 발달의 어려움, 문법적 표현), 의사소통 수준(예 정보 전달의 양·질·유창성 부족)의 말하기 문제를 모두 포함한다.

(5) 사고장애

① 실행 기능(executive functions)인 주의·통제 능력, 작업기억, 전환 능력, 계획 능력, 정보처리 능력 등에 결함이 있다.
② 인지 전략(congnitive strategies)을 사용하는 능력이 부족하다.
③ 자기조절(self-regulation) 능력에 결함이 있다.

3. 기타 - 대뇌반구의 기능장애에 따른 구분

(1) 언어성 학습장애

① 원인은 좌반구의 기능 장애이며, 언어 능력에 심각한 문제를 가진다.

② 말하기, 듣기, 읽기, 쓰기의 4가지 언어양식은 상호 연관적인 특성을 가진다.

③ 하나의 언어양식에 문제가 생기면 다른 언어양식의 습득도 방해 받을 수 있다.

(2) 비언어성 학습장애 ★

① 특성

㉠ 원인은 뇌 우반구 체계 결함이며, 언어성 학습장애와 대조적인 특성을 가진다.

㉡ 일반적으로 언어성 지능지수보다 동작성 지능지수가 유일하게 더 낮게 나타난다.

② 하위유형

㉠ 운동기능장애: 조정·균형 문제, 글을 쓸 때 겪는 운동 문제 등을 말한다.

㉡ 시각-공간-조직화 기능장애: 심상 부족, 빈약한 시각기억, 잘못된 공간지각과 집행기능(정보 습득, 정보 해석, 정보를 기반으로 결정하는 능력) 등에 어려움을 가진다.

㉢ 사회성 기능장애

ⓐ 비언어적 의사소통을 이해하는 능력이 부족하다.

ⓑ 전환이나 새로운 상황에 대한 적응 문제가 있다.

ⓒ 사회적 판단·사회적 상호작용 능력에 결함이 있다.

㉣ 감각기능장애: 시각, 청각, 촉각, 미각, 후각 중 특정 감각의 민감성이 나타난다.

③ 행동 특성의 예시

㉠ 총체적으로 접근하지 않고 세부적인 사항에 주목한다.

㉡ 퍼즐 등의 비언어적 과제를 제대로 수행하지 못한다.

㉢ 문제해결 능력이 떨어지고, 추상적인 개념을 잘 이해하지 못한다.

㉣ 그림, 만화 등의 비언어적 정보를 쉽게 이해하지 못한다.

㉤ 타인의 목소리, 몸짓, 표정과 같은 사회적 단서를 놓치거나 잘못 이해한다.

제 2 절 학습장애 진단 모델 ★

01 불일치 모델 ^{21 중등}

1. 개념

지적인 잠재능력에서 기대되는 학업 성취수준과 실제 성취수준 간의 차이로 학습장애 여부를 판단하며, 이러한 기준을 능력 – 성취 불일치 기준이라고 한다.

2. 유형

(1) 학년수준편차 공식
① 정의: 기대되는 학년수준과 실제 학년수준 간의 차이를 산출하여 불일치 정도를 파악한다.
② 결과: 이 공식을 사용하여 학습장애를 진단하려면 기대되는 학년수준과 실제 학년수준 간에 현저한 차이가 나야 하며, 이때의 현저한 차이는 두 점수 간의 격차가 1~2학년 이상임을 의미한다.
③ 장단점
㉠ 장점: 계산이 편리하여 학습장애 진단에 쉽게 사용할 수 있다.
㉡ 단점
ⓐ 학생의 지능과 상관없이 생활연령만을 근거로 하여 기대되는 학년수준을 산출하므로, 지능이 낮은(IQ 70~90) 학생들이 학습장애로 과잉 판별되는 사례가 있다.
ⓑ 학년수준의 개념이 모호하고, 학년규준과 연령규준 점수를 등간척도처럼 사용한다는 문제점이 있다.
ⓒ 각 검사도구의 학년규준 점수나 연령규준 점수의 의미가 다르므로, 학년규준 점수와 연령규준 점수를 사용할 경우 측정 문제가 생길 수 있다.

(2) 기대학령 공식

① 정의: 학생의 생활연령, 지능, 재학 연수 등을 고려하는 불일치 공식이다.

② 문제점

   ⊙ 기대되는 학년수준을 계산할 때 지능, 재학연수 등을 고려하여 학년수준편차 공식의 문제점을 보완하고자 했으나 근본적으로 비슷한 통계적 문제가 발생한다.

   ⓒ 학년규준 점수와 연령규준 점수를 등간척도나 비율척도처럼 사용한다는 점도 문제점에 해당한다.

   ⓒ 초등학교 저학년(특히 1~2학년)과 중학교 이상의 학생들에게 적용하는 경우 신뢰성이 떨어진다.

(3) 표준점수비교 공식

① 정의: 지능 지수와 학업성취 점수를 평균 100, 표준편차 15인 표준점수로 변환하여 비교한다.

② 결과: 두 점수의 차이가 약 1~2 표준편차일 때 현저한 불일치를 보인다고 평가한다.

③ 문제점

   ⊙ 다른 공식처럼 평균으로의 회귀현상 문제를 가진다.

     → 평균으로의 회귀현상: 두 측정값이 완전히 상관이 아닐 때 나타나는 현상이다.

   ⓒ 이 현상으로 인해 지능이 높은 학생을 과잉 판별하거나 지능이 상대적으로 낮은 학생을 과소 판별하는 문제가 발생할 수 있다.

(4) 회귀 공식

① 정의: 두 측정값의 상관관계와 지능을 기준으로 '기대되는 학업성취 점수'를 산출하고, 측정 표준오차를 고려하여 '기대되는 학업성취 점수'의 신뢰구간을 설정한다.

② 장단점

   ⊙ 장점: 전체 지능지수 범위에 걸쳐 학습장애 학생을 비교적 균등하게 판별하는 방식으로 평가한다.

   ⓒ 단점: 통계적인 복잡성 때문에 학교 현장에서의 적용이 어렵다.

3. 불일치 모델의 문제점

① 일관성 부족: 불일치 모형에 의한 학습장애 진단 결과의 일관성이 부족하다.
   → 불일치 모델의 여러 유형 간에 학습장애 진단 일치 비율이 낮다.
② 완전한 상관관계의 가정이 어려움: 지능검사 점수에 따른 평균적인 학업 성취수준을 설정하려면 지능검사 점수와 학업 성취수준 간에 거의 완벽에 가까운 상관관계를 가정할 수 있어야 하지만 가정이 어렵다.
   → 완전한 상관관계가 가정되지 않아, 상대적으로 높은 지능의 학생들은 더 많게, 낮은 지능의 학생은 실제보다 더 적게 학습장애로 진단된다.
③ 지능검사 자체가 피험자의 언어능력에 영향을 받음: 많은 학습장애 학생이 읽기능력 문제로 문항 자체를 읽지 못하여 실제보다 더 점수가 낮게 나올 가능성이 높다.
   → 조기 언어능력상 결함은 연령이 높아질수록 누적될 것이기 때문에 결과적으로 연령이 증가할수록 학습장애 아동의 지능이 낮아질 것이다.

보충+α | 불일치 모델에 대한 비판

불일치 모델은 학생의 학습문제가 심각하게 진행된 후에 학습장애 적격성을 결정할 수 있기 때문에, 일부 학자로부터 '실패를 기다리는 모델'이라고 비판을 받는다. 이 문제점으로 인해 「장애인 교육법」에서는 대안적인 학습장애 진단 모델로 중재반응 모델을 사용할 수 있다고 명시하고 있다.

02 중재반응 모델 ★ 21 초등, 21 중등, 20 초등, 19 초등

1. 정의

① 효과적인 수업에 얼마나 반응하는지의 정도로 학습장애 여부를 판단하는 모델이다.
② 중재반응은 중재에 따른 행동 또는 성취의 변화로 정의할 수 있고, 중재반응 개념
   도 불일치 접근을 취한다.
③ 그러나 중재반응 모델에서의 불일치는 능력–성취의 불일치가 아닌 중재 전후의
   수행수준 간의 불일치를 의미한다.

2. 3단계 예방 모델

구분	1단계: 일반교육	2단계: 지원 교수	3단계: 개별화 중재 (특수교육)
대상	모든 학생	1단계 교육에 반응하지 않은 학생으로, 전체 학생의 약 20% 정도	2단계 교육에 반응하지 않은 학생으로, 전체 학생의 약 5%
프로그램	일반 교육프로그램에 과학적으로 검증된 요소를 반영함	• 체계적·과학적으로 검증된 교육프로그램으로 1단계 교육 보충 지원 • 연습기회와 지원의 확대, 선수 개념과 기술 교수 등의 효과적인 교수전략 활용 • 지속적인 성취도 모니터링	• 집중적·과학적으로 검증된 교육프로그램으로 개별화된 교육 요구 충족 • 효과적인 교수전략을 활용한 집중 교수 실시(집중적·개별화된 중재) • 지속적인 성취도 모니터링
집단 구성	다양한 집단 구성을 활용함 예 대집단, 소집단, 협동학습, 또래교수 등	교사 1명당 학생 4~6명의 소집단	교사 1명당 학생 3명 이하의 소집단
시간	일반 교육과정 중 배정된 시간	• 1단계 교육을 받은 후 주 3회, 회기당 30분 • 1시간씩 추가 교수	• 매일 1시간씩 추가 교수 • 주 3회, 회기당 2시간씩 추가 교수
담당자	일반교사	학교에서 지정한 자 (특수교육 교사)	학교에서 지정한 자 (특수교육 교사)
평가	전체 학생을 대상으로 학습장애 위험군을 선별하는 평가를 연 2회 실시	적어도 2주에 1회 학생의 성취 진전도 모니터링	적어도 2주에 1회 학생의 성취 진전도 모니터링

3. 이중불일치 모형

중재에 어떻게 반응하는지를 알아볼 때 수행수준뿐만 아니라 발달속도까지 고려한다.

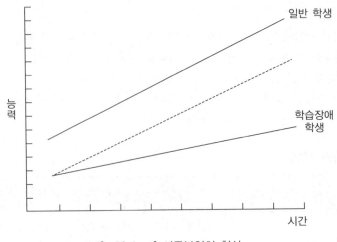

[그림 6-1] 이중불일치 현상

4. 장점

① 불일치 모델과 달리 진단 자체보다는 교육을 강조하여 최대한 빠르게 학습장애 위험군인 학생을 선별하고 교육적 지원을 함으로써 학생의 학업성취도를 극대화할 수 있다.
② 외적 요인에 의한 학습부진과 내적 요인에 의한 학습장애의 변별이 가능하다.
③ 결함이 나타나기 전인 학생의 장애 위험이 포착되는 시점부터 추적하기 때문에 학습장애를 조기에 판별할 수 있다.
④ 학습장애를 잘못 판별하는 오류의 가능성을 줄일 수 있다.

5. 문제점

① 타당화된 중재 방법과 특정 방법에 대한 합의의 도출이 어렵다.
② 전통적으로 중추신경계 결함에 따른 심리과정상의 기능 결함이 학습장애의 일차적인 원인으로 지목되지만 그에 대한 어떠한 근거도 제시하지 못한다.
③ 학습장애의 조기 진단을 목표로 하므로, 고등부 이상의 성인 준비기인 학생에게는 적용하기 어렵다.
④ 현재 시점에 중재반응 모델로 학습장애를 진단하는 것은 한계가 있다. 읽기를 제외한 학업영역(예 쓰기, 수학)은 과학적으로 검증된 교수프로그램의 연구가 아직 부족하기 때문이다.
⑤ 학업영역별 학습문제(예 읽기장애, 수학장애, 쓰기장애)가 이질적인 학습장애학생에 대한 다양한 평가·교수를 어떻게 체계적으로 적용할 것인지의 문제점이 지적된다.
⑥ 학습장애 위험군 학생에 대한 예방 모델의 기능을 하고 절차를 명확하게 제시하지만, 실제 학습장애 학생을 진단하는 형식 절차는 명확하게 제시하지 못한다.

03 인지처리 모델

1. 정의

① 인지처리과정 변인, 해당 교과 기본 학습기능의 수행 정도를 이용하여 개인 또는 개인 간의 여러 기능 수행 정도의 차이와 해당 교과 학업성취 차이 간의 상관관계를 확인하는 모델이다.

② 학습장애학생은 인지처리과정에 결함을 가지므로, 학습장애 진단 과정에서 인지처리능력도 평가해야 한다.

③ 중재에 대한 반응 여부는 중재 이전에 실시한 사전평가 점수로 예측이 가능하므로, 학습장애를 진단하려면 '형식적이고 포괄적인 평가'를 실시하여 학업성취능력과 인지처리능력을 파악하는 것이 중요하다.

2. 장점

① '학습장애란 ○○이다.'라고 규정하고 직접 측정하는 적극적 접근방법이다.

② 모든 연령대의 학습장애 여부를 선별·진단할 수 있으며 중재 프로그램 기획에도 도움을 줄 수 있다.

3. 단점

① 아직 이론적·실제적으로 근거가 충분히 확립되지 않았다.

② 수학 학습장애에 결정적으로 영향을 미치는 것이 인지처리과정이 맞는지, 맞으면 영향력은 어느 정도인지, 이 능력의 결함이 어떤 형태로 수학교과 학습부진과 관련되는지 등의 의문에 명확한 설명을 할 수 없다.

04 저성취 모델

1. 정의

① 학업성취에 대한 절선점수를 정하고, 이를 기준으로 학습장애 적격성을 결정한다.
② 지능지수가 지적장애 기준(약 70)보다 높고 학업성취도가 16~25 백분위 이하에 속하는 학생을 판별한다.
③ 지능-성취 불일치를 보이는 학생과 지능-성취 불일치는 보이지 않으나 학업성취도가 낮은 학생(이하 저성취 학생) 간에 차이점보다 공통점이 더 많다는 연구결과로부터 도출된 모델이다.

2. 장점

학업성취도를 기준으로 학습장애를 판별하므로 적용이 매우 용이하다.

3. 단점

① 학습장애로 인한 기대하지 않은 저성취와 다른 요인(예 교육 경험, 사회경제적 요인)으로 인한 저성취를 차별화하기가 어렵다.
② 학업성취도 평가과정에서 하나의 검사도구만 활용하는 경우 저성취 모델의 신뢰성에 관한 문제가 제기될 수 있다.
③ 1회 실시한 학업성취도 평가의 결과가 정해진 기준(절선점수)보다 낮은 학생을 학습장애로 판별하기 때문에, 능력-성취 불일치 모델과 비슷한 평가도구 측정 오류와 임의적인 학습장애 판별기준 등의 문제점을 지닌다.

01 읽기

1. 읽기에 요구되는 지식과 기술

기술	내용
읽기 선수 기술	향후 읽기 능력을 갖추기 위해 필요한 선수 기술
단어인지	개별 단어를 소리 내어 정확하게 읽고 의미를 파악하는 것
읽기유창성	글을 빠르고 정확하고 표현력 있게 읽는 것
어휘	개별 단어 지식뿐만 아니라 문맥에서 단어의 의미를 유추하고, 단어와 단어 사이의 연관성을 이해하고 문맥에 적절한 단어를 활용하는 능력 등을 포함함
읽기이해	• 글과의 상호작용을 통해 글의 의미를 파악하는 능력 • 읽기 교수의 궁극적인 목적

2. 읽기이해 과정과 읽기 교수영역의 관련성

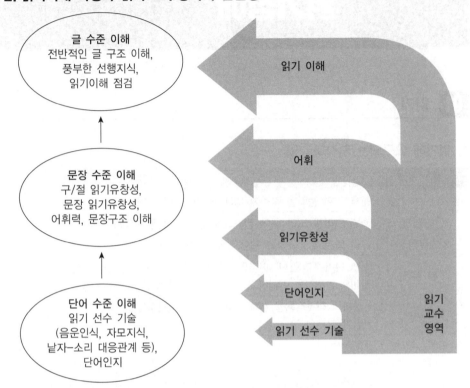

[그림 6-2] 읽기이해 과정과 읽기 교수영역의 관련성

기술	내용
단어 수준의 이해 (lexical comprehension)	• 개별 단어(예 시소)를 읽고 그 의미를 이해하는 것 • 성공적인 단어 수준의 이해를 위해서는 읽기 선수 기술인 음운인식, 자모지식, 낱자-소리의 대응관계 등과 단어인지 능력이 요구됨
문장 수준의 이해 (syntactic comprehension)	• 문장을 구성하는 단어들을 빠르고 정확하게 읽을 뿐만 아니라 문장 구조를 고려하여 적절히 끊어서 읽고, 문장의 의미를 이해하는 것 • 성공적인 문장 수준의 이해를 위해서는 구/절 읽기유창성, 문장 읽기유창성, 어휘력, 문장구조 이해 등이 요구됨
글 수준의 이해 (text comprehension)	• 여러 문장으로 구성된 문단 또는 여러 문단으로 구성된 글을 읽고 이해하는 것 • 성공적인 글 수준의 이해를 위해서는 글 구조 이해, 주제와 연관된 선행지식, 읽기이해 점검력 등이 요구됨 • 따라서 읽기 교수의 최종 목적인 읽기이해가 잘 이루어지려면 읽기 교수영역들이 서로 잘 맞물려서 작용해야 함

02 읽기 선수 기술

1. 정의

① 향후 읽기 능력에 영향을 미치는 기술이다.
② 프린트 인식, 자모지식, 음운인식, 듣기이해를 포함한다.

2. 교수법

(1) 프린트 인식

① 정의: 아동이 문자 언어(문어, written language)가 어떻게 사용되는지를 이해하는 능력을 의미한다.

프린트의 기능에 대한 인식	문어가 메시지(message)나 의미(meaning)를 전달한다는 것을 이해하는 능력
프린트의 관례에 대한 인식	프린트의 특성과 구조에 대한 관례적인 지식(예) 왼쪽에서 오른쪽으로 읽는 것)을 이해하는 능력

② 하위기술 및 예시과제

프린트 인식의 하위기술	예시과제
책 오리엔테이션	책의 앞면, 뒷면 식별하기
프린트 대 그림	어느 부분을 읽어야 하는지 가리키기(그림이 아닌 프린트를 가리켜야 함)
프린트 읽는 방향	책을 읽을 때 왼쪽에서 오른쪽으로 읽는 것을 알고, 손가락으로 책 읽는 방향 가리키기
소리-단어 연결	교사가 읽는 단어를 손가락으로 가리키기
글자, 단어, 문장	단어의 경계를 알고, 단어가 시작되는 부분과 끝나는 부분을 손가락으로 가리키기
글자와 단어 순서	글자를 구성하는 음소 또는 단어를 구성하는 음절의 순서가 바뀐 것을 변별하기
문장부호	마침표의 의미 알기

③ 향상 전략

㉠ **프린트의 기능과 관례 가르치기**: 교사는 책을 왼쪽에서 오른쪽으로, 위에서 아래로 읽는다는 점과 페이지 순서를 나타내기 위해 페이지 번호가 있다는 점, 책을 읽는 목적이 책에서 전달하고자 하는 메시지(의미)를 얻기 위해서라는 점을 아는 것 등 책의 구조에 대해 지도한다.

㉡ **책 읽어주기**: 책을 읽어 줄때는 큰 책(글자크기가 일반 책보다 훨씬 큰 책, big book)을 사용하여 아동이 책에 있는 글자와 단어를 볼 수 있도록 하는 것이 좋다. 책을 읽는 동안 아동이 책에 자주 나오는 단어에 주의를 기울이고 관심을 갖도록 유도하고, 자주 나오는 구두점(예 마침표)에 관심을 갖게끔 한다.

㉢ **프린트를 자주 접할 수 있는 주위 환경 마련하기**: 카드를 활용하여 집이나 유치원에 있는 다양한 공간, 물건에 이름표를 붙이는 것이 좋다. 예를 들어, 아동 읽기 이해 및 지도 사물함에 아동의 이름을 써서 붙이거나 언어영역에 언어라고 써서 붙이거나, 미끄럼틀에 미끄럼틀이라고 써서 붙임으로써 아동이 글자에 관심을 갖도록 돕는 것이 좋다.

㉣ **프린트를 활용한 놀이하기**: 장보기 목록 작성하기, 자신의 이름 쓰기, 편지나 생일카드 쓰기 등을 흉내 내는 놀이를 하도록 기회를 제공하면 좋다.

㉤ **구어와 문어 간의 관련성을 이해하도록 돕기**: 책을 읽으면서 아동에게 자신의 이름을 구성하는 글자와 같은 글자를 찾도록 하는 활동은 아동이 구어와 문어 간의 관련성을 이해하는 데 도움이 된다. 예를 들어, "여기에 '우산'이라는 단어가 있네요. 여기서 '우'는 '김지우'할 때 '우'와 똑같네요."라고 말하면서 구어와 문어의 관련성을 알도록 한다.

㉥ **프린트의 기능 강화하기**: 주위 환경에서 쉽게 볼 수 있는 프린트가 적힌 포스터, 이름표, 간판 등을 가리키면서 프린트가 중요한 메시지(의미)를 전달해주기 때문에 유용하다는 점을 알려주는 것이 좋다.

㉦ **프린트의 관례 강화하기**: 책을 읽을 때, 책을 읽는 방향이나 단어에 대한 개념(첫 번째 단어, 두 번째 단어, 한 단어/두 단어), 구두점 등에 대해 질문하고, 아동이 정확한 답을 하면 강화하고, 필요한 경우 교정적 피드백을 제공한다.

㉧ **책읽기를 통해 프린트 관례에 대한 질문하기**: 아동의 연령에 맞는 적절한 책을 선정하고, 책읽기를 통해 프린트 인식 능력을 평가한다.

㉨ **책 읽기 순서**

> • 책의 맨 앞면을 가리키세요.
> • 책의 제목을 가리키세요.
> • 어디서부터 읽기를 시작해야 하는지 가리키세요.
> • 글자를 가리키세요.
> • 단어를 가리키세요.
> • 문장의 첫 번째 단어를 가리키세요.
> • 문장의 마지막 단어를 가리키세요.
> • 마침표를 가리키세요.
> • 책의 뒷면을 가리키세요.

(2) 자모지식

① 정의: 자음자와 모음자의 이름에 대한 지식, 자음자와 모음자의 소리에 대한 지식, 자음자와 모음자의 이름과 소리를 빠르고 정확하게 발음하는 능력 등을 말한다.

② 하위기술 및 예시과제

자모지식의 하위기술	예시과제
같은 자모 인식	자음자와 모음자의 이름을 듣고 해당 자모 가리키기
자모이름 암송	자음자와 모음자의 이름을 순서대로 암송하기
자모이름	무작위 순서로 제시된 자음자와 모음자를 보고 이름 말하기
자모소리	무작위 순서로 제시된 자음자와 모음자를 보고 소리 말하기

③ 교사, 부모가 아동의 자모지식 향상에 활용할 수 있는 지침

㉠ 자모 관련 책, 자모 블록 등을 자주 접할 수 있도록 한다.

㉡ 개별 자모의 이름 가르치기: 예를 들어 '기'를 보여주면서 "이 낱자의 이름은 기역입니다."라고 지도할 수 있다.

㉢ 개별 자모의 소리 가르치기(낱자-소리 대응관계 가르치기): 개별 자모의 소리를 가르칠 때는 먼저 초성 소리를 가르치고, 아동이 초성 소리를 명확하게 알게 된 후에 종성 소리를 가르친다. 예를 들어, '기'를 보여주면서 "이 낱자는 /ㄱ/ 소리(초성 소리)가 납니다."라고 말하고, 아동이 /ㄱ/라는 소리를 명확하게 알게 되면 이후 '기'가 /윽/ 소리(종성 소리)가 난다는 것을 가르친다.

㉣ 개별 자모의 이름과 소리를 가르칠 때 음운인식 활동과 결합하기: 개별 자모의 이름과 해당 자모의 소리를 확실하게 알게 된 후, 음운인식 활동의 하나인 음소 합성(blending) 활동과 결합하여 교수하는 것이 좋다. 예를 들어, 아동이 'ㄱ'이 /ㄱ/ 소리가 나고, 'ㅏ'가 /ㅏ/ 소리가 난다는 것을 알게 된 후에 /ㄱ/와 /ㅏ/의 소리를 합치면 /가/라는 소리가 된다는 것을 가르친다.

(3) 음운인식 ★ ^{21 중등}

① 정의: 말소리를 식별하는 능력으로,

　　㉠ 같은 소리로 시작되는 단어와 다른 소리로 시작되는 단어를 인식하는 능력,

　　㉡ 단어를 구성하는 음소들을 셀 수 있는 능력,

　　㉢ 단어를 구성하는 소리들을 합성, 분절, 조작하는 능력 등을 말한다.

② 하위기술 유형 및 예시과제 ^{22 유아, 18 유아}

음운인식의 하위기술 유형		예시과제
음절 (syllable)	변별 (sound matching)	앞에 있는 종이에 그림들이 있어요. ('사자, 두부, 버섯, 고추' 그림을 각각 손으로 짚고) 이 그림은 '사자, 두부, 버섯, 고추'예요. ○○가 /두/로 시작하는 그림을 찾으세요. [답: 두부]
	분리 (isolation)	• 선생님을 따라 하세요. /고추/ (학생이 '고추'라고 따라 한다.) /고추/에서 첫소리가 무엇이죠? [답: 고] • 선생님을 따라 하세요. /다리미/ (학생이 '다리미'라고 따라 한다.) /다리미/에서 가운뎃소리가 무엇이죠? [답: 리]
	합성 (blending)	• 선생님이 단어를 따로따로 나눠서 말할 거예요. 그러면 ○○가 듣고, 합쳐서 말하는 거예요. /사-자/ [답: 사자] • 선생님이 단어를 따로따로 나눠서 말할 거예요. 그러면, ○○가 듣고, 합쳐서 말하는 거예요. /지-우-개/ [답: 지우개]
	분절 (segmenting)	• 선생님을 따라 하세요. /두부/ (학생이 '두부'라고 따라 한다.) 이번에는 ○○가 /두부/를 따로따로 나눠서 말해 주세요. [답: 두-부] • 선생님을 따라 하세요. /고양이/ (학생이 '고양이'라고 따라 한다.) 이번에는 ○○가 /고양이/를 따로따로 나눠서 말 해주세요. [답: 고-양-이]

	탈락 (deletion)	• 선생님을 따라 하세요. /고추/ (학생이 '고추'라고 따라 한다.) 이번에는 /고/를 빼고 말해보세요. [답: 추] • 선생님을 따라하세요. /자전거/ (학생이 '자전거'라고 따라 한다.) 이번에는 /거/를 빼고 말해보세요. [답: 자전]
	대치 (substitution)	• 선생님을 따라 하세요. /공부/ (학생이 '공부'라고 따라 한다.) 이번에는 /부/를 /기/로 바꾸어 말해보세요. [답: 공기] • 선생님을 따라 하세요. /무지개/ (학생이 '무지개'라고 따라 한다.) 이번에는 /지/를 /니/로 바꾸어 말해보세요. [답: 무니개]
초성-각운 (onset-rime)	변별 (sound matching)	앞에 있는 종이에 그림들이 있어요. ('달, 눈, 집, 밤' 그림을 각각 손으로 짚으면서) 이 그림은 '달, 눈, 집, 밤'이에요. ○○가 /알/로 끝나는 그림을 찾으세요. [답: 달]
	합성 (blending)	선생님이 단어를 따로따로 나누어서 말할 거예요. 그러면 ○○가 듣고, 합쳐서 말하는 거예요. /프-울/ [답: 풀]
	분절 (segmenting)	선생님을 따라 하세요. /발/ (학생이 '발'이라고 따라 한다.) 이번에는 ○○가 /발/을 따로따로 나누어서 말해 주세요. [답: 브-알]
음절체-종성 (body-coda)	변별 (sound matching)	앞에 놓인 종이에 그림들이 있어요. ('달, 눈, 집, 밤' 그림을 각각 손으로 짚으면서) 이 그림은 '달, 눈, 집, 밤'이에요. ○○가 /알/로 시작하는 그림을 찾으세요. [답: 눈]
	합성 (blending)	선생님이 단어를 따로따로 나누어서 말할 거예요. 그러면 ○○가 듣고, 합쳐서 말하는 거예요. /기-음/ [답: 김]
	분절 (segmenting)	선생님을 따라 하세요. /잠/ (학생이 '잠'이라고 따라 한다.) 이번에는 ○○가 /잠/을 따로따로 나누어서 말해 주세요. [답: 자-음]

음소 (phoneme)	변별 (sound matching)	앞에 놓인 종이에 그림들이 있어요. ('도, 레, 미, 파' 그림을 각각 손으로 짚으면서) 이 그림은 '도, 레, 미, 파'예요. ○○가 /드/로 시작하는 그림을 찾으세요. [답: 도]
	분리 (isolation)	• 선생님을 따라 하세요. /게/ (학생이 '게'라고 따라 한다.) /게/에서 첫소리가 무엇이죠? [답: 그] • 선생님을 따라 하세요. /형/ (학생이 '형'이라고 따라 한다.) /형/에서 끝소리가 무엇이죠? [답: 응]
	합성 (blending)	• 선생님이 단어를 따로따로 나눠서 말할 거예요. 그러면 ○○가 듣고, 합쳐서 말하는 거예요. /그-애/ [답: 개] • 선생님이 단어를 따로따로 나눠서 말할 거예요. 그러면 ○○이가 듣고, 합쳐서 말하는 거예요. /드-아-을/ [답: 달]
	분절 (segmenting)	• 선생님을 따라 하세요. /구/ (학생이 '구'라고 따라 한다.) 이번에는 ○○이가 /구/를 따로따로 나눠서 말해 주세요. [답: 그-우] • 선생님을 따라 하세요. /돈/ (학생이 '돈'이라고 따라 한다.) 이번에는 ○○가 /돈/을 따로따로 나눠서 말해주 세요. [답: 드-오-은]
	탈락 (deletion)	• 선생님을 따라 하세요. /새/ (학생이 '새'라고 따라 한다.) 이번에는 /스/를 빼고 말해보세요. [답: 애] • 선생님을 따라 하세요. /귤/ (학생이 '귤'이라고 따라 한다.) 이번에는 /을/을 빼고 말해보세요. [답: 규]
	대치 (substitution)	• 선생님을 따라 하세요. /나/ (학생이 '나'라고 따라 한다.) 이번에는 /아/를 /이/로 바꾸어 말해보세요. [답: 니] • 선생님을 따라 하세요. /별/ (학생이 '별'이라고 따라 한다.) 이번에는 /을/을 /응/으로 바꾸어 말해보세요. [답: 병]

③ 교사가 아동의 음운인식 능력 향상에 활용할 수 있는 지침

    ㉠ 아동의 발달수준에 적합한 음운인식 교수 실시하기: 아동의 발달수준을 고려하여 음절인식 활동, 초성-각운 및 음절체-종성 활동, 음소활동 중 적절한 음운인식 단위를 선택하여 지도한다. 또한 아동의 발달수준을 고려하여 변별 활동, 합성 및 분절 활동, 탈락 및 대치 활동 중에 적절한 음운인식 과제유형을 선택하여 지도한다.

    ㉡ 음소분절 및 음소합성 활동하기: 음운인식 과제유형 중에 음소분절과 음소합성 과제는 음운인식과 읽기 능력 향상에 특히 효과적이므로, 음소분절과 음소합성을 강조하여 교수하는 것이 바람직하다.

        ⓐ 음소분절 활동 예시: "/마/는 /ㅁ/와 /ㅏ/ 소리로 쪼개질 수 있어요."

        ⓑ 음소합성 활동 예시: "/ㅁ/와 /ㅏ/ 소리를 합치면 /마/가 되어요."

    ㉢ 구체물 활용하기: 소리는 추상적이므로 음운인식 교수 시 구체물을 활용하면 아동의 음운인식 능력을 향상시키는 데 효과적이다. 단어를 구성하는 음소의 수와 구체물의 수는 1 : 1 비율이므로 음소의 수만큼 구체물을 준비하는 것이 필요하다. 아동은 교사의 지시에 따라 하나의 음소에 하나의 구체물(예 플라스틱 칩)을 대응하면서 구체물을 조작하는 음운인식 활동에 참여한다.

    ㉣ 낱자-소리의 대응관계를 결합한 음운인식 교수 실시하기: 음운인식과 낱자-소리의 대응관계를 결합한 교수가 음운인식 교수의 효과를 더욱 높일 수 있다. 낱자-소리의 대응관계를 결합한 음운인식 교수는 음소 단위의 과제 유형인 음소 분절과 음소 합성 활동 시 실시한다.

      예 각 음소를 구체물 대신 해당 음소에 대응하는 낱자카드를 사용하여 음소 분절 및 합성 활동을 할 수 있다. 교사가 /마/라는 소리를 나누고 합쳐 보라고 하면 아동은 다음 단계에 따라 활동을 수행한다. 첫째, 'ㅁ'이라고 적힌 낱자카드를 선택한다. 둘째, 'ㅁ'에 대응하는 /ㅁ/ 소리를 낸다. 셋째, 'ㅏ'라고 적힌 낱자카드를 선택한다. 넷째, 'ㅏ'에 대응하는 /ㅏ/ 소리를 낸다. 마지막으로, 'ㅁ'과 'ㅏ' 카드를 가까이 모으면서 /마/라고 한다.

    ㉤ 소집단 교수 실시하기: 대집단 교수보다 소집단 교수가 음운인식 교수의 효과를 더욱 높일 수 있다.

    ㉥ 교사의 음소인식 과제에 대한 시범보이기: 교사는 음소인식 과제에 대한 구체적인 시범, 특히 각 음소를 어떻게 발음하는지를 구체적으로 시범 보여야 한다.

      예 음소합성 과제일 경우, 교사는 각 음소를 따로따로 명확하게 발음(/ㅁ/, /ㅏ/)한 다음, 음소를 합쳐서 발음(/마/)하는 것을 시범 보인다.

    ㉦ 학생에게 연습기회 제공하기: 교사의 명시적인 시범 후 학생에게 비슷한 과제를 반복적으로 연습할 기회를 제공한다.

(4) 듣기이해

① 어머니가 자녀와 규칙적으로 책을 읽으며 상호작용하는 일과를 통해 아동은 책을 읽는 방법, 책의 내용을 이해하는 방법 등을 터득하고, 점차적으로 책 읽기 활동에서 주도적인 역할을 한다.

② 책 읽기 활동과 아동-부모 간 상호작용을 통해 책의 내용을 이야기하는 활동은 아동의 읽기능력뿐 아니라 읽기태도 형성에도 중요한 역할을 한다.

03 단어인지

1. 정의 [22 초등]

① 단어를 빠르게 소리 내어 읽고, 단어의 의미를 파악하는 능력을 의미한다.

② 단어인식은 문자의 해독을 의미하며, 형태, 음소, 음절, 문맥 분석, 반복적 경험을 통한 일견읽기로써 이루어진다.

2. 단어인식 관련 활동

유형	내용
형태분석	• 문자의 시각적 특징이나 단서에 근거하여 단어를 인식하는 활동 • 아동이 그림책의 그림을 보면서 '사자'라는 단어를 학습한 경험이 있다면 '사자'가 들어 있는 단어를 볼 때 '사자'라고 읽게 됨
음소분석	• 단어를 구성하는 문자소와 음소의 대응관계를 분석함으로써 단어를 인지하게 되며, 읽기학습을 위한 초기 단계에서 주로 사용하는 방법 • 학습장애아동은 음소분석을 통한 문자 인지에 상대적으로 많은 어려움을 가짐
음절분석	• 단어를 구성하는 각 음절에 해당하는 소리를 분석적으로 지각함으로써 전체 단어를 인지하는 것 • '사자'라는 단어를 읽을 때 '사'와 '자'라는 음절을 분석적으로 인지하여 읽는 것
문맥분석	• 모르는 단어를 해독할 때 문맥상 다른 단어, 의미에 의존하여 단어를 인지하는 활동 • 지금까지의 연구 결과에서는 학습장애 아동이 낯선 단어에 대한 해독을 할 때 일반 아동에 비해 음소분석이나 음절분석보다는 문맥분석에 더 많이 의존한다고 보여짐
일견읽기 ★	• 단어에 대해 음소나 음절 분석을 의식적으로 실시하지 않으면서도 즉각적으로 단어를 인지하여 읽는 것 • 아동이 어떠한 단어에 반복적으로 노출될 때 자동적으로 시각적인 단서와 단어를 연결시키는 기능적인 읽기활동을 의미함 • 이러한 일견읽기 능력이 향상됨으로써 읽기유창성이 가능해짐

3. 학습장애학생의 단어인지 특성

① 학습장애학생은 일반학생에 비해 단어인지 능력이 현저하게 떨어지는 것으로 나타났다.

② 규칙 단어(예 수건 /수건/)보다 불규칙 단어(음운변동단어, 예 나뭇잎 /나문닙/)와 무의미 단어(예 맑하다 /말카다/)를 읽을 때 더 많은 오류를 보이는 것으로 나타났다.

③ 규칙 단어를 읽을 때 대치 오류가 가장 많이 나타나며(예 '놀라다'를 '놀리다'로 읽는 오류), 종성에서의 대치 오류를 상대적으로 많이 보인다.

④ 음운변동이 일어나는 단어를 읽을 때는 읽기장애학생과 일반학생이 모두 연음, 구개음화, 설측음화, 설측음의 비음화 규칙에서 오류를 많이 보인다.

⑤ 음운변동 규칙을 단어의 일부분에만 적용하는 오류를 많이 보이는 것으로 나타난다.
예 만용(/마뇽/)을 /만뇽/으로 읽는 오류

4. 단어인지 교수법

(1) 의미중심 프로그램

① 통언어적 접근

　㉠ 기본가정: 문자해독을 위한 구체적 기능이 읽기활동 과정에서 자연적으로 습득되며, 따라서 일상적인 언어경험이나 기능과 구별되는 인위적인 음운분석, 결합 기능의 교육은 불필요하다고 본다.

　㉡ 교육자료: 읽기기능 중심이 아닌 주제 중심으로 구성되며, 읽기활동은 말하기, 듣기, 쓰기와 같은 다른 언어 관련 활동과 연계되어 이루어진다.

　㉢ 교육방법: 반복적인 노출을 통해 주어진 단어의 시각적 형태를 기억하고, 여기에 음과 의미를 서로 연합한다. ➜ 일견단어 교수방법

　㉣ 장점

　　ⓐ 읽기활동과 쓰기활동이 통합됨으로써 읽기와 쓰기활동이 연계되어 강조된다.

　　ⓑ 학생들의 흥미와 관심을 유발하기 위해 기능 중심의 인위적인 자료가 아닌 문학작품과 같은 흥미 있는 읽기자료를 사용한다.

> **보충+α** **총체적 언어/통언어적 교수(whole language instruction)**
>
> 총체적 언어 교수는 읽기능력이 자연적으로 습득된다는 철학에 기반을 둔다. 따라서 총체적 언어 교수는 낱자-음소의 대응관계를 활용하여 단어를 해독하도록 가르치는 파닉스 교수와 달리 '의미 있는(meaningful)' 읽기 활동을 통해 단어를 가르칠 것을 강조한다. 학생에게 의미 있는 단어를 선택하고 이를 반복적으로 접할 기회를 제공함으로써, 학생이 단어의 시각적 형태, 발음, 의미를 연결할 수 있게 지도한다.
>
> 총체적 언어 교수는 학생에게 의미 있는 단어를 선택하여 가르치기 때문에, 단어인지 교수를 할 때, 낱자(군)의 난이도와 순서를 특별히 고려하여 지도하지 않는다. 예를 들어, 파닉스 교수에서는 '냉장고'라는 받침이 있는 단어는 받침이 없는 단어를 가르친 후에 가르치지만, 총체적 언어 교수에서는 이러한 면에 초점을 두지 않는다. 또한 총체적 언어 교수에서는 아동이 다양한 문학작품(authentic literature)을 접하도록 하는 것을 강조하기 때문에 아동이 읽는 문학작품 내에서 단어를 선택하여 가르친다. 그러나 파닉스 교수가 단어인지 능력을 향상시킨다는 충분한 근거가 제시된 이후부터는 총체적 언어 교수에서도 임베디드 파닉스를 삽입하여 단어를 가르치는 경우가 많다.

② 언어경험 접근법 ★ 21 초등
　　㉠ 읽기활동과 다른 언어활동을 통합한 프로그램으로 구성되고, 아동의 학습동기 유발을 통해 적극적인 학습참여를 유도하는 특징을 가진다.
　　㉡ 읽기자료: 학생이 경험한 이야기를 말하고 교사가 이를 기록한 후에 편집하여 사용한다.
　　㉢ 장점
　　　　ⓐ 말하기, 듣기, 쓰기 활동을 읽기 프로그램에 통합함으로써 아동이 자신의 언어활동, 환경과의 접촉, 일상적 생활경험에 더 민감해지도록 한다.
　　　　ⓑ 자신의 경험을 바탕으로 한 읽기자료를 통해 학습동기가 상승한다.
　　　　ⓒ 논리적인 이야기 전개, 여러 사상에 대한 통합적인 사고 등을 통해 언어와 사고력을 함께 개발할 수 있다.
　　㉣ 단점
　　　　ⓐ 계열성을 가진 구체적 읽기 기능(예 음운분석, 음운결합, 단어형성)의 체계적인 교육을 제공하지 않는다.
　　　　ⓑ 읽기활동이 아동의 경험과 어휘력에 의존하는 데 비해, 새로운 어휘개발을 위한 구체적 프로그램이 존재하지 않는다.
　　㉤ 단계

단계	내용
1단계 토의하기	• 교사는 학생들이 최근 경험을 자유롭게 말하도록 동기를 부여하고 함께 주제에 대해 토의함 • 주제는 개인적으로 중요하고 흥미로운 것이면 무엇이든 허용됨 • 이때 교사는 학생이 자신의 생각을 충분히 표현할 수 있도록 각자의 방식으로 표현하도록 격려하고, 가급적이면 교정은 지양함 • 필요한 경우 적절한 낱말을 제시해주고, 확산적인 발문을 통해 학생이 스스로 말할 수 있는 분위기를 조성함
2단계 받아쓰기	• 학생이 교사에게 자신의 이야기를 말하고 교사는 기본 읽기교재를 만들기 위해 학생들의 말을 기록함 • 교사는 학생이 말하는 것이 문법이나 글의 구조를 교정하지 않고 그대로 받아 적어 학생의 자신감을 손상하지 않음
3단계 읽기	• 교사는 학생이 말한 것을 정확히 기록했는지 확인하기 위해 읽어주고, 확인 후 이야기가 친숙해질 때까지 여러 번 읽게 안내함 • 학생들이 잘 읽지 못하면 교사가 함께 읽은 다음에 묵독하면서 모르는 낱말을 표시하고 다시 소리 내어 읽도록 함 • 교사는 아직 읽지 못하는 학생을 위해 각 행을 손으로 짚어가며 읽을 수 있고, 모르는 낱말을 가리키며 읽을 수도 있음
4단계 낱말학습	• 언어경험 이야기를 읽은 후 다양한 활동을 통해 새로 나온 낱말이나 어려운 낱말, 배우고 싶은 낱말을 학습함 • 낱말학습 방법으로 낱말은행(word bank) 활동, 직소(Jigsaw)를 이용한 문장 활동, 낱말 공략법(word attack skill) 등을 활용할 수 있음
5단계 다른 자료 읽기	학생은 자신이 구술한 이야기 읽기에서 다른 사람들이 쓴 이야기 읽기로 옮겨가며 읽기에 대한 자신감과 기술을 향상시킴

(2) 해독중심 프로그램

① 음운분석 접근

○ ㉠ 문자와 문자−음소의 대응관계에 대한 지식, 단어를 구성하는 음소의 분석과 결합 기능이 문자 해독 기술 향상을 위한 중요한 교수·학습활동이 된다.

○ ㉡ 접근방법

종합적 방법	각 문자에 대응하는 음소에 대한 지식 획득 후 학습한 음가결합을 통해 단어를 해독함 예 '가' = '그−으' + '아−' 라는 음운분석과 결합을 통해 해독함
분석적 방법	단어를 구성하는 통합된 부분으로서 문자의 음가를 학습함 예 'ㄱ'의 음가 '그'를 가르치기 위해 '가방'을 예로 활용함

○ ㉢ 특징

  ⓐ 음운분석적 기능 수행이 낮음: '바람'과 '강둑'을 단서로 제시하고 '바둑'이라는 단어가 제시될 때 단서 단어를 활용하여 과제단어를 적절하게 해독하는 데 어려움을 보인다.

  ⓑ 낯선 단어의 일부분만 해독하고 나머지를 추측하는 오류가 많음: '천재지변'을 듣고 '천재소년'으로 추측할 수 있다.

② 언어학적 접근

○ ㉠ 의사소통을 중심으로 한 문자해독 읽기활동을 강조하는데, 이때 문자해독은 인쇄문자를 언어적 의사소통 과정으로 변환시키는 활동이다.

○ ㉡ 음운분석적 접근과 달리 단어 자체를 문자해독 단위로 설정: 이때 문자해독 기능을 가르치기 위해 사용되는 단어들은 철자나 발음이 서로 유사한 것들로 구성되며, 음운분석적 방법과는 다르게 각 낱자의 음들은 따로 가르치지 않는다.

  → '수리', '구리', '무리', '부리'와 같이 반복 제시되는 동일 음운 부분과 구별되는 음운 부분을 통해 각 음운 부분의 소리를 쉽게 파악할 수 있다.

○ ㉢ 장점

  ⓐ 문자와 음소의 대응관계에 관한 간접적 교육이다.

  ⓑ 읽기가 쓰여진 구어를 의미화하는 과정이라는 점을 인식하게 한다.

○ ㉣ 단점

  ⓐ 어휘 선정이 제한적이다.

  ⓑ 읽기이해력 향상에는 큰 도움을 주지 못한다.

개념 check 파닉스 교수 ★

1. 정의
   음운인식과 낱자(군)-소리 대응관계를 활용하여 단어를 읽도록 가르치는 읽기 교수법이다.

2. 유형

구분	내용
합성 파닉스	부분-전체 접근법을 적용하여 단어를 구성하는 각각의 낱자들을 소리로 바꾼 후에 이 소리들을 합쳐서 단어를 읽도록 가르치는 단어인지 교수법 ⑩ 교사: (칠판에 '나'라는 단어를 쓴 다음) 선생님이 이 단어를 읽어볼게요. (단어를 구성하는 낱자 'ㄴ', 'ㅏ'의 소리를 각각 따로 발음한다. /ㄴ/, /ㅏ/ → (소리를 순서대로 합쳐서 발음한다.) /ㄴ…ㅏ/ → /나/
분석 파닉스	전체-부분 접근법을 적용하여 각 낱자에 대응하는 소리를 따로 가르치지 않고 단어 내에서 낱자-소리의 대응관계를 파악하도록 가르치는 단어인지 교수법 ⑩ 교사는 학생이 이전에 습득한 단어 중 같은 소리를 포함한 단어들(⑩ 바위, 바지, 바다)을 제시한 후 이 단어들이 모두 /ㅂ/라는 소리로 시작되고 /ㅂ/라는 소리는 'ㅂ'이라고 쓴다는 점을 학생이 파악하게 하도록 지도한다.
유추 파닉스	학생이 알고 있는 단어나 단어의 부분을 활용하여 새로운 단어를 읽도록 가르치는 단어인지 교수법 ⑩ '사용하다'를 가르칠 때, 학생이 알고 있는 '미용', '자다', '사용하다'라는 단어의 비슷한 특성(미용/사용;자다/하다)을 비교함으로써 '사용하다'를 유추하여 읽을 수 있도록 지도한다.
임베디드 파닉스	• 글을 읽는 과정에서 파닉스 교수를 삽입하여 단어를 읽도록 가르치는 단어인지 교수법 • 주로 총체적 언어 프로그램의 일부로 활용됨 • 글이라는 맥락 안에서 글의 의미를 파악하는 데 도움을 주는 방법 중 하나로, 파닉스 교수의 요소를 포함함 • 해당 글에 포함된 단어를 중심으로 가르치는 낱자(군)-소리가 선택됨

04 읽기유창성

1. 정의 ★ [18 중등]

① 글(읽기지문)을 빠르고 정확하게 적절한 표현력을 가지고 읽는 능력을 의미한다.
② 읽기유창성은 정확도(accuracy), 속도(speed), 표현력(prosody)의 3가지 특성을 포함한다.
③ 읽기유창성이 부족한 학생은 글을 읽을 때 개별단어를 해독하고 단어의 의미를 파악하는 데 인지적 자원(cognitive capacity)을 많이 사용하기 때문에 상대적으로 읽기이해에 사용할 인지적 자원이 부족하여 전체 글의 이해에 어려움을 보인다.

2. 읽기유창성 오류 유형

(1) 대치

① 정의: 제시된 어절을 다른 의미 단어로 대치하는 경우, 제시된 어절을 무의미 단어로 대치하는 경우, 제시된 어절의 어미·조사 등 형식 형태소를 다른 형식 형태소로 대치한 경우 등을 말한다.
② 세부유형

구분	예시
의미 대치	어머니가 그만 견디다 못해 청개구리를 <u>내쫓았지</u>. ➡ 어머니가 그만 견디다 못해 청개구리를 <u>쫓아냈지</u>.
무의미 대치	<u>아무리</u> 어린 신랑이지만 너무 졸라댔다. ➡ <u>아무른</u> 어린 신랑이지만 너무 졸라댔다.
형식 형태소 대치	하루는 배고픈 <u>여우가</u> 산길을 어슬렁거리고 있었어. ➡ 하루는 배고픈 <u>여우는</u> 산길을 어슬렁거리고 있었어.

(2) 생략

① 정의: 제시된 어절 전체가 생략된 경우나 제시된 어절에서 어미, 조사 등의 형식 형태소가 생략된 경우를 말한다.
② 세부유형

구분	예시
전체 어절 생략	죽지 않고 살려는 욕심은 같았나 봅니다. ➡ ( ) 않고 살려는 욕심은 같았나 봅니다.
형식 형태소 생략	옛날에 시골 마을에 똥을 빨리 누는 사람이 살았대. ➡ <u>옛날</u> 시골 마을에 똥을 빨리 누는 사람이 살았대.

(3) **첨가**

① 정의: 새로운 단어·어절이 첨가된 경우나 어미, 조사 등의 형식 형태소가 첨가된 경우를 말한다.

② 세부유형

구분	예시
전체 어절 첨가	: 산속에서 <u>자라는</u> 익모초 말이에요. ➜ 산속에서 잘 <u>자라는</u> 익모초 말이에요.
형식 형태소 첨가	<u>사또</u>, 죄송하지만 잠깐 똥을 싸고 오겠습니다. ➜ <u>사또는</u>, 죄송하지만 잠깐 똥을 싸고 오겠습니다.

(4) **반복**

① 정의: 제시된 어절 전체를 반복, 첫음절을 반복, 일부를 반복하는 경우 등이다.

② 세부유형

구분	예시
전체 어절 반복	옛날에 <u>시골</u> 마을에 똥을 빨리 누는 사람이 살았대. ➜ 옛날에 <u>시골 시골</u> 마을에 똥을 빨리 누는 사람이 살았대.
첫 음절 반복	<u>하루는</u> 배고픈 여우가 산길을 어슬렁거리고 있었어. ➜ <u>하 하루는</u> 배고픈 여우가 산길을 어슬렁거리고 있었어.
부분 어절 반복	캬, <u>정말이로구나</u>. ➜ 캬, <u>정말 정말이로구나</u>.

(5) **자기교정**

오류를 보인 후 스스로 교정하여 정반응하는 경우이다.

예 캬, <u>정말이로구나</u>. ➜ 캬, <u>장멀 정말이로구나</u>.

3. 읽기유창성 교수법 [19 초등]

(1) 사용

① 읽기유창성 지도는 학생이 단어인지를 자동적으로 하지 못할 때 유용하다.

② 아직 배우지 않은 내용을 구두로 읽게 했을 때 단어인지에서 10% 이상 실수할 때,

③ 학생이 구두로 잘 읽지 못할 때,

④ 구두로 읽은 내용을 잘 이해하지 못할 때, 유창성 지도를 실시한다.

(2) 읽기유창성 교수의 특성

① 학생에게 동일한 글을 소리 내어 반복하여 읽도록 한다.

② 소리 내어 반복 읽기를 실시할 때는 먼저 글을 유창하게 읽는 사람(교사나 또래)이 유창하게 글을 읽는 시범 보인 다음 학생에게 같은 글을 소리 내어 읽도록 한다.

③ 글을 읽을 때 오류를 보이면 체계적인 오류 교정 절차를 적용하여 교정한다.

④ 학생이 동일한 글을 3회 이상 소리 내어 반복하여 읽도록 한다.

⑤ 일주일에 3회 이상 읽기유창성 교수를 실시한다.

⑥ 학생이 글에 포함된 단어의 약 90% 이상을 정확하게 읽을 수 있는 글을 선택하여 읽기유창성 교수에 사용한다.

(3) 반복 읽기와 모니터링

① 교사의 지도와 피드백을 받으면서 읽기를 반복하는 학생은 더욱 잘 읽게 된다.

② 반복 읽기: 실질적으로 단어인지, 속도, 정확성뿐만 아니라 읽기이해를 비롯한 전체적인 읽기능력을 향상한다.

③ 반복 읽기를 하기 위한 효과적인 방법은 여러 번 또는 유창성이 획득될 때까지 내용을 읽고 또 읽는 것이며, 읽기연습은 오디오테이프, 개인지도, 또래지도 등을 통해 더욱 증가될 수 있다.

(4) 짝과 함께 반복 읽기

① 또래교수를 활용한 읽기 프로그램의 한 유형으로 읽기유창성을 향상시키는 목적으로 개발되었다.

② 짝과 함께 반복 읽기는 읽기유창성이 좋은 또래 친구와 짝을 이루어서 소리 내어 반복 읽기를 하는 교수이다.

③ 구성요소

구성요소	내용
짝 정하기	2명이 짝이 되도록 구성하되, 학생 A는 글을 더 유창하게 읽는 학생, 학생 B는 글을 덜 유창하게 읽는 학생으로 구성함
학생 B의 수준에 적합한 글 선택하기	학생 B가 글에 포함된 단어의 90%를 정확하게 읽을 수 있는 읽기 지문(예 10단어 중 1단어 정도를 잘 못 읽는 정도 수준의 읽기 지문)을 선택함
'짝과 함께 반복 읽기' 절차를 명시적으로 설명하고 연습하기	• 교사는 '짝과 함께 반복 읽기'를 적용하기에 앞서, 반드시 '짝과 함께 반복 읽기' 절차를 명시적으로 설명하고 이에 대한 시범을 보임 • 그 다음 학생과 함께 전체 절차를 연습해봄으로써 학생이 이 절차를 명확하게 숙지할 수 있도록 함 • **연습 절차**: 각자 3분씩 읽기 → 체계적으로 오류 교정해주기 → 각자 1분씩 '최대한 잘 읽기' → 읽기유창성 점수 계산하기 → 읽기유창성 그래프 그리기
'짝과 함께 반복 읽기' 적용하기	• 학생이 '짝과 함께 반복 읽기' 절차를 숙지한 다음, 학생이 각자 짝과 함께 '짝과 함께 반복 읽기'를 진행하도록 함 • 이때 전체 시간 관리는 교사가 학급 전체를 대상으로 진행하는 것이 좋음

(5) 끊어서 반복 읽기

① '끊어 읽기'와 '반복 읽기'를 결합한 교수방법이다.
② 끊어 읽기: 글을 구성하는 문장을 의미가 통하는 구나 절 단위로 끊어서 제시하는 방법으로, 읽기유창성의 요소 중 표현력(prosody)의 향상에 효과적인 것으로 보고되었다.
③ 구성요소

구성요소	내용
끊어서 반복 읽기 활동에 필요한 읽기 지문 준비하기	교사는 미리 읽기 지문을 분석하여, 의미가 통하는 구나 절 단위로 끊기는 부분을 표시함 예 우리는/ 여러 용도의 질그릇에서/ 선조들의 해박한 과학 지식과/ 위생 관념을/ 확인할 수 있다./ 우선,/ 질그릇 밥통부터/ 살펴보자./ 현대 문명의 산물인 전기 밥통은/ 보온은 되나,/ 시간이 지나면/ 밥이 누렇게 변색되고/ 냄새도 난다./ 그러나/ 질그릇 밥통은/ 통 속에 서려 있는 김을/ 그릇 자체가 흡수하여/ 신선한 밥맛을 보존하는/ 위생적인 그릇이다./
교사가 끊어 읽기 시범 보이기	교사는 구나 절 단위로 끊기는 부분이 표시된 읽기 지문을 사용하여, 적절한 곳에서 끊어 읽으면서 유창하게 읽는 것을 시범 보임
학생과 함께 끊어 읽기 연습하기	학생과 함께 적절한 위치에서 끊어 읽으면서 유창하게 읽는 것을 연습함
학생이 독립적으로 끊어서 반복읽기	• 학생 2명이 짝을 구성하여 번갈아가며 끊어서 반복읽기를 연습하도록 함 • 짝과 연습할 때의 절차는 앞에서 언급한 '짝과 함께 반복 읽기'의 절차와 동일하게 사용할 수 있음 • **절차**: 각자 3분씩 읽기 → 체계적으로 오류 교정해주기 → 각자 1분씩 '최대한 잘 읽기' → 읽기유창성 점수 계산하기 → 읽기유창성 그래프 그리기

1. 소리 내어 읽기

소리 내어 읽기를 통해 학생은 낱말의 뜻을 이해하고 자연스럽게 읽게 된다. 한글의 글자 하나하나는 의미를 가지지 못하며, 글자들이 모여 낱말을 이룰 때 비로소 의미를 가진다. '나'와 '비'는 따로 쓰이면 의미를 갖지 못하거나 전혀 다른 의미를 가지는 글자가 되기도 하는데, 두 글자가 합쳐져서 '나비'가 되면 하늘을 날아다니는 곤충을 나타내는 낱말이 된다.

→ 이처럼 글자가 모여 의미를 만들어낸다는 사실을 학생이 알게 하고, 의미를 나타내는 글자는 붙여 읽도록 지도해야 한다. 글자를 붙여 읽는 순간 그 낱말이 가리키는 의미를 떠올리게 되어 의미를 이해한다.

문장을 바르게 소리 내어 읽으면 문장의 뜻을 정확하게 파악하고 자연스럽게 읽을 수 있다. 문장을 띄어쓰기 단위마다 모두 띄어 읽으면 의미가 분절되어 정확하게 이해하기 힘든 반면, 붙여 읽으면 더 정확한 뜻을 파악할 수 있다.

예 '철수가 ∨ 학교에 ∨ 갑니다.'라고 어절마다 모두 끊어 읽는 대신 '철수가 ∨ 학교에갑니다.'라고 읽을 때 의미를 더 정확하고 분명하게 파악할 수 있다.

2. 소리 내어 반복 읽기할 수 있는 방법

① 학생-성인 읽기(student-adult reading)

학생은 성인과 함께 일대일로 읽게 된다. 성인은 교사, 부모, 보조교사, 개인교사 등이 될 수 있다. 성인이 먼저 본문을 유창하게 읽는 시범을 보인다. 이때 학생은 성인의 도움과 격려를 받으면서 같은 내용을 읽는다. 아주 유창하게 읽을 수 있을 때까지 대략 3~4회 정도 반복해서 읽어야 한다.

② 함께 읽기(choral reading)

함께 읽기에서 학생은 교사(또는 유창하게 읽는 성인)와 함께 읽게 된다. 물론 학생은 교사가 읽고 있는 것과 같은 본문을 볼 수 있어야 한다. 이때 너무 길지 않고 학생 대부분이 독립적으로 읽을 수 있는 수준의 책을 선택하는 것이 좋다. 아동이 내용을 예측할 수 있는 책은 특히 함께 읽기에 유용하다. 교사가 유창하게 읽는 시범을 보이면서 책을 소리 내어 읽기 시작한다. 책을 반복해서 읽고, 학생들이 단어를 인지할 때 함께 하도록 한다. 책을 반복해서 읽고 학생들을 격려한다. 학생들은 교사와 함께 전체를 3~5회는 읽어야 한다. 이후 학생이 독립적으로 책을 읽을 수 있어야 한다.

③ 테이프 활용하여 읽기(tape-assisted reading)

학생은 테이프 활용하여 읽기를 통해 유창하게 읽는 내용을 들으면서 책을 읽게 된다. 교사는 학생의 독립적 읽기 수준에서 책을 선택하고 유창하게 읽는 책의 테이프 기록을 준비해야 한다. 이때 테이프는 음향 효과나 음악이 함께 나와서는 안 된다. 먼저 테이프에서 나오는 소리를 들으면서 각 단어를 지적해 나간다. 다음으로 학생은 테이프를 따라 읽기를 시도해야 한다. 테이프의 도움 없이 학생이 독립적으로 읽을 수 있을 때까지 테이프를 따라 읽어야 한다.

④ 짝과 읽기(partner reading)

짝과 읽기는 짝이 된 학생들이 돌아가면서 서로서로 큰소리로 책을 읽는다. 더 유창하게 읽는 학생이 덜 유창하게 읽는 학생과 짝이 된다. 더 잘 읽는 학생이 유창하게 읽는 시범을 보이면, 다른 학생이 같은 내용을 큰소리로 읽는다. 유창하게 읽는 학생은 다른 학생의 단어인지를 돕고 피드백을 제공한다. 또한 유창하게 독립적으로 읽을 수 있을 때까지 읽기를 반복한다. 짝과 읽기에서 반드시 더 유창하게 읽는 학생과 유창하게 잘 읽지 못하는 학생이 서로 짝이 될 필요는 없다. 교사의 지도를 받은 이야기를 반복하여 읽기 위해 같은 읽기 수준의 학생이 짝이 될 수도 있다. 그들은 교사가 읽는 것을 듣고, 함께 반복 읽기 연습을 할 수 있다.

⑤ 역할수행(readers' theater)

역할수행에서 학생들은 또래나 다른 사람들과 함께 책 속에서 주어진 역할을 연습하고 수행한다. 그들은 대화가 많은 책 속의 내용을 먼저 읽는다. 학생들은 말을 하면서 주인공 역할을 하게 된다. 역할수행에서는 내용을 반복해서 유창하게 읽도록 해야 한다. 이러한 활동을 통해 또래 간의 협력적인 상호작용을 도모하고 흥미로운 읽기과제를 제공할 수 있다.

05 어휘력

1. 정의

(1) 어휘(vocabulary)

단어(word)와 구별되는 개념으로, 단어가 모여 이루어진 집합을 지칭한다.

(2) 어휘지식

단일 단어에 대한 지식뿐만 아니라 문맥 속 단어의 의미 추론, 단어들 사이의 연관성 이해와 활용(예 문맥에 맞는 단어 사용)을 포함한다.

2. 어휘지식 분류

(1) 양적 어휘지식

① 어휘의 양(vocabulary size)을 의미한다.
② 학습자가 몇 개의 어휘 의미(표면적 지식)를 알고 있는지와 관련이 있다.

(2) 질적 어휘지식

① 학습자가 어휘의 의미를 얼마나 잘 이해하는지와 관련이 있다.
② 어휘의 특성(예 형태소와 관련된 단어의 구조), 어휘의 조직(organization, 예 다른 어휘와의 관계 이해), 어휘의 화용(예 맥락에 적절한 어휘 사용) 등이 포함된다.

3. 어휘지식 수준에 따른 분류

(1) 결합지식(조금 이해 수준)

목표 어휘와 정의의 연결하는 수준으로, 단일 맥락에서의 어휘 의미의 이해를 말한다.

(2) 이해지식(부분적 이해 수준)

목표 어휘를 관련 어휘들과 연결 지어 범주화하는 수준으로, 목표 어휘의 다양한 의미 이해를 의미한다.

(3) 생성지식(충분한 이해 수준)

여러 상황에 어휘를 적용할 수 있는 수준으로, 비슷한 어휘 간의 구분과 다양한 어휘 범주의 이해가 가능하다.

4. 어휘 교수법

(1) 직접 교수법과 간접 교수법

① 직접 교수법: 교사가 목표어휘를 직접적으로 가르치는 것이다.

② 간접 교수법

    ㉠ 목표어휘를 직접적으로 가르치지 않고, 여러 맥락에서 다양한 어휘를 접할 기회를 마련해줌으로써 학생이 간접적으로 어휘를 획득하도록 한다.

    ㉡ 다양한 장르의 책을 다독(wide reading)할 수 있도록 하는 교수방법이다.

    ㉢ 학교생활과 일상생활에서의 수업, 대화 중에 의도하지 않았지만 새롭거나 어려운 어휘를 사용해야 하는 경우를 어휘를 가르칠 기회로 활용하는 우연 교수(incidental teaching)를 예로 들 수 있다.

(2) 어휘지식 수준에 따른 교수법★

① 결합지식 수준에 따른 교수법

    ㉠ 사전적 정의 [19 중등]

        ⓐ 목표어휘의 사전적 정의를 찾는 것이다.

        ⓑ 장점: 목표어휘의 의미를 간단하게 이해할 수 있다.

        ⓒ 단점: 어휘이해 정도는 다소 표면적인 수준으로 충분한 이해수준을 이끄는 데 한계를 지니고, 학생이 실제로 해당 어휘를 '어떻게 활용할 것인가'를 가르치는 데 한계가 있다.

보충+α | **사전 찾기**

사전을 이용하여 낱말의 뜻을 찾을 때는 같은 낱말의 다른 의미뿐만 아니라 찾은 낱말과 관계가 있는 다른 낱말로는 무엇이 있는지도 함께 알아보는 것이 필요하다.
- **다의어**: 여러 가지 뜻을 가진 단어(중심의미, 주변의미)
- **동음이의어**: 소리는 같으나 뜻이 다른 단어

'다의어'의 의미는 서로 연관성이 있어야 한다. 예를 들어 '쓰다'는 '세제를 쓰다, 인부를 쓰다, 사원으로 쓰다, 돈을 쓰다, 힘을 쓰다' 등으로 모두 '이용하다/사용하다'의 의미적 연관성이 있다. 그러나 '글을 쓰다', '모자를 쓰다', '맛이 쓰다' 등은 서로 연관성이 없으므로 '동음이의어'로 본다. 즉, 다의어 '쓰다'는 '어떤 일을 하는 데 재료나 도구, 수단을 이용하다'라는 의미로부터 전이가 되거나 가지를 치거나 비유적으로 표현하는 등 중심적인 의미와 그로부터 파생되고 확장된 의미가 있으나, 동음이의어 '쓰다'는 소리만 같을 뿐 그 의미에는 서로 연관성이 없다.

ⓛ 키워드 기억 전략

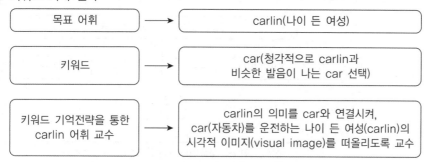

[그림 6-3] 키워드 기억 전략 예시

ⓐ 목표 어휘와 학생이 이미 알고 있는 키워드를 연결하여 목표 어휘를 가르치는 방법이다.

ⓑ 키워드는 학생이 이미 알고 있는 단어 중, 목표 어휘와 청각적으로 비슷한 어휘이다.

② 이해지식 수준에 따른 교수법 [17 초등]

ⓠ 의미지도

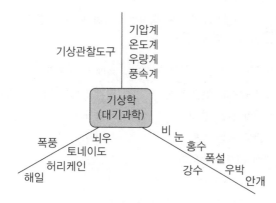

[그림 6-4] 의미지도 예시

ⓐ 목표어휘를 중심으로 이와 관련되는 어휘를 열거하고, 열거한 어휘들을 그래픽 조직자를 활용하여 범주화하고, 각 범주에 명칭을 부여하는 방법이다.

ⓑ 목표어휘와 관련된 다양한 어휘 간의 관계를 파악하도록 함으로써 학생이 어휘를 보다 조직적으로 기억하도록 돕는다.

ⓒ 학생이 자신의 선행지식과 연결하여 새로운 어휘의 의미를 이해하고 어휘력을 확장하는 데 유용하다.

ⓛ 개념지도: 목표 어휘의 정의, 예와 예가 아닌 것으로 구성된 그래픽 조직자이다.

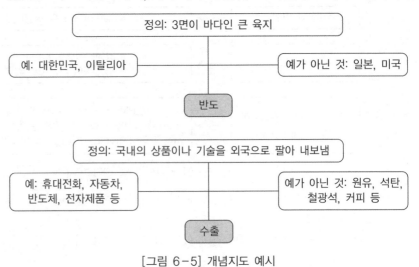

[그림 6-5] 개념지도 예시

ⓒ 개념 다이어그램

개념	화석
정의	지질시대에 살던 동식물의 유해 또는 그 흔적이 퇴적물 속에 매몰된 채로 보존되어 남아 있는 것

개념 속에 나타난 특성		
반드시 갖추고 있는 특성	가끔 갖추고 있는 특성	절대 갖추고 있지 않은 특성
유해 또는 흔적	암석 속	살아 있는 것
동물 또는 식물	빙하 속	부패된 것
오랜 시간 보존되어 남아있는 것	화산재 속	동물 또는 식물이 아닌 것

예	예가 아닌 것
호박 속의 곤충	신발자국
빙하 속에서 발견된 매머드	석고상
석회암에서 발견된 어류	현재 아프리카에 사는 코끼리

[그림 6-6] 개념 다이어그램 예시

ⓐ 특정 내용 영역에서 개념의 주요 특징을 시각적으로 제시하는 그래픽 조직도이다.

ⓑ 개념 비교표를 만들어 학생이 개념의 특성(반드시 갖추어야 하는 특성, 가끔 갖추고 있는 특성, 절대 갖추고 있지 않는 특성), 예와 예가 아닌 것 등을 비교함으로써 목표개념을 이해하도록 도와준다.

ㄹ 의미 특성 분석 [21 초등]

주요 특성 \ 목표개념	속력	속도
물체의 빠르기	+	+
크기	+	+
방향성	−	+
스칼라량	+	−
벡터량	−	+
시간분의 거리	+	+
시간분의 변위	−	+

[그림 6-7] 의미 특성 분석 예시

ⓐ 목표개념과 그 개념의 주요 특성 간의 관계를 격자표로 정리하는 방법이다.

ⓑ 각 개념이 각 특성과 관련이 있는지(+ 표시) 없는지(− 표시)를 분석한다.

ⓒ **목표**: 목표어휘를 관련 어휘, 학습자의 선행지식과 연결하여 학습자의 어휘 이해 정도를 확장한다.

ㅁ 어휘 관련시키기 활동

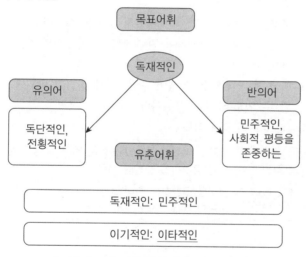

[그림 6-8] 어휘 관련시키기 활동 예시

ⓐ 이미 학습한 어휘의 의미를 강화하고 확장시키는 방법이다.

ⓑ 유의어, 반의어, 유추어휘를 찾는 형식으로 구성된다.

ⓒ **유추어휘**: 일반적으로 유의어, 반의어, 상위−하위 개념, 부분−전체, 원인−결과 등의 개념을 적용하여 어휘 간의 관련성을 파악하는 과제로 구성된다.

ⓑ 질문－이유－예 활동

  ⓐ 해당 어휘를 사용한 이유를 말하고, 해당 어휘와 관련된 자신의 경험을 예로 들어 이야기해보는 활동이다.

> 예 "지난 월드컵 스위스 전에서 패했을 때, 선수들은 침통한 표정을 지었습니다." 에서 "왜 침통한 표정을 지었을까요?"와 같은 질문을 통해 이유를 이야기하고 "침통한 기분을 느낀 경험을 이야기해보세요."와 같은 질문을 통해 자신의 경험 을 예로 들어 이야기해보는 활동이다.

  ⓑ 이유를 설명하도록 하는 것이 중요한데, 학생이 이유를 설명함으로써 목표 어휘와 예의 관계를 명확하게 이해할 수 있기 때문이다.

③ 생성지식 수준에 따른 교수법

  ㉠ 빈번한, 풍부한, 확장하는 어휘교수

    ⓐ 목표어휘와 관련 어휘의 관계를 비롯하여 다양한 맥락에서의 의미를 파악함 으로써 점차적으로 어휘에 관한 '소유권(owner ship)'을 갖도록 하는 것이 목적이다.

    ⓑ 빈번한 어휘교수: 매주 새로운 어휘를 가르치고, 각 어휘를 반복적으로 접할 기회를 제공하며, 이미 학습한 어휘와 새로 학습한 어휘를 분배하여 복습 하기를 실시한다.

    ⓒ 풍부한 어휘교수: 단순히 어휘의 정의를 제시하는 것 이상으로 목표어휘의 다양한 의미를 이해하고 관련 어휘와 학습자의 선행지식과도 연결 짓도록 하는 교수이다.

    ⓓ 확장하는 어휘교수: 학생이 수업시간에 학습한 어휘를 다양한 상황에서 활용 할 수 있도록 하는 교수이다.

  ㉡ 다양한 장르의 책을 다독

문맥 분석전략	모르는 어휘가 포함된 문장을 읽거나, 앞뒤 문장을 읽으면서 어휘의 뜻을 유추하도록 돕는 전략
단어형태 분석전략	단어를 구성하는 형태소(예 어근/접사, 어간/어미)를 파악하여 모르는 어휘의 뜻을 파악하도록 돕는 전략

보충+α	어휘력 증진을 위한 교수전략

종류	전략
문맥을 이용한 교수전략	• **문맥을 활용한 어휘 정의하기**: 교사는 먼저 새로운 어휘를 학생들에게 소개한 후 새로운 어휘가 포함된 문장을 학생에게 제시하고, 문장에 내포된 어휘의 의미를 학생들이 정의하도록 요구하는 활동을 전개함 • **어휘 의미 발견하기**: 학생들이 읽어야 할 부분 중 새로운 어휘가 나오는 일부분을 발췌하여 학생들에게 제시하고, 주어진 자료의 전반적인 내용을 고려할 때 새로운 어휘의 의미가 무엇인지를 질문과 토론을 통해 발견함 • **문장 만들기**: 학생들이 새롭게 접하게 될 단어와 함께 해당 단어와 관련되면서도 학생들이 이미 아는 단어들을 제공하고, 이들을 이용하여 문장을 만들어보도록 함
범주를 이용한 교수전략	• **단어유창성 방법**: 주어진 시간 안에 범주에 속하는 되도록 많은 단어를 학생들에게 말하도록 요구함 • **나열-범주-명칭 부여하기 방법**: 제시된 대상단어와 관련 있는 단어들을 학생에게 모두 나열해주고, 그 다음으로 범주화하고, 범주화한 집단에 적절한 명칭을 부여하는 활동 순으로 이루어짐 • **특징분석 방법**: 범주를 제시하고, 제시된 범주에 해당하는 단어들을 학생이 나열하도록 요구하고, 그 다음으로 각 범주의 특징이 무엇인지 확인하고, 마지막으로 여러 범주에 걸쳐 공통된 특징과 그렇지 않은 특징이 무엇인지 확인하도록 학생들에게 요구함 • **도식활용 방법**: 핵심어휘를 중앙에 위치시키고, 이와 관련된 단어들을 그래픽 형식으로 확인해나가도록 함으로써 핵심어휘의 의미를 파악하도록 함

06 읽기이해 ★

1. 정의

읽기이해는 자신의 선행지식과 글에서 제시되는 정보를 연결하여 의미를 형성해나가는 과정을 의미한다.

> **보충+α | 읽기 활동**
>
> 단어인식과 읽기이해의 2가지 요인으로 구성되는 읽기활동은 '읽기를 위한 학습(learning to read) 활동'에서 '학습을 위한 읽기(reading to learn) 활동'으로의 기능 변화를 거친다. 초기의 학교 학습에서는 읽기 활동 자체를 중시하는 수업활동이 강조되지만, 학년이 올라감에 따라 교과내용 학습을 위한 수단으로서의 읽기활동이 강조된다. '읽기를 위한 학습 활동'에서는 문자해독의 정확성과 읽기유창성이 중시되며, 학습을 위한 읽기 활동'은 내용 이해를 위한 다양하고 효과적인 읽기전략(reading strategies)의 활용이 중시된다.

2. 읽기이해의 기능적 구성 ★ 22 초등, 19 중등

유형	내용
단어에 대한 이해	읽기자료의 전체 내용을 이해하고 내용에 대한 기억에 중요한 역할을 함
내용에 대한 사실적 이해	읽기자료에 쓰인 내용을 있는 그대로 의미화할 수 있는 능력
추론적 이해	읽기자료의 정보를 있는 그대로가 아닌 개인적 경험, 지식, 직관을 이용하여 가설화하는 능력
평가적 이해	독자의 지식, 경험, 가치 체계를 중심으로 읽기자료에 포함된 내용의 정확성, 저자의 의도, 정보의 유용성 등을 판단하는 능력
감상적 이해	읽기활동 자체를 통해 심미적 만족을 가질 수 있는 상태

> **개념 check | 독해의 종류**
>
> - **문자적 독해(사실적 독해):** 저자가 말한 것을 이해하는 것이다.
> - **추론적 독해:** 직접적으로 기술되지는 않았지만 저자가 의도한 바를 추론하는 것이다.
> - **비평적 독해(비판적 독해):** 글이 사실인지 견해인지, 픽션인지 논픽션인지, 가능한 것인지 불가능한 것인지를 결정하기 위해 저자의 글을 비평하는 것이다.
> - **창의적 독해:** 이야기 속에 자신이 들어가거나 이야기 결말 뒤에 무슨 일이 일어날지 예측함으로써 저자의 취지를 창의적으로 확장하는 것이다.

3. 학습장애학생의 읽기이해 특성

① 자신이 읽은 글의 내용을 기억하는 데 어려움을 보인다.

② 중심내용과 세부내용을 파악하는 데 어려움을 보인다.

③ 불필요한 정보를 무시하는 데 어려움을 보인다.

④ 읽은 글의 내용을 바탕으로 추론하는 데 어려움을 보인다.

⑤ 글을 전략적으로 읽고 이해하는 데 어려움을 보인다.

⑥ 읽기이해 점검을 잘 수행하지 못한다.

4. 읽기이해 전략

(1) **읽기 전 전략**: 글을 읽기 전에 선행지식을 활성화하는 것이 읽기이해에 도움이 된다.

① 브레인스토밍: 선행지식 생성하기 → 선행지식 조직하기 → 선행지식 정교화하기

  ㉠ 학생은 앞으로 읽을 글에 대한 제목을 보고, 제목에 대해 이미 알고 있는 것을 자유롭게 말하고, 교사는 이를 그래픽 조직자 등의 형식을 사용하여 시각적으로 조직한다.

  ㉡ 학생이 다 말하고 난 후에 교사는 학생과 함께 학생이 말한 내용을 비슷한 내용끼리 분류한다.

  ㉢ 정교화 단계에서는 학생이 정리된 내용을 보고, 더 추가할 내용이 있는지 확인하고 필요한 경우 새로운 내용을 추가한다.

② 예측하기 22 초등

  ㉠ 글을 읽기 전에 글의 제목, 소제목, 그림 등을 훑어본 다음 앞으로 읽을 글의 내용을 예측하는 활동이다.

  ㉡ 학생은 글을 읽는 동안 예측하기 활동을 통해 자신이 예측한 내용이 실제 글의 내용과 비슷한지 여부를 점검하고, 필요에 따라 자신이 예측한 내용을 변경하는 등 보다 능동적인 독자로서의 특성을 보이게 된다.

(2) **읽기 중 전략**: 글의 구조에 대한 교수, 중심내용 파악하기, 읽기이해 점검 전략, 협동 학습, 그래픽 조직자의 활용 등을 들 수 있다.

① 글 구조에 대한 교수

ㄱ 글 구조(text structure): 글에 나타나는 조직적인 특성으로, 글의 프레임을 제시하는 역할을 한다.

ㄴ 이야기 글의 구조

ⓐ 인물, 배경(때와 장소), 발단 사건, 문제(또는 목적), 사건, 결말을 포함하는 이야기 문법(story grammar) 형태이다.

ⓑ 이야기 지도(story map): 이야기 글의 구조인 이야기 문법을 가르치는 방법 중 하나로 활용할 수 있으며, 글의 중요한 내용을 시각적으로 기록하게 함 으로써 학생이 글의 내용을 파악하는 데 도움을 준다.

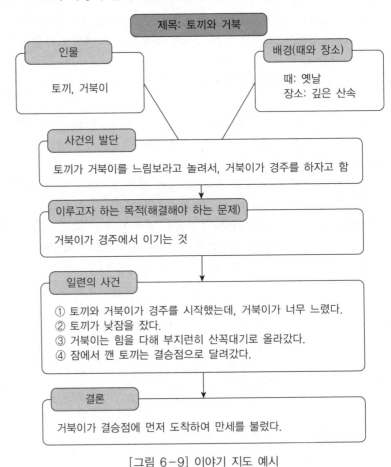

[그림 6-9] 이야기 지도 예시

ⓒ 설명식 글의 구조

ⓐ 서술식 구조, 열거식 구조, 비교-대조 구조 등을 명시적으로 가르치는 것을 의미한다.

ⓑ 설명식 글 중 비교-대조 구조에 대한 교수 요소, 절차

요소	절차
단서 단어의 교수	'이와 비슷하게, 둘 다, 모두, 그리고, 반면, 하지만, 그러나, -보다, -와는 반대로' 등의 비교-대조 구조를 이해하는 데 도움이 되는 단어를 가르치고, 이러한 단어들이 문장 내에서 어떻게 사용되는지를 교수함
어휘 교수	단서 단어에 대한 교수가 끝나면, 교사는 오늘 읽을 글에 포함된 중요한 단어들(예 온혈, 냉혈, 산소)에 대한 교수를 실시함
문단을 읽으면서 내용 분석하기	• 학생이 먼저 스스로 해당 문단을 읽고, 교사가 학생과 함께 다시 읽음 • 이때 학생이 두 동물의 유사점과 차이점을 파악하여 표시하면서 글을 읽도록 하고, 글을 다 읽은 다음에는 학생이 분석한 내용에 대해 이야기함
비교-대조 구조의 이해를 돕는 그래픽 조직자 사용하기	비교-대조 구조에 대한 이해를 돕는 그래픽 조직자를 사용하여 중요한 내용을 시각적으로 정리함
비교-대조 질문하기	비교-대조 질문을 제시함으로써, 학생이 글의 내용을 정리하도록 도움 예 교사는 "이 문단은 무엇을 비교하고 있나요?", "두 동물은 무엇이 비슷한가요?", "두 동물은 무엇이 다른가요?" 등의 질문을 제시할 수 있음
요약하기	• 학생은 지금까지의 내용을 정리하여 각 문단의 중심내용을 요약함 • 교사는 문단 요약 틀을 제공함으로써 학생이 내용을 요약하는 것을 도울 수 있음 • **비교-대조 구조의 이해를 돕는 그래픽 조직자와 문단 요약 틀의 예시** 이 문단은 _____과 _____를 비교하고 있다. 사자와 악어는 _____라는 공통점을 지닌다. 반면, 사자와 악어는 _____라는 착이점을 지닌다. | 동물 | 몸이 무엇으로 덮여 있나요? || || 털 | 비늘 | | 사자 | ○ || | 악어 || ○ |

보충+α **설명식 글의 구조 파악에 근거한 이해 촉진 교수 전략**

1. 나열형

여러 가지의 중요 사실들을 동등한 수준에서 제시하고 이를 설명하는 형식을 가진다. 일반적으로 이 유형의 설명식 글은 전체 글의 주제, 주요 개념들, 주요 개념 설명에 포함된 세부 개념들로 구성된다고 할 수 있으며, 도식을 이용한 학습자가 구성 요소들을 파악하면서 글을 읽게 되면 글에 대한 이해와 기억이 촉진될 수 있다.

예 나열형 설명식 글의 구조 파악을 돕기 위해 사용될 수 있는 내용 조직자

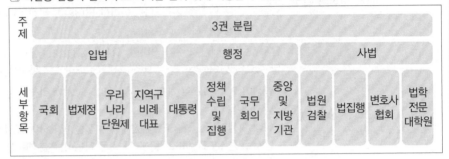

주제	3권 분립										
	입법				행정			사법			
세부항목	국회	법제정	우리 나라 단원제	지역구 비례 대표	대통령	정책 수립 및 집행	국무 회의	중앙 및 지방 기관	법원 검찰	법집행	변호사 협회	법학 전문 대학원

2. 비교대조형

일반적으로 두 개·이상의 사건, 현상 또는 사물을 서로 비교하는 형식을 취한다. 이때 비교 대상 간에 존재하는 차이점과 공통점이 무엇인지를 파악하는 것이 중요하다.

예 비교대조형 설명식 글의 구조 파악을 돕기 위해 사용될 수 있는 내용 조직자

주제	사과와 오렌지의 비교		
비교대상	사과		오렌지
주요개념	차이점	공통점	차이점
종(種)		과일	
모양		동그랗다	
색깔	연두색, 빨간색		주황색
맛		시거나 달다	

3. 원인결과형

현상이나 사건이 촉발되도록 한 원인과 그로 인해 발생한 결과를 설명하는 형식으로 구성된다. 따라서 각 결과를 확인하고 그 결과와 관련된 원인 요인들을 파악하는 것이 글을 이해하는 데 중요한 부분을 차지하게 된다.

예 원인결과형 설명식 글의 구조 파악을 돕기 위해 사용될 수 있는 내용 조직자

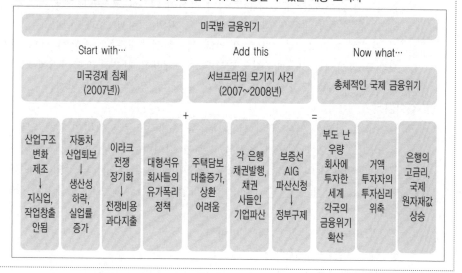

② 중심내용 파악하기

　　㉠ 해당 문단의 중요 내용을 찾고 이를 자신의 말로써 표현하는 전략이다.

　　㉡ 단계

　　　　ⓐ 1단계: 문단의 주인공 찾기

　　　　ⓑ 2단계: 문단에서 가장 중요한 내용 찾기

> 1. 각 문장을 자세히 읽기
> 2. 비슷한 문장끼리 묶기
> 3. 지우기를 적용하여 가장 중요한 내용을 찾기
>   지우기 ① 같은 내용 반복 지우기
>   지우기 ② 구체적인 설명 지우기
>   지우기 ③ 예 지우기

　　　　ⓒ 3단계: 주인공과 문단에서 가장 중요한 내용을 합하여 10개의 어절이 넘지 않도록 중심내용 문장 만들기

　　　　ⓓ 4단계: 중심내용을 지지하는 세부내용 찾기

(3) **읽기 후 전략**: 목표는 글 전체의 내용을 종합하는 것이다.

① 읽기이해 질문 만들기, 읽기이해 질문에 답하기

⊙ 교사는 읽은 글의 내용에 관한 질문을 만들어 학생에게 제시하고, 학생은 질문에 대한 답을 하는 형식으로 수업을 진행한다.

ⓒ 읽기이해 질문 만들기 전략은 학생이 자신이 읽은 내용을 다시 한 번 복습하게 하고, 특히 중심내용을 한 번 더 살피고 기억하는 데 효과적이다.

ⓒ 이 전략을 효과적으로 적용하기 위해서는 학생에게 '좋은 질문'에 대한 명시적 교수를 실시해야 하는데, 좋은 질문은 중심내용을 강조하고 단편적인 지식보다는 글의 내용을 통합적으로 파악하여 답할 수 있는 질문을 말한다.

② 요약하기

⊙ 요약하기 전략은 읽은 글의 전체 내용을 종합적으로 파악하여 필요 없는 내용은 버리고 중요한 내용에 초점을 맞추어 정리하는 것을 돕는 전략이다.

ⓒ 글을 다 읽은 후의 요약하기 전략은 학생이 전체 글의 내용과 글의 구조를 다시 한 번 살피고, 문단별 중심내용을 재확인하고 기억하는 데 도움이 된다.

ⓒ 원리

ⓐ 별로 중요하지 않은 내용 버리기

ⓑ 불필요한 내용 버리기

ⓒ 상위 단어를 사용하여 여러 개념을 한꺼번에 표현하기

ⓓ 중심문장 고르기

ⓔ 중심내용 만들기

(4) **다전략 교수**: 여러 읽기이해 전략을 결합하여 사용하는 교수로, 읽기이해력과 교과지식의 향상에 긍정적인 영향을 미친다.

① 상보적 교수 ★

㉠ 목적: 교사와 학생이 글에 대한 구조화된 대화를 함으로써 학생의 읽기이해력을 향상시키는 것이다.

㉡ 4가지 전략은 순서대로 한 번씩만 사용하고 끝나는 것이 아니라 문단별(또는 한두 문단별)로 순환적으로 사용한다.

㉢ 다전략 교수의 4가지 전략

구분	내용
예측 하기	• 글을 읽는 목적을 설정하는 데 도움을 줌 • 즉, 학생은 자신이 예측한 내용이 맞는지 여부를 점검하면서 글을 읽게 됨 • 글을 읽기 전에는 글을 전반적으로 훑어봄으로써 앞으로 읽을 내용을 예측하게 하고, 글을 읽는 중에는 지금까지 읽은 내용을 바탕으로 앞으로 이어질 내용을 예측하게 함
질문 만들기	• 학생이 자신이 읽은 글에서 중요한 내용에 집중할 수 있도록 돕는 전략 • 학생이 문단을 읽으면서, 해당 문단의 중요한 내용을 반영한 질문을 만들도록 함 • 이때 질문을 만드는 데 필요한 키워드 등을 사용할 수 있는데, 키워드는 글의 장르에 따라 달라질 수 있음 　例 이야기 글의 경우 누가, 언제, 어디서, 무엇을, 어떻게, 왜 등의 키워드를 사용하여 질문을 만들 수 있음
명료화 하기	• 학생이 자신의 글에 대한 이해 여부를 점검하도록 돕는 전략 • 학생이 자신이 모르는 단어나 이해하지 못한 내용이 있는지를 점검하고, 자신이 이해하지 못한 부분에 대해 명료화한 후에 다음 문단으로의 읽기를 진행함
요약 하기	• 학생이 자신이 읽은 글의 내용을 정리하고, 중요한 내용을 기억하는 것을 돕는 전략 • 학생은 이야기 글의 경우 이야기 문법 요소를 중심으로 내용을 요약하고, 설명글은 문단별 중심내용을 중심으로 전체 글의 내용을 요약할 수 있음

② 협력 전략적 읽기(CSR; Collaborative Strategic Reading)
  ㉠ 상보적 교수와 효과적인 교수·학습 이론의 특징(예 직접교수, 협력활동)을 결합하여 개발한 읽기이해 교수법이다.
  ㉡ 목적: 이미 연구를 통해 효과성이 검증된 4가지의 읽기이해 전략인 '사전검토, 읽기이해 점검, 중심내용 파악하기, 마무리'를 함께 사용하여 학생이 읽기 전, 읽기 중, 읽기 후 활동에 능동적으로 참여하도록 함으로써 읽기이해를 향상시키는 것이다.
  ㉢ 읽기이해 전략

읽기 전	사전검토	• 글의 주제에 대한 학생의 선행지식을 활성화시키고 읽기에 관한 흥미와 관심을 높이기 위한 브레인스토밍 전략과 예측하기 전략으로 구성됨 • 글을 읽기 전에 학생은 브레인스토밍 전략을 사용하여 글의 제목을 보고 제목과 관련된 자신의 선행지식을 활성화시킴
	예측하기	• 학생이 글의 제목, 소제목, 그림이나 표, 각 문단의 첫 번째 문장 등을 훑어본 후 글의 내용을 예측하게 함 • 이로써 글을 읽는 활동에 대한 흥미와 관심을 높일 수 있음
읽기 중	읽기이해 점검	• 읽기이해 점검 전략을 사용함으로써 학생은 글을 읽는 동안 자신의 이해 정도를 지속적으로 점검하고 자신이 읽은 내용을 이해하지 못한 경우 읽기이해 수정 전략을 사용함 • 읽기이해 수정 전략에는 문맥 활용하기 전략과 단어를 구성하는 부분(예 접두사/접미사)을 분석하여 단어의 의미 파악하기 전략이 포함됨
	중심내용 파악하기	• 중심내용 파악하기 전략은 보통 한두 문단의 글을 읽은 후 읽은 문단의 주요내용을 파악하는 데 사용됨
읽기 후	질문 만들기	• 학생은 주요 내용에 관한 질문을 만드는데, 사전에 다음의 3가지 질문유형을 가르치고 다양한 유형의 질문을 만들도록 지원함 　– **바로 거기(right there) 유형**: 답이 글에 그대로 드러나는 질문 　– **생각하고 찾기(search and find) 유형**: 답이 글 속에 있으나 한 곳에 드러나는 것이 아니라 학생이 읽은 내용을 결합하여 답해야 하는 질문 　– **작가와 나(author and you) 유형**: 답이 글 속에 없고 학생이 자신의 선행지식과 읽은 내용을 관련시킴으로써 답을 추측해야 하는 질문
	읽은 내용 요약하기	주요 내용 파악하기 전략을 사용하여 이미 파악한 각 문단의 중심내용을 바탕으로 전체 글의 내용을 종합적으로 요약함

ⓐ 협력 전략적 읽기 단서 카드 예시

학습장애 이론과 실제, 김애화,
학지사

〈사전검토, preview〉
• 브레인스토밍
• **예측하기**
  – 제목, 소제목, 그림 등 훑어보고 읽을 내용 예측하기

〈읽기이해 점검, click and clunk〉
• 글의 내용을 이해하고 있는지 여부 파악하기
• **글을 내용을 이해하지 못하였을 때**
  – 다시 읽기
  – 문맥의 뜻을 파악하기 위해 이해가 잘 안 되는 문장의 앞문장과 뒷문장을 읽어
    보기
  – 단어 형태 분석해보기 예 접두사, 접미사, 어간/어미 등
  – 사전 찾기
  – 친구 또는 교사와 이야기 나누기

〈중심내용 파악하기, get the gist〉
  – 이 문단은 '무엇'에 관한 내용인가?
  – 이 문단에서 '무엇'에 관한 가장 중요한 내용은 무엇인가?
  – 10어절 이하로 표현하기

〈마무리, wrap-up〉
• **질문 만들기**
  – **바로 거기 유형**: 답이 글에 그대로 드러나는 질문
  – **생각하고 찾기 유형**: 답이 글 속에 있으나 한 곳에서 드러나는 것이 아니라 학
    생이 읽은 내용을 결합하여 답해야 하는 질문
  – **작가와 나 유형**: 답이 글 속에 없고 자신의 선행지식과 읽은 내용을 연결지음으
    로써 답을 추측해야 하는 질문
• 요약하기

③ K-W-L 전략 ★ ¹⁵ 중등

　㉠ 읽을 글에 대해 선행지식을 활성화하고, 읽은 내용을 요약하는 것을 돕는 전략
　　이다.

　㉡ K-W-L 전략은 3단계로 구성된다.

　　ⓐ 첫째, 읽을 글의 제목에 대해 자신이 이미 알고 있는 것을 기록한다.

　　ⓑ 둘째, 앞으로 글을 읽음으로써 배우고 싶은 내용을 기록한다.

　　ⓒ 글을 다 읽은 후, 자신이 글을 통해 배운 것을 요약한다.

　㉢ 3단계의 세부 구성요소

K(내가 아는 것, What I Know)	W(내가 알고 싶은 것, What I Want To Learn)	L(내가 배운 것, What I Learned)
• 읽기 전(독서 전) • 학생들은 주제와 관련된 주요 용어 또는 어휘에 대한 브레인스토밍을 함 • 학생들이 주제에 대해 이미 알고 있는 것들을 기록함	• 읽기 전(독서 전) • 학생들이 주제에 대해 알고 싶어 하는 것들을 기록함 • 교사는 학생들의 독서 지도를 위한 질문들을 나열(열거, 기록)할 수 있음	• 읽기 후(독서 후) • 학생들은 주제로부터 배운 새로운 정보를 기록함 • 학생들은 전체 수업에서 또는 다른 학생과 토론할 수 있음 • 선생님은 독서에서 다루어지지 않은 질문들에 대답할 수 있음

07 전통적인 읽기 교수법

1. 퍼날드(Fernald) 읽기 교수법(V-A-K-T)

① 특징

　㉠ 퍼날드 읽기 교수법은 시각, 청각, 촉각, 운동감각을 모두 사용하도록 구성된 교육프로그램이다.

　㉡ 참여 학생들의 학습동기를 중시하여 학습해야 할 단어를 학생들이 선택하도록 허용한다.

　㉢ 구성요소를 중심으로 하는 음운분석 방법이 아니라 전체 단어로써 단어 학습이 이루어지도록 구성된 것이 특징이다.

② 단계별 과정

단계	내용
1단계	• 학생이 불러주는 이야기를 교사가 적고, 적은 이야기에 포함된 단어 중 학생이 학습하고자 하는 단어를 선택하도록 함 • 교사는 선택된 단어를 단어장에 크게 쓰고, 학생은 손가락으로 단어를 따라 쓰면서 소리 내어 읽음 • 이때 4개의 감각(시각, 청각, 촉각, 운동감각)이 단어학습 과정에 관여함 • 선택된 단어에 대한 학습은 단어카드를 보지 않고 학생이 단어를 쓸 수 있을 때까지 계속되며, 학습된 단어카드는 단어상자에 알파벳 순으로 보관됨 • 아동이 구술한 이야기에 포함된 모든 단어의 학습이 끝나면, 학습한 단어를 가지고 아동에게 글을 직접 쓰도록 요구함 • 이 과정에서 새로운 단어가 출현하는 경우 이전의 단어 학습을 병행함 • 아동이 이야기를 다 쓰면, 교사는 이를 워드 프로그램을 이용하여 다시 작성하도록 함 • 워드 프로그램을 이용하여 작성한 글을 출력하여, 아동에게 이를 읽어보도록 하는 교수·학습활동이 마지막으로 진행됨
2단계	• 1가지만 제외하고 1단계와 동일한 읽기 교수·학습 활동이 진행됨 • 제외되는 1가지 활동은 단어학습 시 손가락을 이용하여 글을 쓰는 활동으로, 2단계에서는 제시된 낯선 단어를 단순히 보고 말하도록 함
3단계	• 일상적인 읽기자료가 단어학습에 이용되기 시작함 • 이 단계에서는 학생이 흥미를 가지고 있는 읽기자료를 선택한 후, 읽기자료에 포함되어 있는 단어 중 자신이 모르는 단어를 확인하여 단어학습을 시작함 • 낯선 단어의 학습이 끝난 다음에는 1단계와 2단계에서와 마찬가지로 글쓰기 활동이 진행됨
4단계	• 단어학습 과정에서 문맥 및 이전에 학습한 단어와의 유사성을 통해 단어의 의미를 학생 스스로가 확인해보도록 하는 활동을 포함함 • 읽기자료를 본격적으로 읽기 전에 전체 자료 내에서 낯선 단어가 무엇인지를 확인하도록 하고, 낯선 단어의 의미를 문맥과 이전에 학습한 단어를 중심으로 추론해보도록 함

2. 질링엄(Gillingham) 읽기 교수법

① 특징
　　⊙ 아동이 문자(letter)와 음소(phoneme)의 대응관계에 대한 지식을 다감각적 방법으로 획득하도록 프로그램을 구성했다.
　　ⓛ 단점: 프로그램에 참여하는 아동의 학습동기에 대한 고려가 거의 없다.

② 단계별 과정

단계	내용
1단계	• 아동이 문자에 대한 지식과 문자와 음소의 대응관계를 획득하도록 교수 · 학습 활동이 진행됨 • 먼저, 학습해야 할 문자(⑪ 'a')를 소개하기 위해 해당 문자가 들어간 단어(⑪ 'banana')를 같이 제시함 • 문자에 대한 소개가 끝나면 문자가 적혀 있는 연습카드를 이용하여 문자의 이름, 문자와 대응하는 음소에 대한 교수 · 학습 활동이 전개됨
2단계	• 음운혼합(phoneme blending)을 통한 단어 만들기 활동이 이루어짐 • 배운 문자를 이용하여 형성된 단어는 단어카드에 기록되고, 기록된 단어카드는 따로 보관됨 • 단어카드가 어느 정도 만들어진 후에는 그것을 이용하여 문자에 대한 복습 활동을 같이 실시함 • 즉, 학생들이 단어카드에 쓰인 단어를 사용하면서 단어를 구성하는 문자가 무엇인지를 구두로 말하도록 학습활동이 구성됨
3단계	• 이제까지 작성된 단어카드를 이용하여 문장을 작성하거나 이야기를 작성하는 활동이 이루어짐 • 이 단계에서는 학습한 단어의 재학습, 읽기활동과 함께 글쓰기 활동이 중요한 교수 · 학습 활동이 됨

3. 휘게-커크-커크(Hegge-Kirk-Kirk) 읽기 교수법(교정적 읽기훈련 프로그램, Remedial Reading Drills)

① 특징: 많은 연습기회를 통해 문자와 음소의 대응관계를 파악하도록 교수·학습 활동이 구성된다.

② 단계별 과정

단계	내용
1단계	• 이 프로그램에서는 아동이 모든 자음과 모음에 해당하는 음소를 알도록 하는 교수·학습 활동이 이루어짐 • 교사는 칠판에 자음 또는 모음을 쓰고, 그 문자가 어떤 소리를 가지고 있는지 학생들에게 말해줌
2단계	• 이후 교사는 칠판에 적힌 문자를 지우고 학생에게 방금 본 문자를 적어보도록 한 후, 이 문자가 가지고 있는 음소를 말해보도록 함 • 이 활동들은 학생이 주어진 문자와 음소의 관계를 완전히 습득할 때까지 반복하여 이루어짐
3단계	• 문자와 음소에 대한 학습이 끝난 다음에 이 문자들로 구성되는 단어를 중심으로 한 활동이 이루어짐 • 교사는 단어에 포함된 문자들에 해당하는 음소를 말해보도록 학생에게 요구함 • 학생은 음소를 하나씩 말하고, 이후 이 음소들을 결합하여 전체 단어를 말함 • 문자와 음소에 대한 집중적인 연습을 보충하는 활동으로 문장이나 이야기 읽기활동도 수행될 수 있음 • 이때 읽는 문장이나 이야기는 학생들이 이미 학습한 단어들을 중심으로 구성된 것이 바람직함 • 학생들이 음운결합을 통해 인식하지 못하는 불규칙 단어(예 삶)가 있는 경우 이를 하나의 통단어(whole word)로 기억하도록 가르칠 수도 있음

4. 신경학적 각인 읽기 교수법

① 학생의 읽기 유창성을 향상시키기 위한 방법으로, 교사와 학생이 함께 주어진 자료를 가능한 한 빨리 읽는 연습을 하도록 구성되어 있다.

② 기본 가정: 학생은 읽기과제 수행 시 자신의 목소리와 타인의 목소리를 함께 들음으로써 유창성과 관련된 읽기 기능을 더 효과적으로 획득할 수 있다.

③ 이 교수법을 적용하는 초기 단계에는 교사가 학생보다 더 큰 목소리와 약간 더 빠른 속도로 읽기자료를 읽어나가고, 점차 학생이 읽기유창성을 획득해감에 따라 읽기활동에서 주도적 역할을 맡도록 계획되며, 이후 교사와 학생이 주도적 역할을 번갈아가면서 수행한다.

④ 신경학적 각인 방법에서는 별도로 준비·개발된 읽기자료를 요구하지 않으며, 읽기유창성 향상을 목적으로 하기 때문에 읽기자료의 선택은 대상학생이 포함된 단어를 성공적으로 인식할 수 있는 수준의 자료를 중심으로 이루어진다.

⑤ 비교: 반복 읽기(repeated reading) 전략과 비교할 수 있는데, 반복 읽기 전략은 50~200단어로 구성된, 학생들이 포함된 단어들을 대부분 인식할 수 있는 읽기자료를 가지고 일정 수준의 유창성에 이를 때까지 반복적으로 자료를 읽게 한다.

01 쓰기 교수의 개관

1. 쓰기 하위요소

글씨 쓰기/손으로 쓰기(이하 글씨 쓰기), 철자, 작문/쓰기표현(이하 작문)을 포함한다.

2. 쓰기 발달

(1) **발달 초기**: 쓰기 발달의 초기에는 글씨 쓰기 능력과 맞춤법에 맞게 표기하는 능력이 발달하기 때문에, 이 시기의 쓰기 교수에서는 글씨 쓰기와 철자법이 강조된다.

(2) **연령 증가에 따른 발달**: 아동의 연령이 증가하면서 작문 능력이 발달하고, 초기에는 부모나 교사의 안내를 받아 글을 쓰다가 점차적으로 자기 스스로 쓰기 과정에 따라 글을 쓰게 되고, 이 시기의 쓰기 교수는 쓰기 과정에 따라 글을 쓰는 작문이 강조된다.

3. 쓰기의 객관적 평가

(1) **유창성(fluency)**

① 쓰기 형태를 평가하는 방법은 문자나 문장부호의 정확성을 측정하는 것이며, 글자 형성과 읽기 용이성을 평가하는 것과 함께 중요한 것은 유창성이다.

② 유창성은 '학생이 작문을 하는 데 있어 문장이 점점 능숙해지고, 점점 그 길이가 증가하는 정도'로 정의할 수 있다.

③ 단어 속에서의 글자, 문장과 문단 속에서의 글자, 산문 내에서의 단어에 관한 유창성은 제한된 시간 안에 작성된 글을 대상으로 하여 맞게 쓴 총 단어 수, 정확한 단어 수, 정확한 음절 수, 정확한 철자 수, 순서에 맞는 단어 수로 보기도 한다.

(2) **문장의 질**

① 문장의 질은 구문 성숙도(syntax maturity)라고도 한다.

② 문장의 질은 '학생이 보다 폭넓고 복잡한 문장을 사용하는 정도'로 정의할 수 있다.

③ 절, 단문, 중문, 복문의 수를 세는 방법

㉠ 불완전문: 주어, 동사, 목적어가 없거나 주어, 동사의 불일치 또는 기타 문장상의 문제가 있는 문법적으로 불완전한 문장

㉡ 단문: 주어, 동사, 목적어가 하나만 있고 '독립절'이 없는 문장

㉢ 중문: 주어, 동사, 목적어가 하나만 있고 접속사를 사용하며 독립절을 가진 문장

㉣ 복문: 여러 개의 주어, 동사, 목적어가 있고 '종속접속사'를 사용하며 독립 절을 가진 문장

(3) 어문규정

① 기본적으로 문장부호, 맞춤법 등 문장을 문법적으로 올바르게 쓰는 것과 쓰기 표현에 적절한 요소들을 포함한다.

② 어문규정을 측정하기 위해서는 문법적으로 맞지 않는 문장이나 쓰기의 오류 빈도를 살펴보는데, 적절한 어휘 사용, 맞춤법, 여백 주기(왼쪽, 오른쪽, 이름, 날짜, 줄 건너뛰기, 제목 가운데정렬, 들여쓰기), 구두점(마침표, 의문부호, 쉼표, 인용부호)과 가끔은 글씨체(글의 가독성)도 포함된다.

02 글씨 쓰기(handwriting)

1. 개요

(1) 정의

쓰기의 하위요소 중 하나로 손으로 글자를 쓰는 능력을 의미한다.

(2) 글씨 쓰기 능력

단순히 소근육 운동 기술(fine motor skills)뿐만 아니라 표기처리 능력(낱자와 글자의 형태에 대한 인식)에 의해 더 많은 영향을 받는 것으로 나타났다.

(3) 학습장애학생의 글씨 쓰기 특성

글씨를 지나치게 천천히 쓰는 것(속도), 글자 크기가 크거나(크기) 일정하지 않은 것, 글자 형태(형태)가 이상한 것 등을 들 수 있다.

(4) 문자 구성

① 일반적 쓰기 평가의 '3P(자세, 위치, 연필 쥐는 법)'에 의해 좌우된다고 할 수 있다.

② 3P

㉠ 자세(Posture): 몸의 올바른 태도와 발의 위치, 시선의 꼿꼿함 등이 속한다.

㉡ 위치(Position): 글자가 기울어지지 않도록 하기 위한 종이의 위치와 관련된다.

㉢ 연필(Pencil): 연필을 잡는 방법에 대한 것이다.

(5) 측정과 평가준거

① 측정: 질적 측면도 주의 깊게 측정되어야 한다.

② 평가준거: 글씨의 모양(shape), 띄어쓰기(spacing), 글씨 크기(size), 연결성(connectedness), 기울기(slant), 위치(position) 등에 초점을 둔다.

2. 글씨 쓰기 교수지도 시 유의점

(1) 잘 알아볼 수 있게 글씨를 쓰도록 지도한다.

잘 알아볼 수 있도록 글씨를 쓰는 것은 글자 형태, 글자 기울기, 글자 크기, 글자와 단어 사이의 간격, 줄 맞춰 쓰기 등의 영향을 받는다.

(2) 글씨를 유창하게 쓰도록 지도한다.

① 글씨를 유창하게 쓴다는 것은 글씨를 알아볼 수 있도록 쓸 뿐 아니라 빠르게 쓰는 것을 의미한다.

② 교사는 학생이 어느 정도 글씨를 알아볼 수 있도록 쓰게 되면, 글씨 쓰기의 속도를 높이는 데 신경을 써야 한다.

3. 효과적인 글씨쓰기 교수의 특성

(1) 글씨 쓰기를 명시적이고 직접적으로 가르쳐야 한다.

글씨 쓰기의 정확성과 유창성에 어려움을 보이는 학생에게는 글씨 쓰기 교수 시간을 별도로 마련하여 일주일에 적어도 3회 이상, 최소 10분 정도씩 꾸준히 지도한다.

(2) 글씨 쓰기 연습을 반복적으로 할 수 있도록 기회를 제공해야 한다.

특정 글자 몇 개를 하루에 집중적으로 지도하고 다음 글자로 넘어가는 것보다 여러 개의 글자를 며칠에 걸쳐 반복적으로 연습하는 것이 좋다.

(3) 올바른 글씨 쓰기에 대한 명시적 시범을 보여야 한다.

① 글씨 쓸 때의 바른 자세, 바르게 연필 잡는 법, 종이 위치를 바르게 하는 것을 명확하게 시범 보인다.

➡ 교사는 종이를 올바른 위치에 놓고 바른 자세로 연필을 쥐고 쓰는 방법을 시범 보인다.

② 올바른 글자 형태를 산출하는 방법에 대해 명시적으로 시범 보인다.

➡ 교사는 각 낱자와 글자를 올바르게 쓰는 방법을 시범 보인다.

(4) 글씨 쓰기에 대한 안내된 연습을 제공해야 한다.

(5) 교사와 학생이 함께 안내된 연습을 한 후, 학생이 스스로 글씨 쓰기 연습을 할 기회를 제공한다.

① 학생이 스스로 글씨 쓰기와 관련하여 정확성과 유창성에 대한 목표를 설정하게 한다.

② 학생이 자신의 글씨 쓰기 정확성과 유창성을 스스로 확인하도록 한다.

③ 이때 유창성은 정해진 시간 동안 얼마나 많은 글자를 쓸 수 있는지를 말한다.

(6) 학생이 쓴 글씨에 대한 피드백을 제공해야 한다.

① 교사는 학생이 올바르게 쓰지 못한 글씨에 대해 교정적 피드백을 제공한다.

② 교사는 학생이 올바르게 쓴 글씨에 대해 긍정적 피드백(예 칭찬)을 제공한다.

4. 교수법

(1) 시각단서 + 기억 인출 교수법

① 글자의 필순과 진행방향을 화살표와 번호로 표시한 학습지를 사용하여, 글씨를 쓰는 방법을 시각적으로 보여주면서 글씨 쓰기를 가르치는 방법이다.

② 교사는 학생에게 화살표와 번호를 잘 보도록 지시한 후, 올바른 글자의 필순과 진행방향을 보여준다.

③ 그 다음, 학생에게 화살표와 번호에 따라 글씨 쓰기 연습을 하도록 한다.

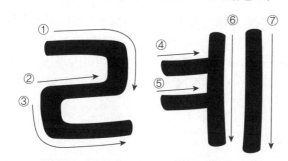

[그림 6-10] 글씨 쓰기 필순, 진행방향 예시

(2) 기억 인출 교수법 [18 중등]

① 글자를 주의깊게 살펴보도록 지시한 후, 가림판으로 글자를 가린 상태에서 글자를 기억하여 쓰도록 하는 방법이다.

② 처음에는 글자를 가리고 1초 후에 글자를 기억하여 쓰도록 한다.

③ 점차적으로 시간을 늘려 3초 후, 6초 후, 9초 후에 글자를 기억하여 쓰도록 하는 '지속적인 시간 지연법(constant time delay)'을 사용하도록 한다.

> 예 교사는 학생에게 글자를 주의깊게 볼 것을 지시한다. → 학생에게 글자를 가림판으로 가리도록 한다. → 교사가 '쓰세요.'라고 말하면 가린 글자를 기억하여 쓰도록 한다. → 글자를 가리는 시간을 1초에서 3초 후, 6초 후, 9초로 점차 늘리면서, 학생이 글자를 기억하여 쓰도록 한다.

(3) 베껴 쓰기

① 전통적인 글씨 쓰기 교수법으로, 교사가 먼저 글씨 쓰는 것을 시범 보인 후 학생이 같은 글자를 베껴 쓰도록 하는 방법이다.

② 교사는 글씨 쓰는 것을 시범 보일 때, 글자를 구성하는 낱자의 이름과 글자의 필순을 말로 표현한다.

> 예 '가'를 쓸 때, 교사는 다음과 같은 말로써 표현한다. "'ㄱ'을 먼저 쓰고, 그 다음 'ㅏ'를 쓰자."

③ 글씨 쓰기 유창성을 높이는 목적으로 베껴 쓰기 교수를 적용하는 경우에는 학생에게 제한된 시간 동안 베껴 쓰기를 하게 한 다음, 학생이 베껴 쓴 글자의 수를 기록하게 한다.

④ 연필로 베껴 쓰기를 하는 대신 손가락으로 글자를 따라 쓰는 방법(tracing)을 사용하기도 한다.

03 철자

1. 개관

① 철자(spelling)는 쓰기의 또 다른 하위 요소로 단어를 맞춤법에 맞게 쓰는 것을 의미한다.
② 한글 맞춤법은 소리대로 적되, 어법에 맞도록 쓰는 것을 원칙으로 한다.
③ 한글은 낱자와 소리(음소) 사이에 일대일 대응을 원칙으로 하는 반면, 하나의 뜻을 나타내는 글자의 형태가 상황에 따라 다르게 발음되는 경우(예 읽다, 읽어서, 읽는)가 상당히 많기 때문에 '소리대로' 표기해서는 뜻을 파악하기 어려운 특성이 있다.
④ 철자 능력에 영향을 주는 변인으로는 음운처리(낱자 및 글자의 소리에 대한 인식, 낱자소리 대응관계에 대한 인식)와 표기처리(낱자 및 글자의 형태에 대한 인식), 형태처리(형태소에 대한 인식)를 들 수 있다.

2. 철자 오류 유형 ★ 18 중등

유형	내용
음운처리 오류	• 음운처리는 소리(음소)의 인식뿐 아니라 낱자-소리의 대응관계에 관여함 • 음운처리에 문제가 있는 경우 소리 나는 대로 표기하는 단어의 철자에 오류를 보임 • 소리 나는 대로 표기되는 단어를 쓸 때, 소리가 다른 단어로 잘못 씀 예 예쁜 → 여쁜
표기처리 오류	• 표기(orthography)는 말소리를 나타내는 문자 체계를 의미함 • 음운처리는 말소리에 대한 민감도를 나타내는 반면, 표기처리는 말소리를 나타내는 문자와의 친밀도를 의미함 • 즉, 표기처리는 학생이 올바른 단어 표기를 인지하는 능력이라고 할 수 있음 • 표기처리의 문제는 일반적으로 소리 나는 대로 표기되지 않는 단어에서 나타남 • 표기처리에 문제를 보이는 학생은 실제 단어와 같게 발음되지만 표기법이 다른 단어를 철자하는 데 오류를 보임 • 소리 나는 대로 표기되지 않는 단어를 정확하게 쓰지 못하는 오류 • 소리 나는 대로 표기되지 않는 단어(음운변동이 적용되는 단어)를 철자로 쓸 때, 소리만으로는 올바른 표기를 할 수 없고 낱자·글자의 형태인식(표기처리) 능력이 요구됨 – 같은 소리가 나는 다른 낱자로 대치하는 오류 예 부엌 → 부억 – 전체 단어를 소리 나는 대로 표기하는 오류 예 깊이 → 기피 – 단어 일부를 소리 나는 대로 표기하는 오류 예 만약 → 만냑 – 발음상 구분이 되지 않는 글자로 표기하는 오류 예 외국 → 왜국
형태처리 오류	• 형태소(morpheme)는 의미의 최소 단위로, 명사나 용언의 어근/어간과 같이 단독으로 사용하는 실질형태소와 조사, 용언의 어미, 접사 등과 같은 형식형태소로 구분함 • 형태소에 대한 인식이 부족한 경우에 나타나는 오류 – 어간과 어미의 경계를 구분하지 못하는 오류 예 앉아서 → 안자서 – 시제의 선어말어미를 제대로 인식하지 못하는 오류 예 빛난다 → 빛났다 – 어미를 변환하는 오류 예 죽음 → 죽은 – 동음이의어를 혼동하는 오류 예 반듯이 → 반드시

3. 철자 교수법

(1) 철자 교수의 특성

① 교사는 학생이 철자를 바르게 쓰도록 명시적으로 가르쳐야 한다.

② 철자를 반복적으로 연습할 충분한 기회를 제공해야 한다.

③ 학생이 쓴 단어에 대한 피드백을 제공해야 한다.

ㄱ 교사는 학생이 단어를 올바르게 쓰지 못하는 경우, 그에 대한 교정적 피드백을 제공해야 한다.

ㄴ 교사는 학생이 단어를 올바르게 쓴 경우, 그에 대한 긍정적 피드백(예 칭찬)을 해주어야 한다.

④ 한번에 너무 많은 단어를 가르치지 않는 것이 좋고, 한번에 약 3~5단어 정도가 적당하다.

⑤ 학생에게 철자를 쓰도록 한 후, 약간의 시간(예 약 3초)을 주어 학생 자신이 쓴 것을 검토하게 하고, 학생이 검토한 결과에 따라 긍정적 또는 교정적 피드백을 제공한다.

⑥ 학생이 스스로 자신이 올바르게 글자를 썼는지 여부를 점검하게 한다.

⑦ 파닉스 교수법 등과 같은 읽기 교수와 철자 교수를 결합하여 적용하는 것이 좋다.

⑧ 작문 교수와 철자 교수를 결합하여 적용하는 것이 좋다.

(2) 철자 특성에 따른 철자 교수법 ★

① 음운처리 중심 교수법

ㄱ 낱자−소리 대응관계를 활용하는 파닉스 교수법을 적용한 철자 교수법이다.

ㄴ 단계별 교수

단계	내용
1단계	• 낱자 이름과 소리 가르치기 예 ㅅ: 시옷(이름), /ㅅ/(초성 소리) • 순서: 낱자 이름 가르치기 → 낱자 소리 가르치기 → 키워드 사용하여 낱자 소리 강화하기 → 낱자 쓰기 활동
2단계	낱자−소리 대응관계를 활용하여 CV 글자 읽고 쓰기 예 사: 'ㅅ' 낱자를 쓰면서 /ㅅ/라고 발음하고, 'ㅏ' 낱자를 쓰면서 /ㅏ/라고 발음하고, 다시 옆에 '사'라고 쓰면서 /사/라고 발음하기
3단계	낱자−소리 대응관계를 활용하여 CVCV 글자 읽고 쓰기 예 사다
4단계	• 글자 또는 단어를 단어은행에 모아두고 연습하기 • 이미 학습한 단어들을 누적하여 철자 쓰기 연습하기

② 표기처리 중심 교수법

ㄱ 음운변동(7종성, 연음, 비음화, 설측음화, 구개음화, 된소리되기, 축약, 탈락, 겹받침) 규칙에 따른 철자 교수법이다.

ㄴ 음운변동 규칙별로 단어를 묶어 소개하고, 같은 음운변동 규칙이 적용되는 단어끼리 분류하는 활동(word sorting)을 적용할 수 있다.

ㄷ 문장 안에서 단어의 쓰임을 인식할 수 있도록 하는 것이 좋다.

예 '좋은'이라는 단어를 '오늘은 기분 좋은 날이다.'라는 문장과 함께 제시하여 학생이 '좋은'의 의미를 파악하는 데 도움을 주고, 이는 궁극적으로 학생이 '좋은'의 기본형인 '좋다'와 연결하여 올바른 철자를 쓸 수 있도록 한다.

학습장애 이론과 실제, 김애화, 학지사

1. 단어들을 분류하기 전에 모든 단어 읽기

교사는 먼저 학생이 분류 활동에 사용할 단어들을 정확하게 읽을 수 있는지 확인해야 한다. 이때 단어들을 음운변동별로 나누지 않고, 섞어 읽는다.

예 • 연음규칙: 웃음, 움직이다, 걸음, 찾아가다
    • 만약 축약규칙: 국화, 시작하다, 쌓고, 그렇지만, 내놓다

2. 음운변동 규칙이 적용되는 단어 소개하기

교사는 분류해야 하는 음운변동 규칙을 간단히 소개한다. 이때 각 음운변동 규칙을 대표하는 단어(keyword)와 그림을 선택하여 제시한 후, 단어 분류를 진행하는 것이 좋다. 교사는 먼저 각 음운변동 규칙을 대표하는 단어와 그림을 제시하면서 음운변동 규칙에 대한 설명을 간략하게 한다. 예를 들어, 연음규칙의 경우 "앞글자에 받침이 있고, 뒷글자가 'ㅇ'으로 시작되면 앞글자의 받침이 뒷글자 'ㅇ'의 자리로 옮겨온다.'라고 소개할 수 있다. 이때 교사는 대표단어를 사용하여 앞글자의 받침과 뒷글자의 'ㅇ'에 집중할 수 있도록 학생을 안내해야 한다.

예 연음규칙과 축약규칙 예시

연음규칙	축약규칙
☺ 웃음	🌹 국 화
울음	목화
믿음	벽화
걸음	축하
녹음	입학

3. 교사가 단어 분류 활동을 시범 보이기

교사는 각 음운변동 규칙의 대표단어와 그림을 맨 위에 놓고, 단어들을 하나씩 읽으면서 어디에 속하는지 결정하는 과정을 명시적으로 시범 보인다.

4. 학생이 단어 분류하기

교사가 시범을 보인 후, 학생이 단어들을 분류하게 한다. 이때 또래교수를 활용하여 학생이 함께 단어를 분류하도록 할 수 있다.

5. 학생이 분류한 단어를 점검하도록 하기

학생이 단어 분류를 모두 마치면, 해당 음운변동 규칙에 속하는 단어들을 이어서 읽으면서 분류를 정확하게 했는지 점검하도록 한다.

6. 확인하기

학생에게 왜 이렇게 분류했는지를 묻고, 각 음운변동 규칙의 특성과 음운변동 규칙이 적용되는 단어를 확인한다.

7. 가리고, 베껴 쓰고, 비교하기

각 음운변동 규칙별로 한 단어씩 제시한 다음, 가린 상태에서 학생이 기억하여 쓰도록 하고, 가린 단어를 다시 보여주어 자신이 쓴 단어와 비교하게 한 뒤 자신이 쓴 단어가 맞았는지 확인하도록 한다. 또한 학생이 단어를 외워서 베껴 쓰도록 할 때, 처음에는 단어를 가린 후 1초 후에 단어를 기억하여 쓰도록 하다가, 점차 시간을 늘려 3초, 6초, 9초 후에 단어를 기억하여 쓰도록 하는 '지속적인 시간 지연법'을 사용한다.

③ 형태처리 중심 교수법

ⓐ 어간-어미(어근-접사), 시제, 동음이의어를 고려한 철자 교수법이다.

ⓑ 용언의 기본형과 용언의 활용형을 연결하여 교수하는 방법으로, 어미의 종류에 따라 단어를 분류하는 활동을 할 수 있다.

ⓒ 문장 안에서 단어의 쓰임을 인식할 수 있도록 하는 것이 좋다.

> 예 '뚫다'라는 단어를 '구멍을 뚫고 끈을 넣었다.'라는 문장과 함께 제시하여 학생이 '뚫고'의 의미를 파악하는 데 도움을 주고, 학생이 '뚫고'에서 '뚫'이 어간이고 '-고'는 어미임을 인식하여 올바른 철자를 할 수 있도록 한다.

보충+α | **어미의 종류에 따라 단어를 분류하는 활동**

1. 단어들을 분류하기 전에 모든 단어 읽기

교사는 학생이 분류 활동에 사용할 단어를 정확하게 읽을 수 있는지 확인한다. 이때 기본형과 용언의 활용형별로 나누어 읽지 않고, 단어들을 섞어서 읽는다.

2. 어간과 어미를 명확히 알려주기

기본형 종결어미 (-다)	연결어미 (-고)	연결어미 (-으니)	전성어미 (-음)	전성어미 (-은)
좋다	좋고	좋으니	좋음	좋은
높다	높고	높으니	높음	높은
밟다	밟고	밟으니	밟음	밟은
젊다	젊고	젊으니	젊음	젊은

교사는 기본형을 소개하고, 기본형에서 어간은 변하지 않음을 명확하게 알려준다. 위 표와 같이 어간에 색깔로 표시된 기본형(예 좋다)을 제시하면서, '좋-'은 어간이고, 뒤에 붙는 어미가 바뀌어도 '좋-'의 형태는 변하지 않음을 명확히 설명한다. 또한 뒤에 붙는 어미가 무엇인지에 따라 단어의 발음이 바뀔 수 있지만, 발음이 바뀌더라도 어간의 형태는 바뀌지 않기 때문에 기본형의 어간 그대로 철자됨을 명확하게 알려준다.

3. 교사가 단어를 분류하는 활동을 시범 보이기

교사는 위 표와 같이 대표단어(예 좋다)를 맨 위에 놓고, 단어들을 하나씩 읽으면서 어디에 속하는지 결정하는 과정을 명시적으로 시범 보인다.

4. 학생이 단어를 분류하도록 하기

교사가 시범을 보인 후, 학생이 단어들을 분류하도록 한다. 이때 또래교수를 활용하여 학생들이 함께 단어를 분류하도록 할 수 있다.

5. 학생이 분류한 단어 점검하도록 하기

학생이 단어 분류를 모두 마치면, 같은 어미가 붙은 단어들을 이어 읽으면서 자신이 분류한 것이 맞는지 체크하도록 한다.

6. 확인하기

학생에게 왜 그렇게 분류했는지 물으면서, 각각의 어미가 붙은 단어들을 확인한다.

7. 가리고, 베껴 쓰고, 비교하기

어미별로 한 단어씩 제시한 다음, 가린 상태에서 학생이 기억하여 쓰도록 하고, 가린 단어를 다시 보여주어 자신이 쓴 단어와 비교하여 자신이 쓴 단어가 맞는지를 확인하도록 한다. 또한 학생이 단어를 외워서 베껴 쓰도록 할 때, 처음에는 단어를 가린 후 1초 후에 단어를 기억하여 쓰도록 하다가, 점차 시간을 늘려 3초, 6초, 9초 후에 단어를 기억하여 쓰도록 하는 '지속적인 시간 지연법'을 사용하도록 한다.

(3) 기타 철자 교수법

① 자기 교정법(가리고, 베껴 쓰고, 비교하기 포함) ★ ¹⁵ 중등

  ㉠ 학생 자신이 쓴 단어와 정답을 비교하여, 자신이 잘못 철자한 단어를 확인하고 수정한 후, 단어를 바르게 베껴 쓰는 방법이다.

  ㉡ 가리고, 기억하여 쓰고, 비교하기(cover, copy, compare)는 자기 교정법에 속하는 활동이다.

    ⓐ 학생에게 단어를 보여준 다음, 단어를 가린다.(cover)

    ⓑ 약간의 시간(예 약 3초)을 주어 학생이 단어를 외워서 쓰도록 한다.(copy)

    ⓒ 이후 다시 단어를 보여주어 해당 단어와 자신의 답을 비교하여 답을 확인하게 한다.(compare)

  ㉢ 자기 교정법의 예시

정답	학생이 기억하여 쓰기	자기교정	자기교정	자기교정
무릎	무릅	무릎	무릎	무릎
닮았다	닮았다	닮았다	닮았다	닮았다

    → 첫째 칸에는 정답을 제시하고, 둘째 칸에는 정답을 먼저 살펴본 다음 정답을 가리고 기억하여 단어를 쓰도록 한다. 그 다음 정답과 비교하여 틀린 부분에 체크하고, 셋째 칸에 올바른 철자를 자기교정하여 쓰도록 한다. 이와 같은 과정을 넷째 칸과 다섯째 칸에 반복한다.

② 지속적인 시간지연법

  ㉠ 학생이 단어를 외워서 베껴 쓰는 활동을 할 때, 처음에는 단어를 가린 후 1초 후에 단어를 기억하여 쓰도록 한다.

  ㉡ 이후 점차적으로 시간을 늘려서 3초, 6초, 9초 후에 단어를 기억하여 쓰도록 한다.

③ 목표단어 반복쓰기: 전통적인 철자교수 방법으로 목표 단어를 반복적으로 베껴 쓰는 방법이다.

04 작문

1. 정의

① 작문(쓰기 표현, composing/written expression)은 글쓴이가 쓰고자 하는 바를 글로 표현하는 것이다.

② 쓰기 교수의 궁극적인 목표는 작문(쓰기 표현) 능력을 향상시키는 것이다.

2. 학습장애학생의 작문 특성

① 학습장애학생은 쓰기 유창성이 떨어진다.

　예 문장에 포함된 단어의 수가 적다, 문장의 길이가 짧다, 쓴 전체 글의 길이가 짧다.

② 불완전 문장을 쓰거나 겹문장(안긴 문장, 이어진 문장)의 사용에 어려움이 있고, 단순한 단어(짧은 단어, 쉬운 단어 등)를 많이 사용하거나 같은 단어를 반복적으로 사용하여 글을 쓴다.

③ 학습장애학생은 글의 내용을 산출하는 초안 작성만 글쓰기의 과정으로 생각하고, 글쓰기 전에 계획 단계를 거의 거치지 않는다.

④ 학습장애학생은 주제와 관련된 내용 간의 관련성을 고려하여 내용을 조직적으로 구성하여 쓰지 못하고, 주제와 관련된 생각들을 단순히 나열하는 형태의 글을 쓴다.

⑤ 초안을 검토하고 수정하는 데 어려움이 있고, 수정을 할 때도 내용 수정이 아니라 구두점, 맞춤법 등의 기계적인 측면에 대한 교정에 집중하는 경향이 있다.

3. 작문 교수법

구분	내용
명시적인, 직접적인, 체계적인 교수	작문 교수의 유형과 상관없이, 가능한 한 모든 작문 교수는 명시적이고, 직접적이고, 체계적인 교수로 제공되어야 함
★ 쓰기 과정에 대한 명시적 전략 교수	• 쓰기의 과정인 계획하기, 초안 작성하기, 수정하기를 명시적이고 체계적으로 가르치는 교수 • 초기에는 쓰기 과정의 전략 사용에 대한 시범과 교사의 안내를 받으며 작문하지만, 궁극적으로 쓰기 과정에 대한 전략을 내면화하여 학생 스스로 전략을 적용하는 것을 목표로 함
자기조절 전략 교수	쓰기 과정에 대한 명시적 전략 교수를 기본으로 하되, 자기조절적 요소(예 목표설정, 자기점검, 자기강화)를 포함하여 구성된 전략 교수

글의 구조에 대한 명시적 교수	• 글의 장르별로 글의 구조를 명시적이고 체계적으로 가르치는 교수
	  – 이야기 글: 이야기 문법(story grammar)을 중심으로 글의 구조를 가르침
	  – 설명 글: 서술, 비교–대조, 열거와 같은 글의 구조를 가르침
	  – 논설문: 주장, 근거, 결론 등의 구조를 가르침

계획하기 활동	• 글을 쓰기 전에 생각 꺼내기 활동을 함으로써 학생이 작문에 대한 아이디어를 생성하고 조직하도록 하는 것 • 이때 의미 지도(semantic webs) 등의 그래픽 조직자를 활용하는 경우가 많음 • 계획하기 활동은 개별적으로 또는 집단 활동으로 진행할 수 있음
요약하기에 대한 명시적 교수	• 읽기와 결합된 작문 교수 • 글을 읽은 다음 읽은 내용을 요약하여 쓰도록 함
목표설정 (Goal setting) 및 자기점검 (Self-monitoring)	• 글쓰기에 앞서 글쓰기의 목표(예 작문의 양, 전략의 사용)를 설정하고, 글을 쓰는 과정에서 목적 달성 여부를 점검하도록 하는 것 • 목표를 설정할 때는 가능한 한 구체적으로 설정하는 것이 좋음 • 자기점검은 자기점검표를 제작하여 학생에게 제공하고, 학생이 자기점검표에 자신의 목표달성 여부를 스스로 표시하여 기록하도록 함
안내된 피드백	학생이 작성한 글에 교사나 또래 친구들이 피드백을 제공함
또래교수 활용	쓰기 과정(계획, 초안 작성, 수정 등)에서 또래와 함께 작업을 하도록 하는 것
문장 작성에 대한 명시적 교수	문장 구조, 특히 복문의 산출에 대한 명시적인 교수를 제공하는 것

(1) 쓰기 과정에 대한 명시적 전략 교수: 계획하기, 초안 작성하기, 수정하기 ★ 23 초등, 22 중등

구분	내용
1단계 : 계획하기	• 글감 선택하기 • 쓰기의 목적 고려하기 • 독자 선택하기 • 생각 생성 및 조직하기
2단계 : 초안 작성하기	문법이나 철자보다 내용을 생성하고 조직하고 글을 작성하는 데 더욱 초점 맞추기
3단계 : 내용 수정하기	• 내용에 초점을 맞추어 수정하기 • 초고를 다시 읽고, 보충하고, 다른 내용으로 바꾸고, 필요 없는 부분을 삭제하고, 내용을 옮기는 등의 수정하기 • **또래교수를 활용한 수정전략**: 서로의 글을 읽고, 잘 쓰인 곳 한 곳과 개선이 필요한 곳 두 곳(이해가 잘 안 되는 부분, 내용이 더 필요한 부분)을 골라 수정하기
4단계 : 쓰기의 기계적인 측면 교정하기	• 쓰기의 기계적인 측면(예 철자, 구두점, 문장구성)에 초점을 두고 교정하기 • **또래 교수를 사용한 편집하기전략**: 서로의 글을 읽고, 철자, 구두점, 완전한 문장인지의 여부, 문단 들여쓰기 여부 등을 표시하여 교정하기
5단계 : 발표하기	• 쓰기 결과물을 게시하거나 제출하기 예 학급신문이나 학교문집에 활용 • 적절한 기회를 통해 학급에서 자기가 쓴 글을 다른 학생에게 읽어주거나 학급 게시판에 올리기

집중 point 쓰기 과정의 명시적 전략 교수

1. 단계별 쓰기 활동

글쓰기 준비 단계	• 글쓰기 주제를 선택함 • 쓰는 목적을 명확히 함 예 정보제공, 설명, 오락, 설득 • 독자를 명확히 함 예 또래 학생, 부모, 교사, 외부 심사자 • 목적과 독자에 기초하여 작문의 적절한 유형을 선택함 　예 이야기, 보고서, 시, 논설문, 편지 • 쓰기를 위한 아이디어를 생성하고 조직하기 위한 사전활동을 함 　예 마인드맵 작성, 이야기하기, 읽기, 인터뷰하기, 브레인스토밍, 주제와 세부항목 묶기 • 교사는 학생과 협력하여 글쓰기 활동에 참여함 　예 내용을 재진술함, 질문함, 논리적으로 맞지 않는 생각을 지적함
초고 작성단계	• 일단 초고를 작성하고, 글을 쓸 때 수정하기 위해 충분한 공간을 남김 • 문법, 철자보다 내용을 생성하고 구성하는 데 초점을 맞춤
수정 단계	• 초고를 다시 읽고, 보충하고, 내용을 바꾸고, 필요 없는 부분을 삭제하고, 옮기면 　서 내용을 고침 • 글의 내용을 향상시키고 다양한 시각을 제안할 수 있도록 또래집단(글쓰기 도우 　미 집단)을 활용하여 피드백을 제공함
편집 단계	• 구두점 찍기, 철자법, 문장구조, 철자 등 어문규정에 맞추어 글쓰기를 함 • 글의 의미가 잘 전달될 수 있도록 문장의 형태를 바꿈 • 필요하다면 사전을 사용하거나 교사로부터 피드백을 받음
쓰기 결과물 게시 단계	• 쓰기 결과물을 게시하거나 제출함 예 학급신문이나 학교문집에 제출함 • 적절한 기회를 통해 학급에서 자기가 쓴 글을 다른 학생들에게 읽어주거나 학급 　게시판에 올려놓음

2. 학생의 쓰기 과정

학생은 쓰기 준비 단계에서 주제와 제재를 선택하고, 이에 맞추어 초고를 작성한다. 이 초고를 중심으로 교사나 또래의 피드백을 받고 내용을 수정하고 글의 형식을 적절하게 편집한다. 글의 수정은 글의 내용이나 구성을 바꾸어 보는 것을 말하며, 편집은 '어문규정'에 맞게 철자와 문법의 오류를 교정하는 것으로 문법, 통사법, 구두법, 철자법 등의 실수를 수정하는 과정이다. 마지막으로 결과물은 제출되거나 게시되어 다른 학생들이 볼 수 있다. 교사는 학생에게 쓰기 과제를 주고 쓰기 과정 동안 학생이 작업한 결과물을 지속적으로 점검하고 평가할 수 있다. 이 쓰기 과정을 통해 문제해결능력, 비판적 사고기술, 긍정적인 자아개념이 발달할 수 있다.

3. 쓰기 과정적 접근에서 교사가 해야 할 일

① 쓰기 과정에서 교사의 모델링(시범)을 제공한다. 글쓰기 준비 단계에서 교사는 학생에게 직접 정보를 조직하고 요점 정리하는 것을 보여준다. 조직화한 개요를 중심으로 어떻게 초안이 작성되었는지 제시한다. 또한 초안을 읽고 내용을 수정하고 편집한 결과를 제시하여, 초안과 마지막 결과물이 어떻게 달라졌는지 보여준다.

② 쓰기 과정은 협동 작업을 통해 이루어지도록 한다. 쓰기 과정을 협동적으로 운영하면 아이디어 생성(브레인스토밍), 정보의 제시와 조직, 어문규정에 맞게 편집하는 활동에서 교사와 또래집단의 피드백을 체계적으로 반영할 수 있다. 또래 학생을 중심으로 쓰기 도우미 집단을 만들어 아이디어를 발전시키거나 쓰기 결과물을 공유하도록 한다.

③ 교사는 지속해서 구체적인 단서를 제공한다. 교사는 쓰기 과정의 각 단계에서 적절한 단서를 제시하여 촉진할 수 있다.
　예 글쓰기 준비 단계에서는 글의 주제가 될 수 있는 어휘 목록을 제시함, 편집 단계에서는 자주 보이는 철자나 어문규정의 오류 유형을 제시하여 이를 바탕으로 교정할 수 있도록 함

④ 학생이 주도적으로 점검과 수정을 할 수 있도록 훈련시킨다. 각 쓰기 단계를 끝낼 때마다 학생으로 하여금 자신이 하고 있는 활동을 점검하고 빼먹은 것이 없는지 점검표를 이용하여 주도적으로 점검하도록 한다.

4. 장점
① 글쓰기 활동이 지속적으로 일어나고 반복된다.
② 자기주도적인 학습을 강조하는 교육환경을 조성한다.
③ 읽고 쓰기를 통합하는 학습이 강조된다.

5. 주의점
다만 학습장애학생에게 글씨쓰기나 철자쓰기와 같은 기능적 훈련을 제공하지 않고, 단계마다 구체적이고 적극적인 도움을 제공하지 않으면 이러한 과정중심 접근은 적절하지 않다.

(2) 자기조절 전략 교수
① 작문 과정에서 '자기조절'의 역할을 강조하는 학습 전략이다.
② 계획하기, 초안 작성하기, 수정하기에 대한 전략을 명시적이고 체계적으로 교수하는 것을 목표로 하여 다음의 5단계로 구성된다.

교수단계	내용
논의하기	교사는 전략을 명시적으로 소개하고, 전략의 목적, 장점 등을 명시적으로 제시함
시범 보이기	교사는 전략을 어떻게 사용하는지 정확하게 시범 보임
외우게 하기	학생은 기억 전략(mnemonic)을 사용하여 전략 사용의 단계를 외움
지원하기	교사는 학생이 전략 사용 단계에 따라 전략을 적용하는 데 필요한 지원을 함
독립적으로 사용하게 하기	학생은 궁극적으로 교사의 지원 없이 전략을 독립적으로 사용함

③ 5단계 전략 교수가 진행되는 동안 자기조절 기술(self-regulated skills)을 가르치며, 목표설정(goal setting), 자기점검(self-monitoring), 자기교수(self-instruction), 자기강화(self-reinforcement)가 이에 포함된다.
④ 자기조절 기술은 학생이 스스로 쓰기 과정, 전략 사용 등을 조절하고 운영하도록 돕는다.
⑤ 자기조절 전략 교수에서 사용하는 기억 전략의 종류

구분		내용
이야기 글 쓰기	POW + WWW What 2 How 2	• Pick my idea (쓸 내용에 대한 생각을 꺼내라.) • Organize my notes (생각을 조직하라.) • Write and say more (생각을 추가하면서 써라.) • Who (누가에 대해 써라.) • When (언제에 대해 써라.) • Where (어디서에 대해 써라.) • What 2 (무엇을 원했는지, 무슨 일이 일어났는지에 대해 써라.) • How 2 (어떻게 끝났는지, 어떤 느낌이었는지에 대해 써라.)

주장하는 글 쓰기	POW + TREE	• Pick my idea (쓸 내용에 대한 생각을 꺼내라.) • Organize my notes (생각을 조직하라.) • Write and say more (쓰면서 더 생각을 꺼내라.) • Topic sentence (주장 문장을 제시하라.) • Reasons (주장에 대한 근거를 제시하라.) • Explain (근거를 설명하라.) • Ending (결론을 써라.)

(3) 글의 구조에 대한 교수

① 글의 구조에 대한 교수는 쓰기 과정에 대한 교수와 결합하여 사용하는 경우가 많다.

② 글의 구조를 가르치기 위해 교사는 각각의 글의 구조를 명확하게 소개하고, 다양한 예를 제시하며, 학생이 초안을 작성하는 과정 중에 단서를 충분히 제공해야 한다.

③ 장르별 글의 구조

장르	구조
이야기 글	이야기 문법(주인공, 배경, 문제, 목적, 일련의 사건, 결말 등)에 대한 명시적 교수 제공
설명글	비교-대조, 열거, 예시, 서술, 원인-결과 등이 있으며, 각 구조를 구성하는 요소에 대한 명시적 교수 제공
논설문	주장, 일련의 근거, 근거에 대한 예시, 결론 등을 중심으로 제공

④ 설명글의 비교-대조 구문 예시

㉠ 일반적으로 설명글은 세부적인 글의 구조가 무엇이든 간에 '처음-가운데-끝'의 구조를 가진다.

ⓐ 1차 구조: 처음-가운데-끝

ⓑ 2차 구조: 해당 구조(예 비교-대조)

㉡ 설명글의 비교-대조 구조

구분	내용
처음	• 글의 주제에 대한 소개 　예 청설모와 다람쥐의 공통점과 차이점을 비교할 것임을 소개 • **관심 유도**: 글의 주제에 대한 독자의 관심을 끌 수 있는 내용
가운데	• **문단 구성** 　– 비교-대조하고자 하는 특성 언급 　　예 다람쥐와 청설모의 생김새는 비슷한 점도 있고, 다른 점도 있다. 　– 비교-대조한 결과에 대한 서술(구체적인 정보, 예시 등을 포함) 　　예 다람쥐와 청설모는 같은 다람쥐과라서 얼핏 보면 비슷하다. 하지만 다람쥐는 작고, 청설모는 크다. 또한 다람쥐는 갈색에 줄무늬가 있는데, 청설모는 회갈색이다. • 위와 동일한 요소를 포함한 3문단 이상을 구성함
끝	전체 내용 정리

⑤ 비교-대조 구조에 관한 그래픽 조직자 활용

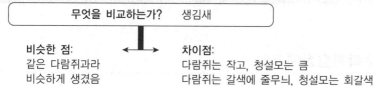

무엇을 비교하는가?   생김새

비슷한 점: ←———→ **차이점:**
같은 다람쥐과라   다람쥐는 작고, 청설모는 큼
비슷하게 생겼음   다람쥐는 갈색에 줄무늬, 청설모는 회갈색

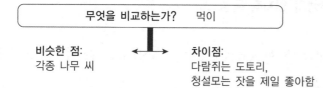

무엇을 비교하는가?   먹이

비슷한 점: ←———→ **차이점:**
각종 나무 씨   다람쥐는 도토리,
                      청설모는 잣을 제일 좋아함

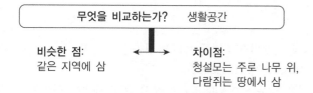

무엇을 비교하는가?   생활공간

비슷한 점: ←———→ **차이점:**
같은 지역에 삼   청설모는 주로 나무 위,
                      다람쥐는 땅에서 삼

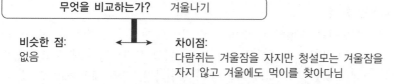

무엇을 비교하는가?   겨울나기

비슷한 점: ←———→ **차이점:**
없음   다람쥐는 겨울잠을 자지만 청설모는 겨울잠을
                      자지 않고 겨울에도 먹이를 찾아다님

[그림 6-11] 비교-대조 구조에 관한 그래픽 조직자 활용 예시

01 수학학습장애 ^{19 중등}

1. 수학학습장애학생의 인지적 특성

(1) 기억 능력

① 기초 수학기술을 습득하고 문제해결 단계의 순서 등을 상기하는 데는 기억 능력이 요구된다.

② 수학학습장애 학생은 작업기억에 결함이 있다.

(2) 언어 능력

① 언어 능력은 문장제 문제해결 능력에 유의한 영향을 미칠 뿐 아니라 수학과제 전반에 걸쳐 영향을 미치는 것으로 보고된다.

② 수학학습장애학생은 낮은 언어능력으로 문장제 문제 해결에 어려움을 겪는다.

(3) 시공간 능력

① 수학연산을 수행하고, 수의 크기 개념을 형성하고, 정신적으로 표상된 수직선과 같은 공간적인 형태에서 정보를 표상하고 조작하기 위해 필요한 능력이다.

② 그래프 읽기, 자릿값에 따라 숫자 정렬하기, 도표 해석하고 이해하기, 그림 이해하기 등에 결함을 보인다.

(4) 주의집중 능력

① 기초적인 수세기부터 간단한 연산, 여러 단계를 거쳐야 하는 복잡한 연산문제를 해결하는 데까지 필요한 능력으로, 특히 연산 능력에 유의미한 영향을 끼친다.

② 문장제 문제를 해결할 때도 관련 없는 정보를 걸러내고 필요한 정보에만 집중하는 능력이 필요하다.

(5) 처리 속도

① 처리 속도는 수학문제를 해결하는 데 걸리는 시간과 밀접하게 관련이 있다.

② 특히 느린 처리 속도는 연산 능력에 유의한 영향을 미친다고 보고되었다.

02 수 감각

1. 구체적 학습에서 추상적 학습으로의 진행(CSA)

(1) **구체적 수준**: 학생은 수 문제를 해결하는 과정에서 블록, 주사위, 구슬, 막대 등의 실제 자료를 직접 만지고 움직이고 조작할 수 있다.

(2) **반구체적 수준**: 구체적 수준의 기술을 습득하면 반구체적·표상적 수준의 교수를 하고, 이 수준의 학생은 수학 문제를 해결할 때 그림이나 개수 표시를 활용한다.

(3) **추상적 수준**: 수학 문제를 해결할 때 반구체적 그림, 표시 없이 숫자만 사용한다.

2. 수 감각 교수목표, 지도내용, 학습활동

단계	교수목표	지도내용	학습활동
1	수의 순서 익히기	20부터 거꾸로 기계적 수 세기	수 카드를 거꾸로 배열하기, 수직선을 이용하여 수를 거꾸로 배열하고 쓰기
2	• 수 의미 이해 • 십의 자릿수 개념 익히기	수 막대를 이용하여 두 자릿수 11~20 나타내기	10 단위와 1 단위 막대를 이용하여 십과 일의 자릿수 나타내기
3	수 계열 인식하기	연속된 수 중 빠진 수 넣기	수 카드 이용하여 빠진 수 채워넣기, 수직선을 이용하여 빠진 수 채워넣기
4	규칙적인 수 배열 이해하기	주어진 수만큼 뛰어세기	게임보드를 이용하여 같은 간격으로 뛰어세기, 수직선을 이용하여 주어진 수만큼 같은 간격으로 뛰어세기
5	• 수 관계 인식하기 • 수의 분해 이해하기	주어진 수를 두 수로 나누기	수 막대를 이용하여 두 수 간의 관계를 인식하기, 수직선을 이용하여 제시된 수와 남은 수를 분해하기
6	• 수의 상대적인 크기 알기	주어진 수에 가까운 수 찾기	게임보드를 이용하여 수 간 거리를 비교하고 조작하기, 수직선을 이용하여 수 간 거리를 비교하고 조작하기
7	연산(덧셈) 이해하기	• 한 자릿수 + 한 자릿수 (10 미만) • 한 자릿수 + 한 자릿수 (10 이상)	수 막대를 이용하여 덧셈의 효과 및 관계 이해하기, 게임보드를 이용하여 수세기 전략 사용하기, 수직선을 이용하여 수세기 전략 [이어세기(counting on) 전략]
8			
9	연산(뺄셈) 이해하기	한 자릿수 − 한 자릿수	수 막대를 이용하여 뺄셈의 효과 및 관계 이해하기, 게임보드를 이용하여 수세기 전략 사용하기, 수직선을 이용하여 수세기 전략 사용하기, 수직선을 이용하여 수세기 전략 [거꾸로 세기(counting backward) 전략] 사용하기
10			

3. 자릿값

(1) **기능**: 자릿값을 제대로 학습했다면 3가지 기능을 보일 수 있다.

기능	예시
숫자 읽고 쓰기	• 592를 '오구이' 대신 '오백구십이'로 읽을 수 있음 • '오백구십이'를 듣거나 읽고 숫자 592로 나타내는 능력
자릿값에 맞게 세로 배열하기	592 + 27을 세로로 배열하는 능력
풀어서 자릿값 표현하기	592를 500 + 90 + 2로 표현하는 능력

03 사칙연산 ★

1. 덧셈

(1) **오류**

① 받아올림이 있는 계산에서 오류를 많이 보이며, 특히 일의 자리보다 십의 자리와 백의 자리에서 받아올림해야 하는 경우에 오류가 더 많이 나타난다.

② 덧셈에서 학생이 보일 가능성이 있는 오류

  ㉠ 단순계산 오류 예 56 + 16 = 61

  ㉡ 받아올림 오류 예 받아올려야 할 숫자를 더해 버리거나 받아올림하는 것을 잊음

  ㉢ 뺄셈과의 혼동과 전략상 오류로 받아올림해야 할 숫자를 하나의 자릿수로 써 버리는 오류 예 56 + 16 = 612

(2) **교수법**

① 덧셈 기술 학습단계

단계	방법
모두 세기	• 두 숫자를 더할 때 각 숫자를 1부터 센 다음 이들을 합쳐서 다시 셈 〔예〕 4 + 3을 계산할 때, '1, 2, 3, 4 + 1, 2, 3'을 합하여 1, 2, 3, 4, 5, 6, 7로 셈 • 이 시기에는 일반적으로 손가락이나 사물을 사용하여 수세기를 함
이어 세기	• 두 숫자를 더할 때, 한 숫자에서 시작하여 더해지는 만큼 나머지 숫자를 셈 〔예〕 4 + 3을 계산할 때, 4부터 시작하여 5, 6, 7로 셈 • 이어세기의 초기단계에는 두 숫자의 크기와 상관없이 앞 숫자를 기준으로 뒤 숫자를 세는 방법을 사용하다, 점차 발달하면서 두 숫자 중 큰 수를 변별하고 큰 수를 기준으로 나머지 숫자를 세는 방법을 사용함 〔예〕 2 + 4를 계산할 때 4에서 시작하여 5, 6으로 셈 • 이어세기의 초기에는 손가락이나 사물 등을 사용하여 수세기를 하다가, 점차 언어적으로 수세기를 함
부분 인출	• 직접인출 단계 전에 나타나는 과도기적 단계 • 학생이 직접 인출할 수 있는 덧셈 식에서 추가적으로 필요한 계산을 더하여 계산하는 방법 〔예〕 6 + 7을 계산할 때, 6 + 6 = 12라는 정보를 장기기억에서 인출한 후, 6 + 7 이 1이 더 크니 1을 더하여 13이라는 답을 인출함
직접 인출	두 숫자의 합을 계산과정을 거치지 않고 바로 장기기억에서 인출하여 답하는 방법

② 큰 가수를 기준으로 이어세기★

앞 가수를 기준으로 이어세기	→	큰 가수를 기준으로 이어세기
3 + 6 =		6 + 3 =

㉠ 필요한 선행지식

ⓐ 덧셈식의 순서와 상관없이 효율적인 순서로 연산할 수 있다는 사실을 알아야 한다.

ⓑ 두 수 중 큰 수를 변별할 수 있어야 한다.

ⓒ 1이 아닌 곳에서 시작해도 셀 수 있어야 한다.

→ 이 중에서도 '두 수 중 큰 수를 변별할 수 있어야 한다.'는 인식은 큰 수를 기준으로 이어세기를 하는 데 가장 중요하다. 따라서 교사는 두 수 중 어떤 수가 더 큰 수인지 변별하는 연습을 학생이 충분히 하도록 해야 한다.

③ 부분인출 및 직접인출 - 덧셈구구

+	0	1	2	3	4	5	6	7	8	9
0	0	1	2	3	4	5	6	7	8	9
1	1	2	3	4	5	6	7	8	9	10
2	2	3	4	5	6	7	8	9	10	11
3	3	4	5	6	7	8	9	10	11	12
4	4	5	6	7	8	9	10	11	12	13
5	5	6	7	8	9	10	11	12	13	14
6	6	7	8	9	10	11	12	13	14	15
7	7	8	9	10	11	12	13	14	15	16
8	8	9	10	11	12	13	14	15	16	17
9	9	10	11	12	13	14	15	16	17	18

[그림 6-12] 덧셈구구표

㉠ 덧셈구구 학습순서

순서	내용	예시
1	+0 법칙	1+0, 5+0
2	+1 법칙	2+1, 7+1
3	+2 법칙	3+2, 4+2
4	같은 수 덧셈 법칙	6+6, 8+8
5	같은 수 +1 법칙	2+3, 7+8
6	같은 수 +2 법칙	2+4, 7+9
7	+9 법칙	5+9, 8+9
8	1~7단계 이외의 덧셈	6+3, 7+2, 8+3, 5+6, 9+4, 8+5

보충+α 덧셈구구

- **1단계**: 학생이 덧셈구구의 기본 개념을 이해하도록 가르친다. 이때 실생활과 연결하여 구체물을 조작하는 활동을 통해 덧셈의 개념을 이해시킨다.
- **2-1단계**: 사칙연산 구구표를 이용하여 학생이 다양한 덧셈구구 간의 관련성을 이해하도록 돕는다.
  예 학생이 덧셈구구표를 보고 어떤 수들은 서로 간에 공통점을 가진다는 사실을 파악하도록 한다. 학생은 덧셈구구표를 보고 덧셈 식에서 두 수의 위치가 바뀌어도 답은 똑같다는 공통점을 발견할 수 있다. 이것이 '교환법칙'인데, 학생은 교환법칙을 이해함으로써 100개의 덧셈구구 대신 55개의 덧셈구구만을 외우면 된다.
- **2-2단계**: 덧셈구구표를 점진적으로 소개하여 학생이 이를 효율적으로 학습하도록 돕는다. 가넷(Garnett, 1992) 등의 여러 학자는 효과적인 덧셈구구의 순서를 8가지로 소개했다. (본문의 '덧셈구구표 학습순서' 참고)
  예 학생은 어떤 수에 0을 더하면, 그 수 그대로가 답이 된다는 공통점을 발견할 수 있다. 이것이 '+0 법칙'이며, 학생은 '+0 법칙'을 이해함으로써, 55개 중 10개의 덧셈구구를 학습하게 된다. 이와 같이 학생이 덧셈구구를 한꺼번에 외우는 것이 아니라, 쉽게 외워지는 순서에 따라 점진적으로 외우게 하는 것이 더 좋다.
- **3단계**: 학생이 2단계에서 학습한 사칙 연산구구를 자동화할 수 있도록 반복하고, 누적하여 연습할 수 있는 기회를 제공해야 한다.

④ 두 자릿수 이상의 덧셈 교수
  ㉠ 한 자릿수 덧셈 계산이 유창해지면 두 자릿수 이상의 덧셈 교수를 실시한다.
  ㉡ 교수활동

활동	예시
• 받아올림하는 수는 고정적인 위치에 적도록 지도하는 것이 좋음 • 이때 일의 자리의 답을 적는 곳과 받아올리는 수를 적는 곳에 색깔을 넣어 학생들이 받아올림을 올바르게 하도록 도움	$$\boxed{1}$$ $$45$$ $$+36$$ $$\underline{\qquad}$$ $$1$$ 답: ___ (일의 자리)
• 받아올림을 해야 하는 계산식에서 답을 적는 곳에 네모로 표시하고, 각 네모에는 하나의 숫자만 들어가야 함을 강조함 • 이때 하나 이상의 숫자가 들어가게 되는 경우에 받아올림을 해야 한다는 점을 가르침	$$\square$$ $$56$$ $$+38$$ $$\boxed{8}\boxed{14}=94$$ 답: ___ (십의 자리) ___ (일의 자리)
2가지 이상의 수를 더해야 하는 계산식의 경우, 자릿수를 맞춰 계산하는 것을 돕기 위해 형광펜이나 세로 줄을 표시하여 도움을 주거나, 격자 표시가 된 종이를 사용함	ⓐ 형광펜 사용 ⓑ 세로줄 표시 ⓒ 격자종이 형광펜: 1 / 32, 9, +16 세로줄: 1 / 32, 9, +16, 7 격자종이: 1 / 32, 9, +16, 7
• 2가지 이상의 수를 더해야 하는 계산식의 경우, 자릿수를 맞춰 계산하는 것을 돕기 위해 일의 자리를 계산할 때는 십의 자리와 백의 자리는 가린 상태에서 일의 자리를 계산하도록 함 • 십의 자리를 계산할 때는 나머지 자리(일의 자리와 백의 자리)를 가린 상태에서 계산하도록 하고, 백의 자리를 계산할 때도 나머지 자리(일의 자리와 십의 자리)를 가린 상태에서 계산하게 함	1 348 275 + 463 (가린 상태 예시) 8,5,3 → 6 / 4,7,6 → 86

2. 뺄셈

(1) 오류

① 큰 수에서 작은 수를 빼는 오류(예 326 − 117 = 211)와 받아내림이 있는 세 자릿수의 뺄셈에서 10의 자리에서는 받아내림을 하는데 100의 자리에서는 받아내림을 하지 않는 오류(예 503 − 228 = 375)가 자주 나타난다.

② 오류로는 단순연산 오류, 받아내림 오류, 받아내림 생략, 무조건 큰 수에서 작은 수 빼기, 계산 자체는 문제가 없지만 문제해결 과정에서 받아내림을 위한 보조숫자를 잘못 인식하는 전략상의 오류, 덧셈과의 혼동 등이 있다.

(2) 뺄셈 개념과 뺄셈식 알기

① 덧셈과 뺄셈의 기초가 되는 것은 '가르기'와 '모으기'이다.

　㉠ 모으기: 흩어져 있는 것을 한군데로 모으는 활동이며 덧셈의 기초가 된다.

　㉡ 가르기: 모으기와 반대되는 개념으로 모은 것을 보통 두 덩어리나 세 덩어리로 나누는 활동이며, 뺄셈 개념을 형성하기 위한 기본 활동이다.

　㉢ 모으기와 가르기 활동은 놀이의 형태로 초기에는 10을 가지고(10이 되는 두 수를 보수 또는 짝꿍 수라고 함) 실시하는 것이 좋고(예 1,9/2,8,…8,2/9,1) 이후에 합이 10이 넘는 수의 모으기와 가르기 활동을 실시하는 것이 좋다.

② 덧셈과 뺄셈은 수직선으로 표현하는 것이 좋다.

　㉠ 덧셈: 계속 앞으로(오른쪽 방향)으로 가면 된다.

　㉡ 뺄셈: 수직선상에서 앞으로(오른쪽 방향) 뒤로(왼쪽 방향) 왔다갔다 해야 하기 때문에 어려움을 겪는다.

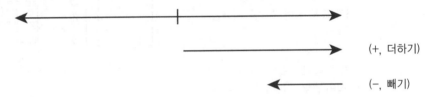

[그림 6−13] 수직선상에 표시한 덧셈과 뺄셈 예시

(3) 뺄셈교수

① 뺄셈구구 교수

㉠ 뺄셈구구는 덧셈의 역관계에 기초하여, 빼는 수와 답이 한 자릿수이다.

㉡ 뺄셈구구는 덧셈의 역관계를 강조한 짝이 되는 뺄셈식을 충분하게 연습하여 자동화하도록 하는 것이 좋다.

② 두 자릿수 이상의 뺄셈 교수

❶

십	일
4	2
−1	8

❷

십	일
$\cancel{4}^{3}$	$\cancel{2}^{12}$
−1	8

❸

십	일
$\cancel{4}^{3}$	$\cancel{2}^{12}$
−1	8
2	4

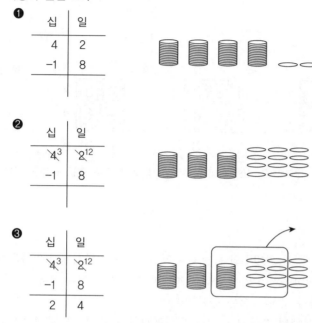

[그림 6-14] 두 자릿수 이상의 뺄셈 교수활동 - 받아내림 개념과 식의 연결

㉠ 반구체물 활용: 반구체물(예 동전, 사과 등의 그림)을 활용하여 받아내림 개념을 식과 연결하여 이해하도록 교수한다.

㉡ 자릿수에 대한 단서[16 초등]

ⓐ 받아내림할 때는 받아내린 수 '10'을 더하고, 그 위의 값은 '1'이 줄어드는 것에 대한 단서를 제공한다.

ⓑ 이때 일의 자리와 십의 자리에 해당하는 칸은 각각 색깔을 다르게 표시하여, 학생이 자릿값을 보다 명시적으로 이해하도록 돕는다.

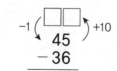

답: ___(십의 자리) ___(일의 자리)

[그림 6-15] 뺄셈 교수 활동 - 자릿수에 대한 단서

ⓒ 가림 카드 사용

ⓐ 세 자릿수 이상의 뺄셈식에서는 자릿수 맞춰 받아내림하면서 계산하는 것을 돕기 위해 가림 카드를 사용한다.

ⓑ 가림 카드는 ❶, ❷, ❸에서 제시된 순서에 따라 사용한다.

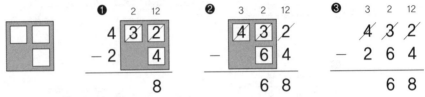

[그림 6-16] 두 자릿수 이상의 뺄셈 교수 활동 – 가림 카드 활용

3. 곱셈

(1) 오류

① 곱셈구구(한 자릿수의 곱셈)에서의 오류, 곱셈 과정에서 받아올림을 제대로 못 하거나 받아올림이 있는 곱셈을 진행한 후 더하지 않는 오류, 자릿수를 맞춰 곱셈을 실시하지 못하는 오류 등이 있다.

② 곱셈 자체의 오류가 아니라 덧셈에서의 오류(예 덧셈구구의 오류, 받아올림에서의 오류)로 인해 곱셈 계산을 틀리기도 한다고 보고되었다.

③ 단순연산 오류, 자릿값의 혼동, 받아올림 생략, 0을 포함한 숫자에서의 어려움, 두 자릿수 이상의 수끼리의 곱셈에서의 어려움

④ 곱셈 오류 유형별 학습지원 방법

곱셈 오류	학습지원
곱셈구구의 오류 (단순연산 오류)	• 곱셈구구를 교수하고 연습하게 함 • 다시 기회를 부여함
자릿값의 혼돈	• 자리의 정확한 위치를 표시하도록 함 • 푸는 순서를 제시해줌
받아올림의 생략	받아올리는 수를 적는 위치를 고정적으로 표시하도록 지도함
0을 포함한 숫자에서의 오류	0이 가진 곱셈 계산의 간편함과 ×0 법칙을 교수함
두 자릿수 이상의 수들끼리의 곱셈의 어려움	순서대로 풀도록 유도함
문장제 곱셈 문제에 대한 어려움	유사한 문장 패턴의 규칙성을 이해하여 활용하도록 교수함

(2) 곱셈 교수 진행 순서

일반적으로 곱셈 교수는 곱셈 개념 설명(묶어 세기 또는 건너뛰며 세기 이용) → 곱셈 식 알기 → 몇 배 개념 알기 → 곱셈구구 교수 → 두 자릿수 이상의 곱셈 교수 순으로 진행된다.

(3) 곱셈 교수

① 곱셈 개념: 묶어 세기 또는 건너뛰며 세기를 통해 곱셈 개념을 알도록 한다.

  ㉠ 묶음의 개수와 묶음 내의 개수를 알아본 후 같은 수를 여러 번 더하여 전체의 수를 알아보는 활동은 곱셈의 기초가 된다.

   ⓐ 전체의 개수를 하나씩 제시하지 않고 묶음을 만들어서 같은 수를 더하는 식으로 구하는 것이 빠르고 능률적임을 알게 하는 것이 중요하다.

   ⓑ 즉, 동수누가의 관계를 이해하도록 지도한다.

  ㉡ 묶어 세기와 비슷하게 건너뛰며 세기는 곱셈의 기초가 된다.

   ⓐ 몇씩 건너뛰며 몇 번을 세는지 알아보기, 같은 수를 여러 번 더하여 전체 수를 알아보는 활동은 덧셈에서 곱셈으로 자연스럽게 넘어가는 경험을 제공한다.

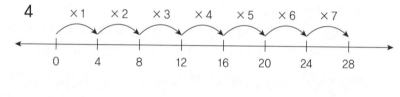

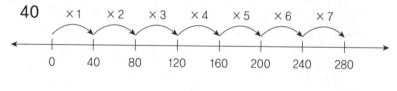

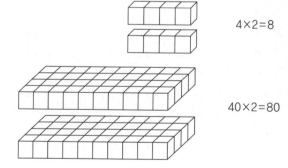

[그림 6-17] 수직선을 활용한 건너뛰며 세기를 통한 곱셈

② 곱셈식 알기: ○개씩 묶기(예 5개씩 묶기) → 묶음 수 찾기(예 4묶음) → 덧셈식으로 나타내기(예 5+5+5+5)의 과정을 거친 후, 반구체물 도식을 통해 5씩 4묶음을 5×4로 표현하도록 한다.

③ 몇 배 개념 알기
　㉠ ○개씩 ○묶음은 모두 몇 개입니까?(5개씩 4묶음은 모두 몇 개입니까?)에 해당하는 '몇 개'의 그림을 직접 그린다.
　㉡ '몇 개'에 해당하는 수를 빈칸에 쓰고 '○의 몇 배는 몇이다.'로 표현하도록 한다.
　　예 5×4 = 20의 곱셈식으로 쓰고, 5의 4배는 20이다.

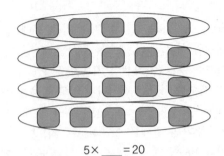

$$5 \times \underline{\quad} = 20$$

[그림 6-18] 곱셈식과 몇 배 개념 알기

④ 곱셈구구
　㉠ 궁극적인 목적은 학생이 계산과정을 거치지 않고 장기기억에서 바로 답을 인출하도록 하는 것이다.
　㉡ 이를 위해 곱셈 개념, 곱셈식, 몇 배 개념 등을 이해하고 충분한 연습을 통해 곱셈구구의 기본셈을 빠르고 정확하게 할 수 있도록 이끌어내야 한다.

×	0	1	2	3	4	5	6	7	8	9
0	0	0	0	0	0	0	0	0	0	0
1	0	1	2	3	4	5	6	7	8	9
2	0	2	4	6	8	10	12	14	16	18
3	0	3	6	9	12	15	18	21	24	27
4	0	4	8	12	16	20	24	28	32	36
5	0	5	10	15	20	25	30	35	40	45
6	0	6	12	18	24	30	36	42	48	54
7	0	7	14	21	28	35	42	49	56	63
8	0	8	16	24	32	40	48	56	64	72
9	0	9	18	27	36	45	54	63	72	81

[그림 6-19] 곱셈구구표

ⓒ 곱셈구구 학습순서

순서	내용	예시
1	×0 법칙	1×0, 7×0
2	×1 법칙	2×1, 5×1
3	×2 법칙	3×2, 6×2
4	×5 법칙	4×5, 7×5
5	×9 법칙	2×9, 5×9
6	같은 수 곱셈 법칙	3×3, 7×7
7	남은 곱셈	3×4, 3×6, 4×6, 5×8, 7×8

> **보충+α** 곱셈구구 교수단계
>
> • **1단계**: 앞서 설명한 곱셈의 개념, 곱셈식, 몇 배의 개념 등을 학생이 이해하도록 가르쳐야 한다. 이때 학생이 경험할 수 있는 상황을 통해 곱셈구구를 알게 하는 것이 좋다.
>   예 7단의 경우 1주일씩 세어 보기 활동을 통해 4주일은 며칠인지 알아보게 한다.
> • **2-1 단계**: 곱셈연산 구구표를 이용하여 학생들이 다양한 구구 간의 관련성을 이해하도록 돕는다.
>   예 학생이 곱셈구구표를 보고 어떤 수들이 서로 간에 공통점을 갖고 있다는 것을 파악하게 한다. 학생은 곱셈구구표에서 곱셈식의 두 수 위치가 바뀌어도 답은 똑같다는 공통점을 발견할 수 있다. 이것이 '교환법칙'인데, 학생은 교환법칙을 이해함으로써 100개 대신 55개의 곱셈구구만을 외우면 된다.
> • **2-2단계**: 곱셈연산 구구표를 점진적으로 소개하여 학생이 이를 효율적으로 학습하도록 돕는다.
> • **3단계**: 학생이 2단계에서 학습한 곱셈연산 구구를 자동화할 수 있도록 반복·누적된 연습기회를 제공한다.

⑤ 두 자릿수 이상의 곱셈 교수

    ⊙ 한 자릿수 곱셈의 계산이 유창해지면 두 자릿수 이상의 곱셈 교수를 실시한다. 상위 자릿수로의 받아올림한 수를 이용해 상위 자릿수의 곱을 진행한 후 덧셈을 해야 한다. 이 계산에 어려움이 있는 경우 [그림 6-20]에서 제시한 방법을 사용할 수 있다.

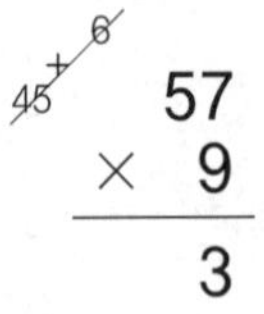

$$
\begin{array}{r}
\overset{6}{\cancel{45}} \qquad 57 \\
\times \quad 9 \\
\hline
3
\end{array}
$$

[그림 6-20] 두 자릿수 이상의 곱셈 교수 활동

    ⓛ 부분 곱(partial product)을 사용하여 계산하도록 할 수 있다.

$$
\begin{array}{r}
341 \\
\times \quad 2 \\
\hline
2 \\
80 \\
+ \quad 600 \\
\hline
682
\end{array}
$$

[그림 6-21] 두 자릿수 이상의 곱셈 교수 활동 – 부분 곱

    ⓒ 자릿수를 맞춰 곱셈하는 것을 돕기 위해 [그림 6-22]의 ⓐ에서 제시한 것과 같은 가림 카드를 사용한다. 이와 같은 가림 카드는 ⓑ, ⓒ에서 제시한 순서에 따라 사용한다.

$$
\begin{array}{r}
48 \\
\times \quad 64 \\
\hline
\end{array}
$$

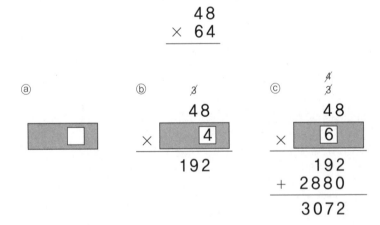

[그림 6-22] 두 자릿수 이상의 곱셈 교수 활동 – 가림 카드 활용

4. 나눗셈

(1) 오류

① 나눗셈은 나머지를 빼놓고 답을 쓰는 오류, 몫을 잘못 설정하는 오류 등을 보인다.

② 나눗셈 자체의 오류가 아니라 곱셈에서의 오류(예 곱셈구구 오류, 곱셈 과정에서의 받아올림과 받아올린 수의 계산), 뺄셈에서의 오류(예 뺄셈구구 오류, 받아내림에서의 오류)로 인해 나눗셈 계산이 틀리기도 하는 것으로 보고되었다.

③ 단순 연산오류, 몫을 정하는 데 있어서의 어려움, 뺄셈의 문제, 자릿수의 문제 등이 있다.

(2) 나눗셈 개념 [23 중등]

① 곱셈이 같은 수를 계속 더하는 동수누가의 더하기 개념이라면 나눗셈은 같은 수를 계속 빼는 동수누감의 빼기 개념이며, 이 의미에서 곱셈과 나눗셈은 상대적인 개념이다.

② 나눗셈을 계산하려면 포함제 개념과 등분제 개념의 이해가 필요하다.

   ⊙ 포함제: 어떤 수 안에 다른 수가 몇이나 포함되어 있는지를 구하는 것으로 '횟수'의 개념이다.

      예 12 ÷ 3은 '12 안에 3이 몇 번 포함되어 있는가?'의 의미로, 포함제 나눗셈 개념을 묻는 문제는 일반적으로 '-씩'이라는 어휘가 들어간다.

   ⊙ 등분제: 어떤 수를 똑같이 몇으로 나누는가를 구하는 것으로 '개수'의 개념이다.

      예 12 ÷ 3은 다른 의미로 '사과 12개가 있는데 3개의 접시에 똑같이 나누어 담으면 한 접시에는 몇 개가 담기는가?'라는 의미이다. 등분제 개념이 담긴 문제에는 '똑같이 나누면'과 같은 어휘가 많이 제시된다.

③ 지도순서: 나눗셈 개념 설명 → 나눗셈 식 알기 → 나눗셈구구 교수 → 두 자릿수 이상의 나눗셈 교수의 순으로 진행된다.

(3) 나눗셈 교수

① 나눗셈 개념 및 나눗셈 식 알기

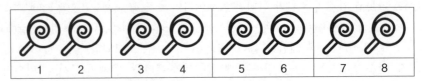

• **포함제 개념**: 사탕 8개를 한번에 2개씩 먹으려고 합니다. 몇 번 먹을 수 있습니까?

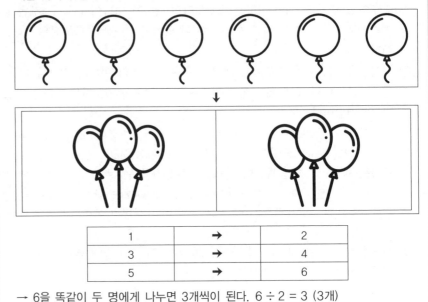

→ 8개 안에 2가 4번 포함되었다: 8 ÷ 2 = 4 (4번)

• **등분제 개념**: 풍선이 6개 있습니다. 두 사람이 <u>똑같이</u> 나누어 가지면 한 사람이 몇 개를 가지게 됩니까?

1	➔	2
3	➔	4
5	➔	6

→ 6을 똑같이 두 명에게 나누면 3개씩이 된다. 6 ÷ 2 = 3 (3개)

[그림 6-23] 나눗셈 개념 및 나눗셈 식 알기

② 나눗셈구구

ㄱ) 나눗셈구구의 궁극적인 목적은 학생이 두 수의 나눗셈을 계산 과정을 거치지 않고 장기기억에서 답을 바로 인출하여 답하게 하는 것이다.

ㄴ) 나눗셈구구는 곱셈과 나눗셈의 역관계에 기초하여 나누는 수와 몫이 한 자리이다.

ㄷ) 단, 0으로 나누는 것이 불가능하므로 90개의 기본 나눗셈구구가 있다.

ㄹ) 이와 같이 곱셈의 역관계를 강조한 짝이 되는 나눗셈 식들을 충분히 연습하여 자동화하도록 하는 것이 좋다.

ㅁ) 이때 나눗셈구구의 제시 순서는 곱셈구구의 제시 순서와 동일하게 진행한다.

③ 두 자릿수 이상의 나눗셈 교수: 한 자릿수 나눗셈 계산이 유창하게 되면 두 자릿수 이상의 나눗셈 교수를 실시한다.

ⓛ 몫을 알아보기 위해 가림판을 사용하여 나누어지는 수의 앞숫자부터 순차적으로 확인하면서 진행한다.

$$4\,\overline{)\,283}\qquad 4\,\overline{)\,2\rule{1.5em}{0.9em}}\qquad 4\,\overline{)\,28\rule{1em}{0.9em}}\qquad 4\,\overline{)\,283}$$

[그림 6-24] 두 자릿수 이상의 나눗셈 교수 활동-몫 알아보기

ⓛ 자릿수를 맞춰 나눗셈하는 것을 돕기 위해 @에서 제시한 가림 카드를 ⓑ, ⓒ에서 제시된 순서에 따라 사용한다.

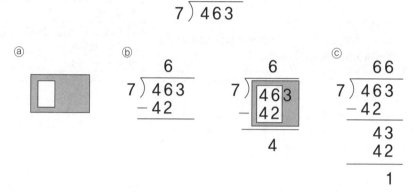

[그림 6-25] 두 자릿수 이상의 나눗셈 교수 활동-가림 카드 활용

ⓒ 나눗셈 과정에서의 뺄셈 오류를 줄이기 위해 뺄셈을 할 때마다 뺄셈식에 동그라미를 치도록 할 수 있다.

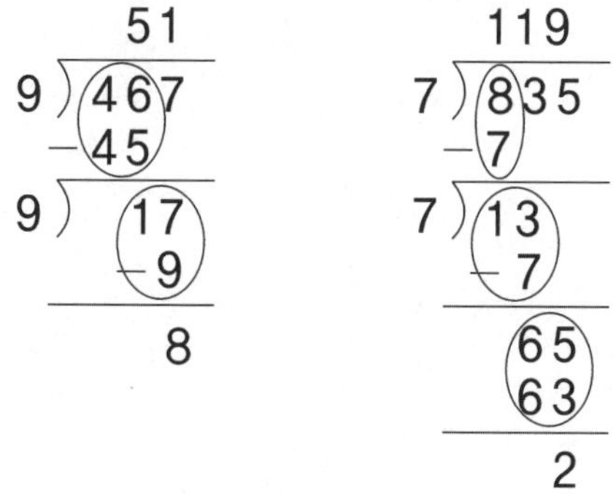

[그림 6-26] 두 자릿수 이상의 나눗셈 교수 활동
-나눗셈 과정에서 뺄셈 오류 줄이기

| 보충+α | 단순계산을 돕기 위한 학습전략: DRAW 전략 23 중등 |

4 × 6 = _____		
단계 1 (Discover the signs)	어떤 계산활동을 요구하는 문제인지 계산기호를 확인하라	이 단계에서 학생은 요구되는 계산이 곱셈인지 기호(×)를 보고 확인해야 함
단계 2 (Read the problem)	문제를 읽으라	이 단계에서 학생은 자신의 말로 '4 곱하기 6은?'과 같이 문제를 이해하는 언어활동을 함
단계 3 (Answer or draw and check)	직접 답을 구하거나 다른 대안적인 방법을 이용하여 답을 구하라	이 단계에서 학생은 직접 그 답을 아는 경우 바로 단계 4로 넘어가고, 직접 답을 모르는 경우 그림(4개의 물건이 6묶음 있는 그림)을 통해 답을 구하는 활동을 수행함
단계 4 (Write the answer)	최종적인 답을 답란에 기입하라	이 단계에서 학생은 주어진 공간에 자신의 답을 적도록 함 → 4 × 6 = 24

04 문장제 문제 해결 ★

1. 정의
① 문장으로 표현된 수학 문제의 해결을 의미한다.
② 연산 수학 학습장애 학생은 작동기억, 처리 속도, 주의집중 행동 등에 문제를 보이는 반면, 문제해결 수학 학습장애 학생은 언어 능력에 상당한 문제를 보인다.

2. 문장제 문제 해결에 필요한 능력 [17 중등]
① 문제를 읽고 이해할 수 있어야 한다.
② 식을 세울 때 필요한 내용인지 불필요한 내용인지를 파악해야 한다.
③ 문제해결에 적합한 수학식을 세울 수 있어야 한다.
④ 세운 식을 오류 없이 연산할 수 있어야 한다.

3. 교수법

(1) 핵심어 전략 [21 중등]
① 일반적으로 문장제 문제에 많이 등장하는 단어에 적절한 연산을 연계하여 문제를 해결하는 방법이다.
　예 '적게, 각각, 남은 것' 등은 주로 뺄셈을 활용하고, '모두'는 덧셈을 활용하는 전략
② 학생이 문제의 전체 맥락을 파악하는 대신 특정 단어에만 지나치게 주의집중하면 과잉일반화를 초래하여 오답을 내릴 가능성이 있다.

(2) 전략 교수

① 문제해결 절차의 명시적인 교수로 인지 전략, 자기조절 전략 등의 초인지 전략 교수를 포함한다.

② 단계별 전략 [17 중등]

단계	인지 전략	자기조절 초인지 전략		
		말하기(자기교시)	묻기(자기질문)	점검하기(자기점검)
1	문제 읽기	"문제를 읽자. 이해하지 못하면 다시 읽자."	"문제를 읽고 이해했는가?"	문제를 풀 수 있을 만큼 이해했는지 점검하기
2	문제를 자신의 말로 고쳐 말하기	"중요한 정보에 밑줄을 긋자. 문제를 나의 말로 다시 말해보자."	"중요한 정보에 밑줄을 그었는가? 문제가 무엇인가? 내가 찾는 것은 무엇인가?"	문제에 있는 정보 확인하기
3	그림이나 다이어그램으로 문제를 표상하기	"그림이나 다이어그램을 만들자."	"그림이 문제에 적합한가?"	그림이 문제 속 정보와 비교하여 어긋나는지 점검하기
4	문제해결 계획 세우기	"필요한 단계와 연산 기호를 결정하자."	"만약 내가 −를 한다면 답을 얻을 수 있는가? 다음에 해야 할 것은 무엇인가? 몇 단계가 필요한가?"	계획이 잘 세워졌는지 점검하기
5	답을 어림해보기	"어림수를 찾아 머릿속으로 문제를 풀고 어림값을 쓰자."	"올림과 내림을 했는가? 어림수를 썼는가?"	중요한 정보를 사용하였는지 점검하기
6	계산하기	"정확한 순서로 계산하자."	"내가 한 답은 어림값과 비교하여 어떠한가? 답이 맞는가? 기호나 단위를 잘 썼는가?"	모든 계산이 올바른 순서대로 이루어졌는지 점검하기
7	모든 과정이 옳은지 점검하기	"계산을 점검하자."	"모든 단계를 점검했는가? 계산을 점검했는가? 답은 맞는가?"	모든 단계가 맞는지 점검하기, 만약 틀렸다면 다시 하기, 필요한 경우 도움 요청하기

(3) 표상 교수 ★

① 표상: 문제를 읽고 문제의 유형을 파악하는 것을 의미하며 이 과정에서 그림 또는 도식(mapping, schema)을 활용한다.

② 도식을 적용하기 위해 '문제유형에 따른 도식 확인 → 표상 → 계획 → 문제해결'의 단계를 적용한다.

③ 도식을 활용한 표상 교수의 문제해결

　⊙ 문제유형 찾기: 문제를 읽고 자신의 말로 표현해보고, 문제의 유형을 찾는다.

　ⓒ 문제의 정보를 표상 도식에 조직화하기: 문제에서 찾아낸 정보를 표상 도식에 기록하고, 모르는 정보란에는 '?'(물음표) 표시를 한다.

　ⓒ 문제 해결 계획하기: 표상 도식에 있는 정보를 수학식으로 바꾼다.

　⊜ 문제 해결하기: 수학식을 풀어 답을 쓰고, 답이 맞았는지 검토한다.

보충+α 학습장애 표상 교수의 문장제 문제

덧셈과 뺄셈이 적용되는 문장제 문제의 유형	곱셈과 나눗셈이 적용되는 문장제 문제의 유형
변화형(change): 어떤 대상의 수가 변화하는 형태의 문제로 시작, 변화량, 결과의 관계를 파악해야 하는 문제	**배수비교형(Multiplicative comparison):** 목적대상을 비교대상의 배수 값과 관련지어야 하는 문제로, 목적대상, 비교대상, 대상과의 비교 관계를 파악해야 하는 문제
예 경미네 집에서는 빵을 235개 만들어서 196개 팔았습니다. 남은 빵은 몇 개입니까?	예 큰 못의 무게는 27.6g이고, 작은 못의 무게는 5.2g입니다. 큰 못의 무게는 작은 못 무게의 약 몇 배입니까? (반올림하여 소수 둘째자리까지 구하시오.)
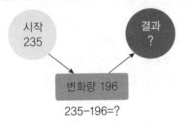	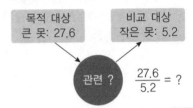

결합형(combine): 대상 간의 관계가 상위/하위 관계 형태의 문제로, 상위개념, 하위개념 1, 하위개념 2의 관계를 파악해야 하는 문제

예 경화네 아파트 단지에 사는 사람은 모두 5,346명인데, 그 중에서 남자가 2,758명입니다. 경화네 아파트 단지에 사는 여자는 몇 명입니까?

변이형(vary): 두 대상 간의 관계가 인과관계로 진술되어 있고, 둘 사이의 인과관계 값 중 하나를 파악해야 하는 문제

예 터널을 하루에 4.7m씩 뚫는다면, 터널 178.6m를 뚫는 데 며칠이 걸립니까?

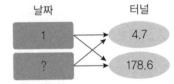

비교형(compare): 대상 간의 차이를 비교하는 형태의 문제로, 비교대상 1, 비교대상 2, 두 대상의 차이 관계를 파악해야 하는 문제

예 훈이네 농장에서는 포도를 1,345kg 땄고, 현이네 농장에서는 976kg을 땄습니다. 훈이네는 현이네보다 포도를 몇 kg 더 땄습니까?

제6절 내용교과 학습전략

01 그래픽 조직자(graphic organizers) ★

내용강화법은 학생들이 정보를 더 잘 조직화하고 이해하고 기억할 수 있도록 교사가 중요한 교과 내용을 잘 구성하고 전달할 수 있도록 하는 기법을 총칭한다.

1. 개요

(1) **목적**: 학생에게 개념과 사실에 관련된 사항을 시각적으로 제시하고, 특정 개념 또는 사실과 관련된 정보와 정보들 간의 연관성을 알기 쉽게 전달하고자 사용한다.

(2) **그래픽 조직자를 효과적으로 활용하기 위해 필요한 것**

① 불필요한 방해요소를 뺀 중요한 정보만 담고 있어야 하며, 이를 통해 학생이 중요한 정보에 집중하고 복잡한 학습과정을 단순화하게 도와준다.

② 정보를 시각적으로 배열하는 것에 그치지 않고 학생의 기존 지식에 연결시켜 지식의 폭을 확장하고 오래 기억하도록 도와야 하며, 이를 위해 개념 또는 사실과의 관계를 정확히 드러내는 명칭이나 시각적 표현(예 거미줄 망)을 활용한다.

③ 학생이 기억하기 용이한 그래픽, 표 등으로 표현하는 것이 좋다. 중요한 정보가 논리적이고 일관적인 형태로 제시된 그래픽 조직자는 학생이 주요 정보에 집중하도록 해주며 학생에게 기존 지식과 새로운 정보를 조직화하여 통합하게 하고 개념 습득의 틀을 확장시켜주는 장점이 있다.

2. 교수계열에 따른 조직자

(1) **선행 조직자(advanced organizers) ★** [22 중등]

① 교수계열에서 수업 준비에 활용되는데, 수업을 본격적으로 시작하기 전에 제시되고 교수에 대한 정보를 제공한다.

② 보통 이전 차시의 정보를 제공하고, 해당 수업에서 다룰 내용의 소개, 수행해야 할 과제나 교수원리의 설명, 주요한 어휘나 개념의 소개 등이 포함된다.

③ 효과적인 선행 조직자의 활용을 위해 유념해야 하는 사항

㉠ 선행 조직자를 계획할 때는 독특한 것보다 중요한 것에 중점을 둔다.

㉡ 선행 조직자를 활용하는 목적을 알린다.

㉢ 주제를 밝히고 구체적인 설명을 제시한다.

㉣ 다루어야 할 하위 주제나 범주, 개념 등을 밝힌다.

㉤ 배경정보, 새로 배우는 어휘, 조직적 구조에 대해 설명한다.

㉥ 기대되는 성과, 결과 등을 진술한다.

(2) 수업 조직자

① 수업 중 제시하는 내용의 구조와 핵심사항을 강조하기 위해 사용될 수 있다.
② 개념도 등의 표나 그래픽을 활용할 수도 있고, 학습지침 형태를 빌어 '오늘 수업에서 눈을 크게 뜨고 살펴봐야 할 것'과 같은 문구를 제시하여 학생들의 학습을 도울 수도 있다.

(3) 마무리 조직자

교수계열상 마지막에 제공되고, 해당 수업에서 다룬 핵심사항을 정리하거나 학생의 이해 정도를 평가하는 자료로 사용될 수 있다.

보충+α **TWA전략**

읽기이해를 향상시키기 위한 TWA전략은 선행조직자 기법을 포함하여 언어 기반의 다양한 인지 기법과 함께 사용할 수 있으나 꼭 읽기 전 활동만으로 사용할 필요는 없다. 학생들은 읽기 내용의 다양한 측면에 대해 스스로 생각하고 이야기할 수 있으면 좋다. 우선 학생들은 구문을 읽기 전, 중, 후 단계를 설명하는 약어인 TWA를 배워야 한다.

단계	내용
T (읽기 전에 생각하기, Think before reading)	저자의 목적과 글의 주제에 대해 내가 이미 알고 있는 것을 생각함
W (읽기 중, While reading)	읽기 속도를 생각하고 새로운 지시와 이미 알고 있는 바를 연결하며 필요하다면 중요한 부분을 다시 읽음
A (읽기 후, After reading)	중심생각을 찾고, 말로 학습한 정보를 요약함

위의 단계로 해당 전략의 첫 부분은 학생이 구문의 제목을 생각하고 저자의 목적에 대한 판단을 내리도록 하는 선행 조직자를 생각해볼 수 있다. 학생의 예견에 기초하여 학생은 읽기를 하는 동안 자신의 예견 내용이 정확한지를 확인해볼 수 있다. 연구 결과, 이 방법은 효과적이라고 알려져 있다. 특히 읽기내용을 요약하도록 하는 것은 예견사항을 확인하고 전체 구문을 심도 깊이 이해하도록 강화할 수 있는 기회를 제공한다.

---

3. 사회 교수에 적합한 그래픽 조직자(Gallavan&Kottler, 2007)

(1) 추정 및 예상(assume and anticipate) 그래픽 조직자

학생으로 하여금 자신의 선행지식을 활성화하게 하고 배우게 될 주제에 대한 기초를 제공한다. 예 K-W-L 기법

(2) 위치 및 패턴(position and pattern) 그래픽 조직자

학생이 사건을 순서대로 배열하고 원인-결과 관계를 볼 수 있게 한다. 예 타임라인

(3) 묶음 및 조직(group and organize) 그래픽 조직자

학생이 개념들 간의 구조와 관계를 명시화하도록 돕는다. 예 개념도

(4) 비교 및 대조(compare and contrast) 그래픽 조직자

학생이 복잡한 관점이나 연관된 개념을 관련시킬 수 있도록 도와준다. 예 벤다이어그램

4. 유형에 따른 그래픽 조직자

학습장애 총론, 한국학습장애
학회, 학지사

유형	도식의 형태 예시	활용 가능한 내용의 예시
계층형		• 동식물의 종 분류 • 정부 조직도
연속형		• 역사적 사건의 발발·촉발 요인 • 문제해결 과정
개념형		• 이야기 속 인물관계 • 과학의 관련 개념 연결
순환형		• 물질 순환 • 먹이사슬
비교·대조형		• 책과 영화의 유사성과 차이점 비교 • 원인류와 영장류의 특징 비교
매트릭스형		• 과학실험 결과의 기록 • 역사적 사건의 영향력 기술

5. 목적에 따른 그래픽 조직자

(1) 개념도

① 관련 있는 개념들이 서로 어떤 관련성을 지니는지를 시각적으로 표현하여 제시하는 그래픽 조직자의 한 유형이다.

② 일반적으로 여러 개념이 상위개념과 하위개념의 관계로 연결될 때 많이 활용한다.

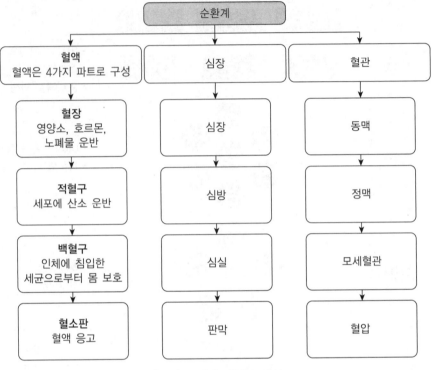

[그림 6-27] 개념도 예시

(2) 개념 비교표

여러 개념들 간의 공통점과 차이점을 시각적으로 비교할 수 있도록 제시하는 그래픽 조직자의 한 유형이다.

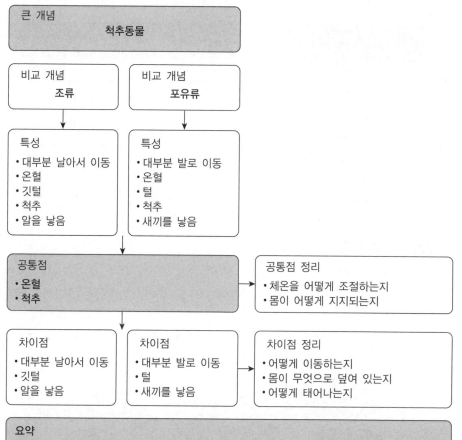

[그림 6-28] 개념 비교표 예시

자폐스펙트럼장애의 이해,
이승희, 학지사

(3) 의미 특성 분석★

① 목표 개념과 그 개념의 주요 특성 간의 관계를 격자표(grid)로 정리하는 방법이다.

② 학생은 각 개념이 각 특성과 관련이 있는지(+ 표시) 없는지(− 표시)를 분석하여 해당 개념의 의미를 폭넓게 이해할 수 있다.

주요 특성 \ 목표 개념	속력	속도
물체의 빠르기	+	+
크기	+	+
방향성	−	+
스칼라량	+	−
벡터량	−	+
시간분의 거리	+	+
시간분의 변위	−	+

6. 교과 내용에 따른 분류

(1) 개념적 도해조직자

① 하나의 주요 개념과 그 개념을 지원하는 사실, 증거, 특성 등을 포함하는 조직자이다.

② 한 단어나 구절로 표현된 하나의 주요 개념으로 시작하여 이를 지원하는 생각들이 주요 개념에서 파생된 것으로 묘사된다.

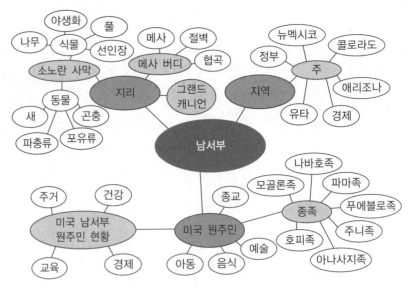

[그림 6-29] 개념적 도해조직자 예시

(2) 위계적 도해조직자

하나의 개념으로 시작하여 그 개념 아래에 몇 개의 등급 또는 수준을 포함한다.

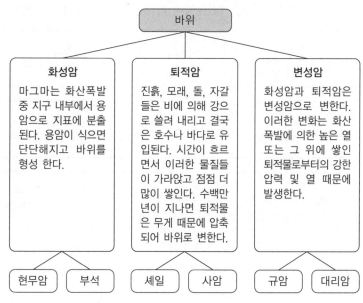

[그림 6-30] 위계적 도해조직자 예시

(3) 순환적 도해조직자

① 시작과 끝이 없는 일련의 사건들을 묘사한 조직자이다.

② 유기체의 일생과 같이 사건이 원형적이고 연속적으로 구성되는 경우이다.

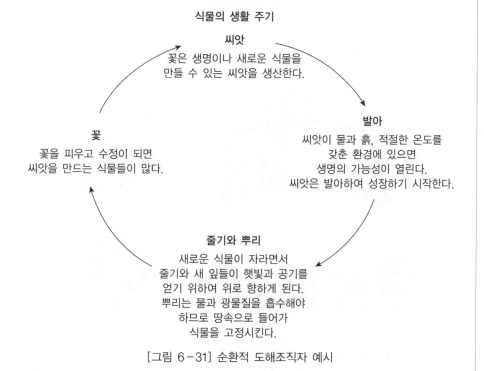

[그림 6-31] 순환적 도해조직자 예시

(4) **순서적 도해조직자**

① 시작과 끝이 분명한 사건들을 시간적 순서로 배열한 조직자이다.

② 연대적 순서를 가지고 있는 사건들이나 인과관계의 사건들을 선형적으로 제시한다.

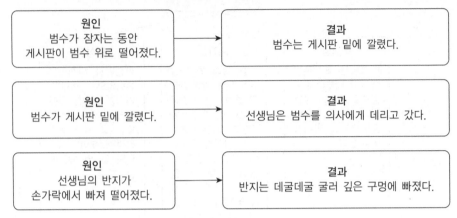

원인 범수가 잠자는 동안 게시판이 범수 위로 떨어졌다.	→	결과 범수는 게시판 밑에 깔렸다.
원인 범수가 게시판 밑에 깔렸다.	→	결과 선생님은 범수를 의사에게 데리고 갔다.
원인 선생님의 반지가 손가락에서 빠져 떨어졌다.	→	결과 반지는 데굴데굴 굴러 깊은 구멍에 빠졌다.

[그림 6-32] 순서적 도해조직자 예시

02 기억전략

1. 핵심어(Key word) 전략

① 친숙한 정보(학생이 이미 알고 있는 키워드)를 새롭고 친숙하지 않은 단어(목표 어휘)와 연결하는 전략이다.

② 키워드(핵심어): 학생이 이미 알고 있는 단어 중 목표 어휘와 발음이 유사한 어휘로 한다. ★

- **목표 어휘**: crocoite
- **키워드**: crocodile
- **crocoite의 특성**
  - 굳기: sort 광물(아기)
  - 조흔색: 오렌지색(오렌지색 악어)
  - 쓰임새: 가정용(마루)

crocoite(crocodile)

[그림 6-33] 핵심어 전략 예시

2. 말뚝어(peg word) 방법★

① 순서에 맞는 내용을 기억하기 위해, 말뚝어와 내용을 시각적으로 연결하여 기억하는 전략이다.

② 말뚝어: 숫자, 계이름, 무지개 등과 같이 순서가 있는 단어와 운이 같은 단어로 한다.

숫자	one	two	three	four	five	six	seven	eight	nine	ten
말뚝어	bun / sun	shoe	tree	door / floor	hive	sticks	heaven	gate	vine / line	hen

예 • 순서적 정보: 공룡 멸종의 3번째 가설이 별의 폭발이다.
　　 • 말뚝어: tree(숫자 3에 해당하는 말뚝어)

[그림 6-34] 말뚝어 방법 예시

3. 문자전략★

(1) 머리글자(두문자법) [18 중등]

각 단어의 앞 글자를 따와 글자를 만드는 것이다. 예 태정태세문단세

(2) 어구 만들기(이합법)

각 단어의 첫 글자가 다른 단어를 대신하도록 문장을 만드는 방법이다.

예 활석, 방해석, 장석 → '활로 방어하는 장군이다'

4. 기억술(mnemonics) 중심 교육 프로그램

(1) 개요

① 아동의 기억과 회상을 촉진하는 데 효과적으로 활용할 수 있는 기억 전략(memory strategy)을 중심으로 구성된 프로그램을 말한다.

② 기억 전략: 정보를 부호화하고 인출하는 과정에서 학습자가 사용하는 인지적 행위 또는 절차로, 구체적 학습과제의 특성을 반영하기보다는 일반적인 인지적 조작(cognitive operations)을 가리킨다.

(2) 유형 ^{22 중등}

① 시연: 가장 간단한 형식의 기억 전략으로, 주어진 정보를 단순히 반복하여 되뇌는 인지적 조작을 말한다. 일반적으로 학습장애학생이 많이 활용하는 기억 전략으로 보고된다.

② 심상화: 사물에 대한 기억을 마음속에 영상화하여 기억하는 방법이다.

> 예 '나무', '구름', '바람', '하늘'이라는 단어를 기억하도록 했을 때 나뭇가지가 바람에 의해 조금씩 흔들리며, 흔들리는 나뭇가지 사이로 파란 하늘과 약간의 구름이 흘러가는 장면'을 마음속에 만들어 본다면 주어진 단어를 기억하거나 회상하기가 더 쉬울 수 있다.

③ 언어적 정교화: 주어진 자료의 내용을 보다 의미 있는 단위로 만들어 기억하거나 회상하는 데 사용하는 기억 전략이다.

> 예 '표지판'이라는 대상어를 기억해야 할 때, '뚱뚱한 사람이 얼음이 얇음을 경고하는 표지판을 읽고 있다'는 문장을 만들어서 대상어를 기억함

④ 범주화는 주어진 정보를 공통된 속성에 따라 분류하여 기억하는 방법이다.

> 예 '사과', '버스', '택시', '바나나', '기차', '배'를 기억해야 하는 경우 이들 제시어를 과일과 운송수단으로 나누어 기억할 수 있음

(3) 장점

학습내용을 기억하고 회상하는 과정을 돕는 데 유용하다.

(4) 단점

① 실제 학교학습 현장에서의 전반적인 학습활동 수행능력을 향상시키는 데 제한점을 가진다.

 ㉠ 효과적으로 학습활동을 수행하려면 '언제', '어떤 상황에서', '왜' 이와 같은 전략들을 활용해야 하는지에 대한 분명한 의사결정 능력이 필요하다.

 ㉡ 하지만 기억술 중심의 교육 프로그램은 실제 학습 장면에서 이러한 사고전략을 계획, 점검, 수정하는 활동과 관련된 메타인지 전략을 포함하지 않는다.

② 사고전략을 적극적으로 활용해야 하는 필요성에 대한 인식과 학습동기를 증진시키기 위한 교수전략이 프로그램에 포함되지 않는다.

03 학습안내지

교과서의 중심내용, 주요 어휘 등의 학습을 돕기 위해 제작하는 학습지를 의미한다.

1. 학습안내지

교과서의 중심내용과 주요 어휘에 관한 질문으로 구성된다.

2. 워크시트

① 중심내용과 주요 어휘에 관한 개요를 제시한다.
② 중심내용이 적힌 아웃라인의 핵심단어들을 빈칸으로 제시하고, 학생이 수업을 들으면서 빈칸을 채우도록 할 수 있다.

워크시트 ( )학년 ( )반 ( )번 이름( )

1. 같은 조음오류를 가진 것끼리 연결해 봅시다.

   (1) 가방 → 가바 ●   ● 색종이 → 색종기
   (2) 풍선 → 풍턴 ●   ● 색종이 → 새쪼니
   (3) 사랑 → 살랑 ●   ● 색종이 → 택똥이

2. 아동의 오류에서 보이는 대치음운변동을 모두 쓰시오.

(1) 짝자꿍 → 딱따꿍	
(2) 토끼 → 초끼	
(3) 책상 → 색상	

3. 한글 자음분류표에 따라 괄호를 채워 봅시다.

분류	특징	양순음	치조음	경구개음	연구개음	성문음
파열음	예사소리(평음)	( )	ㄷ	·	( )	·
	된소리(긴장음)	( )	ㄸ	·	( )	·
	거센소리(기식음)	( )	ㅌ	·	( )	·
마찰음	예사소리(평음)	·	( )	·	·	( )
	된소리(긴장음)	·	( )	·	·	·
파찰음	예사소리(평음)	·	·	ㅈ	·	·
	된소리(긴장음)	·	·	ㅉ	·	·
	거센소리(기식음)	·	·	ㅊ	·	·
비음	-	( )	( )	·	ㅇ	·
유음	-	·	ㄹ	·	·	·

4. 다음 빈칸에 들어갈 내용을 쓰시오.

   (1) 아동의 발달단계에서 습득시기가 ( )부터 지도한다.
   (2) 일상생활에서 사용 빈도수가 ( )부터 지도한다.
   (3) ( )가 높은 음소부터 지도한다.
   ( )는 아동이 오류를 보인 특정 음소에 대하여 청각적·시각적 또는 촉각적인 단서나 자극을 주었을 때, 어느 정도로 목표음소와 유사하게 산출할 수 있는가를 의미한다.
   (4) 오류의 일관성이 ( ) 음소부터 지도한다.

[그림 6-35] 워크시트 예시

3. 안내된 노트 ★ ^{17 초등}

① 학생의 필기를 도울 목적으로 수업시간에 다룰 중심내용, 주요 어휘 등에 대한 개요와 학생이 필기할 수 있는 공간을 넣어 작성한 것이다.

② 학생이 수업을 들으면서 필기할 수 있다.

③ 중요 사실, 개념, 관계성을 기록하도록 표준 단서와 특정 여백을 남겨두어 학생에게 강의를 안내하도록 하는 교사 제작 인쇄물이다.

④ 장점
  ㉠ 학생이 적극적으로 수업에 참여하여 교과 내용과 상호작용한다.
  ㉡ 안내된 노트가 주요 개념, 사실, 관계에 단서를 주어 학생이 더 잘 이해할 수 있도록 하고, 교사에게 더 분명하게 질문할 수 있게 해준다.
  ㉢ 학생의 노트 작성 기술이 향상된다.
  ㉣ 교사가 수업을 주의 깊게 준비한다.
  ㉤ 교사가 수업의 특정 과제에 더 집중하도록 해준다.

4. 학습지침(학습가이드)

① 내용교과에서 다룬 핵심어를 알려주거나 핵심적인 개념을 이해하는 데 필요한 정보를 미리 제공함으로써 학생이 중요한 정보에 집중하도록 돕는다.

② 보통 학생의 시험 준비를 돕기 위해 사용되나 수업 전 과정에서도 사용될 수 있다.

③ 학습지침을 통해 새로운 어휘를 소개하거나 일전에 배운 개념을 복습하는 데 사용할 수도 있으며, 기존의 지식과 통합하고 특정 기술을 연습하는 데도 활용이 가능하다.

④ 학습지침에서는 단답형, 연결형, 빈칸 채우기, 질문에 답하기, 그래픽, 도식 채우기 등의 양식을 활용할 수 있는데, 이는 학생이 집중해야 할 중요한 정보를 알려주거나 자세히 점검할 수 있게 도와준다.

학습장애 총론, 한국학습장애
학회 편저, 학지사

7. 상태변화와 에너지 3

소단원명	7.3 좀약이 서서히 없어지는 까닭은 7.4 열은 물질의 상태를 어떻게 변화시킬까
학습목표	승화가 일어날 때의 열 출입관계를 설명할 수 있다.

1. 고체와 기체 사이의 상태변화

$$(\qquad)$$
고체 　　　　　　기체
$$(\qquad)$$

1) 고체에서 기체로의 승화와 열에너지: 고체가 바로 기체가 될 때는 분자 사이의 인력을 이겨내는 데 필요한 열에너지를 (흡수, 방출)한다.
2) 기체에서 고체로의 승화와 열에너지: 기체가 바로 고체로 될 때는 분자의 운동이 (활발해, 둔해)지면서 가지고 있던 열에너지를 (흡수, 방출)한다.
3) 승화의 빠르기: 고체가 기체로 승화할 때 온도가 높으면 승화가 (빨리, 늦게) 일어난다.
   예 옷장에 넣어둔 나프탈렌은 (여름, 겨울)에 더 빨리 작아진다.
4) (　　　　　　): 고체가 기체로 되거나 기체가 고체로 될 때 흡수하거나 방출하는 열.

2. 고체와 기체 사이의 상태변화와 분자운동

1) 고체 → 기체: 승화성 물질들은 고체에서도 분자 사이의 인력이 매우 약하다. 따라서 약간의 열에너지만 가해주어도 분자운동이 활발해지면서 쉽게 기체로 변한다.
2) 기체 → 고체: 기체 상태의 승화성 물질이 열에너지를 잃으면 분자 운동이 둔해져서 고체로 된다.

3. 물질의 상태와 분자운동

1) 물질의 상태와 분자운동
   같은 물질이라도 고체 → 액체 → 기체로 갈수록 분자 사이의 힘이 (약, 강)해지고, 분자들이 활발하게 운동한다.
2) 물질의 상태와 열에너지
   물질이 포함하고 있는 열에너지가 많을수록 분자운동이 활발하게 일어난다. 같은 물질이라도 고체(　)액체(　)기체의 순서로 포함된 열에너지의 양이 (증가, 감소)한다.
3) 물질의 상태와 분자운동 모형
   고체 → 액체 → 기체로 갈수록 분자 사이의 인력이 (약, 강)해져서 분자 사이의 거리가 (　　　　　) 분자들이 차지하는 공간이 (좁아, 넓어)진다. 이러한 분자 사이의 인력과 배열에 변화가 생기려면 열에너지의 출입이 있어야 한다.

[형성평가]
아래 현상들을 에너지의 흡수과정과 방출과정으로 구분하시오.
1) 냉동실에 넣어둔 물이 얼었다. (　　　　　　　　　)
2) 물에 젖은 빨래가 마른다. (　　　　　　　)
3) 얼음물이 든 유리컵의 바깥쪽에 물방울이 맺혀 뿌옇게 흐려진다. (　　　　　　　)
4) 추운 겨울에는 자동차 유리창에 성에가 낀다. (　　　　　　　)
5) 손등에 알코올을 바르면 곧바로 마르면서 시원해진다. (　　　　　　)
6) 에스키모들은 추운 날 얼음집 안에 물을 뿌린다. (　　　　　　)

[그림 6-36] 중1 과학 학습지침 예시

04 시험 전략

1. 일반적인 시험 전략

(1) 학업적 준비

학생이 언제, 무엇을 공부해야 하는지를 설명한다.

(2) 물리적 준비

시험 보기 전에 건강하고, 적절하게 음식을 섭취하고, 밤에 충분히 휴식을 취해야 함을 의미한다.

(3) 태도 개선

시험을 치는 것에 대해 건강하고 긍정적이고 확신에 찬 태도를 가져야 한다.

(4) 불안 감소

① 다양한 시험 형식을 경험하게 한다.
② 시험 보는 기술을 가르친다.
③ 시험이 시행되는 동안 행해지는 평가적인 언급을 줄인다.
④ 학생이 작업에 임하고 자신의 시간을 현명하게 사용하도록 과제수행 행동의 자기점검법을 가르친다.
⑤ 긴장을 푸는 데 자기점검 절차를 사용한다.

(5) 동기 개선

① 노력에 대한 외적 강화를 제공하는 것이다.
② 적절한 귀인을 가르치고 격려하거나 성공(실패)이 학생의 통제 밖의 힘에 의한 것이 아니라 개인의 노력에 기인하게 한다.
③ 학생이 시험 보는 상황에서 성공하도록 학생 자신이 스스로를 통제하는 전략을 사용하게끔 격려하는 것으로써 성취될 수 있다.

2. 특정 시험전략

경도·중등도 장애 학생을 위한 교수전략, 김자경 외, 학지사

시점	전략	
시험 준비	**FORCE** • Find out (찾아낸다, 시험에서 다루게 될 것과 질문의 유형이 무엇인지) • Organize (정리한다, 공부에 필요한 모든 자료를 수집함으로써) • Review the material (자료를 복습한다.) • Concentrate and make a cue sheet (집중하고 큐시트를 만든다.) • Early exam (예행시험, 반복하거나 짝이 질문하게 함으로써 연습한다.)	
시험 보는 동안	**DETER** • Directions, read them (지시사항을 읽는다.) • Examine the test (시험지를 살펴본다.) • Time, check it (시간을 점검한다.) • Easy ones first (쉬운 것을 먼저 한다.) • Review my work (나의 답안을 검토한다.)	**PIRATES** • Prepare to succeed (성공하도록 준비한다.) • Inspect the instruction (지시사항을 점검한다.) • Read, remember, reduce (질문을 읽고, 정보를 기억하고, 줄인다.) • Answer or abandon (질문에 답하거나 포기한다.) • Turn back (다시 돌아간다.) • Estimate (답을 추정한다.) • Survey (답을 제대로 했는지 훑어본다.)
	SCORER • Schedule time (시간을 계획한다.) • Clue words, look for (단서를 주는 단어를 찾는다.) • Omit difficult questions (어려운 질문은 넘어간다.) • Read carefully (주의 깊게 읽는다.) • Estimate answers (정답을 추정한다.) • Review your work (자신의 답안을 검토한다.)	**SNOW** • Study the question (질문을 숙독한다.) • Note important points (중요한 점을 메모한다.) • Organize important information before writing (쓰기 전에 중요한 정보를 조직화한다.) • Write directly to the point of the question (질문의 요지에 따라 쓴다.)

학습전략(learning strategy)

제 7 편

01 개요

1. 정의

(1) 학습전략

한 과제에 내포된 정보를 이해, 기억하고 그 정보를 기간이 경과된 후에도 인출하여 다시 사용할 수 있게 학습자가 행하는 활동이다.

(2) 사고전략으로서의 학습전략

① 학습전략은 다양한 교과영역에 걸쳐 아동의 학업성취를 증가시키기 위해 적용되는 일종의 사고전략이다.
② 사고전략(thinking strategy)
  ㉠ 현재 주어진 정보를 넘어 새로운 의미를 창출하는 기제로, 현재의 정보와 창출되는 의미 간의 차이를 메우는 사고활동이다.
  ㉡ 사고활동의 성공적 수행은 제시된 학습과제에 내재된 내용과 원리를 성공적으로 부호화·저장·인출하는 것을 가능하게 한다.

2. 목적

(1) 목적

학습전략 교수의 궁극적인 목적은 독립된 학업수행능력을 증진하는 것이다.

(2) 필요성

① 학습장애학생은 학습과정에서 비효과적·비효율적 학습전략을 사용하므로 학습전략에 대한 체계적 교육이 필요하다.
② 학습전략 교육을 통해 학습과정에 대한 자기조절 학습능력(self-regulated learning abilities)을 향상시킬 수 있도록 지속적인 도움을 제공해야 한다.

02 구체적인 학습전략

1. 과정중심 교수법(process-based instruction)

(1) 개요

임상적 상황이나 특수학급에서 사용되는 학습전략 프로그램을 일반학급 상황에서 사용할 수 있도록 만들어진 학급통합모형이다.

(2) 구성요인

① 전략 계획: 성공적인 과제수행을 위한 일련의 행동계열을 계획하는 활동으로, 어떻게 주어진 과제를 성공적으로 수행할 것인지와 관련되는 요인이다.

② 부호화 전략: 주어진 정보를 처리하는 방식과 관련된 것으로, 크게 순차적 부호화(serial coding)와 동시적 부호화(concurrent coding)로 구성된다.

③ 협동적 교수·학습: 교수·학습 활동의 주도권과 책임감을 교사와 학생이 공유하도록 할 것과 점차 학생중심의 학습활동이 이루어질 수 있도록 교수활동이 계획·실행되어야 함을 보여준다.

④ 교과내용: 학습전략 학습과 함께 고려되어야 할 중요한 요인의 하나로, 앞선 3가지 요인이 실제 사용되고 있는 교과내용을 통해 적용되어야 함을 의미한다.

(3) 단계

① 프로그램에 참여한 학생들이 교과내용에 대한 지식을 얼마나 가지고 있는지와 교과내용의 효과적 학습을 위해 요구되는 정보처리능력을 얼마나 가지고 있는지에 대한 평가(assessment)활동이 이루어진다.

　　㉠ 평가결과에 근거하여 3가지 유형의 학습자가 확인된다.

　　㉡ 이 중 새롭게 학습할 교과내용에 대한 사전지식을 갖추고 있으면서 학습전략(전략 계획, 부호화 전략)에 대한 도움이 필요한 아동에게 과정 중심 교육 프로그램이 제공된다.

② 성공적인 학습활동을 수행하기 위한 일련의 행동 계열에 대한 계획, 교과내용에 대한 부호화 전략, 교과내용 자체에 대한 소개(orientation)활동이 이루어진다.

③ 학습해야 할 교과내용에 학습활동 전략 계획과 부호화 전략을 직접 적용하고 평가해보는 전략 개발(strategy development) 활동을 수행한다.

④ 본 학습과제와 유사한 다른 과제를 가지고 전략 계획과 부호화 전략을 다시 한 번 연습할 기회(intra-task transfer)를 가진다.

⑤ 학습한 학습전략(전략 계획, 부호화 전략)을 통합·일반화하는 활동(consolidation and generalization)을 수행한다.

2. 전략중재모형(strategies intervention model) 23 중등, 16 중등

(1) 개요

① 미국 캔자스 대학교의 학습장애 연구소(University of Kansas Institute for Research in Learning Disabilities)에서 수년간의 경험적 연구 결과를 근거로 개발한 교과별 학습전략 프로그램이다.

② 주로 중등학교에 재학 중인 학습장애학생을 위해 개발된 것으로 읽기, 수학, 내용 교과(사회, 과학), 시험 준비, 노트필기, 시간관리와 같은 전반적인 학습활동의 성공적 수행을 위해 요구되는 구체적 학습전략을 포함한다.

(2) 구성요소

이 프로그램을 개발한 연구자들은 학습전략 프로그램의 효과적 구성을 위해서는

① 내용학습과 관련된 선수지식이나 기능에 대한 교육,

② 장기적이고 집중적인 학습전략 훈련,

③ 내적 사고과정을 보여줄 수 있는 설명과 실연(demonstration)의 효과적 활용,

④ 개인적 노력을 강조할 수 있는 정의적 요인,

⑤ 다양한 상황에서의 학습전략의 일반화에 대한 강조와 관련된 교수전략이 포함되어야 한다고 제안한다.

(3) 단계

단계	내용
사전검사와 수업참여 약속의 단계	교사는 먼저 학생들을 대상으로 현재 수행수준을 알기 위해 사전검사를 실시하고, 특정 전략을 학습할 것을 학생들과 약속함
학습전략의 설명 단계	교사는 가르칠 특정 전략을 학생들에게 설명함
학습전략의 모델링 단계	교사는 학생들에게 가르칠 특정 전략을 시범 보임
학습전략의 언어적 정교화 및 시연의 단계	교사는 시범을 보인 전략에 관해 질문을 함으로써 학생들로 하여금 전략이 어떻게 도움이 될 수 있는지를 발견할 수 있도록 하는 언어적 정교화, 그리고 학생들이 자동적 수준으로 전략의 단계들을 알 때까지 해당 전략의 단계들을 구어적으로 복습하는 언어적 시연을 하도록 함
통제된 연습과 피드백의 단계	쉬운 자료를 가지고 안내된 연습 기회를 충분히 제공하여 학생들이 해당 전략을 숙달하도록 함
심화된 연습과 피드백의 단계	일반학급에서 사용하는 학년 수준의 자료를 가지고 연습 기회를 학생들에게 제공하면서 긍정적, 교정적 피드백을 제공함
학습전략 습득 평가와 일반화 약속의 단계	학생들이 학습전략을 습득하였는지를 확인하고 피드백을 제공하기 위해 사후검사를 실시하며, 학습한 전략을 일반화하겠다는 학생들의 약속을 받음

	교사는 학생들이 전략을 획득한 것을 확인한 후, 다음의 4단계를 통해 일반화를 촉진함
일반화 촉진의 단계	① 학습한 전략을 어디에 적용할 수 있는지에 관한 안내 ② 명시적 교수와 과제에서 덜 명시적 교수와 과제로의 전환을 통한 전략의 활성화 ③ 전략의 이해 및 다양한 상황의 요구에 맞는 전략 변화를 통한 조정 ④ 시간의 흐름에 따른 전략의 유지를 통해 일반화를 촉진

3. 통합전략 교수법(integrative strategy instruction)

학습장애아동의 이해와 교육, 김동일, 학지사

(1) 개요

① 캔자스 대학교의 전략중재모형 개발에 참여한 엘리스(Ellis, 1993a, 1993b)가 제안한 학습전략 프로그램이다.

② 엘리스(Ellis, 1993a)는 캔자스 대학교의 전략중재모형을 비롯한 대부분의 학습전략 프로그램이 임상 상황이나 특수학급 상황에서 활용하기 위해 개발되었으며, 이러한 '특수한' 상황에서 학습전략 교육이 일어나기 때문에 학습장애학생이 일반학급에서 학습전략을 일반화하여 적용하는 데 제한점을 가진다고 지적했다.

③ 일반화를 고려한 효과적인 학습전략 교육을 위해서는 일반학급 상황에서 내용학습과 함께 학습전략 학습이 일어날 수 있도록 하는 것이 필요하다고 제안했다.

(2) 단계

단계	내용
학습내용 소개 (orientation)	• 주안점은 학습전략 학습보다는 교과내용 학습에 둠 • 이때 교사는 성공적인 내용학습에 필요한 학습전략이 교수활동을 통해 어떻게 적용되는지 보여줌으로써 후속 단계에서 이들 학습전략이 어떻게 활용될 수 있는지에 관한 간접 경험을 제공함
구조화 (framing)	이 단계에서는 이전 단계에서 교사가 보여준 학습전략에 대한 구체적 설명과 이를 어떻게 활용할 수 있는지에 대한 모델링이 교사와 학생 간의 상호작용을 통해 이루어짐
적용 (application)	• 학습한 내용에 대해 학습전략이 어떻게 적용되는지를 내용-전략의 통합 측면에서 살펴보게 됨 • 학생들은 교사의 도움과 협동학습을 통해 학습전략을 실제 교과내용에 적용해보는 경험을 함
확장 (extending)	• 유사한 다른 교과내용이나 상황에 대해 학습전략들을 확장하여 적용해볼 수 있는 기회가 주어짐 • 이 단계의 주안점은 습득된 학습전략 변형과 일반화 능력을 향상시키는 데 둠

(3) 특성

① 교수적(instructive) 학습경험과 구성적(constructive) 학습경험을 통합하는 학습활동이 강조된다. 학습전략 학습의 주도권이 각 교수단계가 진행됨에 따라 교사에서 학생으로 이행되도록 프로그램이 구성되는 것과 관련있다.

② 지시적(directive) 설명과 대화적(conversational) 학습활동이 통합된다. 학습 초기에는 주로 교사가 성공적인 학습활동에 필요한 학습전략을 설명하지만 단계가 진행됨에 따라 교사와 학생 간, 학생 상호 간 대화를 통해 학습전략의 이해와 적용 활동이 이루어진다.

③ 동료학생 간의 협동학습을 강조한다. 동료 학생 간의 협동학습은 세 번째 단계인 적용 단계에서 주로 이루어지며, 학생이 서로 자신의 이해와 문제에 대한 정보를 교환함으로써 동기적 측면과 인지적 측면에서 학습활동을 더 성공적으로 이끌 수 있다는 잠재적 장점을 가진다.

④ 학습전략에 대한 분석적 활동을 포함한다. 학생들이 습득해야 할 학습전략이 어떻게 구성되고, 구성요인 간의 기능적 관계가 어떻게 이루어지는지의 인지적 이해를 촉진하기 위한 활동이다. 학습전략의 분명한 인식이 학습전략의 습득, 적용, 일반화에 긍정적인 영향을 미칠 수 있음을 반영하는 것으로 볼 수 있다.

제 8 절 교수방법 ★

01 행동주의적 접근을 활용한 교사주도 교수방법

1. 직접교수 ★ 21 중등, 20 중등, 16 중등

(1) 개념

① 학습장애학생은 일반적으로 교수·학습 목표에 대한 명확한 진술을 기반으로 적당한 학습분량을 확실하게 학습할 수 있는 충분한 시범과 연습의 기회가 필요하다.

② 직접교수는 학습장애학생의 특성에 효과적으로 적용할 수 있는 교수방법으로 제시되고 있다.

③ 직접교수 프로그램의 지도원리: 교사가 가르칠 수 있는 것을 학생들이 학습할 수 있고, 학생들이 학습할 수 없다면 교사가 가르치지 않는다.

(2) 구성요소

구성요소	내용
수업목표	교사 주도적 수업은 학생의 기대되는 결과를 제시해야 하고 수업목표는 관찰 가능하고 측정 가능한 행동, 행동이 발생할 조건, 수용 가능한 행동 수행을 위한 기준의 3가지 요소를 포함해야 함 예 '교사가 철자 쓰기 목록의 단어를 읽어주면(행동발생 조건) 수민이는 10개의 단어 철자를 100% 정확하게(성취기준) 쓸 것이다.(행동)'라는 수업목표를 세움
주의집중 단서	• 수업 시작 전, 교사는 주의집중 단서를 이용하여 학생의 관심을 얻어야 함 • 학생은 수업내용과 교사의 설명을 보고 듣고 집중하는 상황에 참여해야 함 • 따라서 교사는 지도하고 있는 내용과 학생의 능력, 경험, 주의집중 행동 등에 근거하여 주의집중 단서를 선택함
예상 단계	• 성공적인 수업은 예상 단계(anticipatory set)에서부터 시작됨 • 예상 단계를 통해 학생의 사전지식을 연결하고 새로운 수업을 촉진할 기억 또는 연습들을 유발할 수 있음 • 학생들은 자신의 관심을 그날의 학습에 집중할 수 있음
검토, 선행학습 확인, 목표 진술	• 교사는 이전에 학습한 자료를 복습하고 사전에 필요한 요소를 확인하고 현재 학습 목적을 제시하거나 유도함 • 3가지 구성요소는 다른 순서로 이루어질 수 있으며 때로는 유사하거나 중복될 수 있음 • 특히 목표 진술은 수업에 대한 개요를 제공하는데, 이는 학생에게 수업시간 동안 무엇을 배울지 예상할 수 있는 '생각의 틀'을 제시함

교수와 모델링	• 교수목표에서 요구하는 행동을 구체적으로 제시하는 것
	• 모델링은 행동주의적 모델링과 인지주의적 모델링을 포함함
	  – **행동주의적 모델링**: 기술의 실제 시연을 의미함
	  – **인지주의적 모델링**: 시범 보이는 사람의 사고과정을 이해하는 데 있어 학생을 도울 수 있는 자기대화를 포함함
	• 자기대화를 제공할 때, 교사는 학생이 과제를 수행하는 동안에 그들이 생각하는 것을 명확히 이야기함
	• 이는 교사로 하여금 과제뿐만 아니라 과제를 완수하는 데 사용된 전략도 함께 보일 수 있도록 함
	• 교사는 필요할 때 촉진과 피드백을 사용하여 학생들의 대답을 요구해야 함

안내된 연습	• 교사가 행동을 시범 보이면(예 해당 수업의 행동목표) 학생은 직접적인 감독하에 수업목표를 학습할 기회를 가지게 됨 • 안내된 연습은 학생이 해당 기술을 교사와 함께 연습하는 전략 • 교사는 질문하고, 연습이 부족하여 발생되는 실수를 확인하고, 오류를 교정하고, 필요한 경우 재교수함으로써 학생을 지원하는 데 쉽게 적용할 수 있음
독립연습	• 학생이 독립적으로 과제를 수행하도록 기대함 • 교사의 피드백이 안내된 연습처럼 빠르게 제공되지는 않음 • 전통적 교수에서는 독립연습이 숙제의 형태로 제시되는 경우가 있음 • 독립연습은 학생이 안내된 연습에서 높은 성공률(90~100%)을 보이기 전까지 시작되어서는 안 됨
마무리	• 교사는 학습내용을 요약하고 검토하고 이를 이전에 학습한 내용 또는 경험과 통합함으로써 수업을 마무리함 • 교사가 시간의 흐름을 잃거나 수업을 끝내는 데 필요한 시간을 잘못 판단하여 마무리 시간을 제공하는 데 실패하는 경우가 있으므로 타이머를 활용하는 방법 등을 통해 수업내용을 통합할 기회를 가지도록 함

2. 정밀교수

① 특정한 교수방법이 아닌 학생의 학업수행을 면밀히 모니터링하기 위한 방법이다.
② 교사는 매일의 평가를 통해 이루어지는 정밀교수를 적용하여 교수기법의 성공과 실패를 기록하고 문서화할 수 있고, 학생의 진보를 촉진하여 일정 수준의 교육적 향상을 가능하게 할 수 있다.
③ 정밀교수는 교수전략보다 교수적 모니터링 기법으로 여겨야 한다.

02 인지주의적 접근을 활용한 학생주도적 교수방법

1. 상보적 교수 ^{23 중등, 17 초등}

(1) 개요

학생 간이나 학생과 교사 간의 구조화된 대화 속에서 서로 도움을 주고받으며 자신의 이해과정을 점검하고 통제하고 글에 대한 이해력을 증가시킨다.

(2) 4가지 전략

전략	내용
예측하기	• 글을 읽는 목적을 설정하는 데 도움을 줌 • 글을 읽기 전에 글을 전반적으로 훑어봄으로써 앞으로 읽을 내용을 예측하게 하고, 글을 읽는 중간에는 지금까지 읽은 내용을 바탕으로 앞으로 이어질 내용을 예측하게 함
질문 만들기	• 학생이 자신이 읽은 글에서 중요한 내용에 집중할 수 있도록 함 • 학생들이 해당 단락을 읽으면서, 그 단락의 중요한 내용을 반영한 질문을 만들도록 함
명료화하기	• 학생이 자신의 이해 여부를 점검하도록 돕는 전략 • 학생이 자신이 모르는 단어나 이해하지 못한 내용이 있는지를 점검하고, 자신이 이해하지 못한 부분에 대해 명료화한 후에 다음 문단으로의 읽기를 진행해야 함
요약하기	학생이 자신이 읽은 글의 내용을 정리하고 중요한 내용을 기억하는 것을 돕는 전략

(3) 상보적 교수를 활용한 기법 - POSSE

구분	내용
P(Predict)	배경지식을 토대로 글의 내용을 예측함
O(Organize)	글의 구조를 통해 얻을 수 있는 예상되는 생각을 조직함
S(Search)	글의 구조에서 주요 내용을 찾아봄
S(Summarize)	주요 내용이나 주제를 요약함
E(Evaluate)	이해 정도를 평가함

개념 check 호혜적 교수법(reciprocal teaching)

1. 개요

호혜적 교수법은 구조화된 토론 중심의 학습활동을 통해 학습 과제의 내용 이해를 촉진하기 위한 프로그램으로, 3가지 읽기이해 학습전략을 중심으로 학습활동이 이루어지도록 구성된다.

2. 활동

① **예측활동**: 교재에 포함된 목차나 그림 또는 지난 시간에 논의된 내용 등을 중심으로 다음에 무슨 내용이 전개될지를 예측(prediction)하는 활동으로 이루어진다.

② **질문활동**: 예측활동 다음으로는 주어진 학습과제를 읽은 후에 이와 관련한 질문들을 만들어내고 이를 학생들에게 답하도록 하는 질문(questioning) 활동이 진행된다.

③ **요약활동**: 질문활동이 끝난 후에는 전체적 내용에 대한 요약(summarizing) 활동을 수행한다.

④ **명료화활동**: 교재내용 중 이해가 불분명한 부분이 여전히 남아 있는 경우 명료화(clarifying) 활동을 수행한다. 한 단원의 내용학습이 끝난 다음에는 같은 절차를 이용하여 다음 단원에 대한 학습활동이 연이어 이루어진다.

3. 운영

① 임상적 상황 또는 특수학급에서 호혜적 교수법을 적용하는 경우 소집단으로 구성된 학생들을 대상으로 대략 20주 정도, 매일 20분씩 프로그램을 운영한다.

② 프로그램이 진행됨에 따라 점차로 학습활동의 주도권과 책임을 학생들이 가지도록 수업활동이 이루어진다.

4. 교사의 역할

① 호혜적 교수법을 실시하는 과정에서 교사는 학생들이 읽기이해와 관련된 4가지 학습전략을 학습할 수 있도록 모형의 역할을 수행한다.

② 점차적으로 학습의 주도권이 학생들에게 이양될 수 있도록 구조적인 교수활동을 계획·진행·평가한다.

③ 모든 학생이 적극적으로 수업활동에 참여할 수 있도록 수업참여를 위한 촉진자의 역할을 수행한다.

④ 학생들이 내용이해를 위한 전략들을 적절하게 활용하고 있는지에 대한 평가활동과 필요시 도움을 제공하는 역할도 함께 수행한다.

5. 효과적으로 운영되기 위한 유의점

① 학생 간 상호작용을 촉진하는 구조적 활동이 있어야 한다.

② 학습활동의 지도자 역할을 수행하는 학생이 단순히 교사의 역할을 대역(大役)하기보다는 전반적인 학습활동 과정을 책임감 있게 진행하는 능력을 개발하도록 해주어야 한다.

③ 학생들이 각 학습전략을 어떻게 활용하는지에 대한 분명한 인식을 가지도록 해야 한다.

2. 자기점검 전략

(1) 개요

특정한 교수방법이 아닌 학생이 내적 언어를 사용하여 정기적으로 자신의 행동이나 학업적 진보를 확인하는 평가전략이다.

(2) 학업과제에서의 자기점검 활용

① 자기교정법

    ㉠ 자신이 쓴 단어와 정답을 비교하여, 자신이 잘못 철자한 단어를 확인하여 수정한 후, 올바른 단어를 베껴 쓰는 방법이다.

    ㉡ 자기교정: 학생 자신이 철자 쓰기를 잘못한 단어를 제시된 정답과 비교하여 철자를 바르게 수정하는 활동으로, 교사가 받아쓰기를 점검하는 과정에서 학생 자신이 쓴 단어를 점검하고 필요할 때 오류를 교정하는 것은 철자 쓰기의 정확성에 즉각적인 피드백을 제공하고 자기점검 기술을 발전시키는 중요한 과정이다.

    ㉢ 자기교정 단계

단계	내용
1	불러주는 낱말 받아쓰기
2	잘못 쓴 것은 없는지 한 번 더 읽어보기
3	정답 카드를 보고 내가 쓴 낱말과 비교해보기
4	정답과 내가 쓴 답이 같으면 ○ 표시를 하고, 다르면 × 표시를 하기
5	× 표시를 했다면 잘못 쓴 이유를 생각하고, 규칙설명 카드를 다시 한 번 읽기
6	잘못된 부분을 찾아 빨강펜으로 교정하기
7	정답을 보고 낱말을 큰 소리로 읽으면서 옆 칸에 다시 한 번 낱말 쓰기

    ㉣ 지도 단계

단계	내용
1	**학습목표 확인**: 정확한 철자쓰기의 필요성 인식, 학습할 오류유형 제시
2	**명시적 교수**: 학습할 오류 유형에 대한 맞춤법 원리를 교사가 직접적으로 설명
3	**교사 모델링**: 잘못된 철자 쓰기 오류의 예를 제시하고 교사가 자기교정 과정을 시범 보임
4	**철자의 자기교정**: 잘못된 철자가 있는 낱말 오류 교정하기
5	**자기교정을 활용한 받아쓰기 활동**: 자기교정 절차에 따라 받아쓰기 활동 실시
6	**철자 쓰기 오류 교정 활동**: 학습지로 제시된 낱말의 철자 쓰기 오류 교정

학습장애 총론, 한국학습장애학회, 학지사

01 개요

1. 정의와 구성요소

(1) 정의

주어진 상황에서 특정인이 사회적 과제를 얼마나 성공적으로 해결할 수 있는지에 대한 종합적 · 전반적 평가이다.

(2) 구성요소

구성요소	내용
사회적 기술	• 사회적 관계를 성공적으로 수행하기 위해 사용하는 구체적인 행동으로서, 직접 관찰 가능한 행동 • 개인이 특정한 사회적 과제를 성공적으로 능숙하게 해결하기 위해 사용되는 구체적인 행위 • 사회 또는 의사소통 기술로도 불림 • 언어 · 인지 · 정서 · 운동 능력이 통합적으로 구성됨
사회적 인지	• 대인관계에 영향을 미치는 관련 정보를 수집하고 이해하며 적절한 판단을 내리는 능력 • 상대방의 목소리 억양, 얼굴 표정, 몸짓, 구사하는 용어나 단어, 시선 등을 통해 상대방이 현재 어떤 생각을 하고 있고, 어떤 감정 상태에 있으며 무엇을 원하는지를 파악하는 것과 관련된 요소
사회적 능력	• 주어진 상황에서 장애 학생이 사회적 장면에 필요한 사회적 관계를 얼마나 성공적으로 수행했는지에 대한 종합적이고 전반적인 평가로, 적절한 대인관계 형성 능력의 전반을 말함 • 행동의 사회적 효과성에 대해 중요한 사회적 관계자(부모, 교사, 친구)가 내리는 종합적 · 전반적인 판단
종합	• **사회적 기술**: 구체적인 상황에서 발휘되는 적절한 사회적 반응 능력 • **사회적 인지**: 사회적 정보를 파악하는 능력 • **사회적 능력**: 사회 문제를 사회적으로 용인되는 방향으로 해결하는 능력

2. 사회적 능력 위계모형

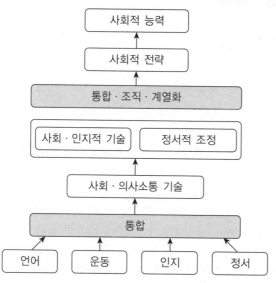

[그림 6-37] 사회적 능력 위계모형

① 사회적 능력의 위계에서 상위 능력은 하위 능력의 영향을 받는다.
② 2가지 능력 수준

구분	내용
사회 · 의사소통 기술	• 가장 중요한 핵심적 요소로, 언어 · 인지 · 정서 · 운동 능력의 하위 영역들이 포함됨 • 각각의 하위 능력들이 통합되어 나타난 사회 · 의사소통 기술은 사회적 맥락 내에 존재하는 사회적 과제, 즉 대인 간의 문제를 해결하는 데 사용됨
사회적 전략	• 사회 · 의사소통 기술들이 통합 · 조직 · 계열화되어 후속적으로 나타나는 능력 • 또래관계에서의 사회적 능력에 많은 영향을 미치는데, 사회적 과제를 수행할 때 인지적 능력은 중요하며, 인지적 능력은 사회 · 인지적 기술과 정서적 조절을 포함함

02 사회성 평가방법 ★

1. 타당도에 따른 측정방법 [19 중등]

(1) 유형 1 측정

① 사회기관(학교, 법정, 정신건강 기관)이나 중요한 타인(부모, 교사, 또래)이 중요하게 생각하는 사회적 행위를 중심으로 측정한다.

② 또래의 수용 정도, 교우관계 정도, 교사나 학부모 판단, 학교 출석기록이나 훈육조치 사항, 학교 정학과 같은 실제적인 자료가 포함되며, 중요한 타인들의 정보를 활용하는 경우 여러 방법을 사용할 수 있다.

> 예 부모나 교사에게는 구조화된 면접, 비형식적 면접을 통해 아동의 사회적 기술에 관한 정보를 다양하게 입수할 수 있다. 또래로부터는 가장 좋아하거나 싫어하는 친구를 적어내도록 하는 교우관계도(sociogram)를 통해 아동의 사회적 기술 관련 정보를 입수할 수 있다.

③ 장점: 사회적 타당도가 높다. 현재 아동이 소속된 기관의 기록이나 중요 타인들을 대상으로 한 것이므로 아동의 사회적 기술 정보를 가장 직접적으로 타당하게 얻을 수 있다.

④ 단점: 단기간의 중재효과를 검증하기에는 너무 둔감하다. 사회적 행위에 얼마나 변화가 있어야 사회적 타인들이 이를 인정할 것인지의 문제인데, 대개 아주 눈에 띄는 변화가 있어야만 타인이 이를 알아챌 수 있기 때문이다.

(2) 유형 2 측정

① 사회적인 타당성을 가지지는 않지만 유형 1 측정과 경험적인 관계가 있다.

② 교실, 운동장, 가정 등의 자연적인 상황에서 사회적 행위를 관찰한다.

③ 사회적 기술 훈련 프로그램 연구에서 많이 사용되며, 특히 개별 실험사례 연구에서 많이 사용된다.

(3) 유형 3 측정

① 사회적 타당도가 가장 약한 측정으로 행동적 역할 수행 검사, 사회적 문제해결 측정, 사회적 인지 측정 등이 속한다.

② 이러한 측정들은 약간의 안면타당도는 있을지 모르지만 앞의 두 측정 유형과는 거의 관계가 없으며, 사회적 행동을 제대로 예측하지도 못한다.

③ 대표적으로는 자기평가나 자기보고, 자기성찰에 근거한 질문지법을 들 수 있는데, 이들은 사회적 타당도가 가장 낮지만 현실적으로 가장 많이 이용되는 방법이다.

2. 비형식적 사회성 평가방법 ★ ^{22 중등, 21 유아}

(1) 사회성 측정법의 종류

① 동료평정법

 ㉠ 학생들에게 다른 학생을 평정하게 함으로써 교사가 직접 평가하기 어려운 행동 특성의 정보를 얻을 수 있는 방법이다.

 ㉡ 학생들의 준법성, 책임감과 같은 특성은 교사보다는 동료 학생들이 더 정확하게 평가할 수 있다.

 ㉢ 학급 구성원 전체의 이름이 적힌 명단을 제시한 후 한 명도 빠뜨리지 않고 학급 개개인을 모두 평정하게 하는 방법이다.

예 동료평정법 예시

분류	매우 함께 놀고 싶다 (5점)	함께 놀고 싶다 (4점)	잘 모르겠다 (3점)	함께 놀고 싶지 않다 (2점)	전혀 함께 놀고 싶지 않다 (1점)
김영희	○				
이아람			○		
박영철				○	

② 또래지명법

 ㉠ 추인법과 아주 유사하지만 질문 양식에 약간의 차이가 있다.

 ㉡ 어떤 상황, 조건, 특성을 제시하고 그 상황, 조건에 맞는 사람을 선택하여 이름을 적게 하는 방법이다.

 ㉢ 선택의 준거가 되는 상황, 조건을 분명히 해야 하고 선택 가능한 인원과 순위도 밝히는 것이 바람직하다.

예 또래지명법 예시

> Q. 우리 반의 학생들 중에서 생일잔치에 초대하고 싶은 친구, 같이 공부하고 싶은 친구, 도시락을 같이 먹고 싶은 친구의 이름을 괄호 속에 적으시오.
> 1. 생일잔치에 초대하고 싶은 친구:
> 2. 같이 공부하고 싶은 친구:
> 3. 도시락을 같이 나눠 먹고 싶은 친구:

③ 사회적 거리 추정법: 일련의 문항을 제시하고 특정 한 명의 학생에 대해 모든 학생에게 반응하도록 함으로써 특정 개인이 집단을 수용-거부하는 정도는 물론이고 집단이 특정 개인을 수용-거부하는 정도를 분석할 수 있는 방법이다.

예 사회적 거리 추정법 예시

우리 반에 있는 학생들에 대한 여러분의 생각을 묻고자 합니다. 먼저 김기쁨 군에 대한 여러분 각자의 생각은 어떠한지요? 다음과 같은 다섯 가지 경우 김기쁨 군에 대한 자신의 생각을 '예', 또는 '아니오'에 ✔표 하시오.

1.	그의 가장 친한 친구가 되고 싶다.	예 / 아니오
2.	가장 친한 친구는 아니지만 우리 집단에 가입시키고 싶다.	예 / 아니오
3.	가끔 같이 있고 싶지만 오랫동안 같이 지내고 싶지는 않다.	예 / 아니오
4.	그가 우리 반에 있어도 상관없지만 친하게 지내고 싶지는 않다.	예 / 아니오
5.	그가 우리 반에 없었으면 좋겠다.	예 / 아니오

(2) 사회성 측정 결과의 분석방법

구분	내용
사회성 측정 행렬표 (sociometric matrix)	• 각 질문마다 각 학생이 선택되어진 횟수와 순위를 행렬표에서 표시하여 사회성을 분석하는 방법 • 이를 통해 아동의 사회적 수용도(피선택 수가 많을수록 사회적 수용이 높음), 사회적 적응성(피배척 수가 많을수록 낮음), 교우관계의 적극성 등을 나타낼 수 있음 예 <table><tr><td>0</td><td>0</td><td>1</td><td>1</td></tr><tr><td>1</td><td>0</td><td>0</td><td>1</td></tr><tr><td>0</td><td>1</td><td>0</td><td>1</td></tr><tr><td>1</td><td>0</td><td>0</td><td>0</td></tr></table> 소시오메트릭스
교우도 (사회도, sociogram)	• 사회적 측정결과를 그림으로 나타냄으로써 교우관계를 파악할 수 있도 록 함 • 한 집단 학생들을 상호 선택이나 배척을 모두 하나의 도형 안에 그릴 수 도 있고, 그 중에서 특기할 만한 학생들의 관계를 따로 떼어서 별도의 그림으로 그릴 수도 있음 예 매력 → 상호 매력 ⊣→ 무관심 ---→ 상호 무관심 --⊣-- 반감 ⊣⊣→ 상호 반감 ⊣⊣

03 사회적 능력 결함 ★ 16 중등

1. 유형

구분	획득 결함	수행력 결함
정서적 각성반응의 부재	기술 결함	수행력 결함
정서적 각성반응의 존재	자기통제 기술 결함	자기통제 수행력 결함

(1) 기술 결함

① 적응적이거나 사회적인 방법으로 행동하는 데 필수적인 사회적 능력이 없거나 위계적인 행동 수행에 필요한 중요한 단계를 모르는 것이다.

② 기술 결함은 반두라의 습득 결함, 학습 결함과 유사하다.

　㉐ 지적장애아동이 또래와 협력하거나 인사를 건네거나 독립적으로 이동하는 방법을 알지 못하는 것

③ 기술 결함의 결정에 사용되는 지표는 과거에 수행한 기술과 기술에 대한 지식이다.

④ 아동이 행동 수행방법을 전혀 알지 못하거나 행동 수행을 하지 않는다면 기술 결함이 있을 수 있다.

⑤ 기본 학습과정에서의 심한 결함, 기술을 배우는 기회의 부재가 원인이 될 수 있다.

⑥ 사회적 기술 획득 결함을 중재할 때 직접지도, 모델링, 행동시연, 코칭 등의 기법을 이용하면 효과적이다.

(2) 수행력 결함

① 주어진 행동을 수행하는 방법은 알지만 인정할 만한 수준의 행동을 수행하지 못하는 것이다.

② 동기유발 부족과 관련이 있고 행동을 수행하는 기회 부족이 원인일 수 있다.

③ 아동이 학급상황에서 행동을 수행하지 못하지만 학급 밖에서 행동을 수행할 수 있는 경우가 이에 속한다.

④ 과거에 행동을 수행하는 것이 관찰된 경우도 수행력 결함으로 볼 수 있다.

⑤ 선행사건과 후속결과를 조절하면 개선될 수 있고 또래주도, 유관강화, 집단강화를 중재방법으로 사용한다.

(3) 자기통제 기술 결함

① 특정 유형의 정서적 각성반응이 기술의 습득을 방해하여 특정 기술을 배우지 못하는 것으로, 학습을 방해하는 대표적인 정서적 각성반응으로는 불안을 들 수 있다.

② 불안은 학습과정을 방해하거나 장벽이 되기 때문에 아동이 사회적 능력을 학습하지 못하게 할 수 있다.

③ 사회적으로 불안한 아동은 친구를 피하거나 위축된 행동을 보이는데, 이는 불안을 줄이기 위해 사회적 상황을 회피하고 부정적으로 강화된 사회적 위축행동이 나타나는 것으로 볼 수 있다.

④ 불안으로 인해 사회적 기술을 획득하지 못할 때, 불안을 줄이기 위한 둔감법, 홍수법과 더불어 자기대화, 자기감독, 자기강화 등을 함께 사용한다.

(4) 자기통제 수행력 결함

① 아동의 사회적 기술 목록에 특정 기술이 있지만 정서적 각성반응과 선행·후속 결과의 통제문제 때문에 기술을 수행하지 못하는 경우이다.

② 아동은 기술을 수행하는 방법을 알지만 부적절하고 일관성 없이 사용한다.

③ 충동성이 그 예시로, 충동성이나 부적합하게 반응하는 경향은 정서적 각성반응으로 고려할 수 있다.

④ 충동적인 아동은 또래나 교사와 적절하게 상호작용하는 방법을 알고 있지만 부적절한 행동을 초래하는 반응 양식인 충동성 때문에 일관성이 없다.

⑤ 이러한 아동의 지도 시 부적절한 행동을 억제하는 자기통제 전략, 변별기술을 지도하는 자극통제 훈련, 적절한 사회적 행동을 증대하는 유관강화 등을 이용한다.

04 사회성 지도방법

1. 사회적 기술 프로그램

(1) 스킬스트리밍 프로그램

① 목적: 부적절한 사회적 행동을 하는 학생에게 긍정적인 사회적 기술을 교수·연습할 목적으로 개발되었다.

② 특성

    ㉠ 중요한 사회적 기술을 교수 내용으로 선정하여 각 기술을 과제분석을 통해 하위단계로 나누어 제시한다.

    ㉡ 시범, 역할극 등을 통한 충분한 연습의 기회를 제공한다.

    ㉢ 학생은 목표행동을 연습하는 과정에서 교사와 친구의 피드백을 받는다.

    ㉣ 실제 상황에서의 일반화를 강조한다.

③ 교수절차: 사회적 기술 정의하기, 사회적 기술 시범 보이기, 사회적 기술의 필요성 알게 하기, 역할놀이 배역 선택하기, 역할놀이 구성하기, 역할놀이 수행하기, 역할놀이 수행에 대한 피드백 제공하기, 사회적 기술에 대한 숙제 내주기 등이 있다.

2. 상황 맥락 중재★ 22 중등

(1) 상황 맥락 중재 프로그램의 특성

학교, 가정, 또래관계 등의 상황맥락 안에서 필요한 사회적 기술을 선택하고, 선택된 상황 맥락에서 사회적 기술을 가르칠 것을 강조한다.

(2) 상황 맥락 중재 전략

① FAST 전략(대인관계 문제해결 중재)

    ㉠ 목적: 문제 상황에서 반응하기 전에 학생이 문제를 주의 깊게 생각하고 대안을 모색하여 각 대안의 결과를 예측함으로써 최선의 대안을 선택할 수 있도록 한다.

    ㉡ 전략

        ⓐ Freeze and think (멈추고 생각하기)

        ⓑ Alternatives (대안 모색하기)

        ⓒ Solution evaluation (최적의 대안 찾기)

        ⓓ Try it! (대안 수행하기)

② SLAM 전략(대인관계 문제해결 중재)

    ㉠ 목적: 타인에게 부정적인 피드백을 들을 때 적절하게 받아들이는 것을 돕는다.

    ㉡ 전략

        ⓐ Stop whatever you are doing. (지금 하고 있는 일을 멈춰라.)

        ⓑ Look the person in the eye. (상대의 눈을 바라보라.)

        ⓒ Ask the person a question to clarify what he or she means. (상대가 말한 내용이 어떤 의미인지 명확하게 말해줄 것을 요청하라.)

        ⓓ Make an appropriate response to the person. (상대에게 적절한 반응을 하라.)

정서 · 행동장애 Preview

'정서 · 행동장애'는 단일장애 영역 중 출제 빈도가 가장 낮은 영역으로, 출제된 영역이 반복적으로 출제되어 학습할 내용이 적은 영역이기도 합니다. 다만, 'DSM-5 진단기준'을 보고 어떤 장애인지 알아야 하기 때문에 초반부터 공부할 부분이 적은 것은 아닙니다. 반대로 말하면, 학습 초반에 '이론적 모델, DSM-5 진단기준'만 충분히 알아두면, 수험기간 내내 수월하게 넘어갈 수 있는 영역입니다. 특히, 진단기준은 연달아 나열되기 때문에 구분하는 데 어려움을 겪을 경우, 각 영역마다 특징을 한두개씩 기억하며 구분하는 것이 좋습니다. '정서·행동장애'는 다른 영역과 달리 출제 범위가 적다 보니 'CBCL 평가도구'가 자세하게 출제되는 경향이 강하므로, 검사도구까지 학습범위에 포함해서 학습해야 합니다.

최근 4개년간의 기출출제 추이를 보면, 기존의 출제범위가 반복되어 나오는 것을 알 수 있습니다. 이론적 모델 중 '생태학적 모델, 자기교수법, 합리적 정서행동 치료, 체계적 둔감법, 외현화 장애, CBCL, 틱장애'가 출제되었습니다.

제7장

정서 · 행동장애

한눈에 보는 이론 베이스맵 - 정서·행동장애(1)

정의(법)

- 장애인 등에 대한 특수교육법
- 정서·행동장애 ─ 만성성, 정도, 빈도

분류

- 행동차원적 분류 ┬ 외현화 행동 ─ 통제결여 ─ 공격성, 타인에 대한 반항, 충동성, 불복종 행동 등
  └ 내재화 행동 ─ 과잉통제 ─ 우울, 불안, 위축 등
- 정신의학적 분류 ─ DSM-5 ─ 정서·행동장애의 각 하위유형을 식별하는 데 초점을 두는 분류체계로 표찰문제 야기

진단

- 검사도구 ─ CBCL 6-18 ─ 결과 ┬ 하위척도별 백분위점수와 T점수 제공
  ├ 적응척도 ─ 소검사 30T(2%ile) 이하, 총 사회능력 척도 33(5%ile) 이하
  └ 문제행동증후군척도 ┬ 소검사 70T(98%ile) 이상, 총 문제행동 척도 63T (90%ile) 이상
    ├ 내재화 ─ 불안/우울, 위축/우울, 신체증상
    ├ 외재화 ─ 규칙위반, 공격행동
    └ 기타 ─ 사회적 미성숙, 사고문제, 주의집중문제 등

모형

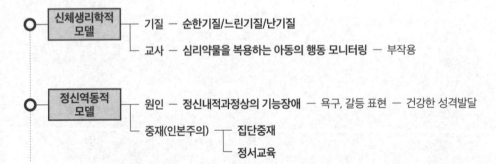

- 신체생리학적 모델 ┬ 기질 ─ 순한기질/느린기질/난기질
  └ 교사 ─ 심리약물을 복용하는 아동의 행동 모니터링 ─ 부작용
- 정신역동적 모델 ┬ 원인 ─ 정신내적과정상의 기능장애 ─ 욕구, 갈등 표현 ─ 건강한 성격발달
  └ 중재(인본주의) ┬ 집단중재
    └ 정서교육

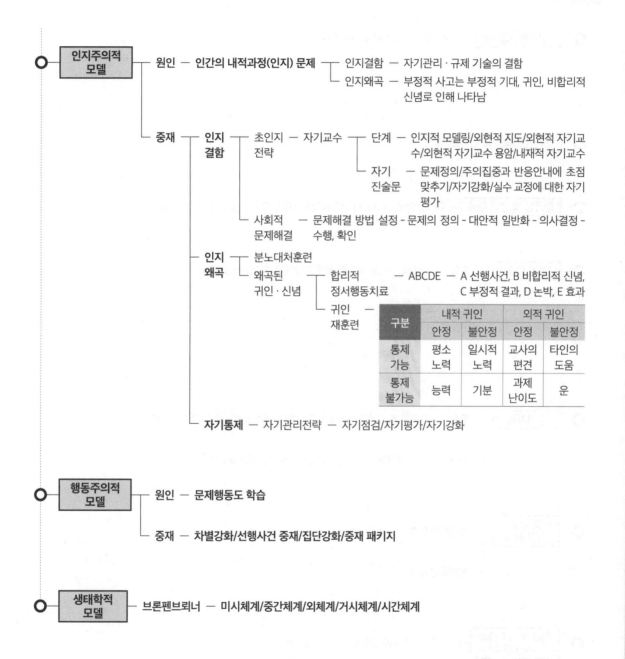

인지주의적 모델 ─┬─ 원인 ── 인간의 내적과정(인지) 문제 ─┬─ 인지결함 ── 자기관리 · 규제 기술의 결함
　　　　　　　　　　　　　　　　　　　　　　　　　└─ 인지왜곡 ── 부정적 사고는 부정적 기대, 귀인, 비합리적 신념로 인해 나타남

중재 ─┬─ 인지 결함 ─┬─ 초인지 전략 ─┬─ 자기교수 ─┬─ 단계 ── 인지적 모델링/외현적 지도/외현적 자기교수/외현적 자기교수 용암/내재적 자기교수
　　　　　　　　　　　　　　　　　　　　　　　　　　　└─ 자기 진술문 ── 문제정의/주의집중과 반응안내에 초점 맞추기/자기강화/실수 교정에 대한 자기평가
　　　　　　　　　　　　└─ 사회적 문제해결 ── 문제해결 방법 설정 - 문제의 정의 - 대안적 일반화 - 의사결정 - 수행, 확인

인지 왜곡 ─┬─ 분노대처훈련
　　　　　　└─ 왜곡된 귀인 · 신념 ─┬─ 합리적 정서행동치료 ── ABCDE ── A 선행사건, B 비합리적 신념, C 부정적 결과, D 논박, E 효과
　　　　　　　　　　　　　　　　　　└─ 귀인 재훈련

구분	내적 귀인		외적 귀인	
	안정	불안정	안정	불안정
통제 가능	평소 노력	일시적 노력	교사의 편견	타인의 도움
통제 불가능	능력	기분	과제 난이도	운

자기통제 ── 자기관리전략 ── 자기점검/자기평가/자기강화

행동주의적 모델 ─┬─ 원인 ── 문제행동도 학습
　　　　　　　　　└─ 중재 ── 차별강화/선행사건 중재/집단강화/중재 패키지

생태학적 모델 ── 브론펜브뢰너 ── 미시체계/중간체계/외체계/거시체계/시간체계

DSM-5

- **신경발달장애**
  - ADHD ― 주의력결핍/과잉행동- 충동성
  - 틱장애 ― 뚜렛장애

- **조현병 스펙트럼** ― 조현병

- **양극성 및 관련 장애** ― 양극성장애 ― 제1형 양극성장애/제2형 양극성장애/순환감정장애

- **우울장애**
  - 유형 ― 지속적 우울장애/주요 우울장애/파괴적 기분조절장애
  - 중재 ― 인지치료
    - 자기조절법
    - 인지행동치료

- **불안장애**
  - 유형 ― 사회적 불안장애/특정공포증/공황장애/범불안장애/분리불안장애
  - 중재 ― 모델링/체계적 둔감법/실제상황 둔감법/정동홍수법

- **강박 및 관련 장애**
  - 강박충동장애
  - 신체추형장애

- **외상 및 스트레스 관련 장애**
  - 외상 후 스트레스장애 ― 재노출요법
  - 반응성 애착장애

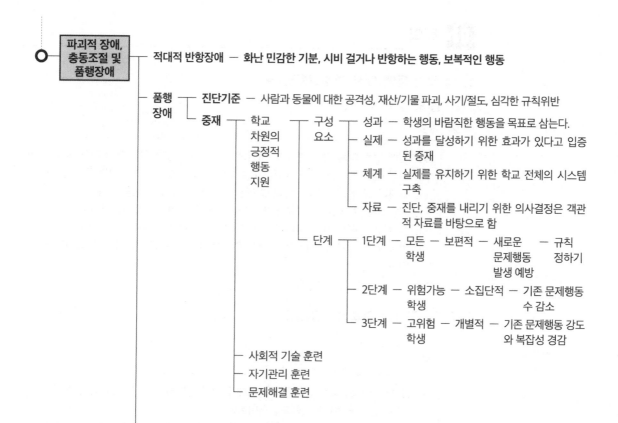

파괴적 장애, 충동조절 및 품행장애

적대적 반항장애 ─ 화난 민감한 기분, 시비 걸거나 반항하는 행동, 보복적인 행동

품행 장애
- **진단기준** ─ 사람과 동물에 대한 공격성, 재산/기물 파괴, 사기/절도, 심각한 규칙위반
- **중재**
  - 학교 차원의 긍정적 행동 지원
    - 구성 요소
      - 성과 ─ 학생의 바람직한 행동을 목표로 삼는다.
      - 실제 ─ 성과를 달성하기 위한 효과가 있다고 입증된 중재
      - 체계 ─ 실제를 유지하기 위한 학교 전체의 시스템 구축
      - 자료 ─ 진단, 중재를 내리기 위한 의사결정은 객관적 자료를 바탕으로 함
    - 단계
      - 1단계 ─ 모든 학생 ─ 보편적 ─ 새로운 문제행동 발생 예방 ─ 규칙 정하기
      - 2단계 ─ 위험가능 학생 ─ 소집단적 ─ 기존 문제행동 수 감소
      - 3단계 ─ 고위험 학생 ─ 개별적 ─ 기존 문제행동 강도와 복잡성 경감
  - 사회적 기술 훈련
  - 자기관리 훈련
  - 문제해결 훈련

차이 ─ 적대적 반항장애는 사회적 규범 위반과 타인의 권리 침해 없음

제1절 정의 및 분류

01 정의

1. 「장애인 등에 대한 특수교육법」★

① 용어: 정서 및 행동장애

② 내용

> 장기간에 걸쳐 다음 각 목의 어느 하나에 해당하여, 특별한 교육적 조치가 필요한 사람
> 가. 지적·감각적·건강상의 이유로 설명할 수 없는 학습상의 어려움을 지닌 사람
> 나. 또래나 교사와의 대인관계에 어려움이 있어 학습에 어려움을 겪는 사람
> 다. 일반적인 상황에서 부적절한 행동이나 감정을 나타내어 학습에 어려움이 있는 사람
> 라. 전반적인 불행감이나 우울증을 나타내어 학습에 어려움이 있는 사람
> 마. 학교나 개인 문제에 관련된 신체적인 통증이나 공포를 나타내어 학습에 어려움이 있는 사람

2. 미국 「장애인 교육법」(IDEA)

① 용어: 정서장애

② 내용

> 1. 장기간에 걸쳐 아동의 교육적 성취에 불리한 영향을 미칠 정도로 다음 특성 중에서 1가지 이상을 보이는 상태를 의미한다.
>   가. 지적·감각적 또는 건강상의 요인으로 설명될 수 없는 학습의 어려움을 지님
>   나. 또래 및 교사들과 만족스러운 관계를 형성하거나 유지하는 능력의 결함을 지님
>   다. 일반적인 상황에서 부적절한 행동이나 감정을 나타냄
>   라. 일반적으로 전반적인 불행감이나 우울한 느낌을 보임
>   마. 개인 또는 학교 문제와 관련하여 신체적 통증이나 심한 공포감을 나타냄
> 2. 정신분열증을 포함하며, 정서장애로 판명되지 않은 사회적 부적응을 보이는 아동에게는 적용되지 않는다.

> **개념 check** | **정서·행동장애 결정 요소** 17 초등
>
> • 만성성, 빈도, 정도 등의 차원은 행동이 정상인지의 여부를 결정하는 핵심적인 요소이다. 행동의 정도, 심각성은 부정적인 효과와 충격 때문에 명백하게 드러나기 쉽다.
>
> > 예 교실에서의 자위행위 같은 행동은 즉각적으로 부정적인 주의를 끌기에는 충분하나 행동의 만성성과 빈도는 명백하지 않기 때문에 지속적인 기록이 필요할 수 있다.
>
> • 교사의 포용력에 영향을 미치는 요소는 문제행동의 빈도, 심각성, 지속시간, 복합성 등이다. 정서·행동장애아동처럼 일반아동도 일탈이나 부적절한 행동을 하는데, 정서·행동장애 아동의 문제행동이 보다 심각하고 장기간 지속되며 발생 빈도가 높고 복합적이라는 점에서 다르다. 이들의 행동은 교사나 성인의 포용력을 뒤흔들어놓는 경향이 있다.

02 분류

1. 질적 분류

① 개념: 정신 내면의 주관성에 따른 임상 관찰에 의존하는 분류이다.

② DSM-5 진단기준

정서 및 행동장애아교육,
윤점룡 외, 학지사

범주	설명
신경발달장애	• 신경발달의 문제로 인해 야기되는 장애로 지적장애, 의사소통장애, 자폐스펙트럼장애, 특정 학습장애, 주의력결핍 과잉행동장애, 운동장애를 포함함 – **주의력결핍 과잉행동장애**: 12세 이전에 기능 또는 발달에 지장을 주는 부주의, 과잉행동–충동성의 지속적인 패턴이 2가지 이상의 측면에서 나타남 – **틱장애**: 운동장애의 하위유형으로, 반복적으로 갑작스럽고 빠르게 나타나는 근육의 움직임(운동틱), 소리(음성틱), 뚜렛장애, 만성 틱장애, 일과성 틱장애 등을 포함함
정신분열 스펙트럼 및 기타 정신증적 장애	망상, 환각, 앞뒤가 맞지 않는 언어, 긴장증적 행동을 보이거나(양성 증상) 정서적 표현 상실, 사고·언어의 생산성 감소, 목적 지향적 행동의 부재(음성 증상)를 나타내는 정신장애
양극성 및 관련 장애	• 우울증과 조증이 번갈아가며 나타나는 장애 • 양극성장애와 기분순환 장애를 포함함
우울장애	• 우울하고 슬픈 기분이 지속되는 장애로 주요 우울장애, 분열적 기분조절장애, 기분부전증, 월경 전 불쾌장애를 포함함 – **우울장애**: 지속되는 우울감, 일상 활동에 대한 흥미의 저하, 식사·수면 문제, 무가치감, 과도한 죄책감, 반복되는 죽음에 대한 생각이 나타남 – **분열적 기분조절장애**: 발달수준에 맞지 않는 분노발작이 말·행동으로 평균 주 3회 이상 표출되는 증상이 1년 이상 지속됨

불안장애	• 특정 대상이나 상황, 이전에 경험한 사건, 일상에 관련된 근심 등으로 인해 고통스러울 정도의 불안을 경험하는 상태로 분리불안장애, 선택적 함묵증, 특정 공포증, 사회공포증, 공황장애를 포함함 　– **분리불안장애**: 집 또는 애착 대상으로부터 분리되는 것에 대해 발달적으로 부적절하고 과도한 공포나 불안이 있음 　– **선택적 함묵증**: 정상적인 대화를 할 수 있으면서도 특정 사람에게나 특정 집단에게만 말을 하고 그 외 상황에서는 말을 하지 않음 　– **특정 공포증**: 높은 곳, 동물, 주사 맞기 등의 특정 대상이나 상황에 대해 현저한 공포나 불안이 있음 　– **사회공포증**: 타인의 주목을 받을 만한 사회적 상황에서 심한 공포나 불안감을 느끼거나 부정적 평가를 받을 행동이나 불안 증상을 보일까봐 두려워서 사회적 상황을 회피하려고 하거나 심한 공포와 불안을 가진 채 견디어냄
강박 및 관련 장애	• 강박적인 생각과 이를 해소하기 위한 강박 행동을 특징으로 함 • 강박장애, 신체변형장애, 저장장애, 발모광, 피부 뜯기 장애를 포함함
외상 및 스트레스 요인 관련 장애	• 외상이나 재난에 노출된 결과로 무쾌감증, 불쾌감, 분노, 공격성 등의 정서적 어려움을 경험하는 상태 • 반응성 애착장애, 탈억제형 사회관여 장애, 외상 후 스트레스 장애, 급성 스트레스 장애, 적응 장애를 포함함
섭식 및 급식 장애	• 음식의 섭취와 관련하여 어려움을 보이는 상태 • 이식증, 반추장애, 신경성 식욕상실증, 신경성 식욕항진증을 포함함
배설장애	유뇨증과 유분증을 포함함
파괴적 장애 및 충동 조절과 품행의 장애	• 타인의 권리를 침해하고 사회적으로 심각한 갈등을 야기하거나 권위를 가진 인물에게 반항하는 상태 • 반항성 장애, 간헐성 폭발장애, 품행장애, 반사회적 성격장애, 방화광, 도벽을 포함함

2. 양적 분류

범주	설명
품행장애	• 정도가 매우 심한 공격적 행동을 표출함 • 품행장애아동은 또래에게 인기가 없고 또래를 죄책감 없이 고의적으로 괴롭힘 • 사회화되지 않은 공격적 행동은 신체적·언어적 공격성으로 특징지어짐
사회화된 공격성	품행장애아동과 달리 또래들에게 인기가 있고 비행 하위문화의 규준과 규칙을 준수함
주의력 결함, 미성숙	• 학습장애 범주에 속하는 아동이 경험하는 문제와 비슷한 문제를 가짐 • 주의력 결함 아동은 인지적 또는 통합 문제로 인해 충동통제, 좌절, 사고과정에서의 문제를 경험함
불안·위축	• 전형적으로 자기의식적이고 과잉반응을 보이며 종종 사회 기술에 결함을 가짐 • 환상에 빠지고 사회적으로 고립되며, 우울감과 공포를 느끼고 정상 활동에 잘 참여하지 못하며 신체적 고통을 호소함
정신증적 행동	• 자신과 현실에 대한 태도가 전반적으로 손상되어 있음 • 대개 손상이 일상생활을 방해하고 관찰자가 이해할 수 없을 정도로 심각함
과잉행동	• 전형적으로 불안정하고 예측할 수 없음 • 주의가 산만하고 충동적이며 성급하고 파괴적인 행동을 보임 • 품행장애로 진전될 수 있는 주요 요인으로 간주되기도 함

3. 교육적 분류(범주적 분류, 경험적 분류) ★ [18 초등]

범주	설명
내재화 장애	• 내면으로 정서를 지향하여 갈등을 유발하고 자기상해를 일으키는 경우로, 기분장애와 불안장애가 포함됨 • 내재화 요인은 과잉통제라고도 하며 우울, 위축, 불안과 같이 개인의 정서·행동상의 어려움이 외적으로 표출되기보다 내면적인 어려움을 야기함 • 내재화 문제를 가진 학생은 가시적인 문제행동을 일으키지 않는 경우가 많기 때문에 다수의 학생이 함께 공부하는 학교 상황에서는 교사의 주목을 받지 못할 가능성이 높음 • 적절한 중재와 지원을 받지 못하는 가운데 내재화 문제가 더욱 심각해질 가능성이 큼
외현화 장애	• 정서를 외부로 지향하는 반사회적 행동으로 인해 타인에게 손상을 일으키거나 대인관계에 결함을 가져오는 경우로 주의력결핍 과잉행동장애, 품행장애 등이 속함 • 통제결여라고도 하며, 개인의 정서·행동상의 어려움이 공격성, 반항행동 등의 형태로 타인이나 환경을 향해 표출되는 상태

> **보충+α │ 장애의 공존**
>
> 개인에게 둘 이상의 장애가 동시에 나타나는 것으로 정서·행동장애가 다른 장애(예 학습장애)와 함께 나타나거나 정서·행동장애에 포함되는 하위유형의 장애가 함께 나타나는 것(예 우울장애와 품행장애)을 모두 포함한다.

제 2 절 진단

01 한국판 아동·청소년 행동평가척도(K-ASEBA)

1. 개요
부모용인 K-CBCL, 교사용인 K-TRF, 자기보고용인 K-YSR을 포함한다.

2. 목적
아동과 청소년을 대상으로 정서·행동문제를 평가하기 위한 도구이다.

구분	내용
K-CBCL	6~18세(초, 중, 고등학교) 아동이나 청소년의 문제행동을 부모가 평정함
K-TRF	6~18세(초, 중, 고등학교) 아동이나 청소년의 문제행동을 교사가 평정함
K-YSR	11~18세(중, 고등학교) 청소년이 자신의 문제행동을 스스로 평정함

3. CBCL 6-18 구성체계 [20 초등]

(1) 구성
CBCL 6-18은 크게 문제행동척도와 적응척도로 나뉜다.

(2) 문제행동척도와 적응척도
① 문제행동척도: 8개의 증후군 척도와 1개의 기타 척도로 구성되며, 이는 내재화 문제행동(불안/우울, 위축/우울, 신체증상), 외현화 문제행동(규칙위반, 공격행동), 사회성 미성숙, 사고문제, 주의집중문제, 기타 문제 등의 총 120문항으로 이루어진다.
② 적응척도: 사회성과 학업수행에 대한 14개의 문항으로 구성된다.
③ 이외에 DSM-Ⅳ상의 ADHD 진단기준에 따라 문제행동을 6개의 하위영역(정서문제, 불안문제, 신체화문제, 주의력결핍/과잉행동문제, 반항행동문제, 품행문제)으로 분류한 DSM 진단척도와 문제행동 특수척도 문항들도 포함한다.

집중 point 증후군 척도의 구성

요인			문항내용
증후군 척도	내재화	① 불안/우울	정서적으로 우울하고 지나치게 걱정이 많거나 불안해하는 것과 관련된 문항들로 구성됨 예 '잘 운다.', '신경이 날카롭고 곤두서 있거나 긴장되어 있다.'
		② 위축/우울	위축되고 소극적인 태도, 주변에 대한 흥미를 보이지 않는 것 등과 관련된 문항들로 구성됨 예 '즐기는 것이 매우 적다.', '말을 하지 않으려 한다.'
		③ 신체증상	의학적으로 확인된 질병이 없음에도 다양한 신체증상을 호소하는 것과 관련된 문항들로 구성됨 예 '어지러워한다.', '별다른 이유 없이 지나치게 피곤해한다.'
	외현화	④ 규칙위반	규칙을 잘 지키지 못하거나 사회적 규범에 어긋나는 문제행동을 충동적으로 하는 것과 관련된 문항들로 구성됨 예 '잘못된 행동(버릇없이 굴거나 나쁜 짓을 함)을 하고도 잘못했다고 느끼는 것 같지 않다.', '집이나 학교 또는 다른 장소에서 규율을 어긴다.'
		⑤ 공격행동	언어적·신체적으로 파괴적이고 공격적인 행동이나 적대적인 태도와 관련된 문항들로 구성됨 예 '말다툼을 많이 한다.', '자기 물건을 부순다.'
	⑥ 사회적 미성숙		나이에 비해 어리고 미성숙한 태도, 비사교적인 측면 등 사회적 발달과 관련된 문항들로 구성됨 예 '어른들에게만 붙어 있으려고 하거나 너무 의존적이다.', '다른 아이들과 잘 어울려 지내지 못한다.'
	⑦ 사고문제		어떤 특정한 행동이나 생각을 지나치게 반복하거나, 실제로는 존재하지 않는 현상을 보거나 소리를 듣는 등의 비현실적이고 기이한 사고, 행동과 관련된 문항들로 구성됨 예 '어떤 생각들을 마음에서 떨쳐버리지 못한다(강박사고).', '비정상적인 이상한 생각을 한다.'
	⑧ 주의집중문제		주의력 부족이나 과다한 행동 양상, 계획을 수립하는 것에 곤란을 겪는 것 등과 관련된 문항들로 구성됨 예 '자기가 시작한 일을 끝내지 못한다.', '집중력이 없고 어떤 일에 오래 주의를 기울이지 못한다.'
	⑨ 기타 문제		앞에 제시된 8개의 증후군에는 포함되지 않지만 유의미한 수준의 빈도로 나타나는 문제행동과 관련된 문항들로 구성됨 예 '손톱을 깨문다.', '체중이 너무 나간다.'

* 총 문제행동: 내재화, 외현화, 사회적 미성숙, 사고문제, 주의집중문제, 기타문제

4. 결과, 해석

(1) 문제행동증후군 소척도(9개 하위영역) ★

T점수	64T 이하	65(백분위 93)~67T	70T(백분위 98) 이상
해석	정상범위	준임상범위	임상범위

(2) 내재화 척도와 외현화 척도를 합산한 문제행동 총점

T점수	59T 이하	60T점(백분위 84)~63T	64T(백분위 92) 이상
해석	정상범위	준임상범위	임상범위

* 내재화 척도: 불안/우울, 위축/우울, 신체증상, 외현화 척도: 규칙위반, 공격행동

(3) 적응척도의 표준점수 기준

① 적응척도는 적응척도의 총점과 사회성과 학업수행 척도의 점수에 대한 표준점수 기준이 다르다.

② 사회성과 학업수행 척도
   ㉠ 표준점수 30T(백분위 2) 이하이면 임상범위로, 표준점수 30T 초과 35T 이하 이면 준임상범위로 본다.
   ㉡ T점수에 따른 해석

T점수	36T 이상	31~35T	30T(백분위 2) 이하
해석	정상범위	준임상범위	임상범위

③ 적응척도의 총점
   ㉠ 표준점수가 기준치보다 낮을 때 증상이 심각한 상태로 해석되며, 표준점수 36T(백분위 8) 이하이면 임상범위로, 36T 초과 40T(백분위 16) 이하이면 준임상범위로 본다.
   ㉡ T점수에 따른 해석

T점수	40T 이상	37~40T(백분위 16) 이하	36T(백분위 8) 이하
해석	정상범위	준임상범위	임상범위

제3절 개념적 모델

01 단일모델

1. 신체생리학적 모델

(1) 정의와 특성

① 정의: 행동장애아동은 기질적 · 환경적 영향으로 인해 다음의 특성을 만성적으로 나타내는 경우를 말한다.

② 행동장애아동 특성

㉠ 인지적 · 감각운동적 · 신체적 발달에 상응하는 학습을 하지 못한다.

㉡ 적절한 사회적 관계를 형성 · 유지하지 못한다.

㉢ 일상생활 환경에 적절하게 반응하지 못한다.

㉣ 과잉행동, 충동적 행동부터 우울, 위축에 이르는 행동까지 과다하게 나타난다.

(2) 기본적 관점

① 문제와 병리가 개인의 내적 측면에 존재한다고 가정하는 의료적 모델이다.

② 이 모델을 지지하는 입장에서는 장애를 환경적 요인에 의해 생물학적 요인이 발현된 결과 또는 여러 생물학적 결함이 복합적으로 나타난 결과로 가정한다.

③ 생리적 · 생물학적 · 비정상적으로 초래된 장애가 의료적 조치를 취하면 완화되거나 치료될 수 있다고 본다.

(3) 원인

① 관점: 주요 원인이 기질적 요인과 관련 있다고 본다.

② 기질적 요인

기질	내용
순한 기질	• 섭식, 수면 등이 규칙적이고 상황 변화에 잘 적응함 • 새로운 자극에 적극적으로 접근함
긍정적 반응이 느린 기질	• 새로운 자극과 상황 변화에 대한 적응이 느림 • 결과적으로는 긍정적으로 적응함
난 기질	• 부정적인 기분을 가지고 자극에 강하게 반응하며 새로운 상황에 잘 적응하지 못함 • 사회적 · 심리적 장애와 연관한다고 추정되는 기질

(4) 평가절차

가족력 조사, 신경학적 평가, DNA 검사, 기능적 행동분석을 실시한다.

(5) 중재 - 약물치료

① 약물치료
- ㉠ 아동·청소년의 다양한 정서·행동장애를 중재하는 데 사용된다.
- ㉡ 약물이 사고과정·기분·행동에 영향을 미치므로, 심리 약물치료라고 한다.
- ㉢ 부모의 태도와 만족도가 매우 중요하므로, 의료 전문가·상담가는 부모와 약물치료에 대해 충분히 논의해야 한다.

② 교사의 역할★
- ㉠ 심리 약물을 복용하는 아동의 행동을 꾸준히 모니터링한다.
- ㉡ 지속적으로 가족, 의료 전문가와 약물의 효과, 부작용에 대한 의견을 교환한다.
- ㉢ 약물치료는 아동의 부적응행동을 감소시킬 뿐이며 이로써 아동이 학업·생활 기술을 습득하는 것은 아니므로, 아동의 교육적 요구에 따라 사회성 기술, 자기 통제 기술 등도 교수한다.

2. 심리역동적 모델(정신역동적 모델) [17 중등]

(1) 정의

정서·행동장애 아동은 사회적 규제나 인습에 적응하지 못하고 효율적으로 기능하는 것이 어려우므로, 안전·정서·수용·자아존중감 등의 일상적 요구를 해결할 수 없어 갈등·불안·죄의식에 사로잡힌다.

(2) 기본적 관점

① 정신 내적 기능의 정상·비정상적 발달과 개인의 욕구에 초점을 둔다.
② 정신분석학자들은 갈등, 불안, 죄의식 등이 성격발달과 밀접하게 관련되고 정서·행동 문제는 해결되지 못한 갈등, 방어기제에의 과도한 의존, 성격구조의 심각한 일탈 등의 정신 내적 장애가 가시적으로 드러난 것이라고 본다.
③ 이 모델에서는 개인의 무의식적 충동, 욕구, 불안, 죄의식, 갈등 등을 주로 평가한다.

(3) 원인★

① 인간은 일련의 단계를 거쳐 발달하고 각 발달단계에서는 그에 따른 심리적 갈등이 발생하는데, 이 갈등이 해결되지 않을 때 정서·행동장애가 발생한다.
② 무의식적 충돌과 의식적 욕구 간의 갈등, 개인적 가치와 사회적 가치 간의 갈등, 방어기제의 과도한 사용, 생물학적(심리성적) 또는 대인관계(심리사회적) 발달상의 위기해소 실패 등이 원인이 된다.

(4) 평가절차

투사적 기법(예 로르샤흐검사, 아동용 주제통각검사), 인물화 검사, 문장완성 검사, 자기보고식 평정척도를 사용하여 평가를 실시한다.

(5) 중재

① 심리치료

　㉠ 이 모델에 근거한 중재방법 중 보편적으로 사용되는 방법은 정신분석적 심리치료이다.

　㉡ **치료목표**: 내담자가 내면에 존재하는 무의식적인 내용을 인정하는 능력을 향상하는 것이다.

　㉢ 내담자의 부정적인 증상을 줄이고 적응적이고 친사회적인 기능을 향상하기 위해 고안된 방법이다.

　㉣ 정해진 치료계획에 따라 치료자와 내담자 간의 상호작용 · 상담 · 활동을 진행한다.

② 인본주의 중재

방법	내용
집단중재	• **목표**: 교사와 학생이 문제행동을 일으키는 갈등의 원인을 공개적으로 다루는 것 • 학생의 행동을 강화나 벌을 이용하여 외부적으로 통제하지 않음 • 학생이 스스로의 행동에 대한 의견을 표현하고 자기통제 기술과 전략을 습득함으로써 행동의 내부적 통제를 할 수 있게 도움
정서교육	• 인간은 진, 선, 미, 성을 추구하는 감정을 지님 • 이 감정은 노여움, 미움, 두려움 등의 부정적 감정과는 달리 이성이 유지되는 고상한 정서로, 이 감정을 발달하는 교육을 정서교육이라고 함

3. 행동주의 모델 ^{17 중등}

(1) **정의**

정서 · 행동장애는 부적응적 행동으로 구성되며, 이 행동은 학습되는 것으로서 다른 모든 행동처럼 발전 · 유지되어왔다고 본다.

(2) **기본적 관점**

① 인간의 모든 행동, 장애행동과 정상행동이 모두 학습된 것이라고 본다.
② 장애행동과 정상행동 간의 차이를 행동의 빈도, 강도, 사회적 적응성으로 설명한다.
③ 특정 행동이 더 적게, 더 약하게, 더 적응적으로 나타났다면 장애행동으로 불리지 않았을 것이며, 이들이 본질적으로 일탈된 것이 아니라 사회적인 기대에서 일정 수준 벗어나 있을 뿐이라고 주장한다.
④ 2가지 가정
  ㉠ 행동은 관찰 · 분석 · 측정될 수 있는 반응이나 행위로 나눌 수 있다.
  ㉡ 행동은 강화와 벌로 통제할 수 있으므로, 학습으로 수정할 수 있다.
⑤ 특징
  ㉠ 부적응 행동을 포함한 모든 행동은 학습된 것이므로, 잘못 학습된 행동을 제거하거나 새로운 학습을 통해 바람직한 다른 행동으로 대체할 수 있다고 여긴다.
  ㉡ 행동의 유발과 유지는 주로 환경에 의해 결정되기 때문에 특정 행동이 일어나는 특정 환경과 특정 행동의 발생 직전 · 직후에 일어난 사건을 강조하며, 자연현상처럼 행동도 예측 · 통제 가능하다고 본다.
  ㉢ 개인의 정신 내적인 힘 · 요인보다 관찰 가능한 행동을 더 강조한다.

(3) **원인**

수동적(고전적) 조건화, 조작적 조건화, 사회적 학습(관찰학습)을 원인으로 간주한다.

(4) **평가절차**

검목표(체크리스트), 행동평정척도, 행동기록법, 기능적 행동평가가 있다.

(5) 중재

① 응용행동분석

㉠ 측정

단계	내용
1단계	수정하고자 하는 행동을 관찰 가능하도록 객관적이고 명확하게 조작적으로 정의함
2단계	목표행동에 맞는 측정방법을 선택함
3단계	• 측정의 신뢰도를 구하는 과정 • 관찰자 간 신뢰도를 구하기 위해 기초선과 중재기간에 독립적인 2명의 관찰자가 목표행동을 기록·측정함
4단계	사회적 타당성을 고려함

㉡ 실험적 평가: 응용행동분석에서는 중재하고자 하는 목표행동을 정의하고, 기초선 단계와 중재 후에 목표행동을 측정·비교함으로써 행동 변화를 확인하고 중재의 효과가 중재에 따른 것임을 검증하고자 다양한 실험설계를 사용한다.

㉢ 목표행동 증가시키기: 학생이 바람직한 행동을 할 때 보상으로 정적 강화자극을 제공한다.

㉣ 목표행동 감소시키기

ⓐ 소거: 학생이 문제행동을 보이더라도 철저하게 관심을 보이지 않는 것으로, 문제행동 발생 후 강화제를 제거하는 방법이다.

ⓑ 벌: 목표행동 발생 후 육체적 고통을 주거나 긍정적인 강화자극을 제거하여 행동 감소를 유도하는 방법이다.

ⓒ 차별강화

구분	내용
타행동 차별강화	문제행동이 발생하지 않을 때 강화물을 유관성 있게 제공함
저빈도 차별강화	문제행동 비율이 기준치 이하로 감소하면 강화물을 제공함
대체행동 차별강화	바람직한 행동의 빈도는 증가시키고 바람직하지 않은 행동의 빈도는 감소시키기 위해 사용함
상반행동 차별강화	대체행동을 문제행동과 상반되도록 하여 두 행동이 동시에 일어날 수 없게 함

ⓜ 선행사건 통제: 문제행동의 원인인 선행사건을 통제함으로써 문제행동을 예방하고 바람직한 행동을 지원한다.
ⓑ 자기관리

구분	내용
목표설정	학생이 스스로 수행할 목표를 설정함
자기점검	자신의 행동을 관찰·기록함
자기평가	자신의 수행을 정해진 기준에 근거하여 스스로 사정함
자기교수	행동을 시작·안내·억제하기 위해 언어적 단서를 사용함
자기강화	자신이 스스로 싫어하는 과제를 수행할 수 있도록 동기유발을 하거나 잘한 일에 대한 강화를 제공함

ⓢ 집단강화
  ⓐ 집단 단위로 강화를 제공하는 것으로, 집단의 유관성이라고도 한다.
  ⓑ 목적: 집단 내 모든 학생을 대상으로 하며, 하나 이상의 목표행동을 향상시키고자 한다.
  ⓒ 일부 유형은 집단 구성원이 공동목표 달성을 위한 작업을 하므로 집단 응집력과 협력이 촉진될 수 있다.

② 중재패키지
  ㉠ 토큰경제: 상징 강화체계이며, 이 방법을 사용할 때 중요한 점은 학생이 토큰을 다양한 강화물과 바꿀 수 있어야 하고 각 강화물을 구입하는 데 얼마의 토큰이 필요한지를 이해해야 한다는 점이다.
  ㉡ 행동계약: 유관계약이라고 하며, 목표행동의 수행과 강화물 교환에 관한 내용을 교사와 학생이 서면으로 계약하는 것을 말한다.
  ㉢ 사회적 기술 훈련
    ⓐ 학생의 사회적 상호작용, 사회적 수용, 학교·일상생활에의 적응 등을 개선하는 데 중점을 둔다.
    ⓑ 적절한 사회적 상호작용에 필요한 특정 기술을 체계적으로 지도하는 훈련으로, 새로운 기술을 효과적으로 학습할 수 있도록 계획한다.

4. 인지주의 모델★

(1) 정의

① 정서 · 행동은 경험한 사건에 대한 해석의 결과이며, 따라서 임상적인 개선도 사고의 변화에 따라 결정된다고 주장한다.

② 인지주의심리학자들은 행동에 영향을 주는 개인의 사고, 신념, 기대, 태도에 주목한다.

③ 인지장애 과정이 심리적 장애를 유발하기 때문에 인지의 변화를 통해 장애행동이 개선 · 치유될 수 있다고 본다.

(2) 기본적 관점

① 행동은 외적 사상과 사상에 대한 개인의 해석방법에 의해 결정되며 개인의 사고, 감정, 행동 간에는 상호작용적인 관계가 존재한다.

② 정서 · 행동에 대한 외적 사상의 영향은 인정하지만 인간의 내적 과정이 장애의 근본적 원인이라고 가정한다는 측면에서 정신역동적 모델이나 신체생리적 모델과 유사하다.

③ 주요 관심사가 개인의 지각 · 사고라는 점에서 심리역동적 모델, 행동주의 모델과 차이를 보인다.

④ 외적 사상이 단일 요인으로서 정서 · 행동장애를 유발하는 것이 아니라 외적 사상에 대한 개인의 신념과 왜곡된 사고가 스스로 불행과 두려움의 정서를 만든다고 본다.

⑤ 자신에 대한 부정적 시각, 삶에 있어 이겨낼 수 없는 장애물, 미래에 대한 절망감 등을 떨쳐내지 못하는 부적절한 인지 · 사고가 부적절한 감정 · 행동을 유발한다는 것이다.

[그림 7-1] 인지주의 모델의 정서 · 행동장애 원인

(3) 원인

① 사회인지 이론

ㄱ 모델링: 학생이 타인을 관찰하면서 나타내는 감정, 행동, 사고의 변화를 말한다.

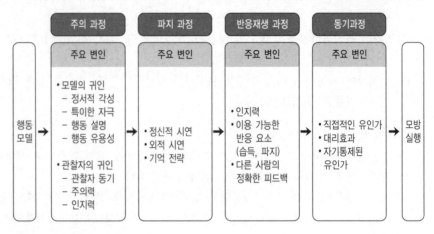

ㄴ 사회인지 이론과 정서행동장애

구분	내용
부적응행동과 관찰학습	• 다양한 부적응 행동에 노출 • 수많은 모델에 반복적으로 노출 • 부적응 행동에 혜택이 주어진 것을 관찰
대리효과	• 탈억제(disinhibition)는 외부 자극에 따라 일시적으로 억제력을 잃는 것 • 모델이 새로운 부적응 행동을 가르치지 않을 때도 부적응 행동에 강한 영향을 줄 수 있음 예 다른 학생이 아무렇지도 않게 규칙을 어기는 것을 관찰한 학생은 다음에 규칙 위반을 하지 않았던 행동을 바꿀 수도 있다.
기능부전적 자기 효능감	• 공격행동을 하는 학생은 또래에게 고통을 주는 능력에 대해 높은 자기효능감을 가질 수 있음 • 따라서 학생은 갈등을 해결하는 데 다른 학생들보다 더 폭력적인 방법을 사용할 수 있음

② 인지결함

　ⓐ 생각의 부재를 의미한다.

　ⓑ 인지주의 모델에서는 인지결함을 문제해결능력이 없는 것으로 본다.

　　예 충동적인 아동이 사전에 생각을 하지 않거나 계획적이지 못한 것

③ 인지왜곡

　ⓐ 정확하지 않은 역기능적 사고과정을 의미한다.

　　예 우울한 아동이 다른 사람은 자신을 또래보다 능력이 부족하다고 생각하지 않는데,
　　자신은 스스로를 부족하다고 보는 것

　ⓑ 인지왜곡 종류

정서행동장애개론, 이승희,
학지사

구분	내용
이분법적 사고	• 어떤 일을 극단의 두 범주로만 나누어 평가함 • 양극화된 사고라고도 함
속단하기	아무런 근거가 없는데도 어떤 일을 부정적으로 간주함
정신적 여과	어떤 상황에서 부정적인 사항 하나를 특정하고 이를 강조하여 전체 상황을 부정적으로 지각하는 것
과잉일반화	아주 적은 예를 근거로 일반적인 결론을 내리는 것
개인화	• 자신과 무관하게 발생한 부정적 사건에 대해 자신이 원인이라고 생각함 • 또는 타인의 행동이 자신을 두고 하는 것이라고 생각함
과장하기 또는 축소하기	• 자신의 불완전성을 확대하거나 장점을 축소함 • **파국화**: 과장하기의 하위유형으로, 모든 일에서 최악의 결과를 상상하는 것
정서적 추론	객관적 사실보다 자신이 느끼는 바를 근거로 판단하는 것
당위적 진술하기	동기부여를 직면한 실제 상황보다 '해야만 한다.', '해서는 안 된다.' 등의 당위적 사고에 기댐
낙인찍기	• 특정 행동을 기술하기보다 절대적이고 변경할 수 없는 용어로 자신이나 타인을 명명함 • 과잉일반화의 극단적인 형태이기도 함

(4) 평가절차

　자기보고식 질문지법, 사고목록 기록법, 소리 내어 생각하기 기법, 면담을 사용한다.

정서 · 행동장애

제7장

해커스임용 **설지민 특수교육학** 기본이론 2

(5) 중재

① 모델링 [16 중등]
  ㉠ 모델링을 사용하는 인지중재로는 비디오와 역할극이 있다.
  ㉡ 이 중 비디오 모델링은 비디오를 통해 대리처벌 또는 대리강화를 받는 방법이다.
  ㉢ 모델링은 일반적인 교수 실행과 인지 중재의 중요한 부분으로 사용할 수 있다.
  ㉣ 사회적 문제나 개인적 문제를 해결하기 위한 자기교수, 인지적 문제해결, 대인적인 지각, 귀인, 신념 지도 등의 특수한 인지적 중재와 함께 사용할 수 있다.

② 인지결함 중재
  ㉠ 인지결함으로 발생하는 문제행동을 지도하기 위해서는 문제행동과 동등한 기능을 가진 대안행동을 지도하거나 기술 습득을 통해 적응행동이 증진되도록 해야 한다.
  ㉡ 인지전략 – 초인지전략
    ⓐ 과제수행에 사용하는 전략의 모든 과정을 인지·조절하는 방법이다.
    ⓑ 초인지요소

구분	내용
초인지적 지식	• 학습자가 학습에 영향을 주는 개인·과제·전략 변인을 아는 것 • 선언적 지식, 절차적 지식, 조건적 지식으로 나누어짐 – **선언적 지식**: 자신과 전략에 관한 지식 – **절차적 지식**: 전략 사용에 관한 지식 – **조건적 지식**: 사용시기와 이유에 관한 지식
자기조정	• 인지과정을 스스로 조절하는 것 • 인지전략을 효율적으로 선택·관리하고 목표에 도달하기 위해 학습하는 동안 학습활동을 점검·재지시하는 방법 • 계획 활동, 점검 활동, 결과 점검으로 구성됨 – **계획 활동**: 결과 예측, 전략 계획, 다양한 형태의 대리적 시행착오 등 – **점검 활동**: 학습전략 점검, 수정, 재계획 등 – **결과 점검**: 전략의 효과에 대한 평가 등

© 자기교수 – 초인지전략 훈련 [23 유아], [22 유아], [18 유아]

구분	내용
개념	• 수행할 행동의 순서를 스스로 말하면서 실행하게 하는 훈련 • 자신의 생각과 행동을 언어화하도록 함(소리 내어 생각하기)
진술문	• **문제 정의**: '문제가 무엇이지?', '내가 할 것이 무엇이지?' • **주의집중과 행동 지시**: '어떻게 해야 하지?', '내 계획이 무엇이지?' • **자기강화**: '난 잘 하고 있나?', '난 계획대로 하고 있나?' • **자기평가와 오류 수정**: '어떻게 끝낼 수 있었지?', '내가 문제를 해결한 방법이 무엇이지?'
단계별 활동	• 1단계(인지적 모델링): 교사는 과제 수행의 시범을 보임. 이 단계에서 교사는 큰 소리로 과제 수행의 단계를 말하면서 시범을 보이고 학생은 이를 관찰함 • 2단계(외적 안내): 학생은 교사의 지시에 따라 같은 과제를 수행함. 교사는 학생이 과제를 수행하는 동안 큰 소리로 과제 수행 단계를 말함 • 3단계(외적 자기교수): 학생은 큰 소리로 과제 수행 단계를 말하면서 같은 과제를 수행함. 교사는 관찰하며 피드백을 제공함 • 4단계(자기교수 용암): 학생은 자기 목소리로 과제 수행 단계를 속삭이면서 과제를 수행함. 교사는 관찰하고 피드백을 제공함 • 5단계(내적 자기교수): 학생은 소리 내지 않고 내적 언어를 사용하며 과제를 수행함

② 사회적 문제해결
ⓐ 정서 · 행동장애학생은 정서적 · 행동적 문제로 인해 사회적 문제를 효율적으로 해결하지 못할 수 있다.
ⓑ 또래집단에서 대인관계가 좋지 않은 학생은 문제를 해결할 수 있는 인지전략을 사용하지 않는 경향이 있고, 이러한 학생에게 사회적 문제해결과정을 학습시키기 위한 중재설계가 필요하다고 전제한다.
ⓒ 단계별 교사의 역할

단계	방법	내용
1단계	문제해결 방법 설정	교사는 정서적 · 행동적 문제의 희망적인 해결방법을 설정하고, 학생이 스스로 사회적인 문제를 해결할 수 있다고 믿게 해야 함
2단계	문제 정의	교사는 학생이 문제상황의 내외적인 부분을 검토하고 문제의 내외적인 측면에 집중하게 함
3단계	대안적인 일반화	학생이 문제 정의 단계에 설정한 변화를 달성하도록 대안적인 해결방법을 모색하게 함
4단계	의사결정	교사는 각 대안적인 방법의 결과와 실현 가능성을 고려하여 학생을 지도함
5단계	수행 · 확인	학생은 선택한 해결방법을 시도한 후 문제상황, 문제해결 시도, 문제해결 과정에서 느꼈던 감정 · 사고 · 성과 등의 정보를 기록함

③ 인지왜곡 중재
ⓐ 왜곡된 정보처리의 수정
ⓐ 정서·행동장애학생은 사회적 정보를 부정확하게 또는 선택적으로 인식하고 이를 부정적으로 생각하는 경우가 많다.
ⓑ 합리적 정서행동치료(rational emotive behavior therapy:REBT)
- 합리적 정서행동치료의 일반적인 목표는 학생의 비합리적 신념을 합리적 신념으로 바꾸는 것이다. 합리적 신념은 비합리적 신념의 반대다. 즉, 합리적 신념은 상황의 변화에서 유연하고 논리적이며, 상황의 현실과 일치하며, 목표를 성취하려는 사람에게 도움을 준다(Dryden & Ellis, 2001).
- 합리적 정서행동치료는 인간의 정서와 인지는 분리된 것이 아니라 서로 연계되어 있다고 가정한다. 사고의 대부분은 감정이 원인이다. 부정적인 상황이 학생의 정서행동 문제에 직접적으로 작용하지는 않는다. 즉, 학생이 문제를 일으키는 것은 상황에 대한 학생의 비합리적 신념 때문이다.
- A − B − C 체계: 학생은 불쾌한 정서와 부적응 행동(C)의 원인을 불행한 선행사건(A) 탓으로 돌리는 경향이 있다. 그러나 합리적 정서행동치료에서는 학생의 비합리적 신념(B)이 부적응 행동의 실제적인 원인이라는 것을 강조한다.

구분		내용
A	선행사건	관찰 가능한 상황과 그 상황에 대한 학생의 해석
B	신념	발생한 상황에 대한 다양한 평가 및 조망, 학생의 삶에 대한 철학 및 신념
C	결과	학생의 신념에 뒤따르는 정서 및 행동

- 합리적 정서행동치료의 비합리적 신념과 합리적 신념

용어	비합리적 신념	대안적인 합리적 신념
막다른 생각	이 선행사건은 나에게 끝이다.	이 선행사건은 나에게 매우 불편하고 혐오스럽고 나쁘지만 끝이 아니다.
참을 수 없다는 생각	이 선행사건은 내가 참을 수 있는 능력의 한계를 넘었다.	이 선행사건은 나에게 고통스럽고 어렵고 큰 변화를 요구할 것이지만 나는 이것을 해낼 수 있다.
마술적 사고	이 선행사건은 부당하고, 일어날 수 없는 일이고, 아주 불공평하고, 결코 일어나지 말았어야 한다.	일어나지 말았어야 할 일이 일어났다면 나는 지금 그것을 바꿔야 하고, 참아야 하고, 다른 방법으로 처리해야만 한다.
비난	이 선행사건을 일으킨 나쁜 사람은 사악한 행동에 대해 반드시 비난과 벌을 받아야 한다.	나는 그가 나에게 대했던 방법과 다르게 생각하고 대응해야 한다.

흑백논리적 사고	나는 항상 불행하다. 내가 사랑하는 사람이 나를 전혀 받아들이지 않는다. 이런 중요한 과제를 성공하지 못하기 때문에 내가 성취한 것들은 무가치하다.	거의 모든 사람과 같이 나는 행복과 슬픔, 사랑과 거절, 성공과 실패를 경험한다.

- 합리적 정서행동치료의 초점은 학생의 신념을 비합리적인 것에서 합리적인 것으로 전환시키는 인지 재구조화에 있다. 교사는 학생의 비합리적 신념을 논박하여 인지 재구조화를 촉진한다.
- 논박 기법은 비합리적 신념의 논리, 증거, 유용성이 부족하다는 것을 설명한다. 이 논박이 성공적이라면 인지 재구조화는 정서행동장애에서 나타나는 사고체계를 변화시킨다. 이러한 종류의 변화는 일반화와 유지에 필수적이다.

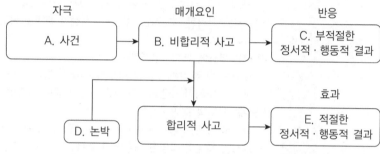

[그림 7-2] 합리적 정서치료 모형(ABCDE 모형)

- ABCDE 모형
  - A(Activating event, 반응을 일으키는 사건)는 사건 · 상황 · 환경 · 개인의 태도이며, C(Consequence, 정서적 · 행동적 결과)는 개인의 반응이나 정서적 · 행동적 결과인 반응으로 적절할 수도 부적절할 수도 있다. 이 모형에서는 A가 C를 초래한다고 보지 않고, 개인의 A에 대한 믿음인 사고 B(Belief)가 C의 정서적 · 행동적 반응을 초래한다고 본다.
  - 합리적 정서치료에서의 핵심은 인간의 정서반응이나 장애를 일으키는 비합리적인 생각을 바꾸는 방법을 제시하는 것이며, 이 방법은 바로 D(Dispute)로 표현되는 논박이다. 특별히 D는 내담자가 자신의 비합리적인 생각을 고치는 데 적용될 수 있는 과학적 방법이다. 내담자에게 논리를 가르침으로써 비현실적이고 검증할 수 없는 자기파괴적인 가설을 포기하게 한다. 엘리스(Ellis)는 성공적인 상담은 비합리적 사고를 계속적으로 논박하여 어느 정도로 재교육에 성공하는지가 좌우한다고 강조했다.
  - 논박에 성공하면 내담자의 적절한 정서와 적응적 행동을 일으키는 효과 E(Effect)가 나타난다.

ⓒ 중재방법: 분노대처 프로그램 [22 초등]

목표	강한 정서적 각성과 공격행동을 초래하는 사회적 지각의 오류를 강조함
단계	• 1단계: 목표설정 – 목표설정은 분노대처 수업을 시작할 때 검토해야 하는 기본 과제 – 학생은 프로그램 초기에 수업과 관련된 목표를 세우고 실천하며 평가하는 방법을 배움 ⑩ '누군가가 나를 놀렸을 때, 화나는 목소리와 행동을 멈춘다.'라고 목표를 설정함 • 2단계: 자기대화 – 학생이 조롱과 경솔한 분노를 참는 방법을 배울 때, 인형과 역할극의 모델링으로 자기대화를 배움 – 자기교수와 유사한 자기대화는 학생의 분노를 진정시킬 수 있음 • 3단계: 분노개념 – 분노와 연관된 행동(⑩ 얼굴표정, 자세)이나 정서, 사고, 생리적 반응(⑩ 뜨거운 것을 느낌, 근육 긴장)을 포함함 – 교사는 이러한 개인적인 반응들을 시청각 매체를 통해 정의하고 논의하며 조사함 • 4단계: 분노에 대한 대안행동 – 교사는 갈등 상황에서 분노에 대한 대안행동을 조사함 – 교사는 학생이 대안행동의 과정을 순서대로 생각할 수 있도록 도움 • 5단계: 사회적 조망 수용 – 사회적 조망 수용은 분노대처 프로그램의 중요한 특징 – 교사는 학생이 다양한 상황에서 수용할 수 있는 조망들을 찾게 하기 위해 다양한 수업과 기법을 사용함 – 이러한 수업에서는 각 조망의 잠재적인 결과를 강조함 • 6단계: 분노대처 실행의 활성화 – 학생은 분노개념의 학습과 더불어 분노대처 실행을 활성화하기 위한 전략을 배움 – 학생은 자기 자신에게 질문을 함 ⑩ 무엇이 문제인가?, 나는 어떻게 느끼는가?, 내가 할 수 있는 대안은 무엇인가?, 결과는 어떠한가?

ⓛ 왜곡된 귀인·신념 수정: 왜곡된 귀인과 신념은 불안장애와 우울증의 주요 요인으로 작용한다.

ⓐ **귀인 재훈련 ★ 17 유아**
- 귀인: 일상에서 경험하는 사건의 원인에 대해 학생이 생각하는 신념으로, 수행이 성공·실패한 원인이 어느 곳에 있는지를 설명한다.
- 귀인 분류

통제성 \ 안정성	소재성 내적		외적	
	안정적	불안정적	안정적	불안정적
통제 가능	지속적 노력	일시적 노력	교사의 편견	타인의 도움
통제 불가능	능력	기분	과제 난이도	운

- 일반적으로 실패를 내적·안정적 요인에 귀인하는 학생은 무력감에 사로잡혀 있거나 우울에 민감하다.
- 무력감에 사로잡히거나 우울 증상이 있는 학생을 위한 귀인 재훈련 프로그램에서는 학생이 성공의 원인을 내적·안정적 원인인 자신의 능력으로 돌리고, 실패의 원인을 내적이지만 불안정한 원인인 노력으로 돌리도록 한다.

ⓑ **합리적 정서치료 ★ 20 중등, 16 중등**
- 목표: 학생의 비합리적 신념을 합리적 신념으로 바꾸는 것이다.
- 이때 합리적 신념은 상황의 변화에 유연하고 논리적이고 상황의 현실과 일치하며, 목표를 성취하려는 사람에게 도움이 된다.
- 인간의 정서와 인지가 연계되고 사고의 대부분은 감정이 원인이며 학생의 문제행동은 상황에 대한 학생의 비합리적인 신념 때문인 것으로 가정한다.
- 학생의 신념을 비합리적인 것에서 합리적인 것으로 전환하는 인지 재구조화를 목표한다.

5. 생태학적 모델

(1) 정의
① 다른 사람과 상호작용하는 환경에서 지속적이고 일관적으로 부적절한 행동을 보이는 경우를 정서·행동장애로 정의한다.
② 정서·행동장애가 학생 주변 사람들의 기대, 판단이나 상황에 따라 다르게 판단될 수 있다고 본다.

(2) 기본적 관점
① 학생의 개인적 특성뿐만 아니라 행동과 환경 간의 상호작용도 일탈행동의 발생과 지속에 영향을 미친다고 본다.
② 즉, 환경과 학생의 본유적 특성 간의 부조화로 인해 장애가 발생한다고 판단한다.
③ 중재로써 대상학생과 환경을 함께 수정하여 상호 조화를 이루는 것을 목표로 한다.
④ 장기적으로 학생이 속한 환경에서 기능적인 사회구성원의 역할을 할 수 있도록 중재 내용과 과정을 확장한다.

(3) 브론펜브레너(Bronfenbrenner)의 생태학적 체계 ★ 23 유아, 22 중등, 21 유아

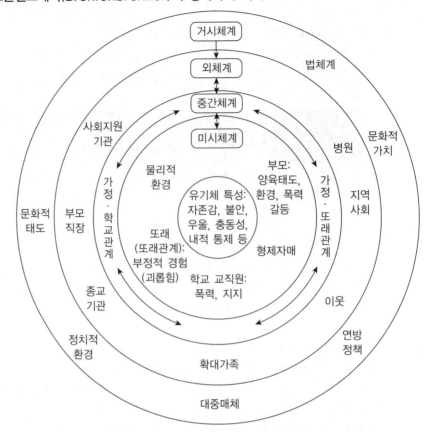

[그림 7-3] 브론펜브레너의 생태학적 체계

구분	내용
미시체계	물리적·사회적 환경에서 개인이 직접 경험하는 활동, 역할, 관계 예 가정, 놀이터, 학교 등에서 사람들과 면대면으로 마주하며 상호작용하는 상황
중간체계	• 개인이 참여하는 환경 간의 상호작용을 의미함 • 개인이 직접적으로 상호작용을 하는 미시체계 간의 상호작용 　예 학생의 부모와 교사 간 상호작용, 가족과 또래 간 상호작용
외체계	개인이 직접적으로 참여하지는 않지만 개인이 속한 환경에서 영향을 주고받는 상황 예 부모의 직장, 지역사회 기관, 교회, 병원, 친척 등
거시체계	문화적 가치와 태도, 정치적 환경, 대중매체, 법과 같이 하위체계에서 일관되게 나타나는 것 예 문화적 가치와 태도가 보다 수용적인 국가나 총기 소지에 제한을 두는 국가에서는 아동·청소년의 정서·행동문제가 비교적 적게 나타날 수 있음
시간체계	• 개인에게 영향을 미치는 환경의 시기와 상호작용의 시기는 개인 발달에 중요한 변수가 됨 • 즉, 환경 변화를 경험하는 시기가 아동의 발달에 중요한 영향을 미침 • 시간적 차원으로, 생태학적 평가·중재 시 이를 포함한 모든 생태체계를 고려함 예 동생의 출생이 모아 애착의 중요 시기인 2세경인 경우와 부모로부터의 독립을 연습하는 시기인 15세인 경우는 발달에 서로 다른 영향을 미침

(4) 평가절차

교실·교수 욕구 분석, 행동평정프로파일(BRP-2), 생태학적 사정도구를 사용한다.

(5) 중재

① 가족 중재

    ㉠ 교사는 가족 구성원을 학생의 교육 동반자로 인식하고 가족, 특히 부모에 대한 긍정적인 관점을 유지한다.

    ㉡ 그 동안 많은 사람이 학생의 정서·행동장애를 부모의 탓으로 돌리고 부모를 문제해결 지원의 잠재적 원천이 아닌 지원 대상자로 여겼으나 학생의 문제해결에 있어 부모의 긍정적 역할·관점은 무엇보다 중요하다.

    ㉢ 부모는 지원 제공자가 될 수 있으며, 다만 지원자로서의 기술 훈련이 필요하다.

② 학교 중심의 생태학적 프로그램

    ㉠ 학교 환경은 사회성 발달에 있어 매우 중요하며 교사가 직접적으로 통제할 수 있는 환경이다.

    ㉡ 개별 학생의 직접적 중재와 함께 학교 체계의 중재를 함으로써 개인과 환경 간의 관계 향상과 발전된 사회적·학문적 적응을 이끌어낼 수 있다.

    ㉢ Re-ED 프로젝트

        ⓐ 학생이 기능을 수행하는 모든 환경에서의 일관성을 기르는 것을 목표로 한다.

        ⓑ 일생의 모든 환경의 중재를 제공하고자 하는 포괄적인 접근방법이다.

    ㉣ 긍정적 행동지원(PBS)

        ⓐ 문제행동은 특정 환경 사건·조건 간의 상호작용 과정에서 나타나며 해당 상황에서 원하는 성과를 얻으려는 기능과 관련이 있다.

        ⓑ 학생을 위한 예방 교육과정과 적절한 사회적 기술의 직접적인 교수를 강조한다.

        ⓒ 교사의 역할: 정서·행동장애학생의 학업 기술 획득을 위한 효과적인 교수를 실시하고 문제행동 발생을 예방하며 자기조절 능력을 향상시키는 전략을 제공한다.

정서 및 행동장애아 교육, 윤점룡 외, 학지사

02 통합모델

1. 취약성-스트레스 모델(vulnerability-stress model)

① 특정한 장애에 걸리기 쉬운 개인적 특성인 취약성과 생활사건으로 인해 야기되는 스트레스가 상호작용하여 정서 행동장애가 유발된다는 입장이다.

② 이 모델에 따르면 정서·행동장애는 취약성 요인과 스트레스 요인이 함께 작용하여 나타난다.

③ 이때 요인은 생물학적일 수도 있고 심리적일 수도 있으며 사회적일 수도 있다.

2. 생물심리사회적 모델(biopsychosocial model)

① 정서·행동장애를 이해하려면 생물학적 요인, 심리적 요인, 사회적 요인을 종합적으로 고려해야 한다는 입장이다.

② 이 모델에 따르면 정서·행동장애는 생물학적 요인(예 생리적 요인, 유전), 심리적 요인(예 인지, 정서, 성격, 학습), 사회적 요인(예 사회적 환경, 역사, 문화)이 함께 작용하여 나타난다.

③ 요인 간의 상대적 중요성은 연령, 발달단계뿐만 아니라 개인에 따라 달라질 수 있다.

④ 현재 의학, 간호학, 심리학, 사회학 등의 분야에서 널리 사용되며 특히 정신건강의학, 건강심리학, 임상심리학 등의 특수 분야에 많이 적용되고 있다.

제4절 DSM-5 진단기준에 따른 유형

01 신경발달장애

1. 주의력결핍 과잉행동장애(ADHD; Attention Deficit Hyperactivity Disorder) [18 중등]

(1) 정의

① 부주의, 과잉행동, 충동성이라는 핵심적 특성으로 정의된다.

② 산만하여 주의집중을 못하는 부주의와 가만히 있지 못하고 끊임없이 움직이거나 성급하게 행동하는 과잉행동-충동성으로 나눌 수 있다.

(2) DSM-5 진단기준

| ADHD의 DSM-5 진단기준 |

A. 1. 그리고/또는 2.와 같은 특징을 가진 부주의 그리고/또는 과잉행동-충동성의 지속적 패턴의 기능이나 발달을 저해한다.

1. **부주의:** 다음 증상 중 6가지(또는 그 이상)가 발달 수준에 적합하지 않고, 사회적 활동과 학업적/직업적 활동에 직접적으로 부정적 영향을 미칠 정도로 최소 6개월 동안 지속된다.

   주의: 증상이 과제나 교수를 이해하는 데 있어 단지 적대적 행동, 반항, 적개심, 실패를 표현하는 것이 아니다. 청소년과 성인(17세 이상)은 최소 5가지 증상이 요구된다.

   a. 흔히 세부적인 면에 대해 면밀한 주의를 기울이지 못하거나, 학업, 직업 또는 다른 활동에서 부주의한 실수를 저지른다.

   예 세부적인 것을 간과하거나 놓침, 일을 정확하게 하지 못함

   b. 흔히 일 또는 놀이를 할 때 지속적인 주의집중에 어려움이 있다.

   예 수업, 대화, 또는 긴 문장을 읽을 때 지속적으로 집중하기 어려움

   c. 흔히 다른 사람이 직접적으로 말을 할 때 경청하지 않는 것처럼 보인다.

   예 분명한 주의산만이 없음에도 생각이 다른 데 있는 것 같음

   d. 흔히 지시를 못 따르고 학업, 잡일 또는 직장에서의 임무를 수행하지 못한다.

   예 과제를 시작하지만 빨리 집중력을 잃고, 쉽게 곁길로 빠짐

   e. 흔히 과업과 활동 조직에 어려움이 있다.

   예 순차적 과제 수행의 어려움, 물건과 소유물 정돈의 어려움, 지저분하고 조직적이지 못한 작업, 시간관리 미숙, 마감 시간을 맞추지 못함

   f. 흔히 지속적인 정신적 노력을 요하는 과업에의 참여를 피하고 싫어하고 저항한다. 예 학업 또는 숙제, 청소년과 성인은 보고서 준비, 서식 완성, 긴 논문 검토

   g. 흔히 과제나 활동에 필요한 물건을 분실한다.

   예 학교 준비물, 연필, 책, 도구, 지갑, 열쇠, 서류, 안경, 휴대폰

   h. 흔히 외부 자극에 의해 쉽게 산만해진다.(청소년과 성인에게는 관련 없는 생각이 포함된다.)

   i. 흔히 일상 활동에서 잘 잊어버린다.

   예 잡일, 심부름, 청소년과 성인은 전화 회답, 청구서 납부, 약속 지키기

2. **과잉행동-충동성**: 다음 증상 중 6가지(또는 그 이상)가 발달 수준에 적합하지 않고, 사회적 활동과 학업적/작업적 활동에 직접적으로 부정적인 영향을 미칠 정도로 적어도 6개월 동안 지속된다.

주의: 증상이 과제나 교수를 이해하는 데 있어 단지 적대적 행동, 반항, 적개심, 또는 실패를 표현하는 것이 아니다. 청소년과 성인(17세 이상)에게는 적어도 5가지 증상이 요구된다.

a. 흔히 손발을 가만히 두지 못하거나 의자에 앉아서도 몸을 움직거린다.
b. 흔히 앉아 있도록 기대되는 교실이나 기타 상황에서 자리를 뜬다.
  예 교실, 사무실이나 작업장, 또는 자리에 있어야 할 다른 상황에서 자리를 이탈함
c. 흔히 부적절한 상황에서 지나치게 뛰어다니거나 기어오른다.
  주의: 청소년이나 성인에게는 주관적 안절부절못함으로 제한될 수 있다.
d. 흔히 여가활동에 조용히 참여하거나 놀지 못한다.
e. 흔히 끊임없이 움직이거나 마치 자동차에 쫓기는 것처럼 행동한다.
  예 식당, 회의장과 같은 곳에서 시간이 오래 지나면 편안히 있지 못함, 지루하여 가만히 있지 못하거나 지속하기 어렵다는 것을 다른 사람들이 느낌
f. 흔히 지나치게 수다스럽게 말한다.
g. 흔히 질문이 채 끝나기 전에 성급하게 대답한다.
  예 다른 사람의 말에 끼어들어 자기가 마무리함, 대화에서 차례를 기다리지 못함
h. 흔히 차례를 기다리지 못한다.
  예 줄 서서 기다리는 동안
I. 흔히 다른 사람의 활동을 방해하고 간섭한다.
  예 대화, 게임, 또는 활동에 참견함, 요청이나 허락 없이 다른 사람의 물건을 사용함, 청소년이나 성인의 경우 다른 사람이 하는 일에 간섭하거나 떠맡음

B. 몇몇 부주의 또는 과잉행동-충동성 증상이 만 12세 이전에 나타난다.
C. 몇몇 부주의 또는 과잉행동-충동성 증상이 2가지 이상의 장면에서 나타난다.
  예 가정, 학교 또는 직장에서 친구 또는 친척들과 함께 다른 활동을 할 때
D. 증상이 사회, 학업 또는 직업 기능에 방해를 받거나 질적으로 감소하는 명백한 증거가 있다.
E. 증상이 조현병(schizophrenia) 또는 기타 정신증 장애의 경과 중에만 발생하지는 않으며, 다른 정신장애에 의해 더 잘 설명되지 않는다.
  예 기분장애, 불안장애, 해리장애, 성격장애, 물질중독, 위축

➜ **다음 중 하나를 명시할 것**
  • **314.01(F90.2) 복합형**: 지난 6개월 동안 진단기준 A1(부주의)과 진단기준 A2(과잉행동-충동성)를 모두 충족한다.
  • **314.00(F90.0) 주의력결핍 우세형**: 지난 6개월 동안 진단기준 A1(부주의)은 충족하지만 A2(과잉행동-충동성)는 만족하지 않는다.
  • **314.01(F90.1) 과잉행동-충동 우세형**: 지난 6개월 동안 진단기준 A2(과잉행동-충동성)는 충족하지만 A1(부주의)은 충족하지 않는다.

(3) 중재 방법

① 아동이 집중할 수 있도록 강화한다.

② 규칙을 정하고 종종 반복하며 규칙을 따르는 아동에게 반드시 강화한다.
   예 과제하기, 조용히 하기, 자기 자리에 앉아 있기, 과제 마치기

③ 과제에 집중하면 강화하고, 강화의 시간간격을 점차 늘린다.

④ 환경의 구조화를 통해 산만하게 하는 자극을 줄인다.

⑤ 큰 과제를 작은 과제들로 세분화한다.

⑥ 적절한 모델 역할을 할 아동과 직접적으로 함께 일할 수 있는 동료나 가정에서의 교사를 선정한다.

⑦ 이해의 가능성을 증가시킬 수 있는 다양한 방법으로 지시한다.

집중 point ADHD의 DSM-5 진단기준과 DSM-IV-TR의 차이점★

• DSM-5 진단기준은 주의점을 추가하여 감별 진단의 명료성을 높였다.

• 후기 청소년이나 성인(17세 이상)의 경우 부주의, 과잉행동-충동성에 해당하는 증상 중 5가지만 충족하면 진단이 가능하다.

• 특정 부주의, 과잉행동-충동성 증상이 12세 이전에 나타나야 하는 것으로 기준 연령이 조정되었다. (DSM-IV-TR: 만 7세 이전)

2. 틱장애 ^{23 중등}

(1) 정의

갑작스럽고, 빠르게 재발하고, 비율동적인 근육운동 또는 음성이 1~2초 이상 지속되는 경향이 있다. 스트레스 상황으로 악화되고 읽기와 같은 몰입 활동으로 약화된다.

(2) 종류

단순한 운동 틱	눈 깜박거리기, 얼굴 찌푸리기, 어깨 으쓱거리기 등
음성 틱	코 골기, 컹컹 대기, 헛기침하기 등
복잡한 음성 틱	애매한 단어 소리치기, 반향어하기, 자신의 말 마지막 구 반복하기 등

(3) 진단기준

① 일과성 틱장애: 1가지 이상의 운동 틱이나 음성 틱이 나타나며, 지속 기간이 1년 이내인 경과를 보인다.

> **▌일과성 틱장애의 DSM-5 진단기준 ▌**
>
> A. 1개 또는 여러 개의 운동 틱 또는 음성 틱이 나타난다.
> B. 틱은 자주 길어지거나 약해질 수 있지만, 처음 시작된 지 1년 이하의 기간 동안 지속된다.
> C. 이 증상이 18세 전에 나타난다.
> D. 이 장애는 어떤 물질(예 코카인)의 생리적 효과나 또 다른 의학적 상태(예 헌팅톤병, 바이러스 후 뇌질환)에 기인하지 않아야 한다.
> E. 뚜렛장애나 만성 혹은 음성 틱장애 기준을 충족하지 않아야 한다.
>
> **▌ICD-10 ▌**
>
> 틱장애의 일반적인 기준을 만족하고, 지속 기간은 12개월을 초과하지 않는다. 모든 틱장애 중 가장 흔한 형태의 틱이며, 4~5세 사이에서 가장 흔히 나타난다. '눈 깜빡거리기', '얼굴 찡그리기', '머리 흔들어 대기'가 가장 흔히 발견되는 형태이다. 한 번의 에피소드로 끝나기도 하고, 재발이 반복되기도 한다.

② 만성운동 또는 음성 틱장애: 틱 증상이 1년 이상 지속되고 근육 틱과 음성 틱 중에 1가지만 나타나고, 발병 연령은 18세 이전이어야 하며, 뚜렛장애의 진단기준을 충족한다면 이 진단을 내려서는 안 된다.

> **｜만성운동 또는 음성 틱장애의 DSM-5 진단기준｜**
>
> A. 1개 또는 여러 개의 운동 틱 또는 음성 틱이 이 질병이 있는 동안 지속되지만, 운동 틱과 음성 틱이 모두 있는 것은 아니다.
> B. 틱은 자주 길어지거나 약해질 수 있지만, 틱이 처음 시작된 후 1년 이상 지속된다.
> C. 이 증상이 18세 전에 나타난다.
> D. 이 장애는 어떤 물질(예 코카인)의 생리적 효과나 또 다른 의학적 상태(예 헌팅톤병, 바이러스 후 뇌질환)에 기인하지 않아야 한다.
> E. 뚜렛장애 기준을 충족하지 않아야 한다.
>   ➜ **세부유형**: 단일 운동 틱 수반형, 단일 음성 틱 수반형
>
> **｜ICD-10｜**
>
> 틱장애의 일반적인 기준을 만족하고, 운동 틱 또는 음성 틱 중 1가지 종류만 나타난다. 틱의 지속기간은 최소한 1년 이상이다. 대개는 다발성 틱의 형태로 나타난다. 팔, 다리, 몸 등에 침범한 경우는 얼굴에만 생긴 틱보다 예후가 나쁘다.

③ 뚜렛장애: 만성적이고 다중적이며 복잡한 운동·음성 틱이다. ★

> **｜뚜렛장애의 DSM-5 진단기준｜**
>
> A. 반드시 그렇지 않지만, 여러 개의 운동 틱과 1가지 이상의 음성 틱 모두가 이 질병이 있는 기간에 잠시 동안 나타난다.
> B. 틱은 자주 길어지거나 약해질 수 있지만, 틱이 처음 시작된 후 1년 이상 지속된다.
> C. 이 증상이 18세 전에 나타난다.
> D. 이 장애는 어떤 물질(예 코카인)의 생리적 효과나 또 다른 의학적 상태(예 헌팅톤병, 바이러스 후 뇌질환)에 기인하지 않아야 한다.
>
> **｜ICD-10｜**
>
> 다발성의 근육 틱과 한 가지 이상의 음성 틱이 나타난다. 그러나 이 두 종류의 틱이 반드시 동시에 존재할 필요는 없다. 대개 소아기 또는 청소년기에 발병한다. 소아기에 발병한 경우는 청소년기가 되면 증상이 악화되는 경향이 있으며, 전체적인 경과는 성인기까지 지속되는 경우가 많다. 음성 틱이 나타나기 전에 근육 틱이 선행되는 경우가 많다.

(4) 중재 방법

① 정신치료
　㉠ 1차 목적: 당사자에게 틱이 비자발적인 것이며 대부분이 주요 유전적 요인, 즉 뇌의 기저핵에 있는 분명한 신경발달적 장애 표현이라는 생각을 가지도록 한다.
　㉡ 이 사실이 아동과 가족에게 상당한 스트레스를 줄 수 있지만 틱이 무의식적 갈등이나 가족 역기능의 표현이 아님을 강조한다.

② 환경조작과 2차적 문제관리
　㉠ 아동이 틱장애를 더 잘 관리할 수 있도록 환경을 변화할 때는 미리 얻은 정보를 이용한다.
　㉡ 틱 빈도와 관련이 있는 선행사건과 후속결과를 제거 또는 수정해준다.
　㉢ 아동이 이완할 수 있고 통제 시도를 할 수 있는 기간인 일일 전환기(예 학교 쉬는 시간, 등하교 시간) 이후에 비교적 고립되고 조용한 시간을 정해준다.
　㉣ 학교에서 아동이 시험을 볼 때 별도로 앉도록 하고, 특히 음성 틱이 있는 경우 그렇게 해야 한다.

③ 습관반전

훈련	방법
틱 알기 훈련	• 아동이 틱의 본질과 빈도, 틱에 영향을 미치는 선행사건과 후속결과를 잘 알도록 교육함 • 이로써 아동은 틱을 이해하고 통제하겠다는 동기를 가지며 틱이 발생하기 전의 경고 사인을 일찍 알아차리게 됨
경쟁반응 훈련	• 틱이 발생한 2분 동안 또는 틱이 발생하려는 경고 사인이 있는 2분 동안 경쟁반응을 하도록 훈련하여 틱 환경과 관련 있는 것과 같은 크기의 근육긴장을 만듦 • **경쟁반응**: 눈 깜박거리기-눈을 크게 뜨기, 어깨 으쓱하기-같은 크기의 어깨 긴장하기, 머리 뽑기(발모벽)-눈 꼭 감기
이완 훈련	아동이 스트레스 상황에 자각 수준을 낮추도록 하여 틱 발생 빈도를 줄임
후속사건중심 중재법	• 카드에 불편한 습관을 살펴보는 것에서 시작하여 틱을 줄이면 얻게 될 이점을 모두 적음 • 이 카드를 언제나 가지고 다니면서 자주 살펴보게 하고 중재 프로그램을 따르면 이득이 됨을 상기함

④ 상황 역실행: 아동의 집과 학교 환경에서 틱이 발생할 때마다 스스로 30초 동안 틱을 하게 한다.

⑤ 약물치료
　㉠ 뚜렛장애는 약물에 현저한 반응을 보이므로 의사에게 사정하여 적절한 처방을 받게 한다.
　㉡ 할리페리돌: 가장 많이 사용되는 약물로, 낮은 용량으로도 임상적 효과를 보인다고 보고된다.
　㉢ 그 외에도 피모자이드, 리스페리돈, 클로니딘 등이 사용된다.

3. 조현병

(1) 진단기준

┃ 조현병의 DSM-5 진단기준 ┃

A. 다음의 특징적인 증상들 중 최소한 2개 이상이 나타나야 하며, 1개월을 기준으로 하였을 때 1개월 중 상당 시간 이러한 증상들이 존재하여야 한다(이 기간 동안 성공적으로 치료된 경우에는 이 기간보다 짧을 수도 있다).
다만, 이들 중 하나는 망상, 환각 또는 혼란된 언어여야 한다.
1. 망상
2. 환각
3. 혼란된 언어(흔히 말의 중심 내용에서 벗어나거나 지리멸렬한 사고)
4. 뚜렷이 혼란된 행동 또는 긴장형 행동
5. 음성 증상들(감정의 둔마; 운동성 실어증, 무의지)

B. 사회적·직업적 기능장애 발병 후 전체 시간의 상당 부분에서 직장에서의 일, 대인관계, 자기돌봄 등의 가능 분야에서 발병 전에 성취하였던 수준에 비하여 현저히 저하되어 있다(소아 또는 청소년인 경우에는 대인관계, 학습 또는 직업적 성취에 있어서 기대 수준에 미치지 못한다).

C. 지속기간: 장해의 징후가 최소 6개월 동안 지속된다. 이러한 6개월의 기간에는 최소 1개월(또는 성공적으로 치료된 경우 그 이하 기간)의 진단기준 A를 충족시키는 증상들(즉, 활성기 증상들을 포함해야 하며, 전구기 또는 잔류기 동안 장해의 징후는 음성 증상만 있거나 진단기준 A의 증상들 중 2가지 이상의 증상이 악화된 형태(기이한 믿음, 흔치 않은 지각적 경험들)도 나타날 수 있다.

D. 분열정동장애와 기분장애의 배제: 분열정동장애(조현정동장애)와 정신증적 독성을 가진 우울 또는 양극성 장애는 배제된다.
– 주요 우울증 삽화나 조증 삽화가 활성기 증상들과 동시에 나타나지 않는다.
– 기분 삽화가 활성기 증상 동안 일어난다고 해도 병의 활성기와 잔류기의 전체 기간 중 짧은 기간 동안에만 존재하기 때문이다.

E. 약물 일반적 내과적 질환의 배제: 상기 장애들이 약물의 작용이거나 일반적 내과질환에 의한 것은 아니어야 한다.

F. 전반적 발달장애와의 관계: 아동기에 발병한 자폐스펙트럼장애나 의사소통장애의 병력이 있는 경우 조현병의 진단기준에 요구되는 다른 증상에 더해 현저한 망상이나 환각이 최소 1개월(또는 성공적으로 치료된 경우, 그 이하의 기간) 이상 나타날 경우에만 조현병의 추가적인 진단이 내려진다.

┃ 아형들(subtypes) ┃

A. 망상형
1. 1가지 또는 그 이상의 망상 또는 자주 경험하는 환청
2. 다음 증상들은 뚜렷이 나타나지 않음. 즉, 혼란된 언어, 해체된 또는 긴장성 행동, 감정의 둔마, 부적절한 감정

B. 혼란형
다음 모든 증상이 뚜렷해야 한다.
1. 혼란스러운 언어
2. 혼란스러운 행동
3. 감정의 둔마 또는 부적절성
4. 진단기준이 긴장형의 진단기준을 만족시키지는 않음

C. 긴장형
다음 중 적어도 2개 이상의 진단기준을 만족시켜야 한다.
1. 강경증(catalepsy, 납굴증 등이 포함됨) 또는 혼미 상태로 특징지어지는 부동 상태
2. 과다한 운동량(특별한 목적도 없고 외부자극에 의하여도 전혀 영향을 받지 않음)
3. 극심한 거부증(모든 지시에 대한 이유 없는 저항 또는 움직여 보려는 외부의 시도에 대하여 특정한 자세를 완강히 유지하는 것) 또는 함구증
4. 자의적 운동이 아주 이상한 모습을 띠는데, 의도적으로 괴상한 자세를 취하거나 상동적인 운동; 매너리즘, 얼굴 찡그림 등으로 표현됨
5. 반향어 또는 반향행동
D. 미분화형
1. 정신분열의 진단기준 A를 만족시킴
2. 하지만, 망상형, 혼란형 또는 긴장형의 진단 기준을 만족시키지는 않는 경우에 내릴 수 있음
E. 잔재형
1. 뚜렷한 망상, 환각, 혼란스러운 언어 그리고 혼란행동 또는 긴장행동은 나타나지 않음
2. 그럼에도 불구하고 조현병의 증상들이 남아 있음. 즉, 음성 증상의 형태로 나타나거나, A의 증상들 중 2개 또는 그 이상이 약화된 형태로 나타나는 경우에 이 진단명을 사용함

(2) 특징

① 조현병(정신분열증, Schizophrenia)은 아주 드문 질환으로 발병률이나 유병률에 대하여 거의 연구된 바가 없고, 영국의 한 연구에서 자폐장애보다 훨씬 더 드물게 나타나는 병으로만 보고된 바 있다.

② 조현병의 3가지 특성은 망상, 환각 그리고 언어 와해인데, 이는 정신병을 나타내는 전형적인 증상들이다. 다시 말해, 현실감이 파괴되었음을 나타낸다.

③ 양성증상
ㄱ 망상(delusion) 또는 잘못된 믿음, 그리고 환각 또는 잘못된 지각은 조현병의 대표적인 증상으로 알려져 있다.
ㄴ 그러나 때로는 사고장애를 반영하는 언어 와해(disorganized speech)가 아주 중요한 증상으로 간주된다.
ㄷ 행동 와해(disorganized behavior)는 여러 가지 방식으로 표출되는데 상황에 맞지 않게 어리석은 행동을 하거나, 예기치 못했던 초조감이나 공격적인 태도를 보이거나, 자기 자신을 돌보지 않는 것 등이 그 예가 될 수 있다.
ㄹ 긴장형 행동(catatonic behavior)은 운동기능 측면의 문제로서 운동 반응이 과도해지거나 감소하며 아주 이상하고 굳은 신체 자세를 나타낸다.

④ 음성증상: 음성 증상이란 정상이라면 있어야 하는 행동이 없는 경우를 말한다. 즉, 조현병 환자들은 정서를 거의 나타내지 않고, 이들의 말에는 정보가 거의 들어 있지 않은 아주 짧은 대답만 있으며, 목표지향적인 행동을 시도하거나 유지하는 일이 거의 없다.

(3) 중재

방법	내용
약물치료	오늘날 모든 연령의 조현병 환자들이 선택할 수 있는 의학적 치료는 도파민을 감소시키는 항정신병 약물의 복용으로, 성인의 경우 이 약물을 복용하면 환각, 망상, 사고장애 등의 증상이 감소함
정신분석치료	• 정신분석치료는 아동의 자아기능이 약해지면서 원초아의 충동이 아동을 지배하며 아동이 어머니로부터 분리되지 못한다는 데 초점을 맞춤 • 치료자의 역할은 환자의 연령에 따라 좀 다르지만, 아동이 자아를 독립시키고 세상을 자기 나름대로 해석하며 현실과 상상을 구분하고 자신감을 키우며 보다 적응적인 방어기제를 찾아내도록 돕는 것 • 청소년의 경우는 이 시기의 발달 과업에 초점을 맞추어, 예를 들면 정체감 형성과 신체적 성숙을 도우므로, 연령에 상관없이 아주 강력하고 따뜻하며 신뢰 있는 관계를 형성하는 것이 중요함
행동치료	• 조작적 학습 및 인지행동적 방법은 발달 후기에 발병한 조현병을 치료하는 핵심 기법 • 조작적 치료법은 병원과 기타 기관에서 여러 해 동안 사용되어 왔는데, 특히 스스로를 돌보고 그 밖의 일상생활 유지에 필요한 습관을 길러 주는 데 활용되며, 그 기본 목표는 환자들이 자기 인생에서 능동적인 주체가 되고 병원을 떠나 좀 더 자유로운 환경에서 생활할 수 있도록 돕는 것이고, 치료개입은 이러한 목표에 도달할 수 있게 해 줌 • 이제는 조현병 환자들이 지역사회에서 함께 생활한 지 오래되어 행동적 접근이 여러 다른 상황들에 적용되고 있으며, 때로는 가족치료 개입의 요소로 적용되기도 함
가족접근적 치료	• 적절한 가족의 개입과 지원은 환자를 위해 매우 중요하며 상담과 훈련이 가족구성원에게도 보탬이 된다는 것은 일반적으로 알려진 사실임 • 조현병이 생물학적 원인에서 비롯될 수 있다는 점과 약물치료를 처방대로 잘 따르는 것이 중요하다는 점을 가족에게 주지시킬 수 있음 • 가족구성원은 가정에서 감정을 어떻게 표현하는 것이 가장 좋은가, 문제를 어떻게 해결해야 하는가에 대해 행동 및 인지적 훈련을 받음 • 개인적인 심리치료를 받은 통제집단과 비교할 때 이러한 가족치료가 효과가 있는 것으로 나타남

02 불안장애와 기초신체기능장애

1. 불안장애 유형

(1) 분리불안장애(SAD; Separation Anxiety Disorder)

① 특징

 ㉠ 필수적인 증상은 나이에 적절하지 않게 부모, 특정 애착대상 또는 집으로부터의 분리에 지속적으로 과도한 불안을 느끼고 비현실적인 걱정을 하는 것이다.

 ㉡ 진단기준 8가지 중 최소 3가지의 특성이 아동·청소년은 4주 이상 지속해서 나타나야 하며, 성인은 6개월 이상 나타나야 한다.

② DSM-5 진단기준

> **┃분리불안장애의 DSM-5 진단기준┃**
>
> A. 집이나 애착대상으로부터의 분리에 발달적으로 부적절하게 과도한 불안을 느끼는 것으로, 다음 8가지 특성 중 3가지 이상을 보여야 한다.
> 1. 집이나 주요 애착대상으로부터 분리되거나 분리를 예측할 때 극도의 불안을 반복적으로 나타낸다.
> 2. 주요 애착대상을 잃거나 주요 애착대상이 해를 입을 거라는 걱정을 과도하게 지속적으로 한다.
> 3. 곧 다가올 사건이 주요 애착대상으로부터 분리를 초래할 것이라는 걱정을 과도하게 지속적으로 한다.
> 4. 분리불안 때문에 학교나 다른 곳에 가기를 지속적으로 꺼려하거나 거부한다.
> 5. 집에 혼자 있거나 주요 애착대상 없이 집이나 다른 환경에 있는 것을 꺼려하며, 그에 대해 지속적으로 과도하게 두려움을 느낀다.
> 6. 주요 애착대상 없이 잠을 자거나 집 이외의 장소에서 잠을 자는 것을 지속적으로 꺼려하거나 거부한다.
> 7. 주요 애착대상으로부터 분리되는 악몽을 반복해서 꾼다.
> 8. 주요 애착대상으로부터 분리되거나 분리를 예측하는 경우 신체적 증상(예 두통, 복통, 구역질, 구토)을 반복하여 나타낸다.
> B. 두려움, 불안 또는 회피가 아동이나 청소년은 최소한 4주 이상, 성인은 6개월 이상 지속되어야 한다.
> C. 이 장애가 사회적, 학업적, 직업적 및 다른 중요한 기능 영역에 임상적으로 중요한 손상 또는 결함을 초래한다.
> D. 이 증상들이 자폐스펙트럼장애의 집 떠나기를 거부하는 저항, 정신장애의 분리에 대한 망상이나 환각, 광장 공포증의 신뢰하는 사람을 동반하지 않는 외출 거부, 범불안장애의 건강에 대한 염려, 질병 불안장애의 질병에 대한 걱정 등의 다른 정신장애로 더 잘 설명되지 않는다.

(2) 선택적 함구증

① 특징
  ㉠ 집이나 다른 장면에서는 큰 소리로 자주 이야기하지만 사회적 상황에서는 이야기를 하지 못한다.
  ㉡ 흔히 사회불안장애가 동반되며, 선택적 함구증이 극복되어도 사회 공포증 증상은 남을 수 있다.
  ㉢ 환경적으로 부모의 억제와 과잉보호적이고 지시적인 태도가 원인으로 작용할 수 있다.

② 증상
  ㉠ 다른 상황에서는 말을 잘함에도 말해야 하는 특정 사회적 상황(예 학교에 있을 때, 놀이 친구와 함께 있을 때)에서는 말을 하지 않는다.
  ㉡ 이 문제가 교육 또는 직업 성취, 사회적 의사소통을 저해하고 적어도 1개월 이상 지속되며 입학 후 초기 1개월(많은 아동이 말하기 어려워하고 부끄러워하는 기간)에만 국한되지 않아야 한다.

③ DSM-5 진단기준

▌선택적함구증의 DSM-5 진단기준 ▌

A. 다른 상황에서는 말을 할 수 있음에도 말을 해야 하는 특정 사회적 상황(예 학교)에서 일관되게 말을 하지 않는다.

B. 장애가 학습이나 직업상 성취 또는 사회적 소통을 방해한다.

C. 이 증상이 최소 1개월 이상 지속된다(학교생활의 첫 1개월에만 국한되지 않는 경우).

D. 사회적 상황에서 필요한 말에 대한 지식이 부족하거나 언어가 익숙하지 않은 것으로 인해 말을 하지 않는 것이 아니다.

E. 장애가 의사소통장애(예 아동기 발병 유창성장애)로 다 잘 설명되지 않고, 자폐스펙트럼장애, 조현병, 다른 정신병적 장애의 경과 중에만 발생되지는 않는다.

---

(3) 특정 공포증

① 특징
  ㉠ 특정 상황이나 사물에 만성적으로 심한 두려움을 느끼며 주요 생활기능에 결함을 초래한다.
  ㉡ 특정 공포증으로 진단되려면 아동·청소년에게 증상이 6개월 이상 지속적으로 나타나고 학업기능, 사회적 기능 등의 주요 생활기능에 부정적인 결함을 초래해야 한다.

② DSM-5 진단기준

> **▌ 특정 공포증의 DSM-5 진단기준 ▌**
>
> A. 특정 사물이나 상황(예 비행기 여행, 동물, 주사)이 존재하거나 예상될 때 상황에 맞지 않을 만큼의 심한 두려움이나 불안을 지속적으로 나타낸다.
>   **주의:** 아동의 경우 울거나, 심술부리거나, 성인에게 달라붙는 반응을 보일 수도 있다.
> B. 공포 대상인 사물이나 상황에 노출될 때마다 거의 매번 즉각적으로 두려움이나 불안을 나타낸다.
> C. 특정 공포증을 가지고 있는 사람은 공포 대상인 사물이나 상황을 회피하거나 또는 과도한 불안과 두려움을 느끼면서도 견딘다.
> D. 두려움이나 불안은 공포 대상인 특정한 사물이나 상황이 야기하는 실제적인 위험이나 사회·문화적 상황에 맞지 않을 정도로 심하게 나타난다.
> E. 두려움, 불안 또는 회피가 최소한 6개월 이상 지속된다.
> F. 두려움, 불안 또는 회피가 사회적, 학업적, 직업적 및 다른 중요한 기능 영역에 임상적으로 중요한 손상 또는 결함을 초래한다.
> G. 두려움, 불안 또는 회피 증상은 공황장애와 연관된 두려움, 불안 또는 회피, 광장공포증의 무능력 상태, 강박-충동장애와 연관된 사물이나 상황, 분리불안장애의 애착대상으로부터의 분리, 외상 후 스트레스 장애의 외상성 사건 회상, 사회적 불안장애의 사회적 상황 등의 다른 정신장애에 의해 더 잘 설명되지 않는다.

(4) 사회적 불안장애(사회불안장애, 사회공포증)

① 특징

- ㉠ 사회적 상황에서 자신이 당황스럽고 수치스럽게 행동할 것에 대한 강한 두려움을 지속적으로 보이며, 사회적 공포증이라고도 한다.
- ㉡ 사회적 불안장애를 가진 아동·청소년은 사람들 앞에서 말하거나 글씨를 쓰거나 글을 읽는 것, 대화를 시작하고 유지하는 것, 권위적 인물 앞에서 이야기하는 것, 사회적 상호작용을 해야 하는 상황에 두려움을 느낀다.
- ㉢ 사회적 불안장애로 진단되려면 진단기준에 부합하는 증상들이 6개월 이상 지속되어야 하며, 이 증상들이 아동·청소년의 학업 기능이나 사회적 기능에 심각한 결함을 초래해야 한다.

② DSM-5 진단기준

> **┃ 사회적 불안장애의 DSM-5 진단기준 ┃**
>
> A. 사회적 상황(예 대화, 친숙하지 않은 사람과의 만남), 관찰되는 상황(예 먹거나 마시는 것), 다른 사람 앞에서의 수행(예 발표) 등 타인으로부터 세심하게 관찰 당할 가능성이 있는 1가지 이상의 사회적 상황에 현저한 두려움이나 불안을 나타낸다.
>
>   **주의:** 아동의 경우 사회적 불안장애로 진단받으려면 성인뿐만 아니라 또래와의 상호작용에서도 불안 반응을 나타내야 한다.
>
> B. 자신이 불안 증상을 보임으로써 부정적인 평가(예 굴욕을 당하거나 당황스럽게 되거나 거절당하거나 다른 사람을 기분 상하게 하는 등)를 받게 될 것을 두려워한다.
>
> C. 두려워하는 사회적 상황에 노출되면 거의 예외 없이 두려움이나 불안한 반응을 일으킨다.
>
>   **주의:** 아동의 경우 낯선 사람과의 사회적 상황에 노출될 때 울거나, 심술을 내거나, 몸을 움직이지 못하거나 위축되거나 말을 못하는 것 등으로 두려움이나 불안이 나타날 수도 있다.
>
> D. 두려워하는 사회적 상황을 회피하거나 심한 불안 또는 두려움을 느끼면서도 인내한다.
>
> E. 두려움이나 불안이 사회적 상황에서 야기되는 실제적인 위협이나 사회문화적 상황에 맞지 않을 정도로 심하게 나타난다.
>
> F. 두려움, 불안 또는 회피가 최소한 6개월 이상 지속된다.
>
> G. 두려움, 불안 또는 회피가 사회적, 학업적, 직업적 및 다른 중요한 기능 영역에 임상적으로 중요한 손상 또는 결함을 초래한다.
>
> H. 이 증상들은 약물이나 다른 의학적 상태의 생리적인 효과에 기인한 것이 아니다.
>
> I. 이 두려움, 불안 또는 회피 증상은 공황장애, 신체변형장애, 자폐스펙트럼장애 등의 다른 정신장애에 의해 더 잘 설명되지 않는다.
>
> J. 다른 의학적 상태(예 파킨슨병, 비만, 화상이나 상해에 의한 손상)가 있는 경우 두려움이나 불안, 회피가 이러한 의학적 상태와 관련된 것이 아니어야 사회적 불안장애로 진단할 수 있다.

(5) 공황장애

① 공황발작

    ㉠ 특징

        ⓐ 강도 높은 두려움과 공포가 갑자기 발작적으로 나왔다 10분 안에 없어진다.

        ⓑ 공황발작 자체는 장애가 아니지만 여러 유형의 불안장애와 관련하여 나타난다.

        ⓒ 공황발작으로 진단되기 위해서는 진단기준 13가지 중 4가지 이상의 특성을 나타내야 한다.

    ㉡ DSM-5 진단기준

┃ 공황발작의 DSM-5 진단기준 ┃

주의: 다음 증상들은 공황발작을 규명하기 위해 제시되긴 하지만 공황발작은 정신장애가 아니므로 분류될 수 없다. 공황발작은 불안장애의 어떤 하위 유형에서도 발생할 수 있으며, 다른 정신장애(우울장애, 외상 후 스트레스 장애, 약물사용 장애)의 증상으로 나타날 수도 있다. 공황발작이 다른 장애와 공존하여 발생하는 경우에는 진단명에 명시해야 한다(예 공황발작을 동반한 외상 후 스트레스 장애). 그러나 공황장애는 진단기준에 공황발작이 포함되므로 진단명에 명시할 필요가 없다. 몇 분 내에 두려움이나 불쾌감이 급증하여 절정에 달하는 동안 다음 증상 중 4가지 이상이 나타난다.

주의: 두려움이나 불쾌감의 급증은 차분한 상태에서 나타날 수도, 걱정하는 상태에서 나타날 수도 있다.

1. 심장박동이 빨라지고 심장이 두근거린다.
2. 땀이 많이 난다.
3. 몸이 심하게 떨린다.
4. 숨이 가빠지고 숨을 못 쉴 것 같은 느낌이 든다.
5. 질식할 것 같은 느낌이 든다.
6. 가슴에 통증이 있거나 압박감이 있다.
7. 구토증이 나고 배 속이 불편하다.
8. 어지럽거나 기절할 것 같은 느낌이 든다.
9. 오한이 오거나 몸에서 열이 오른다.
10. 마비된 것 같거나 따끔거리는 느낌이 드는 등 지각에 이상이 있다.
11. 비현실감이나 이인증(자신으로부터 분리된 느낌)이 나타난다.
12. 통제력을 잃어버리거나 미쳐버릴지도 모른다는 두려움이 있다.
13. 죽어가고 있다는 두려움이 엄습한다.

주의: 귀 울림, 목의 통증, 두통, 통제할 수 없는 비명, 울음 등의 증상이 나타날 수도 있다. 그러나 이 증상들을 4가지 진단기준의 1가지로 간주해서는 안 된다.

---

② 공황장애

　　㉠ 특징

　　　ⓐ 갑작스러운 불안발작과 함께 두통, 현기증, 발한, 오한, 손발 저림 등의 증세가 복합적으로 나타난다.

　　　ⓑ 공황발작을 예기치 못하게 반복적으로 경험함으로써 공황발작이 재발할 것에 대해 불안해하는 것도 포함된다.

　　　ⓒ 따라서 공황장애로 인해 행동, 생활 패턴이 심각하게 변하는 광장공포증(agoraphobia)이 수반될 수도 있다.

　　　ⓓ 공황발작이 일어날 수 있는 상황이나 환경(예 엘리베이터, 영화관, 사람들이 밀집한 백화점)을 피하고 자신의 활동 폭을 제한하게 되며, 심한 공황장애를 가진 청소년은 집 밖에 나가려고 하지 않을 수도 있다.

　　　ⓔ 진단되려면 진단기준 13가지 중 4가지 이상의 특성을 나타내야 한다.

　　㉡ DSM-5 진단기준

> **▌공황장애의 DSM-5 진단기준 ▌**
>
> A. 예기치 않은 공황발작이 반복된다. 몇 분 내에 두려움이나 불쾌감이 급등하여 절정에 달하는 동안 다음 증상 중 4가지 이상이 나타난다.
>
> 　　**주의**: 두려움이나 불쾌감의 급등은 차분한 상태에서 나타날 수도, 걱정하는 상태에서 나타날 수도 있다.
>
> 　　1. 심장박동이 빨라지고 심장이 두근거린다.
> 　　2. 땀이 많이 난다.
> 　　3. 몸이 심하게 떨린다.
> 　　4. 숨이 가빠지고 숨을 못 쉴 것 같은 느낌이 든다.
> 　　5. 질식할 것 같은 느낌이 든다.
> 　　6. 가슴에 통증이 있거나 압박감이 있다.
> 　　7. 구토증이 나고 배 속이 불편하다.
> 　　8. 어지럽거나 기절할 것 같은 느낌이 든다.
> 　　9. 오한이 오거나 몸에서 열이 오른다.
> 　　10. 마비된 것 같거나 따끔거리는 느낌이 드는 등 지각에 이상이 있다.
> 　　11. 비현실감이나 이인증(자신으로부터 분리된 느낌)이 나타난다.
> 　　12. 통제력을 잃어버리거나 미쳐 버릴지도 모른다는 두려움이 있다.
> 　　13. 죽어가고 있다는 두려움이 엄습한다.
>
> 　　　**주의**: 귀 울림, 목의 통증, 두통, 통제할 수 없는 비명, 울음 등의 증상이 나타날 수 있다. 그러나 이 증상들을 4가지 진단기준의 1가지로 간주하면 안 된다.
>
> B. 최소 1회 이상의 공황발작 후 1개월 이상 다음 2가지 중 1가지 또는 둘 다 발생한다.
>
> 　　1. 공황발작과 그 결과(예 통제력 상실, 심장마비, 정신 이상)를 지속적으로 걱정하고 염려한다.
> 　　2. 공황발작과 관련하여 심각한 부적응적인 행동의 변화가 있다.
> 　　　예 공황발작을 피하기 위해 운동이나 친숙하지 않은 상황을 회피하는 행동
>
> C. 이 증상들은 약물이나 다른 의학적 상태의 생리적인 효과에 기인한 것이 아니다.
>
> D. 이 증상들은 사회적 불안장애처럼 두려운 사회적 상황, 특정 공포증처럼 공포를 유발하는 물건, 상황, 강박-충동장애의 강박, 분리불안장애의 애착대상으로부터의 분리, 외상 후 스트레스 장애의 외상성 사건의 회상 등의 다른 정신장애에 의해 더 잘 설명되지 않는다.

(6) 광장공포증(agoraphobia)

① 특징

㉠ 필수 증상은 즉각적으로 피하기 어려운(또는 곤란한) 장소나 상황에 처해 있다는 불안 또는 공황발작, 공황과 유사한 증상(예 갑작스러운 현기증 또는 설사에 대한 두려움)이 일어났을 때 도움받기 어려운 장소나 상황에 처해 있다는 불안을 들 수 있다.

㉡ 이러한 불안은 혼자 외출하기, 집 안에 혼자 있기, 군중 속에 있기, 자동차(또는 버스, 비행기)로 여행하기, 다리 위에 있기, 엘리베이터 타기 등의 여러 상황을 회피하게 만듦으로써 개인 생활에도 심각한 지장을 준다.

㉢ 사회 공포증, 특정 공포증, 심한 분리불안장애와 변별·진단하는 것이 매우 어려운데, 그 이유는 이 장애들이 모두 어떤 특수한 상황에 대한 회피를 특징으로 하기 때문이다.

② DSM-5 진단기준

> **┃ 광장공포증의 DSM-5 진단기준 ┃**
>
> A. 다음 5가지 상황 중 2가지 이상에서 극심한 공포와 불안을 느낀다.
> 1. 대중교통을 이용하는 것 예 자동차, 버스, 기차, 배, 비행기
> 2. 열린 공간에 있는 것 예 주차장, 시장, 다리
> 3. 밀폐된 공간에 있는 것 예 상점, 공연장, 영화관
> 4. 줄을 서거나 군중 속에 있는 것
> 5. 집 밖에 혼자 있는 것
> B. 공황의 유사 증상 또는 무중력하거나 당혹스럽게 만드는 다른 증상(예 노인의 낙상에 대한 공포, 실금에 대한 공포)이 발생했을 때 도움을 받기 어렵거나 그 상황에서 벗어나기 어려울 것이라는 생각 때문에 해당 상황을 두려워하고 피한다.
> C. 광장공포증 상황은 거의 대부분 공포와 불안을 야기한다.
> D. 광장공포증 상황을 피하거나, 동반자를 필요로 하거나, 극도의 공포의 불안 속에서 견딘다.
> E. 광장공포증 상황과 그 상황의 사회·문화적 배경을 고려할 때 실제로 주어지는 위험에 비해 공포와 불안의 정도가 극심하다.
> F. 공포, 불안, 회피 반응은 전형적으로 6개월 이상 지속된다.
> G. 공포, 불안, 회피가 사회적, 직업적 또는 다른 중요한 기능 영역에서 임상적으로 현저한 고통이나 손상을 초래한다.
> H. 만약 다른 의학적 상태(예 염증성 장 질환, 파킨슨병)가 동반된다면 공포, 불안, 회피 반응이 명백히 과도해야만 한다.
> I. 공포, 불안, 회피가 다른 정신질환으로 더 잘 설명되지 않는다. 증상이 특정 공포증의 상황 유형에 국한되어 나타나서는 안 된다.
>> 예 사회불안장애처럼 사회적 상황에서만 나타나거나, 강박장애처럼 강박 사고에만 연관되거나, 신체 외형장애처럼 신체 외형의 손상이나 훼손에만 연관되거나, 외상 후 스트레스 장애에서처럼 외상 사건을 기억하게 할 만한 사건에 국한되거나, 분리불안장애처럼 분리에 대한 공포에 국한되어서는 안 된다.
>> **주의:** 광장공포증은 공황장애 유무와 관계없이 진단된다. 공황장애와 광장공포증의 진단기준을 모두 만족한다면 2가지 진단이 모두 내려져야 한다.

(7) 범불안장애(GAD; Generalized Anxiety Disorder) ★ [20 중등]

① 특징

⊙ 특정 사물, 상황에 초점이 맞추어지지 않은 불안이자 통제할 수 없는 만성적인 과도 불안을 보인다.

© 진단기준 6가지 중 3가지 이상의 특성이 나타나야 한다.

© 아동·청소년의 경우 최소 1가지 특성을 6개월 이상 지속하여 나타내고, 이 특성들이 중요한 생활기능에 결함을 초래해야 한다.

② 범불안장애를 가진 아동은 두통이나 복통을 자주 호소하고, 스스로에게 비현실적인 목표를 설정하는 경향이 있으며, 불안할 때마다 나타나는 신경성 습관(예 손톱 물어뜯기)이 있다.

⑩ 학업성취, 또래관계는 물론 자연재해, 가정 경제형편 등을 걱정하며 불안해하기도 한다.

② DSM-5 진단기준

> ▎ 범불안장애의 DSM-5 진단기준 ▎
>
> A. 최소한 6개월 이상의 기간 동안 몇 개의 사건이나 활동에 대해 과도하게 불안해하며 걱정한다.
>
> 　　예 학교 수행평가
>
> B. 자신이 걱정하는 것을 통제할 수 없다.
>
> C. 불안이나 걱정은 다음 6가지 중 3가지(아동의 경우 1가지) 이상이 최소한 6개월 동안 나타난다.
>
> 　1. 안절부절못하거나 벼랑 끝에 서 있는 느낌이 든다.
> 　2. 쉽게 피곤해진다.
> 　3. 집중하기 어렵다.
> 　4. 과민하다.
> 　5. 근육이 긴장되어 있다.
> 　6. 수면장애가 있다.
>
> D. 불안, 걱정 또는 신체적 증상이 사회적, 학업적, 직업적 및 다른 중요한 기능 영역에 임상적으로 중요한 손상 또는 결함을 초래한다.
>
> E. 이 증상들은 약물이나 다른 의학적 상태의 생리적인 효과에 기인한 것이 아니다.
>
> F. 이 증상들은 공황장애의 공황발작에 대한 불안과 염려, 사회적 불안장애의 부정적 평가, 강박-충동장애의 강박, 분리불안장애의 애착대상으로부터의 분리, 외상 후 스트레스 장애의 외상성 사건의 회상, 거식증의 체중 증가에 대한 염려, 신체증상장애의 신체적 고통 호소, 신체변형장애의 자각되는 외모 결함, 질병 불안장애의 심각한 질병에 대한 걱정, 조현병이나 망상장애의 망상적 신념 등의 다른 정신장애로 더 잘 설명되지 않는다.

2. 외상 및 스트레스 관련 장애 ★

(1) 외상 후 스트레스 장애

① 특성

㉠ 한 번 또는 반복하여 경험한 치명적인 사건을 재경험하면서(reexperiencing) 지속적으로 강한 불안 증상을 나타낸다.

㉡ 치명적인 사건은 인간의 정상적인 경험의 범주에서 벗어난 것들로 신체폭력, 성폭력 등의 폭력과 지진, 해일 등의 자연재해, 사랑하는 사람의 갑작스러운 죽음, 전쟁, 테러로 희생되는 장면의 목격 등을 포함한다.

㉢ 주요한 특성은 충격적 사건의 회상, 악몽 등을 재경험하면서 충격적 사건과 관련된 장소, 대상을 회피하고 충격적 사건에 대한 각성상태가 지나치게 높다는 것이다.

② DSM-5 진단기준

┃ 외상 후 스트레스 장애의 DSM-5 진단기준(성인, 청소년, 6세 초과 아동) ┃

A. 다음 중 1가지 이상의 죽음, 심각한 상해 또는 성폭행에 실제로 노출되거나 위협을 당한 적이 있다.
   1. 외상성 사건을 직접 경험한 경우
   2. 다른 사람에게 일어난 외상성 사건을 목격한 경우
   3. 가까운 가족이나 친구에게 외상성 사건이 일어난 것을 알게 된 경우, 가까운 가족이나 친구에게 일어난 실제 죽음이나 죽음에 대한 위협을 알게 된 경우
   4. 외상성 사건의 혐오적인 세부사항에 반복적이거나 극단적인 노출을 경험하는 경우
      예 죽은 사람의 시체를 처리하는 최초의 대처자, 아동학대의 세부사항에 반복적으로 노출되는 경찰
      주의: 진단기준 A4는 전자 매체, 텔레비전, 영화, 사진 등에 대한 노출을 의미하지 않는다.
B. 외상성 사건이 발생한 이후에 외상성 사건과 관련된 다음 중 1가지 이상의 증상이 나타난다.
   1. 외상성 사건에 대한 반복적이고 무의식적이며 집요하게 떠오르는 고통스러운 회상
      주의: 6세 초과 아동은 외상성 사건과 관련된 주제의 놀이를 반복할 수 있다.
   2. 외상성 사건의 내용과 정서에 대한 반복적이고 괴로운 꿈
      주의: 아동의 경우, 내용이 인지되지 않는 무서운 꿈을 꾼다.
   3. 외상성 사건이 재발하는 것과 같은 행동이나 느낌을 가지게 되는 분열적 반응(예 갑자기 너무 생생하게 떠오르는 회상)이 연속체상에서 나타나며, 극심하면 현실에 대한 자각을 상실하기도 함
      주의: 아동의 경우, 외상성 사건의 특유한 재연이 놀이를 통해 재경험된다.
   4. 외상성 사건과 유사하거나 상징적인 내적 또는 외적 단서에 노출되었을 때 심각한 심리적 고통
   5. 외상성 사건과 유사하거나 상징적인 내적 또는 외적 단서에 노출되었을 때 심각한 현저한 생리적 반응

C. 외상성 사건의 발생 후 다음 중 1가지 이상 외상성 사건과 관련된 자극을 지속적으로 회피한다.
  1. 외상성 사건과 밀접하게 관련된 고통스러운 기억, 생각 또는 느낌을 회피하거나 회피하려고 노력한다.
  2. 외상성 사건과 밀접하게 고통스러운 기억, 생각, 느낌을 상기시키는 외부적인 자극(예 사람, 장소, 대화, 활동, 사물, 상황)을 회피하거나 회피하려고 노력한다.
D. 외상성 사건이 발생한 후 사건과 관련된 인지와 기분이 부정적으로 변화되기 시작하거나 악화되며 다음 중 2가지 이상이 나타난다.
  1. 뇌손상, 알코올, 약물 등의 요인에 기인한 것이 아니고 분열성 기억상실에 기인하여 외상성 사건의 중요한 축을 기억하지 못한다.
  2. 자신과 타인 및 세상에 대한 부정적인 생각과 기대가 과장되어 지속됨
     예 "내가 나빠.", "아무도 믿을 수 없어.", "세상은 정말 위험해.", "몸의 신경계가 영원히 망가졌어."
  3. 외상성 사건의 원인이나 결과에 대한 왜곡된 인지를 지속적으로 가지게 되어 자신이나 타인을 비난한다.
  4. 부정적인 감정 상태가 지속된다.
     예 두려움, 공포, 분노, 죄책감 또는 수치심
  5. 중요한 활동에 대한 흥미와 참여가 현저히 감소한다.
  6. 사람들로부터 멀어지고 소외된 느낌을 받는다.
  7. 긍정적 정서를 지속적으로 경험할 수 없다.
     예 행복, 만족, 사랑을 경험하지 못함
E. 외상성 사건의 발생 후 사건과 관련된 각성 반응이 현저하게 변화되며, 다음 증상 중에서 2가지 이상이 나타난다.
  1. 사람이나 사물에 대한 언어적·신체적 공격성이 (자극이 전혀 없거나 거의 없더라도) 과민한 행동이나 분노폭발로 표출됨
  2. 난폭하거나 자기파괴적 행동
  3. 지나친 경계
  4. 과장된 놀람 반응
  5. 집중의 어려움
  6. 수면장애 예 잠들기 어렵거나 지속적으로 자거나 숙면하기가 어려움
F. 진단기준 B, C, D, E의 증상이 최소한 1개월 이상 지속되어야 한다.
G. 이 증상들이 사회적, 학업적, 직업적 및 다른 중요한 기능 영역에 임상적으로 중요한 손상 또는 결함을 초래한다.
H. 이 증상들은 약물(예 투약, 알코올)이나 다른 의학적 상태의 생리적인 효과에 기인한 것이 아니다.

| 외상 후 스트레스 장애의 DSM-5 진단기준(6세 이하 아동) |

A. 다음 중 1가지 이상의 죽음, 심각한 상해, 또는 성폭행에 실제 노출되었거나 위협을 당한 적이 있다.
  1. 외상성 사건을 직접 경험한 경우
  2. 다른 사람에게 일어난 외상성 사건을 목격한 경우
     주의: 전자 매체, 텔레비전, 영화, 또는 사진 등에서만 목격된 사건은 포함하지 않는다.
  3. 가까운 가족이나 양육자에게 외상성 사건이 일어난 것을 알게 된 경우

 B. 외상성 사건이 발생한 이후에 외상성 사건과 관련된 다음 중 1가지 이상의 증상이 나타난다.
  1. 외상성 사건에 대한 반복적이고 무의식적이며 집요하게 떠오르는 고통스러운 회상
   주의: 자발적인 회상이 반드시 고통스러워 보이지 않을 수도 있고 놀이에서 재연될 수도 있다.
  2. 외상성 사건의 내용과 정서에 대한 반복적이고 괴로운 꿈
   주의: 무서운 꿈이 외상성 사건과 연관이 있다는 확신이 안 들 수도 있다.
  3. 마치 외상성 사건이 재발하고 있는 것 같은 행동이나 느낌을 가지게 되는 분열적 반응(예 갑자기 너무 생생하게 떠오르는 회상)이 연속체상에서 나타나는데, 가장 극심한 경우에는 현실에 대한 자각 상실
  4. 외상성 사건과 유사하거나 상징적인 내적 또는 외적 단서에 노출되었을 때 심각한 심리적 고통
  5. 외상성 사건과 유사하거나 상징적인 내적 또는 외적 단서에 노출되었을 때 현저한 생리적 반응
 C. 외상성 사건의 발생 후 다음 중 1가지 이상 외상성 사건과 관련된 자극을 지속적으로 회피하거나 사건과 관련된 인지와 기분이 부정적으로 변화되기 시작하거나 악화된다.

  자극의 지속적 회피
  1. 외상성 사건을 상기시키는 활동, 장소, 사물을 회피하거나 회피하려고 노력
  2. 외상성 사건을 상기시키는 사람, 대화, 대인간 상황을 회피하거나 회피하려고 노력

  인지의 부정적 왜곡
  3. 증가된 부정적 감정상태(예 두려움, 죄책감, 슬픔, 수치심, 또는 혼동)
  4. 중요한 활동에 대한 흥미와 참여가 현저히 감소
  5. 사회적으로 위축된 행동
  6. 긍정적 감정 표현의 감소

 D. 외상성 사건의 발생 후 사건과 관련된 각성 반응이 현저하게 변화되며, 다음 증상 중 2가지 이상이 나타난다.
  1. 사람이나 사물에 대한 언어적 또는 신체적 공격성이 (자극이 전혀 없거나 거의 없어도) 과민한 행동이나 분노 폭발로 표출
  2. 지나친 각성
  3. 과장된 놀람 반응
  4. 집중의 어려움
  5. 수면장애(예 지속적으로 잠들기 어렵거나 숙면하기 어려움)
 E. 진단기준 B, C, D의 증상들은 최소한 1개월 이상 지속되어야 한다.
 F. 이러한 증상들이 부모, 형제자매, 또래 및 다른 양육자와의 관계와 학교에서의 행동에 임상적으로 중요한 손상 또는 결함을 초래한다.
 G. 이 증상들은 약물(예 투약, 알코올)이나 다른 의학적 상태의 생리적인 효과에 기인한 것이 아니다.

정서 및 행동장애아 교육,
윤점룡 외, 학지사

보충+α **재노출요법**

• 외상 후 스트레스 장애의 중재방법이다.
• 중재자와 함께 안전적이고 지원적인 환경에서 아동에게 정신적인 충격을 일으킨 사건을 재검토하고 재생한다.
 예 집에 불이 나서 가족과 집을 잃은 경험으로 인해 외상 후 스트레스 장애 증상을 보이는 아동을 불이 난 상황에 재노출하여 재검토하고, 아동이 자신의 생각과 감정을 표현하고 주어진 상황에 바람직하게 대처하며 스트레스를 관리할 수 있도록 도움

(2) 반응성 애착장애(reactive attachment disorder)

① 특징

ⓐ 유아기나 초기 아동기에 발달적으로 부적절한 애착행동 양상을 나타낸다.

ⓑ 위안, 지원, 보호, 돌봄, 배려 등을 얻기 위해 애착대상에게 거의 가지 않는다.

② DSM-5 진단기준

▌반응성 애착장애의 DSM-5 진단기준 ▌

A. 성인 양육자에 대해 정신적으로 억제되고 위축된 행동을 일관성 있는 양상으로 보이며 다음 2가지 특징이 나타난다.
  1. 괴로울 때도 거의 위안을 구하지 않는다.
  2. 괴로울 때 제공되는 위안에 거의 반응하지 않는다.
B. 지속적인 사회적·정서적 장애를 다음 중 2가지 이상에서 나타난다.
  1. 다른 사람에 대한 최소한의 사회적·정서적 반응
  2. 제한된 긍정적 정서
  3. 성인 양육자와 비위협적인 상호작용을 할 때도 보여지는 설명할 수 없는 과민함, 슬픔 또는 두려움 삽화
C. 아동이 다음 중 1가지 이상의 극단적으로 불충분한 양육 양상을 경험했다.
  1. 성인 양육자가 제공해야 하는 위안, 자극, 사랑 등 기본적인 정서적 필요가 지속적으로 제공되지 않는 사회적 방치 또는 사회적 박탈을 경험한다.
  2. 주 양육자가 반복으로 교체되어 안정적인 애착관계를 형성할 기회가 제한된다.
  예 대리 부모의 빈번한 교체
  3. 선택적 애착관계를 형성할 기회가 극도로 제한적인 비정상적 양육환경에서 생활한다.
  예 아동 대 양육자 비율이 높은 시설
D. 진단기준 C에 제시된 것처럼 적절한 돌봄과 배려를 받지 못한 채 양육되어 진단기준 A에 제시된 행동 양상을 보인다.
E. 진단기준이 자폐스펙트럼장애에 부합하지 않는다.
F. 이 증상들이 만 5세 이전에 나타난다.
G. 아동의 발달연령이 9개월 이상이어야 한다.

(3) 급성 스트레스 장애

① 특징

ⓐ 급성 스트레스 장애는 외상성 사건을 경험한 직후 3~30일 내에 외상성 사건을 반복적으로 기억하는 것을 통제하지 못하고, 외상성 사건의 특정 부분을 기억하지 못하거나 부정적 사고와 슬픔 등 부정적 기분을 느끼고, 외상성 사건과 관련된 장소나 사람을 의도적으로 회피하는 등의 증상들을 일시적으로 보인다 (Bryant, 2017).

ⓑ 이러한 증상들과 함께 집중 저하, 불면증, 언어 및 신체적 공격성, 긴장 등이 수반되어 나타날 수도 있는데, 한 달 이상 지속하여 나타날 경우에는 외상 후 스트레스 장애의 진단을 받을 필요가 있다.

② DSM-5 진단기준

│ 급성 스트레스 장애의 DSM-5 진단기준 │

A. 실제적이거나 위협적인 죽음, 심각한 부상, 또는 성폭력에의 노출이 다음과 같은 방식 가운데 1가지 이상에서 나타난다.
  1. 외상성 사건(들)에 대한 직접적인 경험
  2. 그 사건(들)이 다른 사람들에게 일어난 것을 생생하게 목격함
  3. 외상성 사건(들)이 가족, 가까운 친척 또는 친한 친구에게 일어난 것을 알게 됨
      주의: 가족, 친척 또는 친구에게 생긴 실제적이거나 위협적인 죽음의 경우에는 그 사건(들)이 폭력적이거나 돌발적으로 발생한 것이어야만 한다.
  4. 외상성 사건(들)의 혐오스러운 세부 사항에 대한 반복적이거나 지나친 노출의 경험
      (예 변사체 처리의 최초 대처자, 아동 학대의 세부 사항에 반복적으로 노출된 경찰관)
      주의: 진단기준 A4는 사건과 관계된 노출이 아닌 한, 전자미디어, 텔레비전, 영화 또는 사진을 통해 노출된 경우는 적용되지 않는다.

B. 외상성 사건이 일어난 후에 시작되거나 악화된 침습, 부정적 기분, 해리, 회피, 각성의 5개 범주에 해당하는 총 14가지 증상 중 9가지 이상이 나타난다.

침습증상
  1. 외상성 사건의 반복적, 불수의적, 침습적인 고통스러운 기억
      주의: 아동에게서는 외상성 사건의 주제 또는 양상이 표현되는 반복적인 놀이로 나타날 수 있다.
  2. 꿈의 내용과 정동이 외상성 사건(들)과 관련되어 반복적으로 나타나는 고통스러운 꿈
      주의: 아동에게서는 내용을 알 수 없는 악몽으로 나타날 수 있다.
  3. 외상성 사건이 재생되는 것처럼 그 개인이 느끼고 행동하게 되는 해리성 반응(예 플래시백 – 갑자기 너무 생생하게 떠오르는 회상)
      주의: 아동에게서는 외상의 특정한 재현이 놀이로 나타날 수 있다.
  4. 외상성 사건을 상징하거나 닮은 내부 또는 외부의 단서에 노출되었을 때 나타나는 극심하거나 장기적인 심리적 고통 또는 현저한 생리적 반응

부정적 기분
  5. 긍정적 감정을 경험할 수 없는 지속적인 무능력(예 행복, 만족, 또는 사랑의 느낌을 경험할 수 없는 무능력)

해리증상
  6. 주위 환경 또는 자기 자신의 현실에 대한 변화된 감각(예 자기 자신을 다른 사람의 시각에서 관찰, 혼란스러운 상태에 있는 것, 시간이 느리게 가는 것)
  7. 외상성 사건의 중요한 부분들을 기억하는 데의 장애(이는 두부 외상, 알코올 또는 약물 등에 기인한 것이 아니며, 전형적으로 해리성 기억상실에 기인)

회피증상
  8. 외상성 사건에 대한 또는 밀접한 관련이 있는 고통스러운 기억, 생각 또는 감정을 회피하려는 노력
  9. 외상성 사건에 대한 또는 밀접한 관련이 있는 고통스러운 기억, 생각 또는 감정을 불러일으키는 외부적 암시(사람, 장소, 대화, 행동, 사물, 상황)를 회피하려는 노력

각성증상
  10. 수면 교란(예 수면을 취하거나 유지하는 데 어려움 또는 불안한 수면)
  11. 자극이 없는데도 사람 또는 사물에 대한 언어적 또는 신체적 공격이나 분노 폭발
  12. 지나친 각성
  13. 집중력의 문제
  14. 과장된 놀란 반응

C. 진단기준 B의 증상이 나타나는 기간은 외상 노출 후 3일에서 1개월까지다.

　주의: 증상은 전형적으로 외상 후 즉시 시작하지만, 장애 진단기준을 충족하려면 최소 3일에서 1개월까지 증상이 지속되어야 한다.

D. 장애가 사회적, 직업적, 또는 다른 중요한 기능 영역에서 임상적으로 현저한 고통이나 손상을 초래한다.

E. 장애가 물질(예 치료약물이나 알코올)의 생리적인 효과나 다른 의학적 상태(예 경도 외상성 뇌손상)로 인한 것이 아니며, 단기 정신병적 장애로 인해 더 잘 설명되지 않는다.

(4) 적응장애

① 특징: 심리사회적 스트레스 요인에 대해 정서적 또는 행동적으로 부적응적 반응을 보이는 것인데, 부적응의 정도가 스트레스를 유발한 사건에 비해 심하게 나타난다.

② DSM-5 진단기준

> **┃ 적응장애의 DSM-5 진단기준 ┃**
>
> A. 인식 가능한 스트레스 요인에 대한 반응으로 감정적 또는 행동적 증상이 스트레스 요인이 시작된 지 3개월 이내에 발달한다.
>
> B. 이러한 증상 또는 행동은 임상적으로 현저하며, 다음 중 1가지 이상에서 명백하게 나타난다.
>
> 　1. 증상의 심각도의 발현에 영향을 미치는 외적 맥락과 문화적 요인을 고려할 때 스트레스 요인의 심각도 또는 강도와 균형이 맞지 않는 현저한 고통
>
> 　2. 사회적, 직업적, 또는 다른 중요한 기능 영역에서 현저한 손상
>
> C. 스트레스와 관련된 장애는 다른 정신질환의 기준을 만족하지 않으며 이미 존재하는 정신질환의 단순한 악화가 아니다.
>
> D. 증상은 정상적인 애도 반응을 나타내는 것이 아니다.
>
> E. 스트레스 요인 또는 그 결과가 종료된 후에는 증상이 추가 6개월 이상 지속하지 않는다.
>
> **다음 중 하나를 명시할 것**
>
> • 우울 동반 저하된 기분, 눈물이 나거나 절망감이 두드러진다.
>
> • 불안 동반 신경과민, 걱정, 안절부절못하거나 분리불안이 두드러진다.
>
> • 우울과 불안이 함께 두드러진다.
>
> • 품행장애가 두드러진다.
>
> • 정서 및 품행장애 동반 내재화 증상(예 우울, 불안과 품행장애)가 함께 두드러진다.
>
> • **명시되지 않는 경우**: 적응장애의 특정 하위 유형으로 분류할 수 없는 부적응 반응이 있는 것
>
> **다음의 해당하는 경우를 명시할 것**
>
> • 급성: 장애가 6개월 미만 지속되는 경우
>
> • 지속성(만성): 장애가 6개월 이상 지속되는 경우

3. 강박-충동 및 관련 장애

강박은 비합리적인 생각을 반복하는 것이고, 충동은 특정 의식이나 행동을 반복하는 것이다.

DSM-IV-TR에서 불안장애의 하위 유형으로 포함되었던 강박-충동장애가 DSM-5에서는 강박-충동 및 관련 장애(obsessive-compulsive and related disorders)라는 범주에 강박-충동장애(obsessive-compulsive disorder: OCD), 신체추형장애(body dysmorphic disorder), 저장강박장애(hoarding disorder), 털뽑기장애(trichotillomania or hair-pulling disorder), 피부뜯기장애(excoriation or skin-picking disorder) 등을 포함한다.

(1) 강박-충동장애

① 특징: 강박은 비합리적인 생각을 반복하는 것이고, 충동은 특정 의식이나 행동을 반복하는 것이다.

② DSM-5 진단기준

> **┃ 강박-충동장애의 DSM-5 진단기준 ┃**
>
> A. 강박, 충동 또는 둘 다가 나타난다.
>
> **강박은 다음 2가지 증상에 의해 정의된다.**
> 1. 대부분의 사람에게 불안이나 고통을 일으킬 만한 생각, 충동 또는 영상을 지속적으로 반복하여 경험한다.
> 2. 본인 스스로 강박적인 생각, 충동 또는 영상을 무시하고 억누르려고 하거나 다른 생각이나 행동으로 중화시키려고 시도한다.
>
> **충동은 다음 2가지 증상에 의해 정의된다.**
> 1. 강박 또는 규칙을 철저하게 지켜야 한다는 생각으로 인해 수행되는 반복적인 행동(예 손 씻기, 순서적 배열하기, 점검하기)이나 정신적 활동(예 기도하기, 수 세기, 조용히 단어 반복하기)
> 2. 이러한 행동 또는 정신적 활동은 불안, 고통을 예방하거나 감소시키기 위해 또는 두려운 사건이나 상황을 예방하기 위해 수행되지만, 현실에서 이러한 행동 또는 정신적 활동은 예방하려는 사건이나 상황과 무관하다.
>
> **주의:** 아동의 경우에 자신의 행동과 정신적 활동의 목적을 말하지 못할 수도 있다.
> B. 강박 또는 충동은 시간 소모적이며(예 하루에 한 시간 이상 소요), 사회적, 학업적, 직업적 및 다른 중요한 기능 영역에 임상적으로 중요한 손상 또는 결함을 초래한다.
> C. 강박-충동 증상들은 약물(예 투약, 알코올)이나 다른 의학적 상태의 생리적인 효과에 기인한 것이 아니다.
> D. 이러한 강박 또는 충동 증상들은 범불안장애, 신체추형장애, 저장 강박장애, 모발 뽑기 장애, 피부 벗기기 장애, 섭식장애, 질병 불안장애, 중독장애, 품행장애, 주요 우울장애, 망상장애, 조현병 스펙트럼장애, 자폐스펙트럼장애 등 다른 정신장애에 의해 더 잘 설명되지 않는다.

(2) 신체추형장애

① **특징**: 신체추형장애 또는 신체이형장애(body dysmorphic disorder)는 다른 사람들이 관찰할 수 없거나 대수롭지 않은 자신의 외모에서 한 가지 이상의 결함에 집착하여 외모에 대한 걱정 때문에 반복적 행동(예 계속 거울 보기, 지나치게 머리 빗기, 피부 벗기기, 지속적으로 재확인하기) 또는 정신적 활동(예 자신의 외모와 다른 사람의 외모 비교하기)을 한다. 이러한 증상들은 섭식장애의 피하지방이나 체중에 대한 염려로는 설명될 수 없다.

② DSM-5 진단기준

▌신체추형장애의 DSM-5 진단기준 ▌

A. 다른 사람들이 관찰할 수 없거나 대수롭지 않은 자신의 외모에서 1가지 이상의 결함에 집착한다.

B. 장애가 진행되는 어떤 시점에 자신의 외모에 대한 걱정 때문에 반복적인 행동(예 계속 거울보기, 지나치게 머리 빗기, 피부 벗기기, 지속적으로 재확인하기) 또는 정신적 활동(예 자신과 다른 사람의 외모 비교하기)을 한다.

C. 이 외모에 대한 집착은 사회적, 학업적, 직업적 및 다른 중요한 기능 영역에 임상적으로 중요한 손상 또는 결함을 초래한다.

D. 이 외모에 대한 집착은 섭식장애를 가진 사람의 피하지방이나 체중에 대한 염려로는 설명될 수 없다.

(3) 저장강박장애

① **특징**: 저장강박장애 또는 수집광(hoarding disorder)의 특징은 불필요한 잡동사니 같은 물건들을 수집하고 버리는 것을 어려워하는 것으로, 심한 경우에 수집한 물건들이 가정의 생활공간을 침해하고 박테리아와 썩은 음식 등 유독성 물질로 인해 생활환경이 위태롭게 되며, 일상생활 기능에도 문제가 발생할 수 있다.

② DSM-5 진단기준

▌저장강박장애의 DSM-5 진단기준 ▌

A. 실제 가치와는 상관없이 소지품을 버리거나 분리되는 것을 지속적으로 어려워한다.

B. 이런 어려움은 소지품에 대한 보관 욕구와 이를 버리는 데 따르는 고통 때문에 생긴다.

C. 소지품을 버리기 어려워서 결국 물품들이 모여 쌓이게 되고, 이는 소지품의 원래 용도를 심각하게 저해하며 일상생활을 어지럽히게 된다. 생활이 어지럽혀지지 않는 경우는 가족 구성원, 청소부, 다른 권위자 등 제3자의 개입이 있을 때뿐이다.

D. 저장강박장애 증상은 자신과 타인의 안전한 환경을 위협할 뿐만 아니라, 사회적, 직업적 또는 다른 중요한 기능 영역에서 임상적으로 현저한 고통이나 손상을 초래한다.

E. 저장강박장애 증상은 뇌손상이나 뇌혈관 질환, 프래더-윌리 증후군과 같은 다른 의학적 상태에 기인한 것이 아니다.

F. 저장강박장애 증상은 다른 정신장애로 더 잘 설명되지 않는다(예 강박장애의 강박적 사고, 주요우울장애의 에너지 저하, 조현병이나 다른 정신병적 장애의 망상, 주요 신경인지장애의 인지능력 결함, 자폐성장애의 제한된 흥미).

다음의 경우에 해당하면 명시할 것
• 과도한 습득 동반 소지품을 버리는 데 어려움이 있으면서 동시에 필요가 없거나 보관이
  가능한 공간이 없음에도 불구하고 과도하게 소지품을 습득하는 행위가 동반되는 경우
  다음 해당하는 경우에 명시할 것
  – **좋거나 양호한 병식**: 저장강박장애와 관계된 믿음과 행동(소지품을 버리는 데 어려
    움, 소지품을 채우거나 과도하게 습득)에 문제가 있다고 스스로 인식한다.
  – **좋지 않은 병식**: 저장강박장애와 관계된 믿음과 행동들이 반론의 증거에도 불구하고
    대체로 문제가 없다고 스스로 확신한다.
  – **병식 없음/망상적 믿음**: 저장강박장애와 관계된 믿음과 행동들이 반론의 증거에도
    불구하고 전혀 문제가 없다고 스스로 확신한다.

(4) 털뽑기장애

① **특징**: 털뽑기장애 또는 발모광(hair-pulling disorder)은 자신의 머리카락을 반
  복적으로 뽑아서 탈모가 생기고, 심한 경우에는 신체적, 사회적 및 심리적 결함을
  초래할 수도 있어서 피부뜯기장애와 함께 신체에 집중된 반복행동장애로 분류된다.

② **중재**: 털뽑기장애의 중재 방법인 습관 반전훈련(habit reversal training)은 인
  식훈련, 대안적 반응훈련, 사회적 지원으로 구성된다.

  ㉠ 인식훈련은 자신의 머리카락 뽑는 행동을 인식하도록 훈련하는 것이다.

  ㉡ 대안적 반응훈련은 머리카락을 뽑는 행동과 동시에 발생할 수 없는 대안적인
    상반행동(예 두 주먹을 쥐고 60초 버티기)을 훈련하는 것이다.

  ㉢ 대안적 상반행동을 촉진하고 강화할 수 있는 사회적 지원이 필요하다.

③ DSM-5 진단기준

> **| 털뽑기장애의 DSM-5 진단기준 |**
> A. 반복적으로 스스로 털을 뽑아 탈모로 이어진다.
> B. 털뽑는 행위를 줄이거나 멈추려는 시도를 반복적으로 한다.
> C. 털뽑기가 사회적, 직업적, 또는 다른 중요한 기능 영역에서 임상적으로 현저한 고통이나
>   손상을 초래한다.
> D. 이런 털뽑기는 피부과적 질환과 같은 다른 의학적 상태에 기인한 것이 아니다.
> E. 이런 털뽑기는 신체형장애 환자가 자신이 인식하는 외모 결함을 개선시키려는 시도처럼
>   다른 정신장애로 더 잘 설명되지 않는다.

(5) 피부뜯기장애

① **특징**: 피부뜯기장애 또는 피부벗기기장애(skin-picking disorder)는 반복적이
고 충동적으로 피부를 긁고 뜯어서 피부조직에 손상을 초래할 뿐만 아니라, 심한
경우에 상처가 난 피부에 감염이 되어 사회적 고립을 야기할 수도 있다(Jafferany
& Patel, 2019).

② **하위 유형**

하위 유형 Ⅰ (정서적/강화 유형)	부정적 정서를 느낄 때 또는 자동적으로 자주 심하게 뜯고 싶은 충동을 통제하기 어려우며, 과잉행동 주의집중장애 및 완벽주의와 공존하여 나타나는 비율이 높음
하위 유형 Ⅱ (기능적 유형)	피부를 뜯고 싶은 충동이 경도로 나타나는데, 이 유형의 피부뜯기장애를 가지고 있는 사람들은 감각적으로 예민하고 고통에 대한 저항력이 부족한 경우가 많음

③ **DSM-5 진단기준**

> **┃피부뜯기장애의 DSM-5 진단기준┃**
> A. 반복적으로 피부를 뜯어서 피부 병변으로 이어진다.
> B. 피부뜯기 행위를 줄이거나 멈추려는 시도를 반복적으로 한다.
> C. 피부뜯기는 사회적, 직업적, 또는 다른 중요한 기능 영역에서 임상적으로 현저한 고통이나 손상을 초래한다.
> D. 피부뜯기는 물질(예 코카인)의 생리적 효과나 다른 의학적 상태(예 옴)에 기인한 것이 아니다.
> E. 이런 피부뜯기는 신체추형장애 환자가 자신이 인식하는 외모 결함을 개선시키려는 시도처럼 다른 정신장애로 더 잘 설명되지 않는다.

4. 기초신체기능 장애

(1) 회피적·제한적 음식섭취장애와 섭식장애

① 이식증: 먹을 수 없는 종이, 머리카락, 벌레, 먼지, 지우개, 크레용, 모래, 페인트 등을 먹는다.

② 반추장애: 소화된 음식을 의도적으로 입으로 역류시켜 토해버리거나 다시 씹는다.

③ 거식증

> **▌거식증의 DSM-5 진단기준 ▌**
>
> A. 필요한 에너지 섭취를 제한하여 나이, 성별, 발달적 궤도, 신체적 건강에 근거할 때 심각할 정도로 저체중이다.
> B. 심각할 정도로 저체중임에도 체중이 증가하고 살이 찌는 것에 강한 두려움을 가지고 있거나 체중 증가를 막기 위한 지속적인 행동을 한다.
> C. 체중과 몸매에 대한 자기평가가 비현실적이며, 저체중의 심각성을 인지하지 못한다.

④ 폭식증

> **▌폭식증의 DSM-5 진단기준 ▌**
>
> A. 폭식 증상이 반복적으로 재현된다. 이때 폭식은 다음 2가지에 의해 정의된다.
>   1. 보통 사람이 유사한 상황에서 유사한 시간 동안 먹는 것보다 훨씬 많은 양의 음식을 일정 시간(예 2시간 내) 동안 섭취한다.
>   2. 폭식 삽화가 발생하는 동안 음식 섭취 통제력을 상실한다.
>   예 음식 섭취를 멈출 수 없고 섭취하는 음식의 양을 조절할 수 없다.
> B. 체중 증가를 방지하기 위해 자기유도 구토, 설사제와 이뇨제 등의 약물 남용하고 금식, 과도한 운동 등의 부적절한 보상행동을 반복한다.
> C. 폭식과 부적절한 보상 행동이 3개월 동안 일주일에 최소 1회 이상씩 발생한다.
> D. 자기평가는 몸매와 체중의 영향을 과도하게 받는다.
> E. 이 증상들이 거식증 삽화가 발생하는 기간에만 발생하는 것은 아니다.

(2) 배변장애

① 유뇨증: 옷이나 침구에 반복하여 소변을 배설한다.

② 유분증: 최소 3개월 동안 1개월에 최소 1회씩 옷 등의 부적절한 곳에 대변을 보는 장애로, 아동의 경우 만 4세 이상이어야 진단이 가능하다.

(3) 수면장애

① 잠들기 문제: 아동·청소년이 잠자리에 들기를 거부하거나 잠에 들어도 오래 자지 못하거나 밤에 깰 경우 다시 자는 데 어려움을 나타낸다.

② 수면 각성장애: 야경증, 수면 중 보행(몽유병), 악몽을 포함한다.

5. 불안장애 중재

(1) 행동수정

① 이완훈련 [23 유아, 19 중등]

  ㉠ 공포와 불안 문제를 구성하는 자율적 각성의 경험을 감소시키는 전략이다.

  ㉡ 특정 이완행동에 참여하는 개인에게 자율적 각성에 반대되는 신체적 반응을 하도록 한다.

  ㉢ 근육 긴장, 빠른 심장박동과 호흡, 차가운 손 등 자율적 각성이 되는 신체 반응 대신 근육 이완, 느린 심장박동과 호흡, 손을 따뜻하게 하는 등의 신체적 반응을 경험한 사람들에게서 불안 감소가 보고되었다.

  ㉣ 가장 많이 사용되는 이완훈련은 4가지로 점진적 근육이완, 횡경막 호흡, 주의집중 연습, 행동이완 훈련이 있다.

② 체계적 둔감법 ★ [19 유아]

  ㉠ 공포를 야기하는 자극을 상상하면서 공포를 이완에 이용하는 전략으로, 치료자가 불안을 야기하는 장면을 점진적으로 묘사하는 것을 상상하면서 이완하는 것을 학습하여 공포 반응을 감소시킬 수 있다.

  예 체계적 둔감법을 이용한 거미공포증 치료
  내담자는 자신을 이완하고 치료자가 거미가 25피트 떨어져 있는 장면을 묘사하는 것을 듣는다. 이 장면을 듣고 나서 이완이 유지되면 치료자는 거미가 20피트 떨어져 있는 장면을 묘사한다. 내담자가 계속 이완을 유지하면 치료자는 거미가 점점 더 가까이 있다고 묘사한다. 이때 내담자에게 중요한 것은 공포를 야기하는 자극을 상상하면서도 이완 반응을 유지하는 것이다.

  ㉡ 절차

단계	내용
1단계	내담자가 이완기술을 학습함
2단계	치료자와 내담자가 공포를 야기하는 자극의 위계를 만듦
3단계	• 치료자가 위계에 따라 장면을 묘사하는 동안 내담자는 이완기술을 연습함 • 내담자가 위계에 따른 모든 장면을 상상하는 동안 이완반응을 유지할 수 있게 되면 연습을 종료함

  ㉢ 장점: 내담자가 두려운 자극을 상상하기 때문에 그것과 직접 접촉하는 것보다 쉽고 용이하다.

  ㉣ 단점: 결과가 실제로 두려움을 유발하는 상황에서 완전하게 일반화될 수 없다.

최신행동수정, 안병환 외, 시그마프레스

③ 실제상황 둔감법 ★ 23 유아, 19 유아, 18 중등
  ㉠ 내담자가 실제로 공포를 야기하는 자극에 점진적으로 접근 또는 노출된다는 점을 제외하면 체계적 둔감법과 유사하며, 접촉 둔감법이라고도 한다.
  ㉡ 실제상황 둔감법 절차를 사용하려면 우선 내담자가 이완 반응을 학습하고 그 다음 내담자와 치료자가 공포를 야기하는 자극을 수반하는 상황의 위계를 만들어야 한다.
  ㉢ 내담자가 공포 반응을 대체하는 반응으로써 이완을 유지하면서 각 위계 상황을 상상이 아닌 실제로 직접 경험하도록 한다.
  ㉣ 장점: 내담자가 실제로 두려운 자극과 접촉하게 만들기 때문에 실제상황에 일반화하는 데 문제가 없다.
  ㉤ 단점: 체계적 둔감법보다 어렵고 시간과 비용이 많이 든다.
④ 홍수법 ★
  ㉠ 개인을 오랫동안 충분한 강도로 공포자극에 노출되도록 하는 방법이다.
  ㉡ 내담자는 공포자극이 있을 때보다 더 높은 불안을 경험하지만, 시간이 지나면서 소거저항의 과정을 거쳐 불안 수준이 감소한다.
    예 개에 공포가 있는 사람을 (치료자와 함께) 방에 앉아 오랫동안 개와 함께 있게 한다. 조건자극(개, 공포자극)과 무조건 자극(물리거나 놀라는 것) 없이 머무르기 때문에 오랫동안(2시간) 극복할 수 있고, 조건자극이 더 이상 조건반응(불안)을 야기하지 않게 된다.
  ㉢ 내담자가 최초로 공포자극에 노출되면 공포로 인해 매우 불안해져서 홍수법 절차가 진행되는 상황에서 회피하거나 공포가 더 악화될 수 있으므로 반드시 전문가가 수행해야 한다.
⑤ 모델링 18 중등
  ㉠ 특히 아동의 공포에 있어 성공적인 치료법이다.
  ㉡ 모델링 절차에서 아동은 다른 사람이 공포자극에 접근하거나 공포활동에 참여하는 것을 관찰한 후에 유사한 행동을 더욱 쉽게 수행할 수 있게 된다.
  ㉢ 공포를 가진 사람이 살아 있는 모델을 직접 관찰하거나 영화, 비디오 모델을 보면서 진행되는데, 특히 영화와 비디오 모델링은 아동이 수술이나 다른 의학적 치료, 치과 치료에 대한 공포를 극복하는 데 널리 사용되어왔다.

(2) 인지행동치료

① 불안해하는 아동의 생각, 신념, 지각을 변화시키기 위한 방법이다.

② 전제: 아동의 비적응적인 인지구조를 변화시키면 불안해하거나 회피하는 행동도 변화할 것이라고 본다.

③ 방법: 인지적 자기관리법, 스스로 말하기 방법, 유쾌한 상상 등을 사용하며, 이러한 방법으로 아동이 자신의 신념이나 인지를 스스로 관리하도록 하고 모델링과 시연, 사회적 강화를 통해 아동이 스스로에게 긍정적인 이야기를 하도록 가르친다.

④ 아동에게 사고 형태에 대한 인식과 여러 대안적인 사고 방법을 제공하는 등의 전형적인 정적 강화와 이완 같은 다른 행동치료 절차를 노출법과 결합하여 사용한다.

⑤ 종류

종류	내용
인지적 재구조화	아동·청소년의 불안 또는 공포가 비현실적이고 비합리적인 인지적 왜곡에 근거한 것이므로, 아동이 현실적이고 합리적인 사고를 하도록 도움
자기통제 기술	병리적 불안이나 두려움을 가진 아동이 스스로 자기점검법, 자기강화법, 자기교수법, 긍정적 자기 말, 거울기법, 문제해결 기술, 사회성 기술 등을 적용하여 불안이나 두려움을 감소시키도록 함

(3) 가족중재

① 불안장애는 부모의 불안이나 가정불화가 있는 가족관계에서 일어나기가 쉽다.

② 가족중재 프로그램: 부모에게 아동을 다루는 법, 불안을 다루는 법, 의사소통 기술, 문제해결 기술 등을 훈련하는 것이 포함된다.

(4) 약물치료

① 아동·청소년기의 불안장애를 치료하기 위해 삼환계 항우울제, 선택적 세로토닌 재흡수 억제제, 항불안제가 사용되고 있다.

② 아동·청소년을 대상으로 하는 약물치료의 효과와 부작용 연구는 미흡한 실정이다.

보충+α 불안장애의 인지행동중재

다양한 행동적 또는 인지행동적 전략들을 사용하여 아동이나 청소년의 불안장애를 감소시키는 것으로, 모델링, 체계적 둔감법, 정동홍수법, 재노출요법, 인지적 재구조화, 자기통제 기술, 이완훈련 등을 포함한다.

1. 모델링

모델링은 두려움을 야기하는 사물이나 상황에서 다른 사람들이 불안해하거나 두려워하지 않고 바람직하게 행동하는 것을 보여 주는 것으로, 아동과 청소년의 과도한 불안과 공포를 감소시키는 데 폭넓게 사용되고 있다. 예를 들어, 개를 두려워하는 아동에게 다른 아동이 개를 두려워하지 않고 친숙하게 노는 장면을 비디오나 실제 상황을 통해 역할 모델로 보여 줌으로써 아동의 두려움을 감소시키는 것이다.

2. 체계적 둔감법

두려움을 야기하는 사물이나 상황에 점진적으로 노출하는 방법으로서, 불안을 일으키는 정도가 가장 약한 자극부터 강한 자극까지 차례로 노출시키는 것이며, 분리불안장애를 가지고 있는 아동이나 공포증을 가지고 있는 아동에게 사용될 수 있다. 예를 들어, 엄마와 분리되는 것에 두려움을 나타내는 아동으로 하여금 처음에는 엄마가 있는 방이 아닌 다른 방에서 놀도록 한 후 엄마

정서행동장애, 이성봉 외, 학지사

가 집에 있는 동안 놀이터에서 놀도록 하는 것이다. 그 다음 단계는 엄마가 시장에 간 동안 이웃 집에서 놀도록 한 후 주말에 친척 집에서 엄마 없이 자도록 하는 것이다.

3. 정동홍수법

중재 초기에 불안을 일으키는 정도가 가장 심한 자극에 아동을 오랫동안 노출시키는 절차로, 체계적 둔감법의 점진적인 접근 방법과는 대조된다(이효신, 방명애 역, 2019). 이는 불안을 일으키는 정도가 가장 심한 자극에 노출되더라도 사람은 계속 높은 각성상태를 유지할 수 없으므로 결국 불안 반응은 약화된다는 이론에 근거한다. 예를 들어, 학교공포증을 가지고 있는 아동으로 하여금 중재 초기에 학교에 하루 종일 있게 하는 것이다.

4. 재노출요법

아동으로 하여금 중재자와 함께 안전하고 지원적인 환경에서 아동에게 정신적 충격을 일으킨 사건을 재검토하고 재생하는 것이다(Cohen et al, 2004). 예를 들어, 집에 불이 나서 가족과 집을 잃은 경험으로 외상 후 스트레스 장애의 증상을 보이는 아동과 함께 불이 났던 상황에 재노출하여 아동으로 하여금 자신의 생각과 감정을 표현하게 한다. 그리고 아동이 주어진 상황에서 바람직하게 대처하며 자신의 스트레스를 관리할 수 있도록 돕는다.

5. 인지적 재구조화

아동이나 청소년의 불안 또는 공포가 비현실적이고 비합리적인 인지적 왜곡에 근거한 것이므로 아동으로 하여금 현실적이고 합리적인 사고를 할 수 있도록 돕는 것이다(Beck, 1976). 앞서 언급한 개 공포증의 예에 대해 다시 생각해 보자. 개에 대한 공포증을 가지고 있는 아동은 쇠사슬에 묶여 있는 개를 보더라도 개가 자신에게 갑자기 달려들고, 함께 걸어가는 부모는 도망을 칠 것이며, 결국 자신은 개에게 물려서 치료받지 못한 채 죽게 될 것이라는 왜곡된 생각을 하면서 불안해한다고 가정하자. 이때 아동으로 하여금 개는 쇠사슬을 풀 수 없으므로 아동에게 달려들지 않고, 개가 갑자기 달려들더라도 함께 있는 부모가 도와줄 것이며, 개에게 물리더라도 즉시 병원에 가서 치료받으면 죽지 않는다는 것을 인식하도록 돕는 것이다.

6. 자기통제 기술

병리적인 불안이나 두려움을 가지고 있는 아동으로 하여금 스스로 자기점검법, 자기강화법, 자기교수법, 긍정적 자기 말, 거울기법, 문제 해결 기술, 사회성 기술 등을 적용하여 불안이나 두려움을 감소시키도록 하는 것이다(Wolitzky-Taylor et al, 2015). 예를 들어, 분리불안장애로 학교에 가기를 거부하는 아동으로 하여금 "내가 학교에 가 있는 동안 엄마는 안전할 거야." 또는 "나는 용감해서 학교에 혼자 갈 수 있어." 등의 긍정적인 자기 말을 자주 연습시키는 것이다. 처음에는 아동이 큰 소리로 말하도록 연습시키다가 목소리를 점차 줄여 나가고, 실제 사회적 상황에서는 자신만 들을 수 있는 작은 소리나 머릿속으로 자기 말을 하도록 훈련하는 것이 필요하다.

7. 이완훈련

깊고 느린 호흡기법, 근육이완, 심상(mental image)을 통해 불안장애를 가지고 있는 아동이나 청소년의 긴장 수준을 낮추는 것이다(이효신, 방명애 역, 2019), 사람은 스트레스를 받을 때 숨을 적게 쉴 뿐만 아니라 짧고 얕은 호흡을 하는 경향이 있다. 아동이나 청소년에게 바닥에 편안한 자세로 눕게 하고 한 손은 배 위에 얹고 한 손은 가슴 위에 놓도록 한다. 깊은 호흡인 복식호흡을 바르게 하면 배 위의 손은 아래위로 움직이지만 가슴 위의 손은 움직이지 않아야 한다. 또한 호흡을 느리게 하기 위하여 들숨을 쉬면서 열까지 세고, 숨을 참으면서 열까지 세고, 다시 날숨을 쉬면서 열까지 세고, 숨을 참으면서 열까지 세는 것이다. 아동이 어릴 경우는 넷이나 다섯까지만 세면서 느린 호흡을 연습해도 된다. 교사는 아동이 깊고 느리게 호흡하는 방법을 습득할 수 있도록 시범을 보이고 아동과 함께 연습한다. 사람은 스트레스를 받아서 긴장되거나 염려스러울 때 근육이 단단해지고 두통 등의 신체적인 증세가 나타난다. 따라서 깊고 느린 호흡을 연습한 후 신체의 각 부분을 이완시키는 것이 필요하다. 예를 들어, 손을 있는 힘껏 세게 쥐어 8~10초 동안 있다가 풀게 하면 손가락과 손에 열이 나면서 긴장이 풀어지고 편안한 느낌을 받게 한다. 이러한 방법으로 얼굴, 어깨, 팔, 배, 다리, 발 등을 차례로 이완시킨다.

03 우울장애와 양극성장애

1. 우울장애 ★

미국정신의학회(2000)의 DSM-IV-TR에서는 우울장애와 조증이 기분장애로 묶여 있었으나, 미국정신의학회(2013)의 DSM-5에서는 두 장애가 분리되었다. DSM-5의 우울장애(depressive disorders)는 파괴적 기분조절부전장애(disruptive mood dysregulation disorder), 주요 우울장애(major depressive disorder), 기분부전장애로 명명되었던 지속적 우울장애(persistent depressive disorder), 월경 전 불쾌장애(premenstrual dysphoric disorder), 약물에 기인한 우울장애(substance/medicine-induced depressive disorder), 다른 의학적 조건에 기인한 우울장애(depressive disorder due to another medical condition), 다른 특정 우울장애(other specified depressive disorder), 달리 분류되지 않는 우울장애(unspecified depressive disorder)를 포함한다.

(1) 주요 우울장애(major depressive disorder)

① 특징
  ㉠ 핵심 증상은 체중변화와 자살 사고를 제외한 우울 기분이 하루 중 대부분, 거의 매일 존재한다는 것이다.
  ㉡ 우울 기분 또는 거의 모든 활동에서의 흥미나 즐거움의 상실이 적어도 2주간 지속되는 증상이 필수로 나타난다.

② DSM-5 진단기준

> **┃ 주요 우울장애의 DSM-5 진단기준 ┃**
>
> A. 다음 증상 중 5가지 이상이 연속 2주의 기간 동안 지속되며, 이러한 상태가 이전 기능으로부터의 변화를 나타내는 경우이다. 이 증상 중 적어도 하나는 우울 기분이거나 흥미나 즐거움의 상실이어야 한다.
> **주의**: 분명히 다른 의학적 상태에 기인한 증상은 포함하지 않는다.
> 1. 거의 매일, 하루 대부분에 걸쳐 지속되는 우울한 기분이 주관적인 보고(예 슬프거나 공허한 느낌)나 객관적인 관찰(예 울 것처럼 보임)에서 드러남
>   **주의**: 소아와 청소년의 경우는 초조하거나 과민한 기분으로 나타나기도 한다.
> 2. 모든 또는 거의 모든 일상 활동에 대한 흥미나 즐거움이 하루 대부분 또는 거의 매일 같이 뚜렷하게 저하되어 있는 경우
>   (주관적인 설명이나 타인에 의한 관찰에서 드러남)
> 3. 체중조절을 하고 있지 않은 상태(예 1개월 동안 체중 5% 이상의 변화)에서 의미 있는 체중 감소나 증가, 거의 매일 나타나는 식욕 감소나 증가가 있을 때
>   **주의**: 소아의 경우 체중 증가가 기대치에 미달되는 경우 주의할 것
> 4. 거의 매일 나타나는 불면이나 과다 수면
> 5. 거의 매일 나타나는 정신 운동성 초조나 지체(주관적인 좌불안석 또는 처진 느낌이 타인에 의해서도 관찰 가능함)
> 6. 거의 매일 피로나 활력 상실
> 7. 거의 매일 무가치감 또는 과도하거나 부적절한 죄책감을 느낌(망상적일 수도 있으며, 단순히 병이 있는 것에 대한 자책이나 죄책감 수준이 아님)

8. 거의 매일 나타나는 사고력이나 집중력의 감소 또는 우유부단함(주관적인 호소 또는 관찰에서 확인 가능)
9. 반복되는 죽음에 대한 생각(단지 죽음에 대한 두려움뿐만이 아님), 특정한 계획 없이 반복되는 자살 생각, 자살 기도나 자살 수행에 대한 특정 계획
B. 이러한 증상이 사회적, 직업적 및 다른 중요한 기능 영역에서 임상적으로 심각한 고통이나 손상을 초래한다.
C. 우울증 삽화가 어떤 약물이나 다른 의학적 상태의 생리적 효과에 기인하지 않는다.

   주의: 진단기준 A~C가 주요 우울증 삽화를 나타낸다.

   주의: 중대한 상실(예 가족의 사망, 재정적 파산, 자연재해, 심각한 질병이나 장애)에 대한 반응은 우울증 삽화의 진단기준 A에 기술된 강력한 슬픔, 상실에 대한 반추증, 불면증, 식욕부진, 체중 감소 등을 포함한다. 상실에 대해 이 증상들을 보이는 것은 이해할 수 있고 적절하다고 간주되지만, 중대한 상실에 대한 이러한 증상들과 주요 우울증 삽화가 동시에 존재하는 경우에는 주의를 요한다. 이 경우 개인사와 상실에 대한 고통의 표현을 문화적 규준에 근거하여 임상적으로 판단해야 한다.
D. 주요 우울증 삽화는 조현정동장애(schizoaffective disorder), 조현병(schizophrenia), 조현양상장애(schizophreniform disorder), 망상장애 또는 다른 조현병 스펙트럼과 정신장애에 의해 더 잘 설명되지 않는다.
E. 조증 삽화나 경조증 삽화가 없었다.

   주의: 만약 조증이나 경조증 같은 삽화 모두가 약물이나 다른 의학적 상태의 생리적 효과에 기인한 경우는 제외한다.

(2) 파괴적 기분조절부전장애(disruptive mood dysregulation disorder)

① 특징

㉠ 주로 10세 이전에 시작되며, 6세 이전이나 18세 이후에는 진단될 수 없다.

㉡ 주요 특성은 잦은 분노발작이며, 전형적으로 좌절에 대한 반응으로써 폭언이나 사물, 자신, 타인에의 공격 형태가 나타난다.

② DSM-5 진단기준

| 파괴적 기분조절부전장애의 DSM-5 진단기준 |

A. 상황이나 화낼 이유에 대해 심한 울화 폭발이 부적절한 강도 또는 기간 동안 언어적으로(예 언어적 분노) 그리고/또는 행동적으로(예 사람이나 사물에 대한 신체적 공격) 반복하여 나타낸다.
B. 울화 폭발이 발달단계와 일관성이 없다.
C. 울화 폭발이 일주일에 평균 3회 이상 나타난다.
D. 울화 폭발이 나타나지 않는 기간의 기분도 거의 매일, 하루 종일 지속적으로 짜증을 내거나 화가 나 있으며, 그 기분이 부모, 교사, 또래에 의해 관찰될 수 있다.
E. 진단기준 A~D가 12개월 이상 지속되었으며 진단기준 A~D의 증상 없이 3개월 이상 지속된 기간이 없다.
F. 진단기준 A와 D가 가정, 학교, 또래와 있는 상황 중에 최소 2가지 상황에서 나타나며, 이 중 1가지 이상의 상황에서 심하게 나타난다.
G. 만 6세 이전이나 18세 이후에 첫 번째 진단을 받아서는 안 된다.
H. 진단기준 A~E가 만 10세 이전에 나타난다.
I. 조증 삽화나 경조증 삽화의 진단기준(기간 제외)에 맞는 기간이 1일 이상 지속되지 않는다.

   주의: 행복한 일이 있거나 앞으로 있을 것으로 기대되는 상황에 일어나는 발달적으로 적절한 기분 상승을 조증 삽화나 경조증 삽화로 간주해서는 안 된다.

J. 진단기준에 맞는 행동이 주요 우울장애 삽화 기간에만 일어나는 것이 아니며, 자폐스펙트럼장애, 외상 후 스트레스 장애, 분리불안장애, 지속적 우울장애 등의 다른 정신장애에 의해 더 잘 설명되지 않는다.

　　주의: 파괴적 기분조절장애의 진단은 적대적 반항장애, 간헐적 폭발성 장애의 진단과 공존할 수 없으나 주요 우울장애, 주의력결핍 과잉행동장애, 품행장애, 약물사용장애 등의 진단기준과는 공존할 수 있다. 파괴적 기분조절부전장애와 적대적 반항장애의 진단기준을 둘 다 충족하는 사람은 파괴적 기분조절부전장애로 진단되어야 한다. 조증 삽화나 경도 조증 삽화를 경험한 사람은 파괴적 기분조절부전장애로 진단되어서는 안 된다.

K. 진단기준에 제시된 증상이 약물이나 다른 의학적 또는 신경학적 상태의 생리학적 효과에 기인한 경우는 제외한다.

(3) 지속적 우울장애(기분저하증, persistent depressive disorder, dysthymia)

① 특징

　ⓐ 지속성 우울장애아동은 적어도 1년 동안 우울한 기분이 없는 날보다 있는 날이 더 많고, 하루 종일 우울한 기분이 지속된다.

　ⓑ 이 장애는 DSM-IV 진단기준에 따른 만성 주요 우울장애와 기분부전장애를 통합한 것이다.

② DSM-5 진단기준

▌지속적 우울장애의 DSM-5 진단기준 ▌

지속적 우울장애는 DSM-IV의 만성적 주요 우울장애와 기분부전장애를 통합한 것이다.

A. 본인의 주관적 설명이나 다른 사람의 관찰에 따르면 최소한 2년 동안에 우울한 기분이 하루 대부분에 걸쳐 지속된다.

　　주의: 아동·청소년의 경우 최소한 1년 동안 짜증내는 형태로 나타날 수 있다.

B. 우울할 때 다음 6가지 중 2가지 이상의 증상을 나타낸다.

1. 식욕 저하 또는 과식
2. 불면증 또는 수면 과다
3. 활기 저하와 피곤
4. 낮은 자존감
5. 집중력과 의사결정능력 저하
6. 절망감

C. 우울장애를 나타낸 2년(아동·청소년은 1년) 동안 한번에 2개월 이상 진단기준 A와 B의 증상을 나타내지 않는 기간이 없다.

D. 주요 우울장애의 진단기준이 2년 동안 지속적으로 나타난다.

E. 조증이나 경조증 삽화가 나타난 적이 없으며, 순환성 기질장애(cyclothymic disorder)의 진단기준에 부합하지 않는다.

F. 이 증상들은 조현정동장애(schizoaffective disorder), 조현병(schizophrenia), 조현양상장애(schizophreniform disorder), 망상장애 또는 다른 조현병 스펙트럼과 정신장애에 의해 더 잘 설명되지 않는다.

G. 이 증상들이 어떤 약물이나 다른 의학적 상태(예 갑상선 기능 저하증)의 생리적 효과에 기인하지 않는다.

H. 이 증상들이 사회적, 직업적, 다른 중요한 기능 영역에서 임상적으로 심각한 고통이나 손상을 초래한다.

2. 양극성장애

(1) 제1형 양극성장애(bipolar I disorder)

① 특징
  - ㉠ 1회 이상의 조증 삽화가 있고 보통 우울증 삽화가 동반된다.
  - ㉡ 즉, 조증이 반복적으로 나타나거나 조증과 우울증이 교대로 나타나는 기분장애이다.
  - ㉢ 주된 증상은 팽창된 자존감, 과대성향, 수면욕구의 감소, 평소보다 말이 많고 말을 많이 하려는 경향성, 사고의 비약 또는 사고가 분주하다는 주관적 경험, 산만함 등이 있다.

② DSM-5 진단기준

> * 제1형 양극성장애로 진단되기 위해서는 조증 삽화에 대한 다음의 진단기준을 충족시켜야 한다. 조증 삽화는 경조증이나 주요 우울 삽화에 선행하거나 뒤따를 수 있다.
>
> **┃ 조증 삽화의 DSM-5 진단기준 ┃**
>
> A. 비정상적으로 고조되거나 과대하거나 과민한 기분과 비정상적으로 증가된 목표지향적 활동이나 에너지가 최소 1주 이상 거의 매일, 하루 종일 지속되는 기간이 분명하다(입원이 필요한 정도의 증상이 나타나는 경우는 기간에 상관없음).
> B. 기분장애와 증가된 에너지와 활동이 나타나는 기간 동안 다음 증상 중에 3가지(기분이 과민한 상태인 경우 4가지)가 심각할 정도로 나타나며, 평상시 행동과 눈에 띄게 다른 행동이 나타난다.
>   1. 고조된 자존감과 과장
>   2. 수면에 대한 욕구 감소 예 3시간의 수면으로도 충분한 휴식을 취했다고 느낌
>   3. 평소보다 말을 많이 하거나 계속 말을 해야 할 것 같은 압박감
>   4. 사고의 비약 또는 사고가 연달아 일어나는 주관적인 경험
>   5. 보고되거나 관찰된 주의산만
>   예 중요하지 않거나 관계없는 외적 자극에 너무 쉽게 주의를 기울임
>   6. 목표지향적인 활동의 증가(직장, 학교에서의 사회적인 활동 또는 성적인 활동) 또는 정신운동성 초조 예 목적 없는 활동
>   7. 고통스러운 결과를 초래할 가능성이 높은 활동에 지나치게 몰두함
>   예 흥청망청 물건 사기, 무분별한 성행위, 어리석은 사업 투자
> C. 사회적 또는 직업적 기능에 현저한 손상을 초래하거나 자신이나 타인에게 해를 입히는 것을 방지하기 위해 입원시켜야 할 만큼 기분장애가 충분히 심각하거나 정신증적 양상이 동반된다.
> D. 이 삽화가 어떤 약물(예 약물남용, 투약, 기타 치료)이나 다른 의학적 상태의 생리적 효과에 기인하지 않는다.
> **주의:** 조증 삽화로 진단되기 위해서는 진단기준 A ~ D를 충족해야 하며, 양극성 1 장애로 진단되기 위해서는 최소한 1회 이상의 조증 삽화가 있어야 한다.

┃ 경조증 삽화의 DSM-5 진단기준 ┃

A. 비정상적으로 고조되거나 과대하거나 과민한 기분과 비정상적으로 증가된 활동이나 에너지가 최소 4일 연속으로 거의 매일 하루 종일 지속되는 기간이 분명하다.

B. 기분장애와 증가된 에너지와 활동이 나타나는 기간 동안 다음 증상 중 3가지(기분이 과민한 상태인 경우는 4가지)가 심각할 정도로 나타나며, 평상시 행동과는 눈에 띄게 다른 행동이 나타난다.
   1. 고조된 자존감과 과장
   2. 수면 욕구 감소 예 3시간의 수면으로도 충분한 휴식을 취했다고 느낌
   3. 평소보다 말을 많이 하거나 계속 말을 해야 할 것 같은 압박감
   4. 사고의 비약 또는 사고가 연달아 일어나는 주관적인 경험
   5. 보고되거나 관찰된 주의산만
      예 중요하지 않거나 관계없는 외적 자극에 너무 쉽게 주의를 기울임
   6. 목표지향적인 활동의 증가(직장, 학교에서의 사회적인 활동 또는 성적인 활동) 또는 정신운동성 초조 예 목적 없는 활동
   7. 고통스러운 결과를 초래할 가능성이 높은 활동에 지나치게 몰두함
      예 흥청망청 물건 사기, 무분별한 성행위, 어리석은 사업 투자

C. 삽화는 증상이 없을 때의 개인의 특성과는 명백히 다른 기능 변화를 동반한다.

D. 기분의 장애와 기능의 변화가 타인들에 의해 관찰될 수 있다.

E. 삽화가 사회적, 직업적 기능에 현저한 장애를 일으키거나 입원이 필요할 정도로 심각하지 않고 정신증적 양상도 동반되지 않는다.

F. 이 삽화가 어떤 약물(예 약물남용, 투약, 기타 치료)이나 다른 의학적 상태의 생리적 효과에 기인하지 않는다.

   주의: 경조증 삽화로 진단되기 위해서는 진단기준 A~F를 충족해야 한다. 경조증 삽화는 제1형 양극성장애에서도 나타나지만, 제1형 양극성장애의 진단기준은 아니다.

(2) 제2형 양극성장애(bipolar II disorder)

① 1회 이상의 주요 우울 삽화와 1회 이상의 경조증 삽화가 있는 것이 특징이다.

② 주요 우울 삽화는 최소 2주 이상 지속되어야 하고, 경조증 삽화는 최소 4일 동안 지속되어야 한다.

(3) 순환감정장애(cyclothymic disorder)

① 특징

    ㉠ 다수의 경조증 기간과 우울증 기간이 적어도 2년 동안(아동·청소년 경우 1년) 있어야 한다.

    ㉡ 경조증 증상과 우울증 증상은 경조증 삽화와 우울증 삽화의 기준을 완전히 충족하기에는 빈도, 심도, 광범위성, 기간이 불충분하다.

    ㉢ 오랜 기간 우울증과 경조증을 나타내지만 주요 우울장애나 양극성장애의 조증 삽화와 같이 심한 상태는 나타내지 않는 것이 주 증상이다.

    ㉣ 즉, 경미한 형태의 조증 증상과 우울 증상이 번갈아 나타나는 만성적인 기분장애이다.

② DSM-5 진단기준

▌순환감정장애의 DSM-5 진단기준 ▌
A. 최소 2년 동안(아동·청소년의 경우 1년) 다수의 경조증 기간(경조증 삽화의 진단기준을 충족하지 않는)과 우울증 기간(주요우울 삽화의 진단기준을 충족하지 않는)이 있어야 한다.
B. 2년 이상(아동·청소년의 경우 1년) 경조증 기간과 우울증 기간이 절반 이상을 차지해야 하고, 증상이 없는 기간이 2개월 이상 지속되어서는 안 된다.
C. 주요 우울 삽화, 조증 삽화 또는 경조증 삽화가 존재하지 않는다.
D. 진단기준 A의 증상이 조현정동장애, 조현병(조현양상장애, 망상장애) 등으로 설명되지 않는다.
E. 증상이 물질(예 남용약물, 치료약물)의 생리적 효과나 다른 의학적 상태(예 갑상선 기능 항진증)로 인한 것이 아니어야 한다.
F. 증상이 사회, 직업 또는 다른 중요한 기능에서 임상적으로 현저한 고통이나 손상을 초래한다.

3. 기분장애 중재

(1) 우울 치료

치료법	주요 내용
행동치료	• **주요 목표**: 정적 강화를 이끌어내는 행동을 증가시키고 환경으로부터의 벌을 줄임 • 사회적 능력과 대인관계 기술을 가르치고 불안관리 훈련과 이완 훈련을 실시함
인지치료	• **1차 목표**: 자신의 비관적·부정적인 사고, 억압적인 신념과 편견, 실패 시 자신을 비난하고 성공 시 자신을 인정하지 않는 귀인 양식을 깨닫게 함 • 억압적인 사고 패턴을 인식하면, 아동은 부정적·비관적인 관점을 긍정적·낙천적인 관점으로 바꾸는 법을 배움
자기조절법	• **주요 목표**: 자신의 장기목표에 맞게 행동을 조직화하는 법을 학습하도록 함 • 자신의 생각과 기분을 스스로 모니터링하고 단기목표보다 장기목표를 중시하며 적응적인 귀인 양식과 현실적인 자기평가 기준을 가지도록 함 • 자기강화 증가와 자기처벌 감소를 강조함
인지행동치료 (CBT)	• 심리·사회적인 중재의 가장 일반적인 형태 • 행동적, 인지적, 자기조절법 등의 요소를 통합한 접근법 • 귀인 양식의 재훈련을 통해 비관적인 신념을 바꾸고자 함
대인관계치료	• 우울을 지속시키는 가족 간의 상호 교류를 탐구함 • 우울장애 학생의 개인 치료에 가족 치료 회기를 보충적으로 실시함 • 자신의 부정적 인지 양식과 우울이 다른 사람에게 어떤 영향을 미치는지를 이해하고 가족, 동료와의 즐거운 활동이 증가하도록 격려함
지지적 치료	• 다른 사람과 연합하고 지지받는 것을 느끼도록 안전하고 지지적인 환경을 제공함 • 자존감을 높이고 우울 증상을 줄이고자 함
약물치료	새로운 선택적 세로토닉 억제제(SSRIs)를 사용하여 기분장애와 우울장애의 다른 증상을 치료함 예 항우울제, MAOIs 억제제, 플루옥세틴, 설트랄린 등

(2) 양극성장애 치료

양극성장애는 가족의 질병에 대한 교육, 리튬과 같은 약물치료, 청소년의 증상과 심리사회적 손상을 강조하는 심리치료적인 중재와 심리·사회적 결함과 관련된 다중 모형적 치료 계획이 필요하다.

(3) 학교 중심의 중재

① 상담, 문제해결, 인성교육, 인지적 재구조화, 이완 훈련, 사회성 기술 훈련 등이 포함된다.
② 포괄적인 방법으로 행동, 인지, 정서의 구성요소와 부모교육, 가족치료를 통합한 다차원적 치료방법이 필요하다.
③ 다차원적 치료법은 인지적 재구조화, 문제해결 자기교수 훈련, 사회성 기술 훈련, 이완 훈련, 즐거운 활동 계획, 분노 대처, 감정 탐색, 게임 등의 전략을 포함한다.

04 파괴적, 충동조절 및 품행장애 ★

1. 적대적 반항장애(oppositional defiant disorder) ^{22 초등}

① 특징
  ⊙ 뚜렷하게 반항적이고 불복종적이고 도발적인 행동을 보이지만, 규칙을 어기거나 타인의 권리를 침해하는 반사회적 행동, 공격적 행동은 두드러지지 않는다.
  ⓒ 일부 학자는 적대적 반항장애를 품행장애와 질적으로 다른 장애가 아니라 품행장애의 가벼운 형태로 간주하기도 한다.

② DSM-5 진단기준

> **┃적대적 반항장애의 DSM-5 진단기준┃**
>
> A. 분노/과민한 기분, 논쟁적/반항적 행동 또는 보복적인 양상이 적어도 6개월 이상 지속되고, 다음 중 적어도 4가지 이상의 증상이 존재한다. 이 증상은 형제나 자매가 아닌 적어도 1명 이상의 다른 사람과의 상호작용에서 나타나야 한다.
>
> **분노/과민한 기분**
> 1. 자주 욱하고 화를 냄
> 2. 자주 과민하고 쉽게 짜증을 냄
> 3. 자주 화를 내고 크게 분개함
>
> **논쟁적/반항적 행동**
> 4. 권위자와의 잦은 논쟁, 아동이나 청소년의 경우 성인과 논쟁함
> 5. 자주 적극적으로 권위자의 요구나 규칙을 무시하거나 거절함
> 6. 자주 고의적으로 타인을 귀찮게 함
> 7. 자주 자신의 실수나 잘못된 행동을 남의 탓으로 돌림
>
> **보복적 특성**
> 8. 지난 6개월 안에 적어도 2회 이상 악의에 차 있거나 앙심을 품음
> **주의:** 진단에 부합하는 행동의 지속성 및 빈도는 정상 범위 내에 있는 행동과 구별되어야 한다. 다른 언급이 없다면, 5세 이하의 아동인 경우 최소한 6개월 동안 거의 매일 상기 행동이 나타나야 한다. 5세 이상의 아동인 경우 6개월 동안 일주일에 최소한 1회 이상 상기 행동이 나타나야 한다(진단기준 A8). 이 빈도에 대한 기준은 증상을 기술하기 위한 최소 기준을 제공한 것일 뿐이며, 반항적 행동이 동일한 발달 수준에 있고 성별이나 문화적 배경이 같은 다른 사람들에게서 전형적으로 관찰되는 것보다 더 빈번하고 강도가 높은지와 같은 다른 요인들도 고려해야 한다.
>
> B. 행동장애가 개인 자신에게 또는 자신과 직접적으로 관련 있는 사회적 맥락(예 가족, 또래 집단, 동료) 내에 있는 상대방에게 고통을 주며, 그 결과 사회적, 학업적, 직업적 또는 다른 중요한 기능 영역에서 부정적인 영향을 준다.
> C. 행동은 정신병적 장애, 물질사용장애, 우울장애 또는 양극성장애의 결과 중에만 국한해서 나타나지 않는다. 또한 파괴적 기분조절부전장애의 진단기준을 충족하지 않아야 한다.
>
> **현재의 심각도를 명시할 것**
> • **경도:** 증상이 한 가지 상황(예 집, 학교, 직장, 또래 집단)에서만 나타나는 경우
> • **중등도:** 증상이 적어도 2가지 상황에서 나타나는 경우
> • **고도:** 증상이 3가지 이상의 상황에서 나타나는 경우

보충+α **적대적 반항장애의 DSM-5 진단기준(용어 차이)**

A. 화난 민감한 기분, 시비를 걸거나 반항하는 행동, 보복적인 행동이 최소 6개월간 지속되고, 형제가 아닌 다른 사람 1명 이상과의 상호작용에서 다음 항목 중 적어도 4가지 증후를 보인다.

화난 민감한 기분

1. 자주 화를 낸다.
2. 자주 다른 사람에 의해 쉽게 기분이 상하거나 신경질을 부린다(짜증을 냄).
3. 자주 화를 내고 쉽게 화를 낸다.

시비를 걸거나 반항하는 행동

4. 권위적인 사람 또는 성인과 자주 말싸움(논쟁)을 한다.
5. 권위적인 사람의 요구에 응하거나 규칙 따르기를 거절/무시하는 행동을 자주 보인다.
6. 다른 사람을 의도적으로 자주 괴롭힌다.
7. 자신의 실수나 비행을 다른 사람 탓으로 자주 돌린다.

보복적인 행동

8. 지난 6개월간 2회 이상 다른 사람에게 악의에 차 있거나 보복적인 행동을 한 적이 있다.
    비고: 행동의 지속성과 빈도에 따라 장애의 증후적인 행동과 정상적인 제한 내에서의 행동을 구별해야 한다. 5세 이하의 아동을 대상으로 적용할 때는 최소한 6개월 동안 일상생활 대부분의 시간에 행동이 나타나지 않으면 진단을 내리지 않는다. 5세 이상의 경우, 최소 6개월 동안 1주에 적어도 1회 나타나야 준거에 부합하는 것이다. 이러한 빈도 준거는 증후 판별에 적용할 수 있는 최소한의 빈도 수준으로, 행동의 빈도와 강도는 개인의 발달수준, 성별, 문화별로 수용될 수 있는 기준이 다름을 감안해야 한다.
8-1. 행동의 장애가 개인의 사회적 맥락(예 가정, 또래집단, 직장동료)에서 개인 또는 다른 사람에게 고통을 주는 것과 관련이 있거나 사회적, 학업적, 직업적 또는 다른 중요한 기능수행 영역에 부정적인 영향을 미친다.
8-2. 행동이 정신병적 장애, 물질사용장애, 우울장애, 양극성장애에 의해 주로 나타나는 것이 아니다. 또한 준거는 파괴적 기분조절장애(disruptive mood dysregulation disorder)의 진단기준에 부합하지 않는다.

장애 정도

- **경도**: 증후가 1가지 상황에서만 나타난다.
    예 가정, 학교, 일터, 또래와의 관계
- **중등도**: 일부 증후가 최소 2가지 상황에서 나타난다.
- **중도**: 일부 증후가 3가지 이상의 상황에서 나타난다.

2. 품행장애 ^{23 초등, 22 중등, 19 초등}

① 특징
  ㉠ 문제행동, 적대적인 행동 등의 다양한 양상을 보인다.
  ㉡ 필수 요인은 최소 6개월 동안 사회적 규범이나 연령에 적합한 규준에 위배되는 활동 또는 타인의 권리를 침해하는 행동패턴의 지속과 반복이다.

② DSM-5 진단기준

┃ **품행장애의 DSM-5 진단기준** ┃

A. 다른 사람의 기본적 권리를 침해하고 연령에 적절한 사회적 규범과 규칙을 위반하는 지속적이고 반복적인 행동 양상으로, 지난 12개월 동안 다음의 15개의 기준 중 적어도 3개 이상에 해당되고, 지난 6개월 동안 적어도 1개 이상의 기준에 해당된다.

사람과 동물에 대한 공격성
1. 자주 다른 사람을 괴롭히거나, 위협하거나, 협박함
2. 자주 신체적인 싸움을 걺
3. 다른 사람에게 심각한 신체적 손상을 입힐 수 있는 무기 사용 예 방망이, 벽돌, 병, 칼, 총
4. 다른 사람에게 신체적으로 잔인하게 대함
5. 동물에게 신체적으로 잔인하게 대함
6. 피해자가 보는 앞에서 도둑질을 함 예 노상강도, 소매치기, 강탈, 무장강도
7. 다른 사람에게 성적 활동을 강요함

재산파괴
8. 심각한 손상을 입히려는 의도로 고의적으로 불을 지름
9. 다른 사람의 재산을 고의적으로 파괴함(방화로 인한 것은 제외)

사기 또는 절도
10. 다른 사람의 집, 건물 또는 자동차를 망가뜨림
11. 어떤 물건을 얻거나 환심을 사기 위해 또는 의무를 피하기 위해 거짓말을 자주 함 (즉, 다른 사람을 속임)
12. 피해자와 대면하지 않은 상황에서 귀중품을 훔침(부수거나 침입하지 않고 상점에서 물건 훔치기, 문서위조)

심각한 규칙위반
13. 부모의 제지에도 불구하고 13세 이전부터 자주 밤늦게까지 집에 들어오지 않음
14. 친부모 또는 양부모와 같이 사는 동안 밤에 적어도 2회 이상 가출 또는 장기간 귀가하지 않은 가출이 1회 있음
15. 13세 이전에 무단결석을 자주 함

B. 행동장애가 사회적, 학업적 또는 직업적 기능 영역에서 임상적으로 현저한 손상을 초래한다.
C. 18세 이상인 경우, 반사회성 성격장애의 기준에 부합되지 않는다.

다음 중 하나를 명시할 것
• 312.81(F91.1) **아동기 발병형**: 10세 이전에 품행장애의 특징적인 증상 중 적어도 1개 이상을 보이는 경우
• 312.82(F91.2) **청소년기 발병형**: 10세 이전에는 품행장애의 특징적인 증상을 전혀 충족하지 않는 경우
• 312.89(F91.9) **명시되지 않는 발병**: 품행장애의 진단기준을 충족하지만, 첫 증상을 10세 이전에 보였는지 또는 10세 이후에 보였는지에 대한 정보가 없어 확실히 결정하기 어려운 경우

다음의 경우 명시할 것

- **제한된 친사회적 정서**: 이 명시자를 진단하려면 적어도 12개월 이상 다양한 대인관계나 사회적 장면에서 다음 중 적어도 2개 이상의 특징을 보여야 한다. 이 특성은 해당 기간 동안 그 개인의 대인관계적 정서적 기능의 전형적인 형태를 반영해주며, 몇몇 상황에서 만 가끔 발생하는 것이 아니다. 따라서 명시자를 평가하기 위해서는 다양한 출처에서 정보를 얻는 것이 필수적이다. 자가보고뿐만 아니라 그 개인을 장기간 동안 알고 있는 사람들(예 부모, 교사, 동료, 친척, 또래)의 보고를 반드시 고려해야 한다.
- **후회나 죄책감 결여**: 본인이 잘못을 저질러도 나쁜 기분이나 죄책감을 느끼지 않는다 (붙잡히거나 처벌을 받는 상황에서만 양심의 가책을 표현하는 경우는 배제해야 한다). 자신의 행동으로 인한 부정적인 결과에 대해 일반적인 염려가 결여되어 있다. 예를 들면, 다른 사람을 다치게 하고도 자책하지 않거나 규칙을 어겨 발생하는 결과에 대해 신경을 쓰지 않는다.
- **냉담, 즉 공감의 결여**: 다른 사람의 감정을 무시하거나 신경 쓰지 않는다. 다른 사람들은 그를 차갑고 무정한 사람으로 묘사한다. 심지어 자신이 다른 사람에게 상당한 피해를 주는 경우에도 자신이 타인에게 미치는 영향보다 자기 자신에게 미치는 영향에 더 신경을 쓴다.
- **수행에 대한 무관심**: 학교나 직장 또는 다른 중요한 활동에서 자신이 저조한 수행을 보이는 것을 개의치 않는다. 심지어 충분히 예상 가능한 상황에서도 좋은 성과를 보이기 위해 필요한 노력을 기울이지 않으며, 전형적으로 자신의 저조한 수행을 다른 사람의 탓으로 돌린다.
- **피상적이거나 결여된 정서**: 피상적이거나, 가식적이고, 깊이가 없는 정서(예 행동과 상반되는 정서 표현, 빠른 정서 전환)를 제외하고는 다른 사람에게 자신의 기분이나 정서를 드러내지 않는다. 또는 얻고자 하는 것이 있을 때만 정서를 표현한다(예 다른 사람을 조종하거나 위협하고자 할 때 보이는 정서 표현).

현재의 심각도를 명시할 것

- **경도**: 진단을 충족하는 품행문제가 있더라도 품행문제의 수가 적고, 다른 사람들에게 가벼운 해를 끼치는 경우

  예 거짓말, 무단결석, 허락 없이 밤늦게까지 집에 들어가지 않는 것, 기타 규칙 위반
- **중등도**: 품행문제의 수와 다른 사람에게 끼치는 영향의 정도가 '경도'와 '고도'의 중간에 해당되는 경우

  예 피해자와 대면하지 않는 상황에서 도둑질하기, 공공기물 파손
- **고도**: 진단을 충족하는 품행문제가 많거나 또는 다른 사람에게 심각한 해를 끼치는 경우

  예 성적 강요, 신체적 잔인함, 무기 사용, 피해자가 보는 앞에서 도둑질, 파괴와 침입

3. 적대적 반항장애와 품행장애의 차이 ★ 20 초등, 16 초등

① 적대적 반항장애를 품행장애의 발달적 전조로 보기도 한다.
② 부정적이고 반항적인 행동이 극단적 형태로 지속적으로 빈번하게 나타나면서도, 사회적 규범을 위반하지 않고 타인의 기본 권리를 침해하지 않으면 적대적 반항 행동으로 간주한다.
③ 적대적 반항장애는 사회적 규범 위반과 타인의 권리에 대한 침해를 보이지 않으므로 품행장애보다 심각하지 않은 장애로 간주된다.

4. 품행장애 교육

(1) 방법

① 가능한 한 이른 시기에 중재를 한다.
② 행동적 위험 요인과 강점(보호 요인)을 파악하여 중재에 활용한다.
③ 가족구성원이 중재 파트너로 참여한다.
④ 반사회적인 행동에 효과적인 중재의 특성에 중점을 둔다.

(2) 부모 훈련

① 정의: 환경적 요인인 부모와의 관계 문제로 품행장애가 나타나는 경우가 많으므로, 이때의 중재는 아동과 부모를 대상으로 이루어져야 한다.
② 목표: 부모가 직접적인 중재 대상이 되며 아동의 행동을 지도하는 기술의 획득과 적용을 목표로 한다.

보충+α | **효과적인 부모 훈련 프로그램의 특징**

• 부모에게 아동과의 상호작용 방법을 지도한다.
• 문제행동을 판별·정의·관찰하는 방법을 지도한다.
• 사회적 강화, 토큰 강화, 타임아웃 등의 사회 학습 원리와 절차를 지도한다.
• 부모가 획득한 기법을 연습할 수 있도록 기회를 제공한다.
• 부모가 적용하는 강화 프로그램이 학교에서의 행동 지도 프로그램에 통합될 수 있도록 한다.
• 교사는 학교 내 행동 지도의 결과를 부모에게 정기적으로 알려준다.

---

(3) 기능적 가족 중재(FFT; Functional Family Therapy)

① 특징
　㉠ 의사소통 기술의 증진을 통해 가족구성원의 인식·기대·태도·정서적 반응을 수정함으로써 가족 기능의 향상을 도모한다.
　㉡ 아동 후기 또는 청소년기 자녀의 가족을 위해 개발된 중재로 모든 가족구성원이 치료 회기 동안 참여한다.
　㉢ 대상아동의 행동 상습성 감소와 중재에 참여한 형제의 비행 예방에 효과적이며, 다른 중재보다 중재 효과가 장기간 유지된다.
② 목표: 1차적인 목적은 가족구성원 간 의사소통의 향상과 최적화이다.

③ 지도방법
  ㉠ 중재자의 역할
    ⓐ 지속적인 문제해결 토론과정에서 가족에게 필요한 의사소통 기술의 시범을 보인다.
    ⓑ 구성원이 기술을 획득할 수 있도록 행동을 형성한다.
    ⓒ 연습 기회를 제공하고 바람직한 변화에 정적 강화를 제공하면서 지도한다.
  ㉡ 지도내용
    ⓐ 가족구성원은 자신의 생각과 느낌을 정확하고 분명하게 전달한다.
    ⓑ 문제의 해결책을 효과적으로 조정한다.
    ⓒ 자녀에게 일관된 가정환경을 제공하기 위해 행동 기법을 활용한다.

⑷ **다중체계 중재(MST; Multi Systemic Treatment)**
  ① 개요: 청소년과 가족을 위해 개발된 것이지만 대가족, 핵가족, 또래, 교사, 이웃, 지역사회 관련인 등 아동의 생활과 연관된 모든 사람이 참여할 수 있다.
  ② 목적
    ㉠ 자녀의 문제점에 중점을 두고 이를 다루는 데 필요한 기술과 자료를 부모에게 제공한다.
    ㉡ 아동의 품행장애 행동을 유지시키는 가족, 학교, 또래, 지역사회 등의 체계를 중심으로 수정한다.
  ③ 중재 과정

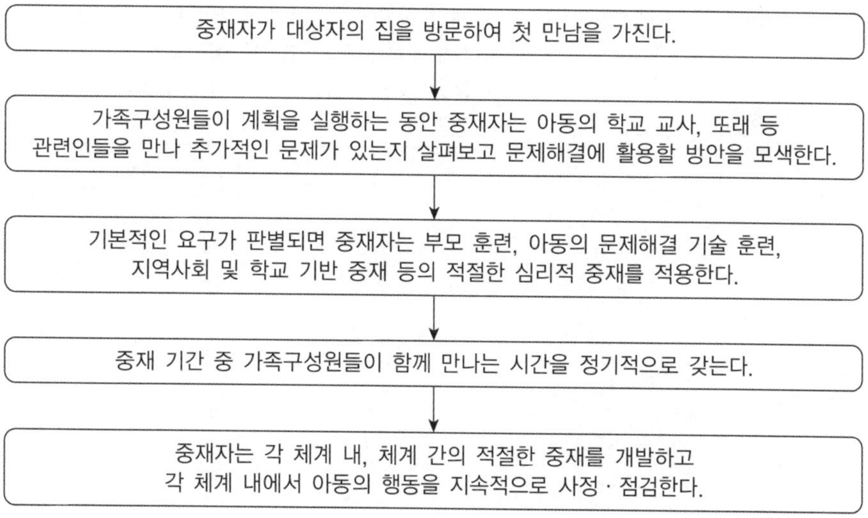

> 중재자가 대상자의 집을 방문하여 첫 만남을 가진다.

↓

> 가족구성원들이 계획을 실행하는 동안 중재자는 아동의 학교 교사, 또래 등 관련인들을 만나 추가적인 문제가 있는지 살펴보고 문제해결에 활용할 방안을 모색한다.

↓

> 기본적인 요구가 판별되면 중재자는 부모 훈련, 아동의 문제해결 기술 훈련, 지역사회 및 학교 기반 중재 등의 적절한 심리적 중재를 적용한다.

↓

> 중재 기간 중 가족구성원들이 함께 만나는 시간을 정기적으로 갖는다.

↓

> 중재자는 각 체계 내, 체계 간의 적절한 중재를 개발하고 각 체계 내에서 아동의 행동을 지속적으로 사정·점검한다.

[그림 7-4] 다중체계 중재 과정

(5) **학교 중심 프로그램 – 학교 차원의 긍정적 행동지원**★ ^{20 유아, 16 초등}

① 학교 중심 프로그램: 품행장애 발생 전에 하는 예방적 접근이다.

② 워커, 램지, 그레셤(Walker, Ramsey, Gresham, 2004)의 3가지 예방적 차원

차원	대상	내용
1차원 예방	모든 아동, 전체 학급	• **목표**: 반사회적 행동을 예방함 • **전략** – 발달적으로 적절한 프로그램을 제공함 – 학생과 치료적 관계를 형성함 – 학급 관리 체계를 조정함 – 학생과 힘 겨루기를 피함
2차원 예방	고위험 아동, 집단	• **목표**: 이미 나타난 반사회적 행동을 조기에 판별하여 중재, 개선함 • **전략** – 기능적 행동 평가와 유인 자극 분석을 함 – 갈등해결 및 분노조절 기술의 지도에 인지적 행동관리 기법을 사용함 – 괴롭힘 감소 프로그램을 실행함
3차원 예방	만성적 품행장애 아동	• **목표**: 변화 가능성이 낮은 만성적인 반사회적 행동의 부정 적 효과를 조정 · 저하함 • 집중적이고 개별화된 중재를 적용함 • **전략** – 개별 학생에게 멘토링을 제공함 – 부모에게 훈련과 지원을 실시함 – 품행 문제가 발생하면 이를 보고하게 함 – 집중적인 치료를 제공함

③ 주요 요소

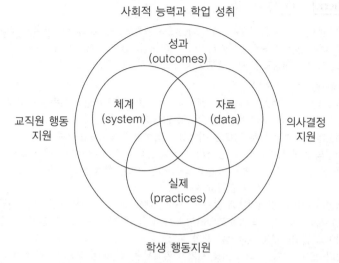

사회적 능력과 학업 성취

성과
(outcomes)

체계
(system)

자료
(data)

교직원 행동
지원

의사결정
지원

실제
(practices)

학생 행동지원

[그림 7-5] 학교 차원의 긍정적 행동지원의 4가지 주요 요소

요소	내용
성과	• 학생의 성과에 중점을 두는 것을 의미함 • 학교는 사회생활에 필요한 학업 기술과 사회적 기술을 배우는 안전한 환경으로 여겨짐 • 학교 차원의 긍정적 행동지원 체계의 근본적인 목적은 성과의 성취에 필요한 행동지원을 제공하는 것
실제	• 연구결과로 입증된 실제를 사용하는 것을 말함 • 실제는 교사가 학생의 행동을 형성하고 행동에 영향을 주고자 사용함 • 학급 관리와 학생의 행동 관리를 위한 다양한 노력을 의미함
체계	• 효과적인 실제를 유지하는 데 필요한 체계를 강조함 • 정책, 직원배치 유형, 예산, 팀 조직, 행정가의 지도력, 경영과정, 직원훈련, 학교 내 성인들의 행동에 영향을 주는 행동계획을 포함함 • 효과적인 실제를 지속적으로 사용하려면 반드시 체계가 필요함
자료	• 의사결정을 위한 자료를 적극적으로 수집하고 사용함 • 학교에서 아동의 학업성취, 사회적 능력, 안전 관련 자료를 수집함

행동수정이론에 기초한 행동
지원, 양명희, 학지사

개념 check | 기대행동의 지도

학생은 기대행동이 무엇인지 잘 모르기 때문에 시행착오를 통해 배우는 경우가 많다. 명시된 기대행동이 없어 어떤 행동이 옳은 행동인지 모르고 기대행동을 어기거나 문제행동을 한다. 따라서 학생에게 상황에 따른 기대행동을 명확하게 제시하고 가르치고 적용해야 한다.

1. 기대행동을 정하는 기본 원칙
   ① **짧고 이해하기 쉬운 용어**: 기대행동에 대한 구체적인 사회적 행동은 누구나 기억하기 쉽도록 짧고 단순하며 이해하기 쉬운 용어로 만들어져야 한다.
   ② **적절한 수**: 수가 너무 많으면 기억하기 어렵고 자칫 무시되기도 쉽다.
   ③ **긍정적 언어 정의**: '−하지 않기'와 같은 부정적인 표현 대신 '−하기'와 같은 표현을 사용한다. 긍정적인 언어로 정의하면 학생의 바람직하지 않은 행동을 억제하는 것보다는 바람직한 행동을 하도록 하는 목적을 반영할 수 있다.
   ④ **대상의 나이와 발달단계에 맞는 구체적인 내용**: 행동의 내용을 얼마나 구체적으로 표현해야 하는지에 대해서는 학생이 이해하지 못해서 위반하게 되는 경우가 생기지 않을 만큼 학생들의 나이와 발달단계에 맞게 적절해야 한다.
   ⑤ **합리적인 기대행동**: 이 원칙을 지키기 위해서는 학생들을 참여시키는 것이 좋으며, 참여 과정을 통해 학생들은 교사가 만든 내용을 일방적으로 따르기보다 구체적인 사회적 행동의 결정에 참여하면서 자신의 행동을 책임지는 것을 배운다.

2. 기대행동 게시하기
   ① 학생들에게 기대되는 구체적인 사회적 행동을 결정하면, 그 내용을 교육환경의 80% 정도에 게시하여 모든 학생이 일과 중에 쉽게 볼 수 있도록 한다. 학생들에게 기대되는 구체적인 사회적 행동을 상기시켜주기 위한 시각적 표시물(예 표어, 사인)을 게시하는 것이다.
   ② 기대행동에 대한 구체적인 사회적 행동을 게시하는 목적은 교육환경에 들어오는 누구나 5분 이내에 그곳의 기대행동이 무엇인지 알 수 있게 하기 위함이다.

(6) 지역사회 기반 프로그램

① 목적: 비행과 반사회적 행동을 보이는 학생을 별도 수용시설이 아닌 학생의 지역사회 기반 프로그램에 참여시킴으로써 수용시설에서의 다른 비행행동 학습을 예방하고 지역사회 적응력을 높인다.

② 프로그램 종류

구분	내용
가족교수 모델 (TFM; Teaching Family Model)	• 훈련된 교사 역할의 부모가 가정과 유사한 거주 형태에서 비행 학생과 함께 살면서 학생에게 적절한 행동을 중재함 • 교사 역할의 부모는 해당 학생의 부모에게도 자신이 수행하는 중재 절차를 훈련시켜서 학생이 가정에 돌아가도 중재 효과가 유지·전이되도록 도움
치료적 위탁 보호 (TFC; Treatment Foster Care)	위탁 부모가 1~2명의 청소년과 함께 가정 주거 형태에서 생활하면서 이들의 행동을 체계적인 행동 중재 프로그램에 따라 관리함

(7) 인지행동 중재

① 학생이 스스로의 행동을 점검·평가·관리하고 특정 인지적 단계에 따라 자극에 반응하도록 교수한다.

② 교사는 강화 등의 행동원리를 사용하여 인지적 전략을 지도한다.

③ 기본가정

　㉠ 행동은 사고, 신념과 같은 인지적 사상에 따라 수정되고 인지적 사상의 변화는 행동의 변화를 가져온다.

　㉡ 모든 사람은 학습에 능동적인 참여자가 된다.

④ 유형

　㉠ 분노조절 훈련

　　ⓐ 학생이 자기교수를 통해 분노와 공격행동을 자제하고 조절하도록 지도한다.

　　ⓑ 훈련 단계

단계	내용
인지 준비	학생은 분노각성과 분노의 결정요인, 분노를 유발하는 상황의 판별, 분노의 긍정적·부정적 기능, 대처전략인 분노조절 기법을 학습함
기술 습득	• 학생은 인지 기술과 행동 대처 기술을 학습함 • 분노를 인식하고 대안적인 대처 전략을 학습함 • 이 단계에서 자기교수 훈련이 강조됨
적응 훈련	학생은 역할놀이와 숙제를 통해 기술을 연습함

ⓛ 문제해결 훈련
  ⓐ 갈등, 선택, 문제상황에 직면할 때 효과적으로 대처하고 해결하는 능력을 지도한다.
  ⓑ 훈련 단계

단계	구분	예시
1단계	문제해결 훈련의 중요성 설명	• 교사는 문제해결 방법의 학습이 왜 중요한지를 설명함 • 학생은 문제해결 기술을 학습하는 이유를 이해하고, 최선을 다하기로 다짐함
2단계	효과적인 문제해결 단계 지도	교사는 학생에게 문제해결 절차를 설명함
3단계	문제해결 기술을 시범함	교사는 문제해결 전략을 사용할 수 있는 상황과 구체적인 전략을 설명하고, 보조원 또는 또래 학생과 함께 문제해결 절차의 시범을 보임
4단계	문제해결 전략을 사용하는 역할놀이 기회 제공	• 교사는 생활에서 접할 수 있는 문제해결 전략의 적용 상황을 준비하여, 학생이 문제해결 기술을 보일 수 있는 역할놀이에 참여할 수 있도록 함 • 교사는 학생들의 역할놀이에 대한 피드백을 제공함
5단계	문제해결 숙제를 제공	학생에게 실생활에서 문제해결 절차를 연습하는 숙제를 줌
6단계	피드백과 강화 제공	학생이 사용한 문제해결 절차의 피드백과 적절한 강화를 제공함

ⓒ 자기관리 훈련: 학생이 스스로의 행동을 관리하도록 가르치는 훈련으로, 주로 자기점검, 자기평가, 자기강화가 사용된다.
　ⓐ 자기점검
　　• 학생 스스로 행동의 양과 질을 측정하여 기록하는 방법으로 자기기록 (self-recording)이라고도 한다.
　　• 단계

단계	구분	내용
1단계	표적행동 선정하기	• 교사의 수업, 해당 학생이나 다른 학생의 학습, 해당 학생의 사회적 발달을 방해하는 행동을 선정함 • 짝 규칙에 근거하여 적절한 짝 표적행동도 선정한 다음 표적행동의 기초선 자료를 수집함
2단계	자기점검 교수에 대한 합리적 근거 제공하기	• 학생에게 자신의 행동을 점검하는 방법을 배우는 것이 왜 중요한지 설명함 • 학생은 자신의 행동이 왜 부적응적이고 바뀌어야 하는지를 반드시 이해해야 함
3단계	표적행동에 대한 조작적 정의 내리기	• 표적행동의 발생에 대해 학생과 교사가 모두 동의하도록 표적행동을 정의함 • 학생은 자신이 점검할 행동이 무엇인지 정확히 알아야 함
4단계	표적목표 설정하기	• 학생과 함께 합리적인 표적목표를 설정함 • 학생은 자신의 진전을 기대되는 기준에 대비하여 평가할 수 있어야 함 • 학생이 성공함에 따라 표적목표의 난이도가 높아져야 함
5단계	자기점검 체계를 개발하고 가르치기	• 교사는 자기점검 체계를 개발하고 학생에게 사용법을 가르치며, 학생은 이 과정에 참여함 • 과제를 구성요소로 나누어 각 단계를 가르치고 모델링함 • 학생의 자기점검이 정확한지 확인하고 싶다면 대조 전략을 사용함 　예 임의적 학생-교사 대조
6단계	표적행동을 점검하고 학생의 진전 평가하기	표적행동을 점검하고 교사가 피드백을 제공하며 진전을 점검할 수 있도록 학생과 교사가 평가회의를 자주 실시함
7단계	학생을 강화하기	학생이 표적목표에 성공적으로 도달하면 학생을 강화함
8단계	자기점검 체계를 용암시키기	학생의 행동이 요구되는 수준에 도달하면 자기점검 체계를 점차 줄임 　예 자기점검 주기 간의 간격 넓히기, 자기점검의 사용 빈도 줄이기

ⓑ 자기평가
- 자신의 행동이 특정 기준에 맞는지를 결정하고자 사전에 선정된 준거와 자신의 행동을 비교하는 방법이다.
- 학생은 자신의 행동이 특정한 기준을 충족하는 수행인지의 여부를 결정하기 위해 미리 설정된 준거에 자신의 행동을 비교한다.
- 단계

단계	구분	내용
1단계	학생이 자기점검하기	• 학생이 정확하게 자신의 행동을 점검하도록 가르침 • 이는 학생의 자기평가를 위한 선행조건임
2단계	표적행동 선정하기	• 교사의 수업, 해당 학생이나 다른 학생의 학습, 해당 학생의 사회적 발달을 방해하는 하나의 행동을 선정함 • 적절한 짝 규칙에 근거하여 부적응적 행동과 함께 적절한 짝 표적행동을 선정하고 표적행동에 대한 기초선 자료를 수집함
3단계	자기평가 교수에 대한 합리적 근거 제공하기	• 학생에게 자신의 행동을 점검하고 평가하는 방법을 배우는 것이 왜 중요한지에 대해 설명함 • 학생은 자신의 행동이 왜 부적응적이고 바뀌어야 하는지를 반드시 이해해야 함
4단계	표적목표 설정하기	• 학생과 함께 합리적인 표적목표를 설정하고, 학생은 자신의 진전을 기대되는 기준에 대비하여 평가할 수 있어야 함 • 학생이 성공함에 따라 표적목표의 난이도가 높아져야 함
5단계	자기평가 체계를 개발·교수하기	• 교사는 자기평가 체계를 개발하고 학생에게 교수하며 학생은 이 과정에 참여함 • 과제를 구성요소로 나누어 각 단계를 가르치고 모델링함 • 학생의 자기평가가 정확한지 확인하고자 한다면 대조 전략을 사용함 예 임의적 학생-교사 대조
6단계	표적행동을 점검하고 학생의 진전 평가하기	표적행동을 점검하고 교사가 피드백을 제공하며 진전을 점검할 수 있게 학생과 교사가 평가 회의를 자주 실시함
7단계	학생을 강화하기	학생이 표적목표에 성공적으로 도달하면 강화함
8단계	자기평가 체계를 용암시키기	학생의 행동이 요구되는 수준에 도달하면 자기평가 체계를 점차 줄임

ⓒ 자기강화
  • 정해진 목표에 도달하면 자신에게 스스로 선택한 강화물을 제공하는 방법이다.
  • 단계

단계	구분	내용
1단계	학생이 자기점검과 자기평가하기	• 학생이 정확하게 자신의 행동을 점검·평가하도록 가르침 • 이 단계는 학생의 자기강화를 위한 선행조건
2단계	표적행동 선정하기	• 교사의 수업, 해당 학생이나 다른 학생의 학습, 해당 학생의 사회적 발달을 방해하는 하나의 행동을 선정함 • 적절한 짝 규칙에 근거하여 부적응적 행동과 함께 적절한 짝 표적행동을 선정함 • 표적행동에 대한 기초선 자료를 수집함
3단계	강화물 선정하기	• 사용할 강화물을 선정하고 교사가 시행하는 강화물을 결정하는 것과 동일한 절차에 따름 예 선호 목록, 강화물 메뉴 • 강화물은 학생을 위해 늘 준비되어 있어야 함
4단계	수반성 결정하기	학생이 자기강화 실시 전 얼마나 자주 표적행동을 하는지를 결정함
5단계	자기강화 체계를 개발·교수하기	• 교사는 자기강화 체계를 개발하고 학생에게 교수하며 학생은 이 과정에 참여함 • 과제를 구성요소로 나누어 각 단계를 가르치고 모델링함 • 학생의 자기평가가 정확한지 확인하고자 한다면 대조 전략을 사용함 예 임의적 학생-교사 대조
6단계	표적행동을 점검하고 학생의 진전 평가하기	• 표적행동과 자기강화를 점검하고, 학생은 자신이 표적행동의 목표를 충족할 때만 자기강화를 함 • 교사가 피드백을 제공하고 진전을 점검할 수 있게 학생과 교사가 평가회의를 자주 실시함
7단계	자기강화 체계를 용암시키기	학생의 행동이 요구되는 수준에 도달하면 자기강화 체계를 점차 줄임

ⓔ 자기교수: 과잉-충동행동을 보이는 품행장애학생은 내적 언어와 언어조절 능력의 결함을 이유로, 자신의 행동을 조절하기 위해 자신에게 말하는 방법을 사용하지 않는다.

ⓜ 대안반응 훈련
  ⓐ 바람직하지 않은 반응을 보일 기회를 차단하는 대안적 반응을 지도하는 것이다.
  ⓑ 이완훈련: 대안반응 훈련 유형 중의 하나로, 갈등 또는 스트레스 상황에서 자신의 근육을 점진적으로 이완함으로써 방해나 공격행동을 감소시키고 사회적 기술과 학업수행을 향상시킨다.

ⓗ 귀인 재훈련
  ⓐ 긍정적 귀인을 가진 학생은 성공이 자신의 노력과 능력에 따른 것이며 실패는 노력이 부족했기 때문이라고 여긴다고 본다.
  ⓑ 따라서 부정적 귀인을 긍정적 귀인으로 대체하여 과제수행의 지속성을 높이고자 한다.

정서 및 행동장애, 이성봉 외, 학지사

(8) **사회적 기술 훈련**
① 개요
  ㉠ 품행장애학생은 부정적인 사회적 기술과 심각한 사회적 능력의 결함을 보인다.
  ㉡ 사회·행동적 어려움은 교육, 심리사회, 직업 영역에서 장단기적인 적응 문제를 유발할 수 있으므로 사회적 기술 훈련이 이루어져야 한다.
② 목적
  ㉠ 사회적 발달을 향상시키며 문제행동을 줄이는 구체적인 사회적 기술의 획득을 증진한다.
  ㉡ 기술 수행 수준을 향상시킴으로써 문제행동을 감소 또는 제거한다.
  ㉢ 사회적 기술의 일반화·유지를 이루는 것이다.
③ 이론적 관점에 따른 사회적 기술 훈련 프로그램의 구성요소

이론적 관점	프로그램 구성요소
사회학습 이론	시범, 코칭
조작적 학습 이론	정적 강화의 사용
인지적 이론	인지적 문제해결 스크립트와 해결 기술 지도
공통 요인	• 사회적 환경에서 성공적으로 기능을 수행할 수 있는 구체적인 대인관계 기술을 지도함 • 최근에는 보다 통합적인 접근을 강조함 • 대부분의 훈련이 시범, 역할놀이, 코칭, 피드백, 일반화 전략의 교수적 요소를 포함함

교원임용 교육 1위,
해커스임용 teacher.Hackers.com

 자폐성장애 Preview

'자폐성장애'는 요즘 가장 주목할 만한 영역이기도 합니다. 장애 영역 중에서 최근 들어 문제의 깊이가 깊어진 영역이며, 단순하게 '교수법의 명칭, 특성, 장·단점'을 묻는 수준에 그치지 않으므로, 각 교수법을 '적용'하는 자세한 부분까지 학습해야 합니다. 특히, 유치원의 경우엔 문제 출제 수도 많기 때문에 더욱 자세히 보아야 하는 영역입니다. '자폐성장애'는 다른 장애 영역과 달리 'DSM-5 정의'가 매우 중요하며, 그 특성에 따른 교수법을 연결하여 학습하는 것이 좋습니다. '중심 반응 훈련, 상황이야기' 등은 매년 반복적으로 출제되는 영역입니다.

최근 4개년간의 기출출제 추이를 보면, DSM-5에 해당하는 자폐아동의 특성이 출제빈도가 가장 높습니다. 또한 인지적 특성인 '마음이론, 실행기능 결함, 중앙응집기능 결함'이 고르게 출제되었으며, DSM-5에 새롭게 포함된 '감각적 특성'도 출제되었습니다. 교수법으로는 'DTT, PRT, 상황이야기'가 반복적으로 출제되고 있으며, 특히 상황이야기의 문장 유형은 매년 출제되고 있습니다. 새롭게 출제된 개념으로는 자폐아동의 특성인 '자극과잉 선택성'이 있습니다.

제8장

자폐성장애

정의

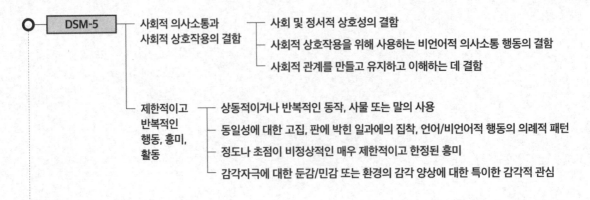

- **DSM-5**
  - 사회적 의사소통과 사회적 상호작용의 결함
    - 사회 및 정서적 상호성의 결함
    - 사회적 상호작용을 위해 사용하는 비언어적 의사소통 행동의 결함
    - 사회적 관계를 만들고 유지하고 이해하는 데 결함
  - 제한적이고 반복적인 행동, 흥미, 활동
    - 상동적이거나 반복적인 동작, 사물 또는 말의 사용
    - 동일성에 대한 고집, 판에 박힌 일과에의 집착, 언어/비언어적 행동의 의례적 패턴
    - 정도나 초점이 비정상적인 매우 제한적이고 한정된 흥미
    - 감각자극에 대한 둔감/민감 또는 환경의 감각 양상에 대한 특이한 감각적 관심

- **자폐 VS 사회적 의사소통 장애**

사회성

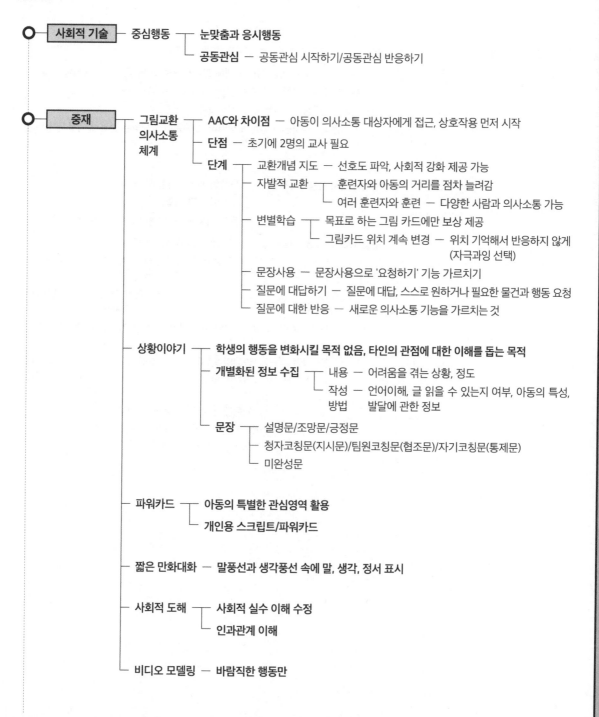

- **사회적 기술** — 중심행동 ┬ 눈맞춤과 응시행동
  - └ **공동관심** — 공동관심 시작하기/공동관심 반응하기

- **중재**
  - 그림교환 의사소통 체계
    - **AAC와 차이점** — 아동이 의사소통 대상자에게 접근, 상호작용 먼저 시작
    - **단점** — 초기에 2명의 교사 필요
    - **단계**
      - 교환개념 지도 — 선호도 파악, 사회적 강화 제공 가능
      - 자발적 교환 ┬ 훈련자와 아동의 거리를 점차 늘려감
        - └ 여러 훈련자와 훈련 — 다양한 사람과 의사소통 가능
      - 변별학습 ┬ 목표로 하는 그림 카드에만 보상 제공
        - └ 그림카드 위치 계속 변경 — 위치 기억해서 반응하지 않게 (자극과잉 선택)
      - 문장사용 — 문장사용으로 '요청하기' 기능 가르치기
      - 질문에 대답하기 — 질문에 대답, 스스로 원하거나 필요한 물건과 행동 요청
      - 질문에 대한 반응 — 새로운 의사소통 기능을 가르치는 것
  - 상황이야기
    - **학생의 행동을 변화시킬 목적 없음, 타인의 관점에 대한 이해를 돕는 목적**
    - **개별화된 정보 수집** ┬ 내용 — 어려움을 겪는 상황, 정도
      - └ 작성 — 언어이해, 글 읽을 수 있는지 여부, 아동의 특성, 방법 발달에 관한 정보
    - 문장 ┬ 설명문/조망문/긍정문
      - ├ 청자코칭문(지시문)/팀원코칭문(협조문)/자기코칭문(통제문)
      - └ 미완성문
  - 파워카드 ┬ **아동의 특별한 관심영역 활용**
    - └ 개인용 스크립트/파워카드
  - 짧은 만화대화 — **말풍선과 생각풍선 속에 말, 생각, 정서 표시**
  - 사회적 도해 ┬ **사회적 실수 이해 수정**
    - └ 인과관계 이해
  - 비디오 모델링 — **바람직한 행동만**

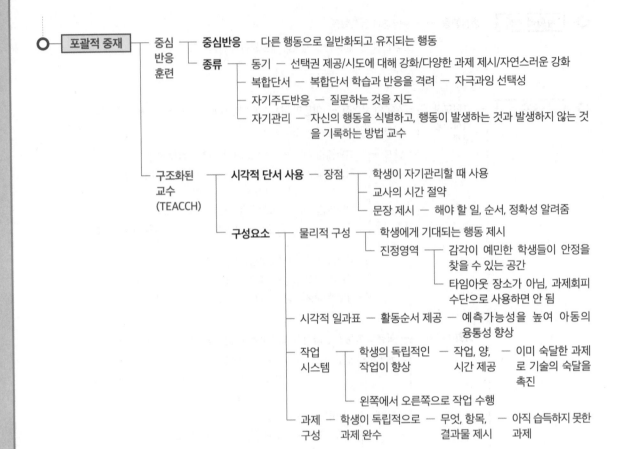

포괄적 중재 ─ 중심 반응 훈련
- **중심반응** ─ 다른 행동으로 일반화되고 유지되는 행동
- **종류**
  - 동기 ─ 선택권 제공/시도에 대해 강화/다양한 과제 제시/자연스러운 강화
  - 복합단서 ─ 복합단서 학습과 반응을 격려 ─ 자극과잉 선택성
  - 자기주도반응 ─ 질문하는 것을 지도
  - 자기관리 ─ 자신의 행동을 식별하고, 행동이 발생하는 것과 발생하지 않는 것을 기록하는 방법 교수

구조화된 교수 (TEACCH)
- **시각적 단서 사용** ─ 장점
  - 학생이 자기관리할 때 사용
  - 교사의 시간 절약
  - 문장 제시 ─ 해야 할 일, 순서, 정확성 알려줌
- **구성요소**
  - 물리적 구성 ─ 학생에게 기대되는 행동 제시
    - 진정영역
      - 감각이 예민한 학생들이 안정을 찾을 수 있는 공간
      - 타임아웃 장소가 아님, 과제회피 수단으로 사용하면 안 됨
  - 시각적 일과표 ─ 활동순서 제공 ─ 예측가능성을 높여 아동의 융통성 향상
  - 작업 시스템
    - 학생의 독립적인 작업이 향상 ─ 작업, 양, 시간 제공 ─ 이미 숙달한 과제로 기술의 숙달을 촉진
    - 왼쪽에서 오른쪽으로 작업 수행
  - 과제 구성 ─ 학생이 독립적으로 과제 완수 ─ 무엇, 항목, 결과물 제시 ─ 아직 습득하지 못한 과제

의사소통

○─ 특성 ─── 공동관심과 상징 사용이 어려움

├─ 사회적 의사소통의 결함

└─ 비구어적 의사소통 행동의 결함 ── 초분절적 요소 사용의 어려움

○─ 언어적 특성 ─── 반향어 ─── 유형 ─── 즉각반향어 ── 들은 것을 즉시 반복 ── 무엇인가를 이해한다는 증거를
제공/기능적 목적으로 사용

└─ 지연반향어 ── 들은 것을 일정 시간이 지난 후에 반복

└─ 기능

└─ 준언어적 요소 ─── 억양, 강세, 속도, 일시적인 침묵 등과 같이 말에 '첨가'하여 메시지를 전달하는 것

└─ 의사소통 시 화자의 숨은 의도, 감정 등의 추가적인 정보를 제공

○─ 중재 ─── 비연속
개별시행
훈련 ─── 목표 ── 지시하면 반응하지만 지시하지 않으면 반응하지 않는 '자극 의존성' 가르치기

├─ 구성요소 ── 주의집중/자극 제시/촉진/반응/피드백/시행 간 간격

├─ 유형 ─── 집중시도 ── 시도 - 시도

├─ 간격시도 ── 시도 - 휴식시간 - 시도

└─ 분산시도 ─── 하루 일과 전반에 걸쳐, 자연스러운 상황 내에 삽입되어 사용

└─ 시도 - 다른 활동 - 시도

└─ 단점 ─── 교사가 제공하는 단서에 반응하므로, 단서 없이 행동 시작하는 것은 학습
하지 못함

└─ 기술을 다른 환경으로 전이시키지 못할 수 있음

├─ 환경중심 언어중재

├─ 공동행동 일과 ─── 반복 가능한 일과 속에서 언어 사용기회 증진 ── 의사소통 기술 증가

└─ 일과 내에서 의사소통 전략을 연습하기 위한 빈번한 기회 제공

└─ 촉진적 의사소통

인지

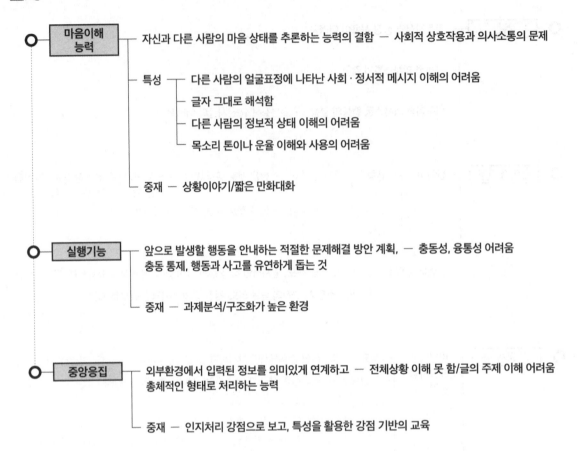

마음이해 능력 — 자신과 다른 사람의 마음 상태를 추론하는 능력의 결함 — 사회적 상호작용과 의사소통의 문제

┬ 특성 ┬ 다른 사람의 얼굴표정에 나타난 사회 · 정서적 메시지 이해의 어려움
├ 글자 그대로 해석함
├ 다른 사람의 정보적 상태 이해의 어려움
└ 목소리 톤이나 운율 이해와 사용의 어려움

└ 중재 — 상황이야기/짧은 만화대화

실행기능 — 앞으로 발생할 행동을 안내하는 적절한 문제해결 방안 계획, — 충동성, 융통성 어려움
충동 통제, 행동과 사고를 유연하게 돕는 것

└ 중재 — 과제분석/구조화가 높은 환경

중앙응집 — 외부환경에서 입력된 정보를 의미있게 연계하고 — 전체상황 이해 못 함/글의 주제 이해 어려움
총체적인 형태로 처리하는 능력

└ 중재 — 인지처리 강점으로 보고, 특성을 활용한 강점 기반의 교육

행동

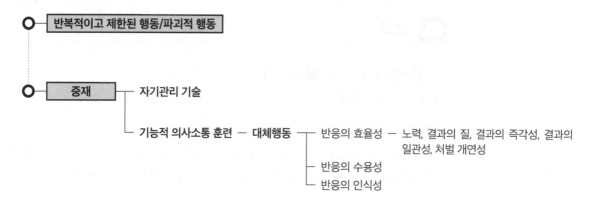

- 반복적이고 제한된 행동/파괴적 행동

- **중재**
  - 자기관리 기술
  - **기능적 의사소통 훈련** — 대체행동 ┬ 반응의 효율성 — 노력, 결과의 질, 결과의 즉각성, 결과의
                                          │   일관성, 처벌 개연성
                                          ├ 반응의 수용성
                                          └ 반응의 인식성

감각

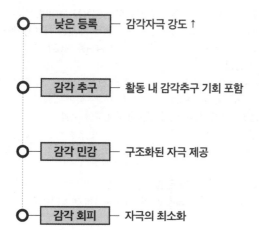

- **낮은 등록** — 감각자극 강도 ↑

- **감각 추구** — 활동 내 감각추구 기회 포함

- **감각 민감** — 구조화된 자극 제공

- **감각 회피** — 자극의 최소화

01 정의

1. 「장애인 등에 대한 특수교육법」

(1) **용어:** 자폐성장애

(2) **정의**

사회적 상호작용과 의사소통에 결함이 있고, 제한적이고 반복적인 관심과 활동을 보임으로써 교육적 성취 및 일상생활 적응에 도움이 필요한 사람을 말한다.

2. DSM-5 진단기준

(1) DSM-5 진단기준에 따른 정의★ 22 초등, 17 유아, 17 초등

> **┃ 자폐성장애의 DSM-5 진단기준 ┃**
>
> A. 다양한 맥락에서 사회적 의사소통과 사회적 상호작용의 지속적인 결함을 보이며, 이는 다음의 3가지 모두가 현재 또는 이전부터 지속적으로 나타난다(항목별로 제시된 예는 이해를 돕기 위한 설명이지 반드시 확인되어야 하는 예는 아니며 다양한 범위를 보임).
>
>   1. 사회 및 정서적 상호성에서의 결함
> > 예 비정상적인 사회적 접근과 주고받는 일반적인 대화의 실패, 관심, 정서, 애정 등을 다른 사람과 공유하는 데 제한, 사회적 상호작용을 시작 및 반응하는 데 어려움
>
>   2. 사회적 상호작용을 위해 사용하는 비언어적 의사소통 행동에서의 결함
> > 예 언어 및 비언어적 의사소통을 통합적으로 사용하는 데 어려움, 눈맞춤과 몸짓과 같은 비언어적 행동에서의 비정상성, 몸짓의 이해 및 사용의 결함, 안면표정과 비언어적 의사소통에서의 전반적인 결함
>
>   3. 사회적 관계를 만들고 유지하고 이해하는 데 결함
> > 예 다양한 사회적 맥락에 맞게 행동하는 데 어려워 상상놀이를 공유하거나 친구를 만들기 어려움, 또래에 대한 관심이 없음
>
> B. 제한적이고 반복적인 행동, 흥미, 활동을 보이며, 이는 다음 중 적어도 2가지가 현재 또는 이전부터 지속적으로 나타난다.
>
>   1. 상동적이거나 반복적인 동작, 사물 또는 말의 사용
> > 예 단순한 상동적 동작, 장난감 길게 줄 세우기, 사물 흔들기, 반향어 사용, 특이한 어구 사용
>
>   2. 동일성에 대한 고집, 판에 박힌 일과에의 집착, 언어 또는 비언어적 행동의 의례적(예배의식과 같은) 패턴
> > 예 작은 변화에도 과도하게 불안해함, 전이의 어려움, 경직된 사고 패턴, 판에 박힌 인사하기, 매일 동일한 일과 또는 동일한 음식 섭취에 대한 요구
>
>   3. 정도나 초점이 비정상적인 매우 제한적이고 한정된 흥미
> > 예 특이한 사물에 대한 강한 집착이나 몰두, 과도하게 한정된 흥미에의 몰두
>
>   4. 감각 자극에 대한 둔감 혹은 민감 반응 또는 환경의 감각 양상에 대한 특이한 감각적 관심
> > 예 고통 또는 온도에 대한 분명한 무감각, 특정 소리나 감각에 대한 혐오적 반응, 과도하게 냄새를 맡거나 과도하게 사물을 만짐, 빛이나 움직임에 대한 시각적 강한 흥미

C. 증후가 초기 발달시기에 나타나야만 한다(그러나 발달시기별 사회적 요구가 제한된 능력을 초과할 때까지는 증후가 충분히 나타나지 않을 수도 있고, 이후의 발달시기에 학습된 전략으로 인해 증후가 가려져서 나타나지 않을 수도 있음).

D. 증후가 사회적, 직업적 또는 현재 기능 수행의 다른 중요한 영역에서 임상적으로 유의미한 결함을 유발한다.

이러한 어려움이 지적장애로 보다 더 설명이 되어서는 안 된다. 지적장애와 자폐스펙트럼장애는 자주 공존한다. 자폐스펙트럼장애와 지적장애로 동시에 진단이 되려면 사회적 의사소통이 일반적인 면에서 기대되는 수준보다 낮아야만 한다.

(2) DSM-5에 따른 ASD의 중등도 단계

중증도 단계	특징
단계3: 매우 상당한 지원 필요	• **사회적 의사소통**: 언어적/비언어적 사회적 의사소통 기술의 심각한 결함으로 인한 심한 기능 손상, 매우 제한적인 사회적 상호작용 시작, 타인의 사회적 제의에 대한 최소한의 반응을 야기함 〔예〕 명료한 발화가 거의 없고, 상호작용을 먼저 시작하는 경우가 거의 없으며, 먼저 시작하더라도 요구를 채우기 위해서만 비정상적으로 접근하고, 매우 직접적인 사회적 접근에만 반응함 • **제한적·반복적 행동**: 행동의 경직성, 변화에 대한 대처의 극단적 어려움과 그 외 제한적·반복적 행동들이 모든 활동범위의 기능에 현저하게 지장을 주며, 초점이나 활동을 변경하는 데 큰 고통이나 어려움이 따름
단계2: 상당한 지원 필요	• **사회적 의사소통**: 언어적/비언어적 사회적 의사소통 기술의 현저한 결함으로 인해 지원이 갖춰져 있어도 명백하게 나타나는 사회적 기능 손상, 제한된 사회적 상호작용 시작, 타인의 사회적 제의에 대한 축소된/비정상적인 반응이 나타남 〔예〕 단문으로 말하고, 상호작용이 편협한 특정 관심사에 제한되며, 두드러지게 기이한 비언어적 의사소통을 함 • **제한적·반복적 행동**: 행동의 경직성, 변화에 대한 대처의 극단적 어려움과 그 외 제한적·반복적 행동들이 무관심한 관찰자에게도 명백하게 보일 만큼 충분히 자주 나타나고 다양한 맥락에서 기능에 지장을 주며, 초점이나 활동을 변경하는 데 고통 그리고/또는 어려움을 줌
단계1: 지원 필요	• **사회적 의사소통**: 지원이 갖추어지지 않으면 사회적 의사소통의 결함이 주목할 만한 손상을 야기하며, 사회적 상호작용 시작에 어려움을 보이고, 타인의 사회적 제의에 대한 비전형적/비성공적인 반응들이 명백하게 나타나며, 사회적 상호작용에 대한 관심이 저하된 것처럼 보일 수 있음 〔예〕 완전문으로 말하고 의사소통에 참여할 수 있으나 타인과 주고받기식 대화에 실패하며, 친구를 사귀려는 시도가 기이하고 대체로 성공적이지 못함 • **제한적·반복적 행동**: 행동의 경직성이 1가지 이상의 맥락에서 기능에 유의미한 지장을 야기하고, 활동을 바꾸는 데 어려움이 따르며, 조직하고 계획하는 데 있어서의 문제들이 독립성을 방해함

┌──┐
│ **보충+α** **자폐성장애아동을 위한 다양한 중재전략** │
└──┘

구분	인간관계 중심의 중재 및 치료	기술 중심의 중재 및 치료	인지적 중재 및 치료	생리적·생물학적·신경학적 중재 및 치료	기타 중재 치료 및 관련 인자
과학적 기반의 실제	–	• 응용행동 분석 • 비연속 개별 지도 교수 • 중심축 반응 훈련	유아와 부모를 위한 대안적 프로그램	–	–
성과가 기대되는 실제	놀이 중심의 전략	• 보조공학 • 보완·대체 의사소통 • 우연교수 • 공동행동일과 • 그림교환 의사소통체계 • 구조화된 교수	• 인지행동교정 • 인지학습전략 • 사회적 의사 결정 전략 • 상황이야기	• 약물치료 • 감각통합	–
지원 정보가 부족한 실제	• 온화한 교수 • 선택방법 (썬라이즈) • 마루놀이 • 애완동물치료 • 관계개발중재	• 단어훈련게임 • 벤다이크 교육 과정	• 만화그리기 • 인지스크립트 • 파워카드	• 청각통합훈련 • 대용량 비타민 치료 • **광과민성 증후 군**: 얼렌 렌즈	• 미술치료 • 칸디다(효모균) • 글루텐 – 카세 인(단백질) • 수은 – 백신 • 음악치료
권장되지 않는 실제	안아주기	촉진적 의사소통	–	–	–

제 2 절 사회적 상호작용 특성과 지도

01 사회적 상호작용 특성 ★

자폐성 장애학생 교육, 방명애,
학지사

특성	관련 행동 예시
사회 · 정서적 상호성의 어려움	• 다른 사람에게 사회적으로 적절한 접근을 하는 데 어려움 • 다른 사람의 감정 인식이 어려움 • 자신의 감정 표현이 어려움 • 즐거움, 관심, 정서, 애정 등을 다른 사람과 공유하는 데 어려움 • 관심 있는 물건 보여주기, 가져오기, 가리키기 행동의 어려움 • 다른 사람의 칭찬에 적절한 반응을 보이는 데 어려움 • 자신의 관심사를 다른 사람과 공유하는 데 어려움
사회적 상호작용을 위해 사용하는 비언어적 의사소통 행동의 어려움	• 눈맞춤, 응시행동이 어려움 • 다른 사람의 몸짓을 이해하거나 의사소통을 위한 몸짓 사용에 어려움 • 얼굴표정을 포함한 비언어적 의사소통행동 사용 어려움 • 의사소통을 위해 목소리 크기를 조절하거나 적절한 억양을 사용하는 데 어려움 • 문서화되지 않거나 비유적인 표현(예 유머, 풍자, 속담)을 이해하는 데 어려움
사회적 관계 형성과 유지의 어려움	• 사회적 규약과 사회적 기대를 이해하지 못함 • 다른 사람의 사회적 행동을 적절히 해석하는 데 어려움 • 대인 간 사회적 상호작용이 어려움 • 다양한 사회적 맥락에 맞게 행동하는 데 어려움 • 사회적 상호작용을 시작하고 반응하는 데 어려움 • 발달수준에 적절한 또래관계 형성이 어려움

02 중심 행동

1. 정의
중심 행동은 사회적 상호작용을 위해 필요한 기본 행동을 의미한다.

2. 유형
(1) 눈맞춤, 응시행동
① 사회적 상호작용 대상자와 눈을 맞추고 바라보는 응시행동은 매우 중요한 사회적 행동이며, 아기는 대부분 어머니와 눈을 맞추고 어머니의 시선을 바라보며 어머니가 바라보는 곳을 따라 시선을 움직일 수 있다.
② 이 행동은 상호작용 대상자를 향한 방향성(orientation)으로, 수많은 사회적 자극 중 필요한 자극에 집중하도록 조절하기 위한 중요한 생물학적 특성이다.
③ 사회적 방향성(social orienting)은 청각적이나 시각적인 사회적 자극을 향한 행동으로, 주로 자극을 향해 머리를 돌리거나 쳐다보는 행동으로 나타난다.
④ 자폐성장애아동은 사회적 자극에 대한 방향성을 나타내는 행동인 눈맞춤과 응시행동을 발달시키지 못하거나, 발달시켜도 일반아동에 비해 낮은 수준의 행동을 나타낸다.

(2) 공동관심
① 사회적 상호작용 대상자와 상호작용하는 과정에서 특정 사물이나 대화주제에 서로 같은 관심을 보이는 것도 중심 행동의 하나이다.
> 예 아기가 엄마의 관심을 끌기 위해 자신의 장난감을 바라보면서 손가락으로 지적하기를 하여 엄마의 관심을 유도하고, 엄마도 아기와 함께 아기가 가리킨 장난감에 관심을 기울이는 것
② 자폐성장애아동은 시선 움직이기, 지적하기 등의 시각적 단서를 따르지 못하고, 다른 사람의 관심을 불러일으키기 위한 시작행동을 하지 못하며, 다른 사람이 공동관심을 유도하기 위해 나타내는 비구어적 몸짓을 이해하지 못한다.

(3) 사회적 상호작용 시작행동과 다른 사람의 관심 요청하기
① 사회적 상호작용을 위한 시작행동이면서 다른 사람의 관심을 이끌어내기 위한 행동이다.
> 예 친구를 만났을 때 손 흔들기, "안녕?"이라고 말로 인사하기, "같이 놀자."라고 말하기
② 자폐성장애아동은 상호작용 시작행동이나 관심 요청하기 행동에 어려움을 겪는다.
③ 따라서 사회적 상호작용을 위한 교육을 실시할 때 이러한 중심 행동을 우선적으로 지도하는 것이 바람직하다.

보충+α **자폐성장애학생을 위한 핵심 교육과정 내용**

1. 의사소통 기술

- 언급하기
- 다양한 주제로 대화하기
- 일반적인 상호작용
- 칭찬해주고 칭찬 듣기
- 지시하기
- 다른 사람에게 인사하기
- 대화 시작하기
- 대화에 참여하기
- 상호작용 유지하기
- 다른 사람에게 반응하기
- 다른 사람의 이름 부르기

2. 비구어적인 사회적 기술

- 애정(affection) 주고받기
- 정서 파악하기
- 미소 짓기
- 얼굴표정, 몸짓 같은 비구어적 행동 이해하기

3. 협력적 행동

- 지시 따르기
- 규칙 따르기
- 다른 사람 돕기
- 다른 사람 참여시키기
- 사회적 기대와 관습 따르기

4. 중심 행동

- 눈맞춤
- 시작행동
- 공동관심 기울이기
- 도움 또는 관심 요청하기

5. 놀이 기술

- 장난감을 가지고 놀이하기
- 게임 놀이하기
- 가장 놀이
- 나누기
- 스포츠맨십
- 주고받기

6. 정서 인식과 표현

7. 사회

- 정서적 상호성

1. 그림교환의사소통체계(Picture Exchange Communication System)

(1) 개요

① 그림교환의사소통체계(PECS)는 표현언어가 부족한 자폐성장애학생과 기타 장애를 가진 학생을 위해 개발된 전략이다.

② 자폐성장애학생의 사회적 의사소통 능력을 향상시키기 위해 개발되었다.

③ 행동형성, 차별강화, 자극통제 전이 등의 행동주의 원리와 방법을 기반으로 하며, 사회적 상황에서 의사소통 행동을 가르치는 점에서 자연적 중재 방법도 활용한다.

④ 그림교환의사소통체계는 보완·대체 의사소통의 한 방법이지만 학생이 의사소통 대상자에게 접근해야 하고 상호작용을 먼저 시작한다는 점에서 차이가 있다.

⑤ 그림교환의사소통체계에서 사용하는 그림카드는 시각적 지원의 한 방법이므로 자폐성장애학생의 특성에 적합하다.

⑥ 주로 강조하는 교육내용은 학생이 원하는 것을 '요청하기', '질문에 대답하기', 사회적인 상호작용을 위한 '설명하기(comment)' 등이다. 요청하기를 첫 번째 의사소통 행동으로 가르치는 이유는 아동이 의사소통 대상자에게 원하는 물건을 요청하면 의사소통 대상자가 이에 대한 반응으로 원하는 물건을 즉각 제공하여 의사소통 행동이 자연스럽게 강화 받도록 하며, 이로써 의사소통을 하고자 하는 동기를 촉진할 수 있기 때문이다.

⑦ 일상생활에서 의사소통 대상자와의 의미 있는 상호작용을 촉진한다.

⑧ 초기 훈련 단계에는 복잡한 선수기술이 필요하지 않아 초기 의사소통 행동을 습득해야 하는 어린 영유아나 능력이 낮은 자폐성장애학생에게도 적용할 수 있다.

(2) 장점

주고-받기의 교환성 의사소통 개념과 상호작용을 촉진하고, 자발성을 강화할 수 있다.

(3) 단점

초기 단계에 2명의 훈련자가 필요하다.

(4) 효과적인 중재를 위한 조건

① PECS로 효과적인 중재를 하려면 그림언어체계를 미처 이해하지 못하는 단계의 아동을 전략적으로 끌어와야 한다.

② 단어를 통한 의사소통의 교환 자리에 그림카드가 사용된다는 원칙을 알게 한다. 즉, 사물과 그림을 연결하는 짝짓기기술을 가르친다.

③ 인과적 관계를 확실히 알게 한다.

> 예 내가 A에게 사과 카드를 주면 나는 반드시 A로부터 사과를 얻는다는 원칙이 전제되어야 한다.

④ 아동이 선호하는 사물을 사전에 조사한 후 목록을 만들어야 한다. 특히 중재 초기 단계에는 아동의 자발성이 부족하기 때문에 보상효과가 매우 중요하다.

단계	내용
1단계: 교환개념 지도하기	• **목표**: 교환개념을 학습함 • 그림카드를 주면 내가 원하는 것을 얻는다는 점을 알게 되는 과정 • 대부분의 아동은 의사소통 파트너 앞에 놓인 사물을 우선 잡으려고 하므로, 보조자의 신체적 도움이 필요함 • 보조자가 아동의 손을 잡고 그림카드를 잡은 후에 의사소통 파트너에게 주는 훈련이 중심이 되며, 이 신체적 접촉은 점차 감소시킴 • 의사소통 파트너는 "무엇을 줄까?" 또는 "그 카드를 나에게 줄래?" 등의 언어적 촉진을 하지 않아야 함 • 교환개념이 학습되면 더는 보조자가 필요가 없게 되며, 아동은 원하는 것을 얻기 위해 보다 자발적이 됨 • 이때 가장 중요한 것은 일관성 있는 즉각적인 보상임
2단계: 자발적 교환훈련 하기	• **목표**: 아동이 일정 거리를 두고 놓인 의사소통판에서 그림카드를 떼어서 의사소통 파트너의 손에 주는 것 • 이 단계도 필요에 따라 보조자가 지원할 수 있으나 점차 그 역할을 감소시킴 • 의사소통 파트너와 아동 간의 거리를 점차 늘려가면서 아동은 좀 더 자발적으로 그림카드를 교환함 • 2단계에는 새로운 장소, 여러 의사소통 대상자와 훈련하여 이후 다양한 사람과 의사소통을 시작할 수 있도록 함
3단계: 그림 변별하기	• **목표**: 그림카드를 구별하는 변별학습 • 2개 이상의 그림카드 가운데 상응하는 카드를 골라 의사소통 파트너에게 가져다주는 행동을 학습함 • 이 과정에서 무작정 그림카드를 집어 주는 것만으로는 보상을 받지 못한다는 점을 익힘 • 처음에는 아동이 좋아하는 사물과 선호도가 매우 낮은 사물을 쌍으로 제시하다가 점차 난이도를 높여감 • 계속 오답이 반복되는 경우는 아동이 동기를 잃어버리거나 분노단계에 도달할 수 있으므로 보조자의 도움을 받도록 함 • 그림카드의 수를 늘려가고 그림카드의 위치와 장소도 계속 바꾸어가면서 아동이 그림카드의 위치를 기억하여 반응하지 않도록 함
4단계: 문장으로 표현하기	• "― 주세요."라는 문장을 사용하여 원하는 것 요청하기를 가르침 • 이 과정을 통해 문장구조를 학습하게 됨
5단계: 질문에 대답하기	• 교사가 "넌 무엇을 원하니?"라고 물으면 아동은 자신이 원하는 사물을 요구하고 일정 시간을 기다린 후에 원하는 사물과 교환할 수 있음 • 원하는 사물을 바로 얻지 못하고 '기다리세요!' 카드를 받은 후 약 5초의 시간이 경과한 후에 취득하기 때문에 '기다리기 훈련 단계'라고도 함
6단계: 질문에 대답하면서 설명하기	• **목표**: 사건과 사물에 대해 설명하는 것 • 1~5단계가 무엇을 원하고 무엇을 하고 싶다는 요구의 범주에서 이루어졌다면 6단계는 요구의 단계에서 벗어나 자신의 의견을 표현하는 내용을 다룸 • 응답을 하고 자발적으로 설명도 할 수 있는 단계

2. 상황이야기 ^{23 유아, 23 초등, 21 초등, 21 중등, 20 유아}

(1) 개요

① 자폐스펙트럼장애학생이 처하는 자연스러운 일상적 상황 중 학생의 혼란을 초래하는 사회적 상황에 대한 설명과 적절한 행동을 기술한 짧은 이야기이다.

② 자폐성장애학생의 특성을 고려하여 이들이 매일 접하는 비구어적인 사회적 정보를 구체적이고 명시적인 정보로 설명함으로써 사회적 상황을 예측하게 하고 기대되는 사회적 행동을 하도록 돕는 것을 목적으로 한다.

③ 사회적 상황에 대한 구체적인 정보를 제공하여 현재 어떤 일이 일어나고 있는지, 왜 일어났는지, 해당 상황 속에서 다른 사람은 어떻게 행동할지, 나는 어떻게 행동해야 할지, 다른 사람의 정서적 반응은 어떨지 등을 알게 한다.

④ 사회적 상황에서 시작하여 상호작용 대상자의 입장과 생각을 명시적으로 안내하고, 해당 상황에서 기대되는 사회적 행동을 구체적으로 설명한다.

(2) 특징

① 글자, 그림을 기반으로 하는 시각적 자료로 구성되므로, 자폐성장애학생의 강점인 시각적 능력을 활용할 수 있어 긍정적이면서도 반복적으로 사용할 수 있다.

② 학생과 상황에 관한 개별화된 정보를 수집하여 이야기를 구성하기 때문에 개별 학생에 적합한 내용과 문장으로 구성된다.

③ 학생을 잘 아는 부모와 교사가 직접 관찰한 내용에 근거하여 작성하여 실제적이며 개별 학생에 적합한 내용으로 구성하고 즉각 적용할 수 있다.

④ 이야기 주제는 일상생활 중 개별 학생이 어려움을 겪는 사회적 상황에 관련한 것이므로 사회적 상황에 대한 이해 능력이 향상되고 다른 사람과의 적절한 의사소통 방법을 습득한다.

⑤ 다른 사람과 자신의 생각, 감정을 명시적으로 설명하여 자신과 다른 사람의 감정을 이해하는 데 도움이 된다.

⑥ 학생이 수행해야 하는 적절한 행동을 구체적이고 간략하게 제시하여 바람직한 사회적 행동 수행을 돕는다.

(3) 상황이야기 개발과 적용

① 1단계: 상황이야기 주제 선정

ⓐ 상황이야기는 어려움을 경험하는 사회적 상황 또는 앞으로 일어날 일의 예측 가능성을 높이는 내용으로 구성해야 하므로, 학생에게 필요한 주제를 선정한다.

ⓑ 상황이야기 주제 설정을 위한 구체적인 정보는 아동을 잘 아는 사람(예) 교사, 부모)이 수집하고, 일단 학생이 주로 어려움을 경험하는 상황을 파악한다.

② 2단계: 학생과 상황에 관한 개별화된 정보 수집★

ⓐ 상황이야기 작성에 앞서 다양한 정보를 수집하는데, 상황이야기가 필요한 주제를 설정하고 이야기 구성에 필요한 기본 정보를 파악하기 위함이다.

ⓑ 정보 수집 시에는 학생이 겪는 어려움과 어려움의 정도, 어떤 상황에서 가장 많은 어려움이 있는지를 파악한다.

ⓒ 이야기 내용과 작성방법을 구성하기 위해 아동의 언어이해 능력, 글을 읽을 수 있는지 여부, 좋아하는 것 등의 아동의 특성과 발달 정보도 파악한다.

ⓓ 이러한 정보는 아동을 잘 아는 사람(예) 교사, 부모)과의 면담, 아동을 직접 관찰하는 방법 등을 활용하여 수집한다.

ⓔ 설명문 유형★

유형	내용	예시
설명문	관찰 가능한 상황적 사실을 설명하는 문장과 사실에 관련된 사회적인 가치, 통념에 대한 내용을 제시함	• **사실 설명**: 용돈은 나에게 필요한 것을 살 수 있도록 부모님이 주시는 돈입니다. • **사회적 가치, 통념**: 용돈을 아끼기 위해 필요한 물건만 구입하는 것은 매우 현명한 일입니다.
조망문	다른 사람의 마음상태, 생각, 느낌, 믿음, 의견, 동기, 건강, 다른 사람이 알고 있는 것에 대한 정보 등을 제시함	• **다른 사람이 알고 있는 것에 대한 정보**: 내 친구는 나에게 무엇이 필요한지 알고 있습니다. • **느낌과 생각**: 우리 부모님은 내가 맛있는 음식을 골고루 먹을 때 매우 기뻐하십니다.
긍정문	일반적인 사실, 사회적 규범·규칙 등의 내용을 강조하기 위한 문장으로 확정문, 강조문으로 알려짐	• 도서관에서 친구에게 꼭 해야 할 말이 있을 때는 아주 작은 목소리로 말할 것입니다. <u>그것은 매우 중요합니다.</u> • 친구의 물건을 사용하고 싶을 때는 친구의 허락을 받은 후 사용할 것입니다. <u>이 것은 매우 중요합니다.</u>

ⓗ 코칭문 유형 ★

유형	내용	예시
청자 코칭문	이야기를 듣는 학생이 해야 할 행동·반응을 제안하는 지시문에 해당함	쉬는 시간에 나는 그림을 그리거나 책을 읽거나 다른 조용한 활동을 할 수 있습니다.
팀원 코칭문	양육자, 교사와 같은 팀 구성원이 학생을 위해 할 행동을 제안하거나 떠올리도록 하는 협조문에 해당함	우리 엄마는 수건 접는 방법을 알려주실 겁니다.
자기 코칭문	• 학생이 부모나 교사와 함께 이야기를 검토하며 이야기의 구성에 참여하는 것 • 학생의 주도권을 인정하고 스스로 이야기를 회상하며 여러 시간과 장소에서 이야기의 내용을 일반화하게 돕는 통제문에 해당함	선생님이 "눈과 귀를 교실 앞에 두어라."라고 하시면 나는 선생님이 하시는 말씀을 잘 듣고 선생님의 행동을 잘 보라는 것을 뜻하는 말로 이해하고 그것을 지키려고 노력하겠습니다.

ⓢ 미완성문: 내용을 이해했는지 점검하는 문장으로 이야기 작성 문장 유형에 포함될 수 있으며, 이야기에 빈칸을 남겨 청자(대상 학생)가 이야기 내용을 잘 이해했는지 확인하거나 다음 단계에 어떤 일이 일어날지 추측하는 데 사용한다.

[예] • '오늘 우리 선생님이 학교에 나오지 못하셨습니다. 왜냐하면 _____ _____.'

• '내가 아파서 보건실에 가야 한다면 먼저 선생님께 말씀드리고 선생님의 허락을 받겠습니다. 만일 허락 없이 보건실로 간다면, 선생님께서는 _____ _____.'

③ 3단계: 상황이야기 작성
  ㉠ 개별 수집된 정보에 근거하여 작성하고 이야기에 대상학생의 관심을 포함한다.
  ㉡ 작성 시 유의사항

> ⓐ 묘사하는 사회적 상황, 사회적 단서, 반응은 가능한 한 긍정문으로 구성한다.
> ⓑ 문장수준은 개별 학생의 전반적인 인지 능력과 언어이해 수준에 적합해야 하고, 이미 작성된 이야기를 활용하는 경우 아동의 수준에 맞게 수정한다.
> ⓒ 사회적 상황에서 어떤 일이 일어나고 있는지, 어떤 일이 일어났을 때 어떤 행동을 해야 하는지, 다른 사람의 마음은 어떤지, 그러므로 나는 어떤 행동을 해야 하는지 등의 구체적이고 명시적인 사회적 정보와 학생이 해야 하는 구체적인 사회적 행동을 제시한다.
> ⓓ 이야기는 학생의 일상생활과 관련된 내용으로 구성한다.
> ⓔ 기본적으로 글자라는 시각적 단서를 활용하고 글로 된 이야기의 이해를 돕기 위해 각 이야기에 그림, 사진을 추가할 수 있으므로 읽기 기술이 부족한 학생에게도 효과적으로 활용할 수 있고, 읽기 능력이 전혀 없는 경우는 그림과 사진자료만으로 이야기를 구성하여 지도할 수 있다.
> ⓕ 문장은 1인칭이나 3인칭으로 서술하고, 가능한 한 짧은 이야기로 구성하고, 한 페이지에 너무 많은 정보가 포함되지 않도록 한다.
> ⓖ 학생의 선호도, 흥미를 이야기에 포함한다.

④ 4단계: 상황이야기 적용
  ㉠ 상황이야기 적용 시 유의사항
    ⓐ 조용하고 편안한 장소에서 긍정적 태도로 이야기를 읽어야 하며, 이야기의 소개는 진지하고 침착하게 한다.
    ⓑ 상황이야기를 처음 소개하는 단계이거나 대상학생이 어린 경우 교사와 학생이 나란히 앉아 이야기를 읽는 것이 바람직하고 초기에는 교사와 함께 읽다가 점차 학생이 스스로 상황이야기를 읽는 것에 익숙해지면 교사의 지원을 줄인다.
    ⓒ 읽는 빈도는 학생의 여러 특성을 고려하여 결정한다.
      예 상황이야기가 매일 발생하는 일상에 관련한 내용인 경우 매일 한 번씩 읽게 할 수도 있고 경우에 따라 아침 등교 직후에 한 번, 점심 식사 후 한 번과 같이 하루에 두 번 읽도록 할 수도 있다.
    ⓓ 아동의 요구에 부합해야 하며 읽기 싫은 아동에게 억지로 강요하면 안 된다.
    ⓔ 상황이야기는 이야기만 읽는 데 그치지 않고 실제 상황과 관련된 활동과 연계할 수도 있다. 예 이야기 속 상황을 연극놀이로 해보는 것

3. 파워카드 ^{20 중등, 19 초등}

(1) 개요
① 아동의 특별한 관심을 사회적 상호작용 교수에 포함하는 시각적 지원 방법이다. ★
② 자폐성장애아동은 대부분 제한된 특별한 관심을 보이며 이 관심은 어린 시기부터 나타난다.
③ 파워카드 전략은 자폐성장애아동의 특별한 관심을 긍정적으로 활용한 대표적인 강점 중심의 중재 방법이자 사회적 담화의 한 유형이다.

(2) 파워카드 전략의 요소
① 간단한 시나리오
  ㉠ 학생이 영웅시하는 인물, 특별한 관심사, 힘들어하는 행동과 상황에 대한 간략한 시나리오를 작성한다.
  ㉡ 시나리오는 대상학생의 인지수준을 고려하여 간략하게 작성하며, 학생의 특별한 관심사에 해당하는 그림도 넣는다.
  ㉢ 문단별 내용
    ⓐ 첫 번째 문단: 영웅이나 롤모델이 등장하여 문제상황의 해결 또는 성공 경험을 제시한다.
    ⓑ 두 번째 문단: 3~5단계로 나눈 구체적인 행동을 제시하여 새로운 행동을 습득하게 한다.
② 명함 크기의 파워카드 ★
  ㉠ 특별한 관심 대상의 작은 그림, 문제행동 또는 상황에 대한 해결방안을 제시한 3~5단계의 구체적인 행동을 포함한다.
  ㉡ 학생이 습득한 행동을 일반화하는 방안으로도 활용된다.
  ㉢ 학생이 지갑이나 주머니에 넣고 다니거나 책상 위에 두고 볼 수 있게 한다.

자폐성 장애학생 교육, 방명애, 학지사

(3) 파워카드 예시

> **[상황 제시]**
> 치타와 친구들은 미술 시간에 색종이로 꾸미기를 좋아합니다. 그런데 치타에게 색종이가 부족한 경우가 있습니다. 그럴 때 치타는 친구에게 "친구야, 네 색종이를 같이 써도 되니?"라고 친구의 생각을 물어봅니다. 친구 물건을 같이 쓰고 싶을 때는 친구의 허락을 받아야 합니다. 그래야 치타도 친구도 즐겁게 색종이로 꾸미기를 할 수 있습니다. 치타는 친구의 허락을 받고 친구의 물건을 빌릴 수 있습니다.
>
> **[해결 방안]**
>
> | **친구에게 필요한 물건을 빌려야 할 때의 순서** | |
> |---|---|
> | ① 치타는 색종이를 가지고 있는 친구 옆으로 간다.
② 친구를 보면서 "친구야, 네 색종이를 같이 써도 되니?"라고 친구의 생각을 물어본다.
⑤ 친구가 "그래."라고 말하면 친구의 색종이를 사용하여 꾸미기를 한다. |  |

4. 짧은 만화 대화 [18 중등]

(1) 개요

① 상황이야기와 같이 다양한 사회적 상황에서 상호작용 대상과 교류하는 중에 발생하는 여러 정보를 보다 쉽게 이해할 수 있도록 시각적으로 안내하는 사회적 담화 방법의 한 유형이다.

② 자폐성장애학생이 많은 어려움을 겪는 사회적 상황을 보다 잘 이해할 수 있게 지원한다.

③ 즉, 다른 사람의 생각, 믿음, 동기와 같은 마음 이해를 지원하기 위해 자주 사용된다.

④ 2명의 대화 상대자를 그림으로 표현하고 그림 속의 주인공들이 자신의 생각, 동기, 믿음 등을 명시적인 그림, 글로 표현하여 사회적 상호작용 능력과 적응 능력을 지원한다.

(2) 적용

① 2명 이상의 사람이 간단한 그림을 그리며 대화를 나누는 것을 기본으로 한다.

② 이때 그림은 사회적 상황에서 겪는 어려움을 지원하는 설명으로 사용될 수 있다.

③ 적용 방법

> • 8컷 이하의 짧은 만화 형식을 사용한다.
> • 만화는 자폐성장애학생의 강점인 시각적 정보를 활용하고, 많은 학생이 좋아하기 때문에 활동에 보다 적극적으로 참여하게 한다.
> • 학생과 의사소통 대상자가 서로 그림을 그리면서 대화 상황을 생각할 수 있도록 돕는다.
> • 학생을 잘 알고 신뢰관계가 형성된 부모나 전문가가 사용할 수 있다.
> • 칠판, 종이 등 일상에서 접하는 도구를 활용하여 그림을 그린다.
> • 정서를 표현하는 방법으로 색깔을 활용할 수 있다.
> 　예 빨간색은 화가 난 것, 초록색은 기분이 좋은 것을 표현할 수 있음
> • 대화 상징 사전, 사람 상징 사전과 같은 상징을 이용하여 그림을 그리고 이야기를 나눈다.
> • 완성한 상징 사전은 개인의 필요에 따라 재구성하거나 새롭게 개발할 수 있다.

5. 사회적 도해 [20 초등]

(1) 개요

① 학생이 자신의 사회적 실수를 이해하고 수정하도록 돕는 목적의 사회적 분석법이다.
② 학생이 사회적 상황을 이해하고 실수를 정정할 수 있게 돕는다. ★
③ 자신의 행동과 다른 사람의 반응 간 인과관계를 이해하게 한다.

(2) 특징

① 경도의 자폐성장애학생이 행동으로 보이는 사회적 실수를 이해하도록 돕는 성인 중재 전략이다.
② 사회적으로 모순되는 행동을 줄이려는 사회적 이야기와 달리 이미 실수를 저지른 다음 시행한다.
③ 이 방법은 회상적인 형태를 취하는데, 학생과 교사는 실수한 주변 환경을 기술하고 사회적 실수를 하지 않도록 협력하고 계획한다.

(3) 단계 ★

단계	1	2	3	4
내용	실수를 확인함	실수로 인해 손해를 본 사람이 누구인지 결정함	실수를 어떻게 정정할지 결정함	실수가 다시 발생하지 않도록 계획함

(4) 장점

① 사회적 행동과 행동의 결과 간 관계를 통해 원인과 결과의 성립에 도움을 줄 수 있다.
② 사회적 행동에 대한 즉각적인 피드백을 제공하여 바람직한 행동을 강화할 수 있다.

6. 비디오 모델링 [20 유아, 18 초등]

(1) 정의

누군가가 보여주는 기술이나 행동의 이미지를 봄으로써 그 기술이나 행동을 발전시키는 교수방법이다.

(2) 특징

① 모델은 또래, 성인, 애니메이션이 될 수 있으며 자기 모델링의 경우 스스로가 보여주는 사람이 될 수도 있다.
② 모든 비디오 모델링 형식의 핵심적인 특징은 보여주는 행동이 항상 긍정적이라는 것이다.
③ 자기관찰이라는 비디오 교수의 다른 형식은 관찰자가 성공뿐만 아니라 실수를 통해서도 배우도록 있는 그대로의 비디오 장면이 분석되는 반면, 이 전략은 '하지 말아야 할 것'은 다루지 않는다.
④ 가장 효과적인 모델은 시청자와 가장 비슷한 특징을 갖는 사람이며, 성별, 연령, 인종뿐만 아니라 능력 등의 특성과도 관련된다. 가장 좋은 모델은 관찰자보다 약간 더 진보된 사람이다.

(3) 유형

유형	내용
성인/또래 모델링	영화의 '주인공'이 전적으로 협력적이며 쉽게 지도할 수 있기 때문에 제작하기가 비교적 간단함
관점 모델링 (point of view modeling)	• 비디오를 만드는 사람은 행동을 과제분석하여 아동의 눈높이에 맞게 카메라로 일련의 단계를 따라감 • 아동의 관점인 척하는 카메라의 관점은 중요한 교수적 요소가 됨
자기 모델링 (self-modeling)	• 자기 모델링은 더 복잡한데, 왜냐하면 비디오를 만드는 사람이 촬영된 영상을 조작하고 학습자가 평상시보다 더 잘하는 것처럼 보이도록 장면을 편집해야 하기 때문 • 이 작업은 모델이 사회적 상호작용에 부끄러움이 있거나 지시 따르기에 어려움이 있는 경우 더욱 어려울 수 있음

(4) 비디오 자기 모델링

① 특징: 가장 효과적인 모델은 자기 자신이다. 가장 좋은 모델은 자신과 비슷하며, 자신보다 조금 더 진보된 사람이다.
② 유형

유형	내용
피드 포워드	• 비디오 자기 모델링의 피드포워드 방식에서는 자신의 새로운, 그러나 발달적으로 적절한 행동을 수행하는 비디오를 보게 됨 • 피드포워드는 아동으로 하여금 미래에 언젠가는 자신도 그렇게 될 것임을 보게 하는 것
긍정적 자기검토	이미 습득한 기술의 유창성이나 능숙함을 얻기 위해 자기 자신의 최상의 수행 결과 비디오를 보는 것

7. 중심반응훈련 ★ 23 중등, 22 유아, 19 중등, 17 유아, 17 초등

(1) 중심반응

① 훈련으로 향상될 경우 훈련받지 않은 다른 행동에도 변화를 가져올 수 있는 행동을 말한다.
② 동기유발, 다양한 단서에 대한 반응, 자기조절, 자기주도 등이 이에 포함된다.
③ 다시 말해 중심반응은 다양한 행동에 영향을 미치는 중심축 영역이라고 할 수 있다.
④ 중심영역에 영향을 미치면 기타 중요한 발달영역들에서 상당한 부수적인 습득이 발생한다.

(2) 목적

① 아동이 자연적 환경에서 발생하는 다양한 학습기회와 사회적 상호작용에 반응하도록 한다.
② 중재 제공자에 의한 지속적인 감독의 필요성을 감소시킨다.
③ 아동을 자연적 환경에서 분리시키는 서비스를 감소시킨다.

(3) 중심반응훈련의 구성요소

중심축 반응	중재	예시
동기	아동에게 선택권을 제공함 ★	• 아동이 과제의 순서를 선택한다. • 아동이 쓰기 도구들을 선택한다. • 아동이 학급에서 읽을 책을 선택한다.
	과제를 다양하게 하고, 유지 과제를 같이 제시함	• 미술 시간에 짧은 기간 동안 짧은 읽기 시간을 자주 가져 과제를 다양하게 한다. • 쉬는 시간을 자주 가져 과제를 다양하게 한다. • 학생의 반응과 다음 지시까지의 시간을 줄여 과제의 속도를 수정한다. • 화폐학습과 같은 새로운 과제와 돈세기와 같은 이미 학습한 과제를 같이 제시한다.
	시도에 대해 강화함 ★	• 질문에 대한 모든 응답을 말로 칭찬한다. • 숙제와 다른 과제에 대해 칭찬의 글을 써준다.
	자연스러운 강화를 사용함	• 시간 말하기를 배울 때, 아동이 좋아하는 활동의 시간을 배우게 한다. • 화폐를 가르칠 때, 아동이 좋아하는 작은 물건을 사게 한다.
복합 단서	복합단서의 학습과 반응을 격려함 ★	• 미술 시간에 종이, 크레용, 연필 등을 다양하게 준비하고, 아동이 좋아하는 것을 요구하게 한다. • 이야기 시간에 아동이 복합단서를 사용해서 답할 수 있는 질문을 한다. • 수학 과제나 한글쓰기 연습을 위해 다양한 쓰기도구(예 파랑연필, 검정연필, 노란연필)를 준비하고, 아동이 좋아하는 도구를 요구하게 한다.

자기 주도 반응	질문하는 것을 가르침★	• 시간과 물건의 위치와 관련된 질문하기 등의 정보·탐색 시도를 가르친다. • 도움을 요청하는 정보·탐색 시도를 가르친다.
자기 관리	아동에게 자신의 행동을 식별하고, 행동이 발생하는 것과 발생하지 않는 것을 기록하는 방법을 가르침	• 이야기 시간에 조용히 앉아서 책장이 넘어갈 때 종이에 표시하도록 시킨다. • 교실에서 수학이나 다른 과제를 하는 동안 과제 행동을 자기가 평가할 수 있도록 알람시계를 사용하게 한다.

보충+α 복수단서와 복수자극에 대한 반응성 22 유아

자폐 범주성 장애, 이소현,
학지사

• **복수단서에 대한 반응성**

　자폐아동과 일반 또래는 복수단서와 구성요소를 가진 복잡한 환경적 자극을 인지하고 반응하는 방식에 차이를 보인다. 자폐아동은 단서가 무관할 때조차 자극 중 오직 하나의 단서(또는 부분 자극)에만 관심을 보이는 과다선택(overselectivity)을 보인다. 예를 들어, 다른 사람이 말을 할 때 그 사람의 안경이나 손동작에 집중하므로 그 단서가 없을 때는 그 사람을 인식하지 못할 수 있다. 더욱이 시각적인 정보와 구어정보가 동시에 제시될 때는 어떤 것이 더 적절한지와 상관없이 구어 정보보다 시각적인 정보에(또는 그 반대로) 집중하기도 한다. 과다선택은 사회적 행동 발달, 언어 습득, 새로운 행동 학습, 일반화, 안전에 영향을 줄 수 있다.

• **복수자극에 대한 반응성**

　자폐범주성장애아동에게 복수자극을 사용하는 것은 보다 구체적으로 말해 조건적 식별을 가르치는 것으로, 근본적으로는 자극과다선택(stimulus overselectivity)을 표적으로 한다. 과다선택은 자폐범주성장애아동이 사물의 모든 특징에 주의를 기울이는 데 어려움을 겪고 한정된 단서에 기반을 둔 부정확한 반응을 보이게 되는 것을 말한다. 예를 들어, 어떤 아동은 시각적 자극을 선호하는 반면(예 "그만"을 나타내는 색칠된 카드 제시하기) 다른 아동은 청각적 자극을 선호할 수 있다 (예 시간이 다 되었음을 알려주는 경고음이나 알람 소리).

　몇몇 연구에서 아동이 환경 내 복수 단서에 주의를 기울이도록 교수함으로써 자극과다선택을 줄일 수 있는 것으로 밝혀졌다. 복수자극에 주의를 기울이는 것은 2가지 접근을 통해 교수될 수 있다.

　자극촉진(Schreibman, 1975)의 범주에 속하는 첫 번째 방법은 자극의 관련 특성을 과장하는 것이다(예 글자 "P"와 "b"의 선을 길게 늘여 서로 어떻게 다른지 강조하기). 일단 아동이 목표자극("p" 또는 "b")을 구별할 수 있게 되면 과장된 특성은 천천히 소거되어 일반적인 글자 비율로 되돌아온다. 이 방법은 글자 인식이나 전치사 같은 학업 기술을 가르칠 때 특히 유용하다.

　두 번째 방법인 부수자극 촉진(extra-stimulus prompting)은 환경적 방해물과 구성을 이용해 아동에게 환경 내에서 지속적인 조건적 식별을 제공해주는 것이다. 이것은 아동이 정확하게 반응하고 강화를 얻기 위해서는 다양한 자극에 주의를 기울여야만 한다는 것을 의미한다. 예를 들어, 지속인 중심축 반응 중재 프로그램의 일환으로 아동은 토마스 기차와 관련된 모든 자극(색, 크기, 성별, 표정, 굴뚝 개수, 측면판, 기차 몇 량을 끌 수 있는지 등)에 주의를 기울이도록 배운다. 버크와 세르니글리아(Burke&Cerniglia, 1997)는 자폐범주성장애아동이 실제로 복수 구성요소 식별에 어려움을 겪는다는 사실을 발견하고 이들에게 복수 구성요소 식별에 주의를 기울이도록 가르쳤는데, 그 결과 복잡한 지시에 반응하는 기술에 일반화된 향상이 나타났다. 가장 중요한 점은 훈련 후에 아동이 복수의 사회적 자극에 정확하게 반응하는 비율이 높아졌다는 점이다. 관련된 복수단서에 주의를 기울이는 능력이 증진되면 학업과 사회적 기능 모두가 향상된다. 복수단서에 주의를 기울이는 행동은 이 행동의 변화가 부가적이고 목표하지 않은 기술 영역의 변화까지 가져오기 때문에 중심축 행동인 것이다.

8. TEACCH ★ 21 중등, 19 초등, 18 초등

(1) 구조화된 교수

① 구조화: 학생이 교수·학습 활동 순서와 과제를 예측할 수 있도록 체계적으로 계획하고 구성하는 것이다.

② 목적
   ⊙ 자폐성장애학생의 시각적 강점과 조직성을 선호하는 특성을 활용하여 안정감과 동기화를 증진시키고 학습참여를 촉진하기 위함이다.
   ⓒ 학생이 무엇을 해야 하는지 이해하고 과제를 성공적으로 수행하도록 돕는 것이다.

③ 자폐성장애학생은 잘 구조화된 학습환경에서 안정감과 편안함을 느끼고, 자신의 불안을 조절하여 학습에 더 잘 참여할 수 있게 된다.

(2) 유형

① 물리적 구조화
   ⊙ 학생이 어디에 있어야 하는지, 그 곳에서 해야 하는 과제와 활동이 무엇인지의 정보를 제공한다.
   ⓒ 분명한 특정 경계를 제시하는 것과 같은 예측 가능한 방법을 통해 학생이 해야 할 활동을 알려주는 시각정보를 제공한다.
   ⓒ 학생의 주의집중 분산이나 감각자극의 과부화를 유발할 수 있는 환경적 요소를 줄여준다.

> **보충+α** | **진정영역** 19 초등
>
> 자폐성장애학생이 낮은 역치로 인한 감각자극의 과부화로 인해 감각 민감 반응을 보이는 상황에서 안정을 찾을 수 있는 교실 내 특정 공간을 의미한다. 학생이 스스로 해당 공간에 가서 이완을 할 수도 있고, 교사가 학생에게 해당 공간으로 가도록 안내할 수도 있다.

② 일과의 구조화 23 초등
   ⊙ 하루에 일어나는 일의 계열을 조직하고 의사소통하기 위해 일과를 구조화하는 것으로, 주로 일과표(schedule)의 개발과 활용을 통해 이루어진다.
   ⓒ 학생은 일과표를 통해 자신이 언제 어떤 과제 또는 활동을 할지를 알 수 있으며, 이는 언제 활동이 일어날 것인지와 어떤 활동을 할 것인지, 다음에 어떤 활동을 할 것인지, 자신이 좋아하는 활동은 언제 일어날 것인지 등의 정보를 제공한다.
   ⓒ 시각적 일과표는 활동의 예측 가능성을 제공하므로 학생의 불안 감소에 도움이 된다.
   ⓔ 일과표의 가장 중요한 특징은 학생에게 시각적이고 의미 있는 정보를 제공하고, 변경이나 갱신이 용이하다는 점이다.

③ 과제 조직

　㉠ 개별 과제 조직은 학생이 수행할 과제의 자료를 조직하는 것으로, 학생이 해야 하는 과제가 무엇인지, 어떻게 과제를 수행해야 하는지, 얼마 동안 과제를 해야 하는지, 얼마나 많은 과제를 해야 하는지, 과제를 완수할 때까지 자신의 수행을 어떻게 점검할 수 있는지, 과제의 완성을 어떻게 확인할 수 있는지, 다음에 해야 하는 것은 무엇인지에 관한 정보를 시각적 지원을 활용하여 학생에게 제공하는 것이다.

　㉡ 시각적 지원을 통해 학생은 과제완성 전략을 학습하고 무엇을 성취해야 하는지를 명확하게 학습할 수 있다.

④ 작업 시스템(work system) ★

　㉠ 구조화된 작업 시스템은 개별 작업 시스템이라고도 하며, 교사의 직접적인 지도와 감독을 통해 습득한 개별 과제를 연습하거나 숙달하는 시각적으로 조직화된 공간을 의미한다.

　㉡ 목적은 학생에게 독립적으로 작업하는 것을 지도하는 것으로, 학생이 어떤 활동을 독립적인 작업 영역에서 수행해야 하는지를 알게 한다.

　㉢ 작업 시스템은 학생이 해야 하는 작업(어떤 작업을 수행해야 하는지), 해야 하는 작업의 양(얼마나 많은 작업을 해야 하는지), 작업이 종료되는 시점(작업은 언제 끝나는지)의 정보를 제공한다.

　㉣ 작업학습 상자와 이에 대한 내용은 항상 볼 수 있도록 왼쪽에 배치한다.

　㉤ 학생들은 왼편에서 오른편으로 작업을 수행하고, 작업 학습 구역을 거친 자료를 오른편에 있는 완료 상자에 넣으며, 왼편의 모든 자료가 없어지면 작업이 끝남을 의미한다.

　㉥ 작업 공간에서 학생이 독립적으로 모든 활동을 완수하는 것이 목표이므로 새로운 기술을 가르치는 것보다는 기술 숙달의 촉진에 주안점을 두어야 한다.

　㉦ 독립적인 과제 수행을 통해 학생이 습득한 기술을 유창하게 숙달하도록 학습 기회를 제공하는 것이다.

01 의사소통 특성

1. 언어 이전기 자폐성장애아동의 주요 특성

(1) 말에 주의를 기울이는 능력의 결핍

이름에 반응하기를 포함한 말(speech)에 주의를 기울이는 것에 결핍이 있다.

(2) 공동관심 기술의 결핍

① 사람과 사물 간에 주의집중을 하고 경험을 공유하기 위한 목적으로 물건, 활동에 대한 타인의 주의를 끌고, 타인의 응시나 몸짓을 따라 가고, 타인이 관심을 주도록 지시하기 위한 목적으로 사람과 사물을 번갈아 응시하는 등의 기술에 결핍이 있다.

② 공동관심 기술: 어떤 사물, 사건에 대한 인식을 공유하기 위해 자신과 상호작용하는 상대방과 해당 사물, 사건 사이에 주의를 끌어 관심을 공유하는 능력을 말한다.

③ 공동관심 유형★ [19 중등]

유형	기술	정의
공동관심 시작하기	협동적인 공동주시	• 아동은 성인과 사물을 번갈아 쳐다보고 관심을 공유하기 위해 다시 성인을 바라봄 • 이 행동은 사물을 보고 성인을 본 후에 다시 사물을 보는 반대 순서로 행해질 수도 있음 • 이 몸짓은 "저거 봐, 재미있는데!"라는 뜻을 가짐
	보여주기	• 아동은 손에 놀잇감을 들고 관심을 끌기 위해 성인 앞에 들고 보여줌 • 아동이 성인에게 놀잇감을 주지는 않음 • 이 몸짓은 "내가 뭐 가졌는지 봐!"를 의미함
	공유하기 위해 건네주기	• 아동은 놀잇감에 대한 도움을 얻기 위해서가 아니라 단순히 공유하기 위해 성인에게 놀잇감을 줌 • 이 몸짓은 "여기 놀잇감이 있으니까 너도 놀아도 돼!" 또는 "네 차례야!"라는 뜻을 가짐
	가리키기	• 아동은 단순히 성인의 관심을 흥미로운 어떤 것으로 이끌기 위해 사물을 가리킴 • 이때 아동은 성인이 놀잇감에 대해 행동하기를 원하지 않음 • 이 몸짓은 "저거 봐요! 재미있어요."라는 의미를 가짐
공동관심 반응하기	가리키는 곳 따르기	성인이 사물을 가리킨 후에 아동은 가리킨 곳을 따라 동일한 사물을 바라보는 것으로 반응함
	시선 따르기	아동은 성인이 바라보고 있는 곳으로 성인의 시선을 따름

④ 상대방과 함께 어떤 사람, 사물 등에 주의를 기울이고자 할 때는 자신의 경험 공유라는 목적을 위해 상대방의 주의를 끌 수 있어야 한다.

⑤ 반대로 상대방이 자신의 관심을 끌고자 할 때는 상대방이 응시하는 방향과 대상을 따라 자신의 관심을 옮길 수 있어야 한다.

⑥ 공동관심은 사회적 관계를 형성하고 상호작용을 시작, 유지하는 데 매우 중요한 역할을 한다.

(3) 낮은 비율의 의사소통

(4) 요청과 거절의 제한성: 자신을 위해 타인이 어떤 행동을 하거나 하지 못하게 할 목적을 지닌 의사소통 의도의 범위가 제한적이다.

(5) 관습적인 의사소통 형태를 동반하는 언어의 결핍: 가리키기, 보여주기와 같은 좀 더 관습적인 의사소통 형태를 동반한 언어가 결핍되고 이를 보완하지 못한다.

(6) 언어와는 별개인 상징행동의 결핍과 구어·비구어 행동의 제한

① 상징 사용은 사회가 관습적으로 사용하고 의미를 공유하는 체계라고 할 수 있다.

② 특히 몸짓, 모방, 놀이와 관련된 상징 사용의 어려움은 사회적 관습이라고 할 수 있는 의사소통에 지속적인 문제를 일으킨다.

2. 의사소통적 특성

(1) 사회적 의사소통의 결함

① 사회적 의사소통 기술: 개인 간의 사회적 상호작용에서 사용되는 광범위한 구어와 비구어적 행동을 포함한다.

② 이 기술의 결함은 연령, 언어능력 수준과 관계없이 자폐성장애아동에게서 매우 보편적으로 나타난다.

③ 자폐성장애아동의 사회적 의사소통 예시

㉠ 자폐성장애아동은 초기 의사소통 발달단계에서 몸짓을 이용한 가리키기를 하지 않거나, 주변 사람의 주의를 끄는 데 활용하지 못하는 경향을 보인다.

㉡ 타인과의 상호작용에서 비전형적인 사회적 접근을 보이거나 적절한 대화의 시작과 유지에 실패한다.

예 처음 보는 사람에게 사적인 질문하기, 누군가를 만나자마자 인사도 없이 자신의 특별한 관심사에 대한 이야기 시작하기

㉢ 흥미, 감정을 공유하는 데 어려움을 보인다.

예 상대방의 표정이나 몸짓반응과 관계없이 계속 혼자 이야기하기

㉣ 사회적 상호작용을 시작하거나 시작에 반응하는 것을 실패한다.

예 '잘 지내지?' 같은 상투적인 인사말에 자신의 근황을 매우 자세히 이야기하기

(2) 비구어적인 의사소통 행동의 결함

① 의사소통을 하면서 눈맞춤을 하는 것을 어려워한다.

② 상대의 몸짓언어, 얼굴표정과 같은 비구어적 단서를 이해하거나 의사소통에 이를 사용하는 데 어려움을 보인다.

3. 반향어(echolalia) [20 유아, 18 중등]

(1) 정의

전에 들은 낱말이나 문장을 의도나 의미 없이 반복하는 현상이다.

(2) 특성

① 또래에 비해 늦게까지 말을 하지 않다가 남의 말을 따라 하면서 구어습득을 시작하는 아동이 있는데, 이렇게 의도나 의미 없이 남의 말을 따라 하는 것을 반향어라고 한다.

② 자폐범주성장애(ASD)아동은 반향어를 구어의 중간 형태로 사용하는 경우가 많다.

③ ASD아동의 반향어는 초기에는 즉각적이고 반사적으로 따라 하다(즉각반향어), 의사소통 기술이나 인지적 기능이 향상되면 이전에 들은 말을 유사한 상황에서 따라 하거나(지연반향어), 들은 말의 낱말이나 문장 형태를 바꾸어 따라 하기도(변형반향어) 한다.

④ 언어치료사는 이러한 반향어에 주의를 기울여야 하는데, 반향어에는 제한적이지만 의사소통을 하고자 하는 기능이 내포되어 있기 때문이다.

(3) 교육

① 구어의 중간 단계인 반향어 단계의 ASD아동을 언어치료할 때는 아동이 사용한 반향어에서 드러나는 의사소통 의도를 파악하는 것이 가장 중요하고, 의도를 말로 바꾸어 자연스럽게 표현해주는 것이 좋다.

② 아동이 낮은 수준의 즉각반향어를 사용하더라도 이를 못하게 막기보다 그때 사용할 수 있는 말을 해주고, 그에 해당하는 연관된 강화를 제공하는 것이 좋다.

⑷ 유형과 기능

① 즉각반향어

유형	기능	예시
언어적 이해가 전혀 없이 비상호적으로 나타나는 반향어	비초점	• 시선이나 동작이 사람, 사물을 향하지 않음 • 발화 후에도 의도를 나타내는 증거가 보이지 않음
언어적 이해는 전혀 없지만 상호적으로 나타나는 반향어	주고받기 반응	• 시선이나 동작이 사람, 사물을 향함 • 주고받는 순환적 반응이나 이해를 동반하지는 않음
언어적 이해는 있지만 비상호적으로 나타나는 반향어	연습	• 행동을 일으키기 전에 생기는 반향어 • 직후의 동작이나 의도가 추측됨
	자기규제	• 동작을 행하는 중에 생기는 반향어 • 자기가 행해야 할 동작을 반향어로 말함
언어적 이해가 이루어지고 상호적으로 나타나는 반향어	기술	• 시선이나 동작이 사람, 사물을 향함 • 사물의 명칭을 반향어로 말함
	긍정 대답	• 반향어로 긍정을 표현함 • 직전·직후의 동작으로 그 의도가 표현됨
	요구	• 필요한 물건을 얻거나 하고 싶은 행동을 하고자 반향어를 말함 • 허락하면 원하는 사물을 가져가거나 하고 싶은 행동을 함

② 지연반향어

기능	예시
비목적적 기능	아무 목적이 없으며 자기자극적임
상황 연상	물체나 사람, 행동에 의해서만 초래됨
연습	• 언어적 형식을 갖춘 문장을 연습하듯이 반복함 • 대개 낮고 작은 소리로 연습하는 경향이 있음
자기지시적	• 대개 활동을 하기 전이나 활동을 하는 중에 반향어를 함 • 연습에서처럼 다소 작은 소리로 하며 자신의 행동을 통제하는 인지적인 기능을 가진 것으로 보임
비상호적 명명	• 행동이나 사물을 명명한다는 점이 상호적인 명명과 유사함 • 다만 이 경우 스스로에게 말하는 것처럼 보이며 의사소통의 의도는 보이지 않음
순서 지키기	교대로 말하는 상황에서 자신의 구어 순서를 채우는 기능을 하지만 의사소통의 의도는 관찰되지 않음
발화 완성	상대방이 시작한 일상적인 말에 반응하여 발화를 완성하는 기능을 나타냄
상호적 명명	대개 제스처를 동반하여 활동이나 사물을 명명함
정보 제공	상대방에게 새로운 정보를 제공함
부르기	• 주의를 끌거나 상호작용을 유지하려는 기능 • 상대방이 쳐다보지 않으면 계속 부르는 경우가 많음
수긍	• 상대방의 말을 수긍하는 기능 • 대개 바로 전에 말한 것을 행동으로 옮김
요구	• 원하는 물건을 얻으려 요구하는 기능 • 물건을 바라보면서 말하고 얻을 때까지 계속함
저항	• 다른 사람의 행동에 저항하는 기능을 가짐 • 다른 사람의 행동을 저지하는 결과를 가져올 수 있음
지시	다른 사람의 행동을 지시하고 통제하는 기능

의사소통장애의 이해, 심현섭, 학지사

보충+α 자폐범주성장애(ASD)아동의 언어중재

1. 무발화 단계

무발화 또는 최소발화 단계의 ASD아동은 구어가 아니라도 아동의 인지적 수준에 적합한 기능적 의사소통 수단을 만들어주는 것을 우선적인 목표로 한다. 아동이 현재 사용하는 의사소통 행동이 있는지 먼저 살펴보고, 있다면 그 행동을 최대한 활용하는 것이 좋다. 예를 들어, 아동이 사용하는 행동이 이상행동(예 머리 때리기, 소리 지르기)이더라도 그 행동을 할 때 어떤 의도가 있는지 확인하고, 그 의도를 좀 더 관습적인(conventional) 방법으로 표현하도록 유도한다. 즉, 나가고 싶을 때마다 머리를 때리는 아동에게는 창밖이나 신발을 가리키는 행동을 유도할 수 있다. 보다 체계적으로 유도하기 위해서는 아동의 인지수준에 맞는 보완·대체 의사소통(AAC) 상징(예 축소 실물, 사진, 그림, 선화)을 사용하게 하거나 의사소통 판에서 선택하게 하여 다양한 의도를 표현하도록 할 수 있다.

무발화 단계인 ASD아동의 언어치료에서 가장 중요한 점은 현재 아동이 어떤 의사소통 의도(예 요구, 거부)를 가지고 있는지와 어떤 의사소통 행동(예 눈짓, 표정, 몸짓, 소리)을 하고 있는지 파악하고, 차츰 단계를 높여가며 관습적인 의사소통 방법을 사용하도록 촉진한다.

요구나 저항은 표현하지만 공동주목이나 사회적 상호작용은 표현하지 않는 경우는 공동주목과 사회적 상호작용 행동을 촉발하는 데 중점을 둔다. 무발화 단계 아동의 초기 의사소통 행동을 촉발할 때는 인위적으로 계획한 치료사 중심의 접근방법보다는 아동 중심적인 자연스러운 접근방법이 더 효율적이라는 연구결과도 있다.

2. 반향어 단계★

구어의 중간 단계, 반향어 단계인 ASD아동의 언어치료를 할 때는 아동이 사용하는 반향어에 드러나는 의사소통 의도를 파악하는 것이 가장 중요하며, 의도를 말로 바꾸어 자연스럽게 표현해주는 것이 좋다. 아동이 낮은 수준의 즉각반향어를 사용하더라도 못하게 막기보다는 그때 사용할 수 있는 말을 해주고, 그에 해당하는 연관된 강화를 제공하는 것이 좋다.

3. 구어 단계

구어 단계의 ASD아동을 치료할 때는 아동의 의미, 화용적 이해, 표현 능력을 우선 파악해야 한다. 앞서 살펴본 의미와 화용적인 취약점, 즉 기능적 범주어와 감정 표현, 참조적 또는 추론적 표현, 간접적 표현의 이해와 조율능력을 살펴보고 그에 따른 언어치료를 계획해야 한다. 의미와 화용에 초점을 맞춘 언어치료 활동에는 적절한 이야기 문맥이나 활동 상황을 이용하는 것이 중요하다. 또한 ASD아동의 언어문제는 사회적 상호작용의 결함과 밀접하게 연관되기 때문에 사회적 기술 훈련과 연계하는 것도 좋다. 사회적 상황에서 적절한 행동(예 감정 표현, 감정 이입, 사회적 참여 등)을 치료사가 시범 보이거나 역할놀이 등을 통해 가르칠 수도 있다. ASD아동은 상황이나 대화 상대자에 따른 일반화가 어렵기 때문에 목표문장을 잘 만드는 훈련보다는 특정 상황이나 대상자에 따라 어떻게 다르게 이해하고 표현해야 하는지를 다양하게 훈련하는 것이 더 효과적이다.

자폐성장애

제8장

해커스임용 설지민 특수교육학 기본이론 2

1. 비연속 개별시행 교수 ^{22 유아, 17 중등}

(1) 정의

특정 기술을 가르치기 위해 구조화된 교수환경에서 응용행동분석 원리를 집중적으로 적용하는 것이다.

(2) 용어

① 시행(trial)

　㉠ 단일 교수 단위이며 '식별자극, 아동의 반응, 후속결과'의 요소로 구성된다.

　㉡ 구성요소

구분	식별자극 (자극제시)	아동의 반응 (반응)	후속결과 (후속자극, 피드백)
내용	"이게 뭐지?" (교사는 과자를 들고 있다.)	"과자" (아동이 반응한다.)	"우와, 맞았어. 이건 과자야." (교사는 후속결과인 강화물을 제공한다.)

② 시행 간 간격

　㉠ 시행 간에 짧은 기간이 있음을 의미한다.

　㉡ 교수방법

방법	내용
집중시도 교수	• 교사가 1가지 행동의 교수를 반복 전달할 때 발생함 • 한 번의 시도를 다른 시도가 즉각 뒤따름 • 예시 모형: XXXXXXXX
간격시도 교수	• 교사가 1가지 행동의 교수를 진행한 다음 다른 시도를 전달하기 전에 학생에게 잠시 휴식하게 함 • 소집단 교수의 경우, 휴식시간 동안 교사는 또 다른 학생에게 같은 행동이나 다른 행동을 수행해볼 것을 요구할 수 있음 • 쉬는 학생은 행동에 대해 생각할 기회를 가질 수 있고, 다시 반응해볼 것을 요구받기 전에 다른 학생이 수업 받는 것을 관찰할 수 있음 • 예시 모형: X　X　X　X　X　X　X　X
분산시도 교수	• 교사가 하루 일과 전반에 걸쳐 목표행동 교수를 전달할 때 발생함 • 진행되는 활동의 자연스러운 상황에 목표행동이 삽입되는 것이 바람직함 • 시도 중에 학생은 다른 활동에 참여할 기회를 가지고 다른 행동을 하면서 교수를 받음 • 예시 모형: XYXYXYXY

중도장애, 이정은, 학지사

(3) 구성요소

① **주의집중**: 개별 시행을 시작하기 위해 학생의 주의집중을 이끈다.

② **자극 제시**

  ㉠ 변별 자극을 제시하고 "이것 해라.", "이게 뭐지?"와 같은 간단명료한 지시나 질문을 한다.

  ㉡ 자극을 제시할 때는 한번에 많은 정보를 포함하지 않아야 하고, 학생이 해야 할 행동을 구체적으로 분명하게 제시한다.

③ **촉진**: 자극 제공과 동시에 또는 제공 후 바로 교사는 학생이 변별 자극에 올바르게 반응하도록 지원한다.

④ **반응**: 교사의 자극에 학생이 정확한 또는 틀린 반응을 한다.

⑤ **후속자극, 피드백**

  ㉠ 학생이 정확한 반응을 하면 즉시 칭찬, 안아주기, 음식물, 장난감, 활동 등의 강화제를 제공한다.

  ㉡ 학생이 틀린 반응을 하면 "아니야."라고 말하거나 다른 곳을 보거나 교재를 치우는 등의 틀렸다는 신호를 준다.

⑥ **시행 간 간격**: 교사는 후속자극을 제시한 후에 1~5초 정도의 간격을 두고 다음 개별시행 단서를 제공한다.

(4) 한계 ★

① 교사가 제공한 단서에 반응하는 것만으로는 분명한 단서 없이 행동을 시작하는 것을 학습하지 못한다.

② 교사가 엄격하게 통제된 학습환경을 만들기 때문에 학생이 획득 기술을 다른 환경으로 전이하지 못할 수 있다.

③ 교사가 학생과 개별적으로 상호작용하고 지속적으로 단서를 제공해야 한다는 점에서 매우 노동집약적인 방법이므로, 학생이 획득 기술을 새로운 환경에서 일반화하는 데 보다 효과적이면서 단서를 제시하는 부담이 적은 우발교수, 또래 시범, 시각적 일과표 등의 방법을 함께 활용하는 것도 좋다.

보충+α │ **연습방법(시행간 간격)** 23 유아

목표 기술 교수를 위해 집중시도(massed trial), 간격시도(space trial), 분산시도(distributed trial)를 사용할 수 있다. 집중시도는 단일과제를 집중적으로 여러 차례에 걸쳐서 가르치는 것이다. 간격시도는 교사가 단일과제를 가르친 후 학생을 쉬게 하고, 학생이 쉬는 동안 다른 학생에게 시켜 보거나 다른 과제를 하게 해서, 해당 학생이 다시 똑같은 것을 배우기 전에 조금 전에 배운 것을 생각해 보거나, 친구가 하는 것을 볼 수 있는 기회를 주는 것이다. 분산시도는 하루 일과 중에 자연스러운 상황 속에 삽입해서 목표행동을 가르치는 것으로, 연습과 연습 사이에 다른 활동을 할 수도 있고, 다른 행동에 대해 배울 수도 있다. 새로운 기술을 습득하거나 유창성을 높이기 위해서는 1:1 집중시도가, 집단으로 가르치거나 일반학생과 교과서를 보고 혹은 화면을 보고 읽는 연습을 할 때는 간격시도가, 자연스러운 환경에서 그 단어들이 쓰인 곳(메뉴판, 간판, 점수판, 표지판 등)에서 실시할 때는 분산시도가 각각 효과적이다.

2. 환경중심 교수전략 ★ [22 유아]

(1) 정의

① 환경중심 언어중재(milieu teaching): 자연스러운 환경에서 기능적인 언어를 훈련하기 위해 직접적인 교수를 사용하는 중재절차 중에서도 효과가 있는 것으로 나타난 행동조성, 강화, 시범을 사용한다.

② 학생의 자발성과 기능성을 높이기 위해 자연적인 학습이 이루어지도록 하고, 학생이 가장 필요를 느끼는 상황을 우연적이고 자연스러운 학습상황(실제로 일어날 수 있는 상황)으로 만들어 지도한다.

③ 개별시도학습(DTT, Discrete Trial Training)과는 대조되는 접근으로, 학생의 주도(initiation)에 성인이 반응하여 지도하는 절차이다.

④ 중재는 학생이 의사소통하고자 하는 자연적 동기에 근거하여 시작되며, ASD아동의 기능적 언어 기술 습득에 효과적이다.

(2) 구성요소

① 환경조성 전략: 학생이 요구할 가능성이 높게 환경을 조성한다.

전략	예시
흥미 있는 사물 활용하기	학생이 좋아하는 블록을 교실 내 교사의 책상 위에 놓음
손이 닿지 않는 곳에 두기	학생이 좋아하는 인형을 학생이 볼 수는 있지만 손을 뻗어도 닿지 않는 높이의 책상에 둠
조금 부족하게 주기	컵에 우유를 조금만 따라 주고 학생이 더 줄 것을 요구하기를 기다림
선택해야 하는 상황 만들기	장난감을 가지고 놀려고 할 때 블록과 공을 동시에 보여주고 선택하기를 기다림
중요한 요소가 빠진 상황 만들기	식사 후 양치질을 할 때 치약을 빼고 칫솔과 컵만 줌
도움이 필요한 상황 만들기	소리나는 장난감을 학생이 쉽게 열 수 없는 가방에 넣어 흔든 다음 학생 가까이에 놓아둠
엉뚱한 상황 만들기	양말을 손에 끼움, 등에 메는 가방을 앞으로 멤

② 환경중심교수 절차 [19 초등]

구분	내용
시범	• 학생이 관심을 보인 것에 대해 언어적 시범을 보여 모방할 수 있도록 함 • 이 절차는 학생이 언어 습득의 결함을 보일 때 적용함
요구-시범	• 학생이 관심을 보인 것에 대해 언어적 요구 또는 지도를 함 • 이 절차는 학생이 해당 언어는 획득했으나 수행에 결함을 보일 때 적용함
시간 지연	• 환경조성 전략을 활용해 의사소통 기회를 만든 후 학생에게 시범 또는 요구-시범 절차를 적용하기 전에 자발적으로 반응할 수 있는 시간을 줌 • 이 절차는 학생이 유창성 결함을 보일 때 적용함
우발교수	• 학생이 특정한 사물이나 도움을 필요로 하도록 환경을 조성함 • 학생이 언어·비언어적 방법으로 자신의 요구를 자발적으로 또는 적절하게 표현하면 칭찬과 강화를 하고, 다시 한 번 같은 내용으로 언어·비언어적 확장으로 답을 해줌 • 또한 앞으로의 지속적인 사용을 위해 시범을 보여주고 해당 사물이나 도움을 제공함

③ 강화된 환경중심교수(EMT)
  ㉠ 최근 환경중심교수의 환경교수 절차와 환경조성 전략과 더불어 반응적 상호작용 전략을 추가한 강화된 환경중심교수가 ASD학생을 대상으로 적용되고 있다.
  ㉡ 환경중심교수가 가진 충분한 의사소통 기회 제공의 제한점을 수정·보완한 접근으로, 의사소통 상황에서 학생이 균형 있는 상호작용을 할 수 있도록 의사소통을 촉진하는 반응적 상호작용 전략을 포함한다.
  ㉢ 반응적 상호작용 전략은 의사소통 상대자들이 ASD학생의 시도에 반응적으로 상호작용할 수 있도록 돕는 전략이다.
  ㉣ 구체적인 전략으로는 의사소통 차례 주고받기, 학생의 의사소통에 반응하기, 학생의 목표수준에서 대화하기, 학생의 행동을 반영해주기, 학생 주도에 따르기, 학생의 의사소통 확장하기, 학생의 활동 확장하기 등을 들 수 있다.

3. 중심반응훈련(PRT; Pivotal Response Treatments)

(1) 개요

① 교수자는 자연스러운 환경에서 교수할 수 있도록 목표행동의 발생 가능성을 증가시킬 수 있는 환경을 구성하고 바람직한 반응을 자주 모델링해준다.

② 특히 영유아기 아동의 가장 자연스러운 교수자는 부모이므로 부모에 대한 지속적인 교육이 필요하며, 부모는 중재 참여자로서 자녀의 의사소통을 촉발하기 위한 훈련을 받게 된다.

③ 중재 기간에 부모는 수정된 비연속시행 형태(자극-반응-결과)를 사용하여 아동의 반응을 증가시킨다.

④ 이때 교수자로서의 부모는 여러 전략을 사용하여 적극적으로 참여하기 위해 '모델링'과 '지속적이고 긍정적인 피드백'을 사용한다.

(2) 중심반응훈련의 일반적인 절차

① 자극에 대한 흥미를 비롯하여 아동이 이끄는 대로 따른다.

② 아동의 흥미를 유지하기 위한 과제를 정기적으로 다양화한다.

③ 행동을 형성하기 위한 (새로운) 과제를 습득하는 동안 (이전에 완수한) 유지 과제를 함께 제시한다.

④ 아동의 합리적인 시도와 정반응을 강화한다.

⑤ 직접적이고 자연스러운 강화 제공한다.

> 예 과제의 고유한 일부가 되는 강화제의 예시로 아동이 요구하는 물건을 가지고 놀 기회가 있음

4. 촉진적 의사소통(FC)

(1) 개요

촉진자가 대상자의 손, 손목 또는 팔을 지지해줌으로써 대상자가 키보드나 글자판에 단어, 구, 문장을 칠 수 있게 지원하는 방법이다.

(2) 중재 내용

① 의사소통 및 기타 장애를 지닌 사람이 자신의 능력적 한계라고 인식하는 수준을 훨씬 능가하는 기대하지 못한 의사소통을 할 수 있도록 하는 취지에서 만들어졌다.

② 장애가 없는 사람의 손 위에 손을 올려놓은 지원이나 기타 형태의 신체적인 지원을 받아 촉진적 의사소통이 끌어낸 생각과 의견을 타자기로 치게 된다.

③ 촉진적 의사소통에 대한 약간의 경험을 한 후에 중도장애인도 정상적인 지능, 진보된 사회적 기술과 지식을 지닌 사람처럼 의사소통을 할 수 있다고 주장한다.

제 4 절 인지발달 특성과 지도

01 자폐성장애학생의 인지 특성

1. 마음이해능력 23 유아, 23 초등, 20 중등, 18 초등

(1) 정의

① 일반인에게는 마음이론(Theory of Mind)으로 잘 알려졌으며, 다른 사람의 생각과 마음을 이해하는 능력을 의미한다.

② 다른 사람의 행동을 이해하고 그 사람의 행동을 통해 그가 다음에 어떤 일을 하게 될 것인지를 추론하는 능력을 의미한다. (박현옥, 2011)

③ 다른 사람이 생각하는 것, 믿는 것, 원하는 것, 의도 등을 인식하고 이해하는 능력으로, 마음 읽기, 생각의 원리로도 소개된 적이 있다.

④ 일반 아동은 대개 5세 정도가 되면 다른 사람의 생각이나 느낌을 나타내는 여러 사회적 단서를 이해하고 파악하는 능력이 발달한다.

(2) 자폐성장애학생의 마음이해능력

① 자폐성장애학생은 다른 사람의 정서적 표현을 이해하고 이에 관심을 기울이는 능력이 부족하다.

② 언어 연령을 일치시킨 일반학생 집단에 비해 심리적 상태에 관련한 표현 어휘의 빈도와 다양도에서 유의하게 낮은 수행을 보인다.

③ 일반학생이 다양한 정서와 마음 상태를 나타내는 어휘인 '재미있는', '신나는' 등의 용어를 자주 사용하는 데 비해 자폐성장애학생은 이러한 용어를 적게 사용한다.

④ 일반학생에 비해 다른 사람의 정보적 상태에 대한 이해 능력에 어려움을 보인다.

(3) 마음이해능력의 결함이 일상생활에 미치는 영향

영향	설명 및 예시
다른 사람의 얼굴표정에 나타난 사회·정서적 메시지 이해의 어려움	• 얼굴표정, 눈빛을 통해 다른 사람의 정서적 상태(예 즐거움, 슬픔, 화남, 두려움)를 이해하는 것이 어려움 • 다른 사람의 정서를 이해하기 위해 눈을 바라보지 않고, 눈을 바라보더라도 의미를 잘 읽지 못함
글자 그대로 해석하기	• 의사소통 중에 여러 의미를 가진 어휘를 구분하는 것이 어려움 　예 배에는 먹는 배, 신체적인 배, 물 위에 떠다니는 배가 있는데 3가지 의미 중 대화상황에 적합한 의미를 찾는 데 어려움이 있음 • 은유와 비유를 이해하는 데 어려움이 있음 　예 '사과 같은 얼굴'이라는 표현을 이해하는 데 어려움이 있음

	• 농담과 속담을 이해하는 데 어려움이 있음 예 '열 길 물 속은 알아도 한 길 사람 속은 모른다.'와 같은 속담을 이해하는 데 어려움이 있음
다른 사람을 존중하지 않는 듯한 태도	• 자신이 좋아하는 주제와 관련된 내용을 다른 사람의 관심 여부와 상관없이 끊임없이 이야기함 • 다른 사람이 지루해 하는지, 흥미를 가지고 있는지 등을 살피지 않고 계속 말함
지나친 솔직함	• 사회적 상황에 적절하지 않은 이야기를 지나치게 솔직하게 말함 예 본인이 못생겼다고 생각하는 학생 앞에서 "난 너 싫어. 진짜 못생겼어."라고 말하는 행동 • 도덕적 원칙이나 윤리적 원칙을 매우 중요하게 생각하고 도덕적 원칙에서 벗어나는 일을 하지 않을 뿐 아니라 그러한 사람을 폭로하는 경우도 있음 • 가끔 거짓말의 가치를 알고 사용하는 경우도 있는데, 다른 사람이 다 알 수 있는 거짓말을 하지만 다른 사람들이 자신이 거짓말한다는 것을 알고 있는 것을 잘 인식하지 못함
다른 사람의 실수, 장난과 의도적 행동의 구분이 어려움	• 친구들과 상호작용하는 중에 친구들이 의도적으로 괴롭히는 행동과 친밀감으로 장난하는 것을 쉽게 구분하지 못함 • 때로는 가벼운 장난에 매우 격하게 반응할 수도 있고, 의도적인 괴롭힘을 당하는 경우도 있음
갈등 관리의 어려움	• 자신이 한 번 정한 규칙이나 결정을 바꾸기 어려움 • 따라서 여러 상황에서 다른 사람의 견해를 수용하거나 조절하는 데 어려움이 있을 수 있음
당황스러운 정서이해의 어려움	여러 사람 앞에서 발표하는 친구의 실수를 친구가 부끄러워한다거나 당황스러워할 수 있다는 점을 고려하지 않고 많은 사람 앞에서 지적하는 행동을 할 수 있음
다른 사람의 정서적 상태 이해의 어려움	상황에 근거한 정서나 다른 사람의 믿음과 바람에 근거하는 정서를 이해하는 데 어려움이 있음 예 '선물을 받았기 때문에 기쁘지만, 내가 좋아하는 선물이 아니라 약간 실망스럽다.'와 같은 정서를 이해하고 표현하는 것이 어려움
심리적 상태 관련 어휘 사용의 어려움	심리적 상태에 관련한 어휘의 사용 빈도가 낮고, 다양한 어휘를 사용하는 데 어려움이 있음
다른 사람의 정보적 상태 이해의 어려움	다른 사람이 알고 있는 것이 내가 알고 있는 것과 다를 수 있다는 점, 다른 사람이 보고 있는 것이 내가 보고 있는 것과 다를 수 있다는 점을 이해하는 데 어려움이 있음 예 나는 그림의 앞면을 보고 있으나 다른 사람은 그림의 뒷면을 보고 있기 때문에 나와 다른 장면을 볼 수 있다는 것을 이해하는 것이 어려울 수 있음
목소리 톤이나 운율 이해와 사용의 어려움 ★	• 다른 사람과 대화할 때, 대화 상대에 적합한 목소리 톤, 크기 등을 사용하지 못함 • 또한 다른 사람의 목소리 톤을 들으면서 정서를 이해하는 데 어려움이 있음

(4) 활동 중심의 마음이해능력 향상 프로그램

① 상황이야기
    ㉠ 마음이해능력을 촉진하기 위한 여러 전략 중 하나이다.
    ㉡ 상황이야기는 다른 사람의 마음이해능력을 발달시킬 수 있는 중요한 정보를 제공한다.
    ㉢ 주로 다른 사람들이 알고 있는 것과 이들의 생각, 믿음, 상황과 관련된 느낌 등을 잘 설명한다.
    ㉣ 또한 상황이야기를 활용하여 심리적 상태를 표현하는 용어에 대한 이해와 어휘능력을 향상시킬 수 있다.

② 짧은만화대화
    ㉠ 자폐성장애학생의 사회성 능력과 사회인지 능력을 향상하는 데 효과적인 방법이다.
    ㉡ 대화를 하면서 대화 속 인물들의 생각과 느낌, 기분과 동기를 이해하는 데 용이하게 사용될 수 있다.
    ㉢ 따라서 다른 사람의 마음이해능력을 향상시키기 위해 짧은만화대화를 적용할 수 있다.

2. 실행기능(Executive Functions) 20 초등, 18 중등

(1) 정의★

① 두뇌의 전두엽에 의해 조정되는 인지적 변인이다.
② 앞으로 발생할 행동을 안내하는 적절한 문제해결 방안을 계획하고 충동을 통제하며 행동과 사고를 유연하게 하도록 돕는다.
③ 일부 기억, 주의집중과 중복되는 특성을 지니지만 기억, 주의집중보다 포괄적인 기능을 한다.

(2) 주요 요소와 역할

> • 조직 및 계획 능력
> • 작업기억
> • 반응 억제, 충동 조절
> • 자기반성, 자기점검
> • 시간 관리, 우선순위 결정
> • 복합적이거나 추상적인 개념의 이해
> • 새로운 전략 사용, 유연한 사고

초인지, 실행기능

1. 초인지

① **초인지**: 지식(전략에 관한 지식)과 조정(전략을 적용한 과제수행 과정에서의 자기의 인지과정을 통제)이 포함된다.

② **초인지 지식**

　㉠ 초인지는 '안다는 것을 아는 것' 또는 '사고에 관한 사고'로서 자기의 인지과정에 대한 지식이며, 초인지 지식에는 인간변인, 과제변인, 전략변인이 포함된다.

인간 변인	수행에 영향을 미치는 모든 개인적 특성을 일컫는다. 예컨대, 자신의 기억술과 타인의 기억술이 서로 다르다든지, 자기의 읽기 속도는 다른 사람의 읽기 속도보다 빠르다든지 등을 아는 것을 말한다.
과제 변인	수행과정에 영향을 미치는 준거에 관련된 변인들이다. 예컨대, 재인을 필요로 하는 과제는 회상을 요구하는 과제보다 쉽다든지, 이야기를 이해하는 것이 논설문을 이해하는 것보다 쉽다는 것을 아는 것을 말한다.
전략 변인	과제의 수행을 효율적으로 처리하는데 관련되는 변인들이다. 즉, 기억 전략을 알고 있다는 것은 정보의 저장과 인출을 용이하게 하는 기억과정을 알고 있다는 것이다. 예컨대, 시연전략은 지식의 획득에 도움을 주는 반면 유목화 전략은 지시의 획득뿐만 아니라 인출에도 도움을 준다는 것을 아는 것이다.

　㉡ 초인지 지식은 본질적으로 과제수행 자체보다는 과제에 적절한 전략의 선택, 유지, 일반화와 관련된 지식이다.

　㉢ 과제수행은 과제해결에 필요한 사고과정(주의, 지각, 기억, 이해) 또는 정보처리과정(기호화, 저장, 변형, 인출), 즉, 인지과정에 의해 일어나지만, 초인지 지식은 인지과정 자체와는 구별되며, 과제에 적절한 인지전략의 선택에 관심을 두는 것으로 볼 수 있다.

　㉣ 따라서 초인지 지식은 사람이 특정 지식을 얻기 위해 주로 어떤 전략을 사용하는지를 이해할 수 있게 해주며, 지금 알지 못하는 문제에 대한 해답을 얻는 방법도 알 수 있도록 한다.

③ **초인지 조정(= 실행기능)**

　㉠ 가장 적절하다고 판단하여 선택한 전략이라고 언제나 수행과정에서 최적의 효과를 나타내는 것은 아니다.

　㉡ 문제 해결자는 과제수행에 필요한 전략을 선택하고, 이를 실행과정에 적용하고, 적절한 결과를 가져오는지에 관한 지속적인 점검을 해야 한다.

　㉢ 초인지 지식만으로는 과제수행을 보장할 수 없으므로 전략사용 과정을 통제하는 수행조절 (executive control)이 필요하다.

2. 실행기능

① 계획, 작업기억, 행동 억제, 인지체계 변경, 인지적 유연성, 행동 산출과 감독 등의 광범위한 능력을 포괄하는 개념이다.

② 특히 전두엽 기능과 연결하여 설명할 수 있으며, 실행기능의 어려움은 전두엽(전전두엽) 손상과 신경발달학적 장애(자폐성장애, 주의력결핍장애, 강박장애, 뚜렛증후군, 조현병)를 가진 환자군에서 특히 문제가 되고 있다.

③ 터너(Turner)는 자폐성장애군에서 관찰되는 반복적이고 상동증적인 행동 패턴을 행동 억제의 실패와 생성 능력의 손상으로 설명했다.

④ 관련 개념

계획 능력	행동을 계획하고 지속적으로 감독하고 재평가하는 일련의 과정
인지적 융통성	환경적인 변화에 따라 자신의 행동을 조절하고 변화시키는 능력
억제 능력	목표달성을 위해 행동적 과정, 욕구, 충동을 의식적으로나 무의식적으로 억누르는 능력
작업 기억	• 새로운 정보를 조작하여 저장하거나 행동적인 반응을 하는 곳 • 지금 이 순간 의식적으로 활성화된 기억의 저장고 • 작업기억은 '작업대'로 비유될 수 있으며, 작업기억이라는 작업대 위에는 감각기억에서 넘어온 새로운 자극과 장기기억에서 인출해온 지식이 놓임 • 즉, 작업기억에서 우리의 기억체계는 새로운 자극과 관련된 지식을 장기기억에서 꺼내와 새로운 자극을 체계적으로 조직하여 저장하거나 자극에 대한 반응을 행동으로 표현함

(3) 자폐성장애와 실행기능

① 자폐성장애학생은 반응 억제와 충동 조절에 어려움을 보이는데, 이들 기능은 실행기능의 결함과 관련된 것으로 추론된다.

② 자폐성장애학생은 작업기억을 사용하는 데 어려움을 보인다.

　㉠ 작업기억은 정보를 일시적으로 저장하고 사용할 수 있도록 하는 2가지 기능을 가진다.

　㉡ 자폐성장애학생은 일시적으로 저장된 정보를 회상하고 조직하는 데 어려움을 보인다.

③ 자폐성장애학생은 특정 학업과제 및 일상적인 과제를 조직하고 계획하는 데 어려움을 보인다.

　㉠ 실행기능은 특정 과제를 수행하기 전에 구체적인 계획을 하거나 목표 달성에 필요한 하위목적을 계획하는 능력을 포함한다.

　㉡ 자폐성장애학생은 이러한 능력에서 많은 어려움을 나타낸다.

④ 자폐성장애학생은 시간 관리나 여러 과제를 한번에 수행할 때 우선순위를 결정하는 데 많은 어려움을 보인다.

⑤ 자폐성장애학생은 인지적 융통성의 어려움으로 인해 새로운 전략을 사용하거나 유연하게 생각하는 것에 어려움을 보인다.

⑥ 자폐성장애학생은 복잡하고 추상적인 개념을 이해하는 데 어려움을 보인다.

　㉠ 자폐성장애학생 대부분의 추상적 사고능력이 부족한 것은 전반적인 인지능력의 결함이나 지적능력의 결함 때문으로 해석될 수도 있으나 여러 정보를 내적으로 표상화하고 추론하는 능력이 부족하기 때문인 것으로도 이해될 수 있다.

　㉡ 또한 새로운 정보와 선행지식을 연결하고 조직화하는 실행능력의 어려움으로 이해될 수도 있다.

(4) 실행기능 향상을 위한 교육적 지원

① 특정한 실행기능 기술을 개발시킨다.

　　예 학생들은 과제를 작은 단계로 나누어서 가르쳐주고 계획하기를 도와주며 점진적으로 복잡한 목표와 순서를 발달시키도록 한다.

② 과제를 수행하고 과제 수행을 관리할 수 있도록 구체적이고 체계적인 안내를 한다.

　　㉠ 이효신 등(2010)은 이를 실행비서라고 일컬었는데, 실행비서는 수행해야 할 과제를 조직하고 계획하는 방법을 구체적으로 안내하는 방법이다.

　　㉡ 구체적인 안내를 할 경우 실행기능의 문제로 인해 겪을 수 있는 혼란을 줄일 수 있다.

　　　예 시간표 적기, 숙제 검토하기, 교과서 분류하기, 대안적 전략과 검목표 체크하기 독려, 각 활동에 걸리는 시간 설정하기

③ 외부 환경의 구조화를 통해 스스로 독립적인 실행기능을 발휘할 수 있도록 돕는다. (이효신, 2002)

　　㉠ 자폐성장애학생은 계획, 조직, 자기조절 능력에 어려움이 있으므로 환경 구성이나 환경 내 인적 구성원이 외적 구조화를 제공하는 방법이다.

　　㉡ 예를 들어 시각적 지원을 포함한 환경 구성을 통해 실행 기능을 지원할 수 있다.

　　　예 '먼저 – 그리고'와 같이 수행해야 할 과제의 순서 제시하기, 시각적 시간표 사용하기, 수행한 과제에 체크하도록 하기

④ 실행기능의 목표를 포함한 놀이활동을 하거나 교육과정 중에 실행기능 향상의 목표를 달성하게 할 수 있다.

　　예 행동 조절, 구조화, 계획 능력을 향상시킬 수 있는 '가위바위보나 할까 말까 놀이' 등과 같이 규칙이 있는 게임 활동으로 실행기능의 목표를 향상시키는 것

⑤ 구조화 정도가 높은 교육환경을 제공할 수 있는데, 이때 교육환경 내에서의 구조화는 크게 사회적 환경의 구조화, 물리적 환경의 구조화, 시간의 구조화 등을 들 수 있다.

　　㉠ **사회적 환경의 구조화 방법**: 교사 대 학생 비율이나 교수 집단의 크기 조절하기, 학교생활을 같이하는 짝이나 모둠 친구들 구성하기, 학생과 교사 비율과 교수 집단 크기 조절하기 등이 있다.

　　㉡ **물리적 환경의 구조화 방법**: 안전하고 예측 가능한 환경을 제공하는 구조화 방법으로, 학교 지도 및 학급 지도(map) 게시하기, 내 자리에 이름표 붙이기, 교실 공간에 영역을 표시하고 이름표 붙이기 등이 있다.

　　㉢ **시간의 구조화 방법**: 학생에게 예측가능성을 증가시켜 학교 환경에 대한 적응을 높일 수 있는 방법으로, 주간 시간표, 일일 시간표나 일일 활동표 작성하기, 특별한 행사 알리미, 활동에 걸리는 시간을 알려주는 스톱워치 사용하기, '먼저 –그리고'를 알려주는 시각적 단서 표시하기 등이 있다.

3. 중앙응집능력(central coherence) ^{23 초등, 22 중등, 20 유아}

(1) 정의★

① 외부환경으로부터 입력된 정보를 의미 있게 연계하고 총체적인 형태로 처리하는 능력을 말한다.

② 자폐성장애인은 지엽적이고 세부적인 정보는 보다 잘 처리하고 전체적이고 상황과 관련된 정보는 처리에 어려움을 보이는 등의 독특한 인지양식을 나타내어 중앙 응집능력이 낮은 것으로 알려졌다.

③ 자폐성장애학생의 약한 중앙응집능력을 결함으로 이해하기보다 인지적 성향으로 이해해야 하며, 세부적인 과제를 잘 수행하는 강점이 될 수 있다는 점에 보다 많은 관심을 기울여야 한다.

(2) 자폐성 장애학생의 중앙응집능력

① 복잡한 정보처리가 어려움: 외부의 여러 복잡한 정보 중 필요한 정보를 선택하고, 해당 정보를 의미 있게 연계하고 사용하는 데 어려움을 보인다.

② 이야기의 주제와 전체 흐름 파악이 어려움: 이야기 내용 중 특정 부분이나 사소한 내용은 잘 기억하는 반면, 학습해야 할 여러 정보와 메시지를 요약하거나 핵심 부분을 선택하고 기억하는 데는 어려움을 보인다.

③ 여러 정보를 종합적으로 이해하는 데 어려움: 일반학생은 학습 시 총체적이고 통합적으로 학습하고자 하지만 자폐성장애학생은 외부 정보를 각각 분리된 채로 학습하여 정보의 종합과 분석에 어려움을 보이는데, 이야기의 흐름과 관련 없는 내용을 말하는 것도 개별적인 정보를 통합하거나 기존에 습득한 정보와 연계하고 분석하는 능력이 부족하기 때문인 것으로 파악할 수 있다.

(3) 약한 중앙응집능력을 고려한 교육적 지원

① 자폐성장애인은 약한 중앙응집능력으로 인해 지엽적인 처리 과정에서 보다 뛰어난 능력을 발휘할 수 있다.

> 예 일반인이 쉽게 파악하지 못하는 세부적인 부분을 보다 용이하게 파악할 수 있고, 이 인지적 특성에 적합한 일을 찾는 경우 성공적인 직업생활을 할 수 있다. 세부 항목에 주의를 기울일 수 있으므로 이러한 능력을 필요로 하는 회계사나 원고 편집자로 발전할 가능성도 있다.

② 자폐성장애인의 중앙응집능력이 일반인에 비해 취약하지만 이를 결함으로 보기보다 이들의 인지처리 성향으로 이해하고 이러한 특성을 잘 활용할 수 있도록 강점 기반의 교육적 지원이 필요하다.

③ 자폐성장애학생은 사실적인 정보에 관련한 지식을 보다 잘 습득하고 암묵적 과제를 잘 수행하는 경향이 있으므로, 이 같은 인지적 강점을 교육적으로 잘 활용하여 진로 지도에 활용할 수 있다.

01 자폐성장애아동의 행동적 특성

1. 반복적이고 제한된 행동범주

구분	예시
상동행동	동일한 행동을 목적 없이 반복함
독특한 의식 또는 강박행동	판에 박힌 순서대로 일상생활을 수행함
동일성 고집	소음이나 특정 어구를 반복하는 행동, 동일한 길로만 등하교를 함
제한된 관심과 집착	자동차 번호판에만 관심을 가짐
변화와 전이 거부	한 활동에서 다음 활동으로의 전이를 거부함

2. 파괴적 행동범주

구분	예시
자해행동	자신을 때림
공격행동	다른 사람을 할큄
돌진행동	교실에서 갑자기 뛰쳐나감
폭발적 행동	갑자기 소리를 지르고 심하게 움

02 행동 중재

1. 기능적 의사소통 기술

(1) 정의

문제행동과 동일한 기능을 가진 적절한 대체행동을 가르쳐서 문제행동을 감소시키고 자 개발되었으며, 긍정적 행동지원에 근거하는 전략이다.

(2) 단계

단계	내용
1단계 : 기능행동평가 (FBA)	• 학생의 교육 및 행동 관련 자료를 분석함 • 학부모, 교사, 학생을 대상으로 면담을 함 • 직접 관찰을 통해 체계적인 자료를 수집함 • 문제행동의 기능을 판별하기 위해 수집한 자료를 분석함
2단계 : 기능적 의사소통훈련 (FCT)	• 동일한 기능을 수행할 수 있는 의사소통적 반응을 판별함 • 비연속 개별시행 형식을 사용하여 의사소통적 반응을 지도함 • 의사소통적 반응을 쉽게 수행할 수 있는지를 파악하여 의사소통적 반응이 문제행동보다 효율적인지 확인함
3단계 : 부가적인 기능 중심행동 지원의 개발	• 선행사건 중재를 개발하고 실행함 • 부가적인 대체행동을 지도함 • 후속사건 중재를 개발하고 실행함 • 필요한 경우 위기개입 중재에 관해 상세히 기록함

(3) 고려사항 ★

고려사항	설명		
반응일치 (행동의 초기 감소를 위함)	의사소통 대체행동이 문제행동의 기능과 일치하는가?		
반응완성 (초기 감소, 일반화, 유지를 위함)	• 대체행동이 바람직한 결과를 얻는가? • 반응 효율성, 반응 수용성, 반응 인식성을 고려해야 함		
	반응 효율성 ★	새로운 행동은 문제행동보다 더 빠르고(효율성) 쉽게 (효과성) 원하는 결과를 얻어야 함	
	반응 수용성	새로운 행동은 주변 환경 안에서 다른 사람들이 받아 들여야 함	
	반응 인식성	새로운 행동은 친근한 사람이나 생소한 사람도 모두 쉽게 알아야 함	
반응 환경	• 대체행동은 다른 환경에서도 문제행동과 동등한 기능으로 작용할 수 있는가? • 이 환경에서 학생이 선택할 수 있는 기회가 있는가?		
문제행동에 대한 결과	• 반응 결과를 개별적으로 사용하고 있는가? 예 마치 문제행동이 일어나지 않은 것처럼 학생과 함께 과제를 계속함 • 문제행동이 주변 환경 안에서 기능으로 작용하지 않는가?		

자폐스펙트럼장애 학생 교육의 실제, 신현기, 시그마프레스

개념 check	교체기술을 선택하는 기준 ★
구분	**내용**
노력	학생이 습득해야 할 교체기술(예 요청하기)은 학생이 보이고 있는 문제행동(예 때리고 뺏기)보다 최소한 더 어렵지 않아야 함
결과의 질	동일하거나 더 나은 결과를 가져와야 함
결과의 즉각성	초기에는 교체기술을 사용했을 때 즉각적인 긍정적 반응을 받을 수 있어야 효과적임
결과의 일관성	교체기술의 계속적인 사용을 위해서는 학생이 교체기술을 사용했을 때 주변 사람들이 일관되게 적극적이며 즉각적으로 반응해 주는 것이 필요함
처벌의 개연성	문제행동에는 혐오적 결과가 주어지고 교체기술 사용에는 언제나 긍정적인 경험이 주어지도록 해야 함

제6절 감각적 특성

01 감각

1. 감각처리과정(sensory processing)

(1) 개요

① 감각처리과정은 감각과 지각으로 이루어진다.
   ㉠ 감각(sensation): 감각기관을 통해 들어온 정보(자극)를 탐지하고 이를 중추 신경계로 전달하기 위해 전기화학적 에너지로 변화시키는 내적인 과정이다.
   ㉡ 지각(perception): 탐지된 감각정보를 중추신경계의 지식과 인지체계로 조직 하고 해석하며 의미를 부여하는 사고 과정이다.
② 감각처리과정은 감각체계(예 청각, 시각, 후각, 미각, 고유수용 감각, 전정 감각)로부터 들어오는 정보를 감지·조정·해석하고 조직하는 중추신경계(CNS; Central Nervous System) 내에서 이루어지는 복잡한 과정으로, 일상생활에서 직면하는 감각정보를 신체가 지각하고 반응하며 사용하는 방식을 의미한다.
③ 우리는 감각정보 처리과정을 통해 자신, 다른 사람, 환경 등의 내부와 외부 환경을 느끼고 지각하고 학습한다.

(2) 역치

① 감각체계는 주어진 모든 자극을 등록하지는 않으며, 감각자극의 등록은 개인의 생 물학적 특성, 감각에 대한 학습된 반응인 습관화, 신체적 및 정신적 상태에 의해 영향을 받는다.
② 개인마다 행동이 발생할 수 있도록 자극을 인식하고 반응하는 데 필요한 자극의 양이 다른데, 이렇게 행동이 발생할 수 있는 수준을 역치라고 한다.
③ 생물학적 특성에 따라 개인마다 서로 다른 역치를 갖는다.
   ㉠ 낮은 역치를 가진 경우: 경험하는 모든 감각 자극이 등록되어 자극을 피하거나 불안, 우울을 보인다.
   ㉡ 높은 역치를 가진 경우: 자극이 등록되지 않아 둔감하거나 무관심한 반응을 보인다.
   ㉢ 중간 정도의 역치를 가진 경우: 대부분의 관련 없는 자극은 걸러내고 관련 있는 감각 자극의 중간 수준을 등록하여 일상생활에서 중요하거나 필요한 과제를 수행할 수 있다.
④ 감각 자극에 대한 민감성은 자극을 반복적으로 많이 경험할수록 낮아지고 둔감해 질 수 있으며, 감각 자극을 익숙한 것으로 받아들여 더는 등록하지 않게 된다.
⑤ 감각 자극의 등록을 감소시키는 학습된 반응인 습관화가 되면 해당하는 감각 자극 을 더 이상 등록하지 않고 익숙한 것으로 받아들이게 된다.

(3) 감각처리의 어려움

① 원인은 감각조절 제한, 감각운동 제한, 감각식별 제한으로 구분할 수 있다.

② 감각조절 제한, 감각운동 제한, 감각식별 제한

구분	내용
감각조절 (sensory modulation) 제한	• **감각조절**: 중주신경계가 감각 자극에 관한 메시지를 조절하는 것 • 감각조절에 제한이 있는 경우, 유입되는 감각정보의 강도와 특성에 관련된 적절한 행동반응을 하는 데 어려움을 보이게 됨 • 상황의 요구에 맞지 않게 반응하고 일상생활에서 경험하는 감각적 도전에 대해 융통성 있게 반응하지 못하며, 적절한 정서적 반응과 주의집중에도 영향을 미침 • 감각조절의 어려움은 감각적 민감반응, 감각적 둔감반응, 감각적 자극추구의 반응으로 나타남
감각운동 (sensory- based motor) 제한	• 상황의 요구에 맞게 움직이거나 자세를 취하는 데 어려움을 보임 • 특히 익숙하지 않은 감각운동 관련 움직임과 협응을 수행하는 데 어려움을 보임
감각식별 제한	• **감각식별**: 감각 자극의 질을 해석하고 자극 간의 유사점과 차이점을 지각하는 것 • 감각식별에 제한이 있는 경우 자극이 주어지고 있음을 지각할 수 있고 자극에 대해 자신의 반응을 조절할 수 있으나 그 자극이 무엇인지 또는 어디에서 오는지는 정확하게 식별하지 못함 예 청각 감각식별에 어려움이 있는 경우, 청각자극을 제외한 다른 감각자극은 잘 식별하지만 청각자극의 식별에는 어려움을 보여 말소리 구별을 어려워하거나 구어적 지시를 처리하는 데 많은 시간을 필요로 함

2. 감각체계

(1) 기능

자신에 대한 정보, 환경에 대한 정보, 자신과 환경과의 상호작용에 관한 정보를 중추신경계에 제공한다.

(2) 분류

① 시각, 청각, 후각, 미각 체계: 일반적으로 잘 알고 있는 감각체계로, 환경 정보를 제공한다.

② 촉각, 신체 위치 감각: 고유수용 감각체계로, 우리 자신의 신체 정보를 중추신경계에 제공한다.

③ 움직임 체계: 전정 감각체계로, 신체가 환경과 어떻게 상호작용하는지에 대한 정보를 제공한다.

1. 던(Dunn)의 감각처리 모델

(1) 모델

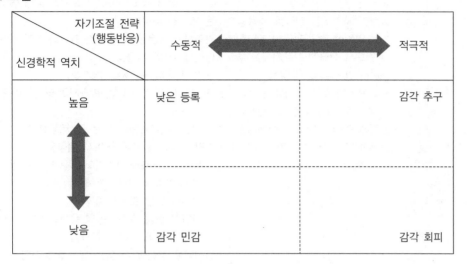

[그림 8-1] 던의 감각처리 모델

(2) 기준

① 신경학적 역치
   ㉠ 행동이 발생할 수 있는 감각 자극의 수준으로, 우리가 주목하거나 반응하는 데 필요한 자극의 양을 의미한다.
   ㉡ 행동 발생을 위한 역치가 높아 자극이 충분히 등록되지 않은 수준과 역치가 낮아 대부분의 자극이 등록되어 적은 자극에도 민감하게 반응을 하는 수준으로 구분된다.

② 자기조절 전략
   ㉠ 수동적인 자기조절 전략을 사용하는 학생은 자신의 주변에서 일이 일어난 후에 반응을 한다.
      예 놀이상황에서 또래의 놀이집단 무리에 함께 속해 있으면서, 발생하는 모든 소음으로 인해 짜증이 남 ⇨ 모든 소음 때문에 불편함을 느끼면서도 이 시끄러운 놀이 공간에 남아 있음
   ㉡ 적극적인 자기조절 전략을 사용하는 학생은 자신이 이용할 수 있는 자극의 양과 유형을 조절하기 위한 행동을 한다.
      예 놀이상황에서 또래의 놀이집단 무리에 함께 속해 있으면서, 발생하는 모든 소음으로 인해 짜증이 남 ⇨ 과도한 청각 자극이 주어질 때 조용한 장소로 엎드려 기어서 이동하거나 귀를 막음

(3) 유형과 지원전략 예시

구분	특성	지원전략 예시

낮은 등록	• 행동 반응을 위해 강력한 감각 자극을 필요로 함
	• 높은 신경학적 역치를 가지고 수동적인 자기조절 전략을 사용함
	• 높은 역치에 감각 자극이 도달할 수 있도록 적극적으로 자극을 추구하는 행동을 하지 않음
	• 적절한 방법으로 자극에 반응하는 데 오랜 시간이 걸리고 둔감함
	• 환경에 관심이 없고 자신에게만 몰두하거나 따분해하거나 무감각해 보임
		• 환경 내 감각 단서에 주목하여 반응하도록 지도함
		• 감각 경험의 강도, 빈도, 지속시간 등을 높이는 활동을 제공함
		• **강력하고 충분한 자극(강한 자극의 추가 또는 대비 증가)을 제공함**
		   – 색이 대비되는 자료 제시하기
		   – 색이 있고 향이 나는 학습지와 밝은색의 펜 제공하기
		   – 거친 질감과 향이 나는 펜 제공하기
		• **감각 자극의 강도를 높여서 제공함**
		   – 등교 시 교사와 하이파이브 등의 신체 접촉을 추가하여 인사하게 하기
		   – 무게감 있는 조끼 입히기
		   – 다양한 질감, 온도, 향의 음식을 색이 대비되는 그릇에 담아 제공하기
		• **움직임을 경험할 수 있는 활동을 추가함**
		   – 하나의 과제를 수행할 때 필요한 자료들을 여러 곳에 배치하여 움직임을 통한 충분한 자극을 획득하게 하기
		   – 시각적 일과표를 학생의 자리에서 떨어진 곳에 배치하여 움직임 활동을 제공하기

감각 추구	• 행동 반응을 위해 강력한 감각 자극을 필요로 함
	• 높은 신경학적 역치를 가지고 적극적인 자기조절 전략을 사용함
	• 높은 역치 충족을 위해 지속적으로 감각 자극을 찾고자 일상에서 다양한 감각 자극을 추구함
	• 상동행동, 반복행동, 자해행동 등의 다양한 자극추구 행동을 보임
	• 자극추구 과정에서 과다행동을 보이거나 충동행동을 보임
		• 활동 내에서 감각 추구를 할 수 있는 기회를 포함시켜 제공함
		• **전정감각 추구 행동에 대한 활동 예시**
		   – 학생들의 학습자료를 여러 차례 나누어주는 활동
		   – 또래들이 완성한 과제를 걷는 활동
		   – 책상과 의자를 정리하는 활동
		• **촉각과 고유수용 감각 추구 행동에 대한 활동 예시**
		   – 쓰기 활동을 하는 동안 글씨 쓰기를 하지 않는 나머지 손에 만지작거릴 수 있는 사물을 주어 강한 촉각 자극을 제공하기
		   – 몸에 꽉 끼는 옷 입게 하기
		   – 무게감 있는 조끼 입게 하기

감각
민감
	• 낮은 신경학적 역치를 가지고 수동적인 자기조절 전략을 사용함
	• 적은 자극에도 민감하여 계속해서 새로운 자극에 주의를 기울이고 과잉행동 또는 산만한 반응을 보임
	• 환경의 변화에 매우 불안해함
		• 자극의 구조화를 통해 예측 가능성을 증진시킴(물리적 환경을 예측 가능하도록 구조화하여 제공)
		• 예기치 않은 자극의 유입을 최대한 차단함
		• **과제 또는 일과 내에 예측 가능한 감각 경험의 패턴을 제공함**
		  – 교실 맨 앞줄 또는 맨 뒷줄에 자리 배치하기
		  – 이동 시 맨 앞 또는 맨 뒤에 서게 배치하기
		  – 출입문에서 떨어진 곳에 배치하기
		• 외부 자극의 등록을 차단할 수 있도록 피부에 압력을 주는 달라붙는 옷을 입게 함

감각 회피	• 낮은 신경학적 역치를 가지고 적극적인 자기조절 전략을 사용함 • 과도한 감각 자극의 유입을 제한하기 위해 적극적인 회피 전략을 사용함 • 유입되는 자극의 감소를 위해 활동 참여를 강하게 거부하는 경향을 보임 • 적극적인 자기조절 전략으로 판에 박힌 일이나 의식을 만들고 이에 집착함	• 자극을 최소화하여 제공함[학생의 낮은 신경학적 역치 수준(편안함을 의식하는 수준)에서 아주 작은 변화(학생이 변화에 주목은 하지만 과도하게 불안해하지 않는 정도의 변화)를 제공하여 활동에 참여할 수 있도록 지원] • 새로운 과제 제공 시 예측 가능한 구조화된 자극 또는 친숙한 자극을 제공함 • 학생의 의식적 행동에 새로운 자극을 점진적으로 병합하여 제공함 • 활동을 여러 단계로 나누어 제시함(한 번에 한 단계씩 수행하도록 한 후에 다음 단계를 진행)

2. 환경 수정과 지원

환경 분석, 기능적 행동평가(Functional Behavioral Assessment) 등을 통해 학생이 보이는 문제행동이 감각조절과 관련이 있다고 판단되는 경우, 즉 감각 자극을 획득하거나 회피하기 위해 문제행동을 보이는 경우 대체 자극원을 제공하거나 풍부한 환경을 제공하는 등의 선행사건 중재계획을 통해 감각조절 관련 문제행동의 발생을 예방할 수 있다.

(1) 대체 자극원 제공

① 감각 자극에 대한 요구와 관련되고 기능(감각 획득 또는 회피)이 동일한 특정 대체 자극원을 제공한다.

② 청각적 · 시각적 · 신체적 자극 등의 다양한 자극을 제공한다.

(2) 풍부한 환경 제공

감각 자극이 풍부하고 좋아하는 활동이나 사람이 많은 환경을 구성해줌으로써 바람직하지 않은 행동을 감소시키고 참여와 학습을 증진시킨다.

(3) 자극 추구와 자극 회피 [20 초등]

구분	자극 추구(둔감 반응)	자극 회피(민감 반응)
선행 사건	활동이나 과제 수행을 하는 동안 또는 사이에, 자극이 되는 활동이나 자료를 제공함	일시적으로 이용할 수 있는 낮은 자극 영역(예 소음이나 시각적 자극이 적은 곳)을 조성함
중재 고려 요소	• 전이시간도 활동 중심으로 계획함 • 조용히 기다려야 하는 시간과 수동적인 활동 시간을 최소화함 • 조용한 활동 중심의 수업 중에서도 사이사이에 몸을 움직이는 활동(예 하이파이브)을 삽입 • 배운 내용을 스스로 연습할 시간을 짧게, 자주 허용함 • 다양한 교수자료와 교수방법을 사용하여 학생의 수업참여 방식을 다양화함 • 학생의 연령에 맞는 감각적 자극을 제공함 • 조용한 활동을 적절히 삽입하여 다음 활동에 잘 이어지도록 계획함	• 자리배치나 대체활동을 통해 자극 수준을 조절함 • 예측 가능한 일정을 수립함 • 구조화된 환경을 조성함 • 교수 전달, 교사−학생 상호작용의 속도를 감소시킴 • 자극 수준이 높지 않은 목소리 톤을 사용함 • 자극적인 활동을 하기 전에 학생의 주의를 환기시키는 활동을 통한 준비를 제공함 • 선호하는 시간적 단서를 활용함
지도 초점	지도 시 자극의 강도를 높여 제공하거나 보다 많은 자극을 얻을 수 있는 기회를 제공함	지도 시 보다 구조화된 자극을 제공하거나 가능한 한 자극을 최소화하여 제공함
시각	• 교실 내 시각 자극을 추가함 • 밝은색 또는 대비효과가 큰 색을 활용하여 환경판을 구성함 • 색깔이 있는 학습지를 제시함 • 향이 나는 펜, 불빛이 나는 펜 또는 컬러 펜을 제공함	• 교실 내 장식들의 수를 최소화함 • 교실 내 책장, 책상, 의자 등의 색을 가능한 한 통일함 • 교실 내의 책장에 교실 벽과 같은 색의 시트지를 붙임 • 강력한 빛을 차단할 수 있는 가리개를 설치함 • 교실 내 빛의 밝기 정도를 조절함
청각	• 크고 빠른 음악을 제공함 • 노래 종류, 크기 등의 소리를 변경함 • 음악 들을 때 헤드폰을 사용함 • 소리를 내거나 소음을 내는 활동을 구성함 • 과장된 음성의 높이와 크기를 활용함 • 이야기 들려주기에서 효과음 넣기, 배경음악 넣기, 등장인물 목소리를 인물별로 뚜렷하게 구분되게 넣기 등을 활용함	• 교실 내 소음을 최대한 차단함 • 부드럽고 잔잔한 음악을 사용함 • 학생이 선호하는 친숙한 음악을 사용함 • 독립 과제 시 귀마개를 사용함 • 플라스틱 또는 나무 소재의 수저를 사용하게 함 • 소리 나는 형광등은 교체함 • 조용한 또래 옆자리에 좌석을 배치함

후각	• 향이 강한 것(예 향이 강한 로션, 향이 강한 사탕, 페퍼민트향, 감귤향)을 활용함 • 향이 나는 펜을 활용함	• 향이 강한 화장품이나 향수 사용을 자제함 • 교사나 학생들 옷 세탁 시 무향 세제를 사용함 • 교실에서 음식 섭취를 자제함 • 냄새가 나는 것(예 휴지통)에서 떨어진 곳에 학생의 자리를 배치함
미각	• 강한 양념을 음식에 첨가함 • 음식의 온도를 다양하게 하여 제공함 • 질감이 다양한 음식을 제공함 • 찬 음료를 제공함	• 음식이 섞이지 않도록 분리된 그릇에 배식함 • 학생이 선호하는 음식의 맛과 질감에서 매우 미비하게(각성이 일어나지 않을 정도) 변화를 제공함 • 미지근한 음료를 제공함
촉각	• 과제를 수행하면서 다른 손으로 만지작할 수 있는 쿠쉬볼, 스트레스 볼 등을 제공함 • 진동이 있는 연필과 교구를 제공함 • 거친 질감의 종이를 제공함	• 옷에 붙어 있는 라벨을 제거함 • 갑작스러운 접촉은 자제함 • 또래와의 접촉이 적은 곳에 자리를 배치함 • 한 줄로 설 때 제일 앞에 배치함
고유 수용 감각	• 강한 압박으로 누름 • 바디 삭스를 사용함 • 수업 전에 교사를 도와 무거운 물체 옮기게 함 • 소유수용 감각을 자극할 수 있는 기구 [예 미니 트램펄린, 작은 기포 고무가 든 자루 의자(beanbag chair)]를 교실 내에 배치함 • 의자에 앉아 있을 때 무릎 위에 무거운 물체를 놓음 • 우유 간식 담당을 맡아 우유가 담긴 상자를 나름 • 도서관 책 정리 담당을 맡아 도서관 책을 나름	• 천천히 스트레칭하기를 지도함 • 꽉 끼는 옷을 입게 함 • 무게감 있는 조끼를 입게 함 • 천천히 근육을 이완하는 방법을 지도함
전정 감각	• 전정 감각을 자극할 수 있는 활동을 수업 시작 전 또는 쉬는 시간에 하게 함 (예 빠르게 구르거나 돌거나 흔들기, 앉아서 들기, 체육기구 위에서 거꾸로 매달리기) • 수업시간에 또래에게 자료 나누어주는 활동을 구성함 • 앉아서 움직임을 추구할 수 있는 공기가 주입된 쿠션을 학생의 의자 위에 놓음 • 짧게 움직임을 할 수 있도록 교사의 심부름을 하게 함	전정감각 자극을 최소화할 수 있는 활동 (예 같은 방향으로 천천히 구르거나 돌거나 흔들기)으로 구성함